Deutschlands beste
Wirtschaftskommunikation 2008...2009

Deutscher Preis
für Wirtschaftskommunikation

DIE ZEICH ENSET ZER! DPWK 2008

Deutschlands beste
Wirtschaftskommunikation 2008...2009

Verlag Reinhard Fischer

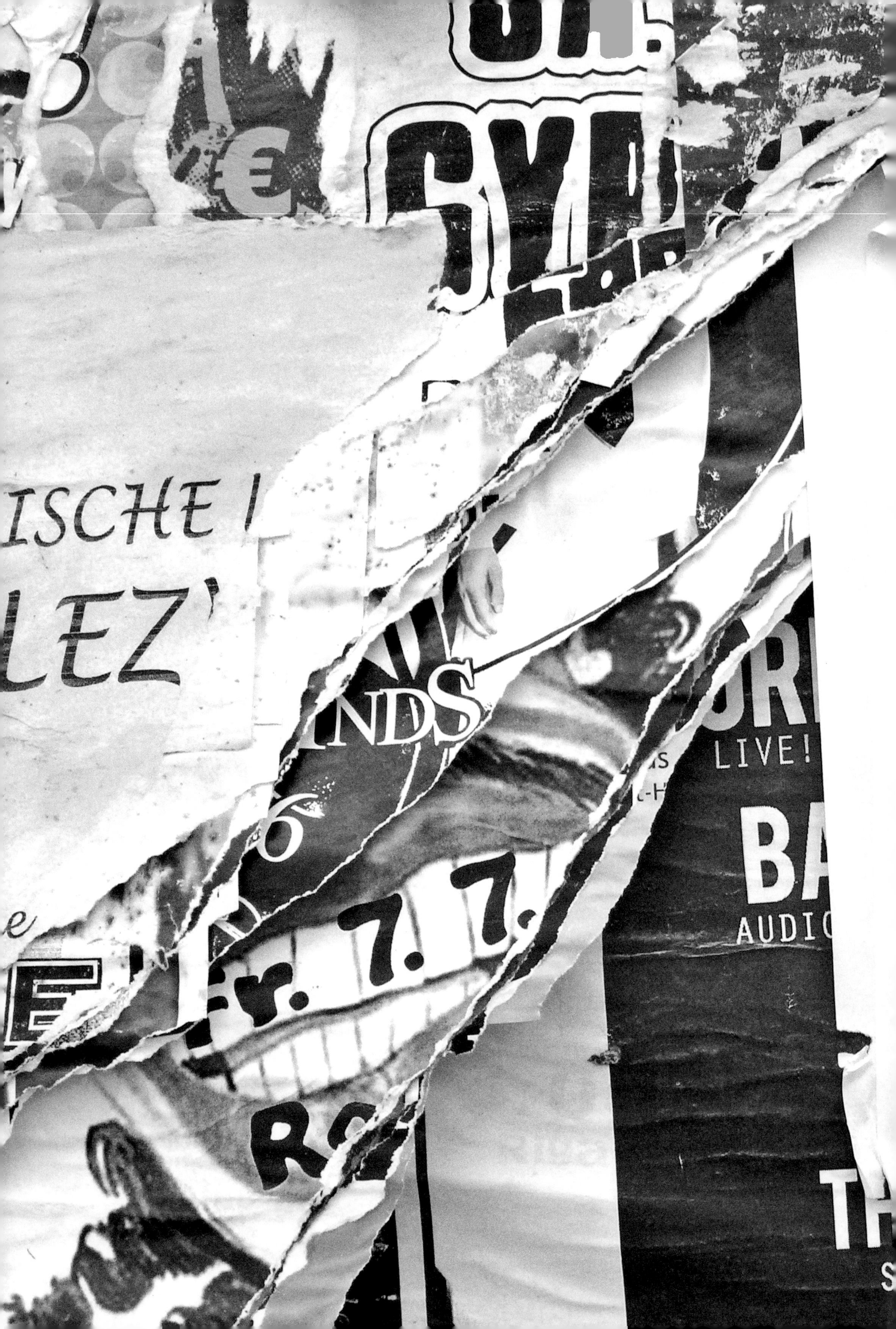

ISCHE
LEZ’
NDS
Fr. 7. 7.
LIVE!
BA
AUDIO

WIRTSCHAFT IST KOMMUNIKATION

Liebe Leserin, lieber Leser!

Akademisch. Interdisziplinär. Unabhängig. Das sind die Werte, die den Deutschen Preis für Wirtschaftskommunikation (DPWK) einzigartig gegenüber anderen Wirtschaftspreisen machen. Der begehrte Preis wird jährlich an Unternehmen verliehen, die sich durch eine besonders zielorientierte, wirksame und innovative Kommunikation auszeichnen. Doch bis zum Tag der Wirtschaftskommunikation, der seinen Höhepunkt bei der abendlichen Preisverleihung findet, ist es ein fast einjähriger, arbeitsintensiver Weg.

Nur die Motivation durch die Arbeit selbst und die gegenseitige Anerkennung der Leistung vermag das außergewöhnliche Engagement aller Studierenden für den DPWK 2008 zu erklären. Ein Projekt steht oder fällt mit seinen Teilnehmern, genau wie dies auch für Unternehmen und ihre Mitarbeiter gilt. Weil alle Projektteilnehmer professionell, strukturiert und in eine gemeinsame Richtung gearbeitet haben, steht das Projekt nicht nur, sondern ist zum achten Mal spürbar aufgestiegen, wie Sie sicherlich auch ganz persönlich merken konnten. Abgesehen von der finanziellen Vergütung vielleicht, braucht sich der DPWK nicht hinter anderen großen Deutschen Wirtschaftspreisen verstecken. Ganz im Gegenteil. Aufgrund der unvoreingenommenen Objektivität und Unabhängigkeit der Studierenden ist gerade dieser Preis von herausragender Bedeutung in Deutschland. Er ist ebenso begehrt wie schwer zu bekommen.

Das haben die teilnehmenden Wirtschaftsunternehmen erkannt und zeigen sich hier in doppelter Weise fortschrittlich. Sie haben erkannt: Wirtschaft ist Kommunikation. Ihnen ist klar, dass das Wissenschaftsgebiet der Wirtschaftskommunikation *der* zentrale Schlüssel für Unternehmenserfolg ist. Sie haben außerdem erkannt: Die Zusammenarbeit mit dem akademischen Hochschulumfeld zahlt sich aus. Die Studierenden von heute sind die begehrten Fachkräfte von morgen, die neue Ansätze, Energie und Motivation in die Unternehmen einbringen werden. So verdient das gezeigte Employer Marketing der teilnehmenden Unternehmen und der Sponsoren unsere ausgesprochene Anerkennung.

Dass der Deutsche Preis für Wirtschaftskommunikation jedes Jahr aufs Neue ein interdisziplinäres Unterfangen in Projektform mit wechselnden Projektteilnehmern ist, sehen wir als bezeichnend für die heutige Zeit. Durch verschiedene Umwelteinflüsse wie die Globalisierung der Wirtschaft und die Entwicklungen des Informationszeitalters haben Strukturen und Situationen eine immer kürzere Bestandsdauer. Kaum etwas bleibt lange, wie es ist. Projekte sollen die neu definierten Strukturen und Ziele erreichen. Wenn etwas Bestand hat, dann die Tatsache, dass die Wirtschaftskommunikation in einem Jahr schon wieder ganz anders aussehen wird als heute.

Viel Vergnügen bei der Lektüre des DPWK Jahrbuchs 2008…2009, die dokumentiert, welche Unternehmen derzeit die beste Wirtschaftskommunikation Deutschlands betreiben. Vielen Dank an das gesamte Team für den unermüdlichen Einsatz. Die gemeinsame Arbeit hat uns viel Freude bereitet.

Andreas Köster und Maika Ziehl

INHALT

SCHIRMHERREN DPWK 2008

Klaus Wowereit
Regierender Bürgermeister von Berlin

GRUSSWORT

»Sei Berlin« heißt die neue Markenkampagne der deutschen Hauptstadt, die am 11. März 2008 gestartet wurde. Sie lebt von den vielen großen und kleinen Geschichten, die Berlin möglich gemacht hat. Eine dieser vielen Geschichten und damit ein gutes Stück Berlin ist auch der Deutsche Preis für Wirtschaftskommunikation (DPWK), der in diesem Jahr seine 8. Auflage erlebt und mit 60 teilnehmenden großen und mittelständischen Unternehmen aus der gesamten Bundesrepublik einen Rekord verzeichnen kann. Zu dieser Erfolgsgeschichte gratuliere ich den Auslobern, unseren Studenten der Fachhochschule für Technik und Wirtschaft.

Der DPWK ist ein renommierter Preis, um den alljährlich Unternehmen der verschiedensten Branchen kämpfen. Das diesjährige Motto »Die Zeichensetzer – Deutschlands beste Wirtschaftskommunikation« hat selbst Zeichen gesetzt. Wer Marketing- und Eventstrategien ebenso wie die innerbetriebliche Kommunikation oder werbliche Konzepte auf den studentischen Prüfstand stellt, hat – ganz unabhängig vom Siegeslorbeer – schon ein Zeichen gesetzt. Nämlich für die enge Zusammenarbeit zwischen Wirtschaft und Hochschulen. Beide ziehen daraus Gewinn. Die Unternehmen können sich darauf verlassen, dass ihre Kommunikationsstrategien sachkundig geprüft und bewertet werden. Die Studierenden lernen nicht im Elfenbeinturm, sie arbeiten eng mit der Praxis zusammen und sammeln so schon im Studium wichtige Berufserfahrungen.

In diesem Sinn – und davon legt das vorliegende Jahrbuch überzeugend Zeugnis ab – hat auch der diesjährige Wettbewerb wieder sein Ziel erreicht: Er hat »Zeichen gesetzt«.

Wirtschaftskommunikation hat immer auch etwas mit Identifikation zu tun. Käufer sollen sich mit einem Produkt identifizieren, Mitarbeiter mit ihrem Betrieb, Unternehmen unter anderem auch mit ihrem gesellschaftlichen Umfeld und ihrer sozialen Verantwortung. Das und vieles mehr wird mit dem DPWK erreicht.

Um Identifikation geht es auch der Kampagne »Sei Berlin«. Bürger, Betriebe, Institutionen, Vereine und Verbände sollen sich mit unserer Stadt identifizieren, auch sie sollen Zeichen setzen. Ich bin gespannt, ob die Ausrichter des Wettbewerbs und die Teilnehmer dieses aufgreifen. Ob und inwieweit das gelingt, darüber wird der Deutsche Preis für Wirtschaftskommunikation 2009 vielleicht Rechenschaft ablegen. Ich würde mich freuen, wenn es zu dieser »Vernetzung« käme.

Mein herzlicher Glückwunsch gilt den Siegern dieses Jahrgangs. Allen, die es diesmal nicht aufs »Treppchen« geschafft haben, bleibt ein neuer Versuch. Ich wünsche dem DPWK weiterhin viel Erfolg.

Klaus Wowereit studierte bis 1979 Jura in Berlin. Im selben Jahr begann seine politische Karriere als Mitglied der Bezirksverordnetenversammlung von Berlin-Tempelhof; seit 1995 ist er Mitglied des Berliner Abgeordnetenhauses, seit 2001 Regierender Bürgermeister von Berlin. Er ist Bevollmächtigter der Bundesrepublik Deutschland für kulturelle Angelegenheiten im Rahmen der deutsch-französischen Zusammenarbeit.

Volker Nickel
Sprecher des Zentralverbands der
Deutschen Werbewirtschaft (ZAW)

DAS ENDE DER MEDIEN-KLASSIK ODER: DIE IRRTÜMER VON MORGEN

Volker Nickel (geb. 1943) ist Geschäftsführer des ZAW-Gemeinschaftswerks
Freiheit für die Werbung e. V. sowie
Sprecher des Zentralverbands der deutschen Werbewirtschaft und der selbst-
disziplinären Instanz Deutscher Werberat.
Herr Nickel ist als Analytiker ökonomischer, gesellschaftlicher und medien-
politischer Probleme in Zusammenhang
mit Werbung durch Studien sowie publi-
zistische Arbeiten bekannt.

Die Erkenntnisse werden großflächig verbreitet. Es ist Schluss mit den traditionellen Medien. Wer liest schon noch Zeitung? Und erst die Erosion der Zeitschriften: Immer weniger Werbegeld, immer weniger Zukunft. Vor allem Fernsehen. Das war gestern und schon gar nicht morgen. Heute ist Internet, iPod, MP3-Player, Handy. Die nachrückende Generation: Sie hört und schaut elektronisch.

Der Zeitschalter auf »Aus« für bedrucktes Papier? Das TV-Gerät ins Elektro-Museum? Wie immer, wenn das Tempo von Veränderungen zunimmt, tauchen vermehrt bedruckte Blätter mit der Aufschrift »Studie« auf. Innen dann quillt aus jedem Haupt- und Nebensatz Interessengeleitetes. Insofern gilt wie seit der tiefsten Vergangenheit: Man achte auf den Absender.

Und die nüchternen Fakten? Richtig ist, dass es in der deutschen Medienlandschaft gärt wie selten zuvor. Ebenso auf der Höhe der Zeit, dass der entscheidende Impulsgeber das Internet mit seinem Kaleidoskop von Anwendungen für entsprechend vielfältige Nutzung ist. Nichts mehr ohne www. Keine Anzeige, kein Plakat, kein Spot.

Die traditionellen Medien taten sich zunächst schwer mit dem medialen Beben, ausgelöst durch das (biografisch betrachtet) ungeheure Tempo der technischen Entwicklung. Unterdessen passen sich Printmedien, TV und Radio immer geschmeidiger dem Trend an, weil sie erkannt haben, wohin die betriebswirtschaftliche Logik der Werbung von Unternehmen führt: in die Investition von integrierter Markt-Kommunikation. Dort ist Geschäft zu machen. Voraussetzung: Es müssen entsprechende Netzwerke der unterschiedlichen Medien auch für kommerzielle Werbezwecke aufgebaut werden.

Folgerichtig ist zu beobachten, dass die traditionellen Medien nicht absacken, sondern überwiegend auf dem hohen Niveau des Werbegeschäfts operieren können – nicht jeder, aber in der Summe existenzsichernd – eben durch Integration des Internets in das Werbenetz. Die anfassbaren Zeichen dafür sind weiteres ruhiges Werbewachstum der »alten« Medien mit ihren sicheren hohen Reichweiten und dynamisches Wachstum der Werbung im Internet, wenn auch noch auf niedrigem Niveau – Online-Werbung hatte 2007 einen Marktanteil am gesamten Netto-Werbekuchen in Deutschland (30 Mrd. €) von knapp 4% erreicht.

Und übermorgen? Es wäre ein fataler Irrtum, Grabreden auf die Klassik-Medien vorzubereiten. Sie werden auch in Zukunft gebraucht – auch wenn sich die Alleinstellung einer Anzeige, eines Spots durch integrierte Werbeformen ändert. Das Zentrum von allem, der Nutzer, wird mit seinem Zeitbudget für Medien ökonomisch umgehen – etwas weniger Print, etwas mehr Elektronik und vor allem Rezeption der Vielfalt nach den individuellen Bedürfnissen.

Die eigentliche Gefahr für sämtliche Medien auch als Werbeträger aber steckt hier: in der abnehmenden Menge der Einwohner in der Republik. Weniger Leser, weniger Abonnenten, weniger Zuhörer, Zuschauer – und weniger Internet-Nutzer? Die großen Herausforderungen kommen erst noch.

GRUSSWORT

Wesentliches Element der Kultur der Marktwirtschaft ist Kommunikation. Wer verstanden werden will, muss nicht in der Sprache des Senders, sondern des Empfängers von Botschaften sprechen. In der Wirtschaftskommunikation ist dieser Anspruch nicht selten ein Hochseilakt – manchmal stürzt auch Werbung ab. Dankbarer Beifall deshalb den Studierenden der FHTW, dass sie mit ihrem Preis Vorbilder für professionelle Wirtschaftskommunikation öffentlich hochhalten. In dieser gesellschaftspolitisch für die Wirtschaft so heiklen Phase ist das auch noch mutig – schlimm, nicht?

V. Nickel

Prof. em. Dr. Dr. h.c. mult. Heribert Meffert
Gründer des Institutes für Marketing
in Münster

GRUSSWORT

Auf dem Gebiet der Kommunikation in Wirtschaft und Gesellschaft vollzieht sich seit geraumer Zeit ein bemerkenswerter Wandel, der mit wachsenden Herausforderungen an die Führung verbunden ist. Das veränderte Gesicht der Medienlandschaft eröffnet im Spannungsfeld zwischen klassischen und Online-Medien neue Formen des interaktiven Dialogs mit den Zielgruppen. Aktives Informationsverhalten in Blogs und Communities stellt tradierte Denkmuster der Steuerbarkeit von Ziel- und Anspruchsgruppen infrage. Deren Spektrum reicht weit über die aktuellen und potenziellen Kunden hinaus und umfasst eine Vielzahl mehr oder weniger stark vernetzter Stakeholder der Unternehmung. Bei wachsender internationaler und globaler Tätigkeit rückt auch deren gesellschaftliche und soziale Verantwortung stärker in den Vordergrund. Diese Entwicklungen eröffnen der Wirtschaftskommunikation im Kampf um Aufmerksamkeit, Profilierung im Wettbewerb und der Sicherung gesellschaftlicher Akzeptanz neue Chancen und Risiken. In ihrer strategischen Ausrichtung und operativen Umsetzung hat sie den grundlegenden Anforderungen der Effektivität und Effizienz ebenso Rechnung zu tragen wie dem wachsenden Bedürfnis nach Transparenz und Rechenschaftslegung. Mit einem breiten Spektrum innovativer und aufmerksamkeitsstarker Konzepte versucht die Wirtschaftskommunikation, diesen Anforderungen gerecht zu werden.

Es ist daher zu begrüßen, dass der Deutsche Preis für Wirtschaftskommunikation Leistungen auszeichnet, die es in herausragender Weise verstanden haben, Zielgruppen anzusprechen, Inhalte zu transportieren und Unternehmungen sowie Produkte und Marken im intensiven Kommunikationswettbewerb erfolgreich zu positionieren. Erfolgsvoraussetzung ist vor dem Hintergrund der aufgezeigten Veränderungen ein integriertes Konzept der Wirtschaftskommunikation. Allein die Bündelung der Kommunikationsaktivitäten durch die Corporate Communications bietet geeignete Strukturen zur strategischen Planung, Koordination, Implementierung und Kontrolle der umfassenden Formen von Wirtschaftskommunikation. Diese Bandbreite spiegelt sich auch in den Preiskategorien des Wettbewerbs wider. Um den drei zentralen Feldern der Kommunikation – Markt, Mitarbeiter und Gesellschaft – gerecht zu werden, kann die Corporate Communications auf ein umfassendes Set der Evaluation und Marktforschung zurückgreifen.

Die Gefahr bei heterogenen Anspruchsgruppen und ihren divergierenden Bedürfnissen bei gleichzeitiger Vernetzung der Gruppen durch Medienangebote liegt in der Entstehung dissonanter Kommunikationsbotschaften. Als Klammer und Konstante der Wirtschaftskommunikation müssen daher symbolische Elemente integriert werden. Diese spiegeln sich in der Marke von Produkten, Dienstleistungen oder des Unternehmens selbst wider. Die Markenidentität als Leitlinie und Bezugspunkt der Kommunikation fungiert als Orientierungs- und Vertrauensanker und sorgt in einem durch Reizüberflutung und Angebotsvielfalt gekennzeichneten Umfeld für Wiedererkennung, Konstanz und somit Vertrauen.

Denn vertrauenssichernde und leistungswirksame Kommunikation ist von zentraler Bedeutung für das Funktionieren der Marktwirtschaft. Fehlverhalten im Management und Kommunikationsversagen haben zu einer Vertrauenskrise geführt. Angesichts dieser Situation ist zu hoffen, dass die Wettbewerbsbeiträge nicht nur überzeugende Beweise für innovative und effektive, sondern auch für transparente und glaubwürdige Kommunikationskonzepte liefern. In diesem Sinne wünsche ich allen Teilnehmern und Interessenten des diesjährigen Preises für Wirtschaftskommunikation, dass der Wettbewerb weiterführende Einblicke und Erkenntnis über wirtschaftlich erfolgreiche und gesellschaftlich verantwortliche Kommunikation gewährt.

Prof. Dr. Manfred Bruhn
Ordinarius für Betriebswirtschaftslehre

»EARLY BRANDING« – WIE KINDER UND JUGENDLICHE MIT MARKEN UMGEHEN

Markenartikelhersteller unterschiedlicher Branchen kümmern sich zunehmend sehr intensiv um die Zielgruppe Kinder und Jugendliche (z.B. Pampers Kandoo Toilettenpapier Sensitive, Nestlé Cerealien für Kinder, McDonald's Happy Meal). In diesem Zusammenhang spricht man häufig vom so genannten »Early Branding«. Hierunter sind der systematische Aufbau und die Pflege einer Marke bei Kindern und Jugendlichen zu verstehen, die durch aufeinander abgestimmte Marketinginstrumente von der jungen Zielgruppe wahrgenommen, positiv beurteilt und den anderen Marken vorgezogen wird.

Das *Attraktivitätspotenzial der jungen Zielgruppe* liegt zum einen darin, dass Kinder und Jugendliche (KuJ) als unmittelbare Kunden mit ihren spezifischen Bedürfnissen sehr konsumrelevant sind. Zum anderen werden sie als Nachwuchskunden in zukünftigen Wirtschaftsperioden über den Unternehmenserfolg entscheiden.

Die *Entstehung von Markenpräferenzen* bei KuJ lässt sich mithilfe verschiedener verhaltenswissenschaftlicher Ansätze erklären. Zur Erklärung der kognitiven Verarbeitung von Marken von KuJ trägt die Theory of Cognitive Development bei. Diese teilt die kognitive Entwicklung von Kindern bis ins Erwachsenenalter in verschiedene Stufen ein. In mehreren Studien zeigt sich, dass Kinder bereits in der ersten Stufe – die Kinder bis zu 2 Jahren umfasst – in der Lage sind, Marken wahrzunehmen und abzuspeichern. Weitere Erklärungen zum Markenverhalten von KuJ ergeben sich aus der Consumer Socialization Theory. Nach dieser Theorie lernen KuJ ihre Konsumentenrolle neben eigens gesammelten Erfahrungen auch durch die Beobachtung des Verhaltens anderer Konsumenten, der so genannten »Sozialisationsagenten«. Dazu zählen z.B. Freunde, Bekannte, aber auch Vorbilder wie Musikidole oder Sportler.

Für die *Erreichung unternehmerischer Marketingziele* bietet sich insbesondere bei jüngeren Kindern eine multisensuale Ansprache an. Visuelle Reize können z.B. die Neugier des Kindes wecken und ein starkes Konsuminteresse erzeugen. Bei Lebensmitteln spielen ferner ein kindgemäßer Geschmack und Geruch eine wichtige Rolle. Kinder schätzen zudem den Zusatznutzen, den Marken bieten können. Darunter lassen sich beispielsweise Zugaben, die sich zum Spielen oder Sammeln und/oder Tauschen eignen und an altersgemäßen Erlebniswelten anknüpfen (z.B. Kinder Überraschung), subsumieren. Schließlich können auch gezielte Kommunikationsmaßnahmen, wie z.B. Events oder Sponsoring-Engagements, zum Markenaufbau bei der jungen Zielgruppe beitragen.

Das Early Branding ist jedoch nicht unumstritten. So stellt sich die Frage nach den ethischen Grenzen, d.h. der moralischen Verantwortbarkeit von Marketingaktivitäten gegenüber KuJ. Für die Zukunft bleibt dennoch anzunehmen, dass die Bedeutung des Early Branding weiter wächst, nicht zuletzt wegen der wachsenden Kaufkraft der jungen Zielgruppe und des von vielen in der Gesellschaft angestrebten Lebensgefühls »Forever young«. Die Implementierung eines Early Branding kann daher künftig für Unternehmen einen wichtigen Erfolgsfaktor darstellen.

Das Marketing ist permanent unterschiedlichsten Trends ausgesetzt. Für Marketingforscher und -praktiker ist es daher zwingend notwendig, diese aufzunehmen und in ihrer Arbeit umzusetzen. Dem DPWK ist es mit diesem Jahrbuch zum Thema »Junges Marketing« gelungen, ein Zeichen hierfür zu setzen. Ich wünsche dem Deutschen Preis für Wirtschaftskommunikation weiterhin viel Erfolg und allen Lesern dieses Jahrbuchs viel Spaß und zahlreiche Impulse bei der Lektüre!

Prof. Dr. Manfred Bruhn ist Ordinarius für Betriebswirtschaftlehre, insbesondere Marketing und Unternehmensführung, am Wirtschaftswissenschaftlichen Zentrum der Universität Basel, Schweiz, und Honorarprofessor an der Technischen Universität München. Er veröffentlichte zahlreiche Publikationen zu verschiedenen Schwerpunkten, wie z.B. strategische Unternehmensführung, Relationship Marketing und Kommunikationspolitik. Wir freuen uns, dass wir Prof. Bruhn als Experten für Marketing und Kommunikation von unserem Projekt überzeugen konnten und ihn als Schirmherrn gewonnen haben.

TAG DER WIRTSCHAFTSKOMMUNIKATION 2008:

DER DPWK
IM ADMIRALSPALAST

Bereits vor 100 Jahren eröffnete mit dem Admiralspalast ein Amü-
siertempel mit scheinbar grenzenlosen Möglichkeiten der Zer-
streuung: Revuetheater, Kegelbahn, Lichtspielhaus, Eisarena, Bor-
dell, Solebad – alles unter einem Dach. Als Teil der bewegten
Berliner Geschichte ist auch die Geschichte des Admiralspalastes
durch ständige Brüche und Gegensätze geprägt. Umso schöner ist
es, dass der Admiralspalast, nach fast zehn Jahren des Leerstandes
und dem bevorstehenden Abriss, heute wieder eine Zukunft als
Ort des Vergnügens und der Lebendigkeit hat.

2003 erwarben die neuen Betreiber aus dem Umfeld der arena Berlin den Admiralspalast vom Liegenschaftsfonds des Landes Berlin
und gründeten die Admiralspalast Produktions GmbH. Die Gesellschafter Falk Walter und Helgi Björnsson haben den Admiralspalast in dem Wunsch erworben, mit einem zeitgemäßen Programm
an seine bewegte Vergangenheit anzuknüpfen. Falk Walter erläutert die Inspiration für das neue Konzept des Hauses: »Wir sind
tief beeindruckt von der reichen Historie, die sich in jedem Winkel
des für Berlin so bedeutsamen Gebäudes verspüren lässt.«

Heute gilt der Admiralspalast mit rund 20 000 Quadratmetern als
eine der größten und zugleich schönsten Vergnügungsbauten inmitten der Hauptstadt. Der große Saal mit seinen zwei Rängen, der
großen Theaterbühne und dem riesigen Kronleuchter bildet das
Herz des Admiralspalastes. Beeindruckt von dieser Kulisse avan-
cierte der DPWK 2008 für die rund 800 Gäste zu einem unvergesslichen Erlebnis.

Der Admiralspalast ist ein Ort, der sich respektvoll vor der Geschichte verneigt und Events, von der Hochkultur- bis hin zur
Clubszene, eine Heimat bietet. Er verleiht jedem Anlass einen außergewöhnlichen Rahmen, so auch am 27. Mai 2008 als Bühne für die
Fachtagung und die Award Show des jungen akademischen Wirt-
schaftspreises DPWK.

Eine der größten Herausforderungen für die Studentinnen und
Studenten der Fachhochschule für Technik und Wirtschaft Berlin
bestand darin, für einen einzigartigen Wirtschaftspreis eine ebenso außergewöhnliche Lokalität zu finden. Der Standort Berlin
bietet unzählige Möglichkeiten für die Ausrichtung derartiger
Veranstaltungen. Die Angebote türmten sich auf den Schreibtischen des DPWK-Büros und erst nach und nach kristallisierten
sich die Favoriten heraus. Am Ende gab es jedoch nur einen Ort,
der den hohen Ansprüchen gerecht wurde: den Admiralspalast.

Es existiert kaum ein Kulturort, der eine vergleichbar bewegte Geschichte erlebt hat wie der Admiralspalast. Namen wie Bertolt
Brecht, Comedian Harmonists oder Jacques Offenbach – und nun
auch der Deutsche Preis für Wirtschaftskommunikation (DPWK) –
sind mit ihm verbunden.

FACHTAGUNG 2008:

EMPLOYER BRANDING – UNTERNEHMEN SETZEN ZEICHEN

Der zunehmende Fachkräftemangel entwickelt sich zu einem Problem, das in Deutschland von vielen Unternehmen noch unzureichend beachtet wird. Trotz hoher Arbeitslosigkeit wird es für Unternehmen zunehmend schwerer, geeignete Mitarbeiter zu finden. Mit den bisherigen Strategien des Personalmarketings kann zukünftig nur ein Teil des Bedarfs an Arbeitnehmern gedeckt werden. Denn der Kampf um die Besten, wie sich der so genannte »War for Talents« sinngemäß übersetzen lässt, verdeutlicht die Konsequenzen der Tatsache, dass qualifiziertes Personal die wichtigste und gleichzeitig knappste Ressource in der heutigen Arbeitswelt ist. Vor allem Hochschulabsolventen legen ihrer Berufsentscheidung heute vielfältigere, aber auch andere Kriterien zugrunde als in der Vergangenheit. So spielen gute Entwicklungs- und Karrieremöglichkeiten in Unternehmen, eigenverantwortliches Arbeiten oder die Suche nach Herausforderungen eine immer wichtigere Rolle bei der Wahl des künftigen Arbeitgebers. So hat der »War for Talents« in den USA wie in England bereits zur Etablierung der Arbeitgebermarke als langfristiges Instrument geführt. Dabei wird das so genannte »Employer Branding« als Strategie angewendet.

Was bedeutet »Employer Branding«? Die Arbeitgebermarke, die durch Employer Branding geschaffen wird, ist Bestandteil eines ganzheitlichen Personalmarketings. Die Ziele hierbei sollen sein, das Unternehmen als attraktiven Arbeitgeber darzustellen und sich von anderen Wettbewerbern durch ein positives Image abzuheben. Neben der Arbeitgeberattraktivität spielen Faktoren wie die Bekanntheit des Unternehmens, der einheitliche Arbeitgeberauftritt oder auch die Mitarbeiterführung eine bedeutende Rolle.

So kann der Bewerber sich ein transparentes Bild von seinem zukünftigen Arbeitgeber machen und im Vorfeld besser einschätzen, ob er in das Unternehmen passen wird oder nicht. Da ein Unternehmen nur so gut sein kann wie seine Mitarbeiter, wird der akute Fachkräftemangel von existenzieller Bedeutung für jedes einzelne Unternehmen.

Im Rahmen der diesjährigen Fachtagung am Tag der Wirtschaftskommunikation möchten wir Arbeitgeber motivieren, dieses Thema stärker wahrzunehmen und gleichzeitig Impulse zur Lösung dieser Aufgabe geben. In einem ganzheitlichen Ansatz wurde dieses umfassende Thema von Experten aus drei verschiedenen Bereichen beleuchtet. Es wurden Erfahrungen aus der Unternehmersicht, der wissenschaftliche Standpunkt sowie die Agenturperspektive vermittelt.

Im Folgenden äußern sich zwei Experten zu Employer Branding und gehen spezieller auf einige Aspekte dieses bedeutenden Themas ein.

Cindy Bachmann, Claudia Krüger und Franziska Wummel
(Team Fachtagung)

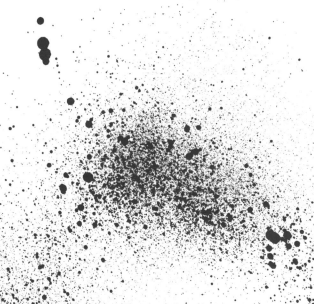

Carsten Franke
Vorstand milch & zucker –
THE MARKETING & SOFTWARE
COMPANY AG

ZEICHEN ERKENNEN.
ZEICHEN SETZEN.

Im Gegensatz zum oft hervorragenden Produkt- und Unternehmensimage in den Absatzmärkten global, sieht es beim Image als Arbeitgeber oft anders aus. Eine aktuelle Studie mahnt: »Jeder dritte Mittelständler sieht im Mangel an Fach- und Führungskräften ein Wachstumshindernis für sein Unternehmen. Dennoch verfolgen 81 % bislang keine klare Profilierung als Arbeitgeber« (Quelle: BBDO Consulting).

Die Praxis zeigt tatsächlich: Viele Unternehmen haben ein schwach ausgeprägtes Arbeitgeberimage bei potenziellen Arbeitnehmern oder sie werden von diesen schlicht falsch eingeschätzt. Die Ursachen: fehlende Bekanntheit, wenn Unternehmen mit ihren Produkten bei Endverbrauchern nicht in Erscheinung treten, sowie eine bei Bewerbern anzutreffende stereotype Einschätzung vermeintlich bekannter Unternehmen (»Handelsunternehmen brauchen bestimmt keine Ingenieure«). Die Folge für die so betroffenen Unternehmen: Ein guter Bekanntheitsgrad »rund um den eigenen Schornstein« kann dann zwar die Besetzung von typischen Bürojobs und Ausbildungsstellen sichern. Dem steht aber möglicherweise ein Null-Bekanntheitsgrad bei potenziellen Spitzenkräften, besonders im Ausland, gegenüber, der nur geringe Bewerberzahlen generiert und mangels Auswahl offene Stellen unbesetzt lässt.

Arbeitgeber müssen deshalb neben dem Aufbau und der Pflege der Unternehmens- und Produktmarken dringend auch den Aufbau von Arbeitgebermarken im Rahmen ihres »Brand Managements« forcieren. »Brand Management«? Der eine oder andere »Verantwortliche für offene Stellen« in kleineren Unternehmen fragt sich jetzt sicher, wie er sich dieser Aufgabe nähern soll. Vor allem, wenn er – noch – nicht über das Markeninstrumentarium eines Markenartiklers verfügt. Genau hier setzt aber die Notwendigkeit einer Professionalisierung im Arbeitgebermarketing an. Durch die sich verknappende Ressource »Mitarbeiter« besteht immer stärker die Notwendigkeit, einen kontinuierlichen Strom von qualifizierten Bewerbern sicherzustellen, um als »Employer of Choice« ausgewählt zu werden.

Die Lösung für diese Aufgabe ist »Employer Branding«, oder besser: der »Employer Branding-Prozess«. Der Begriff des »Employer Branding« steht für die bewusste Positionierung als »Employer of Choice« (Arbeitgeber der Wahl) und die aktive Vermarktung der individuellen Vorzüge und Eigenschaften von Arbeitgebern in diesem Kontext. Das Ziel: eine nachhaltige Magnetwirkung auf die »Right Potentials« zu erzeugen, die dafür sorgt, dass die Bewerber (-generationen) von der Arbeitgebermarke kontinuierlich angezogen und in einen strukturierten Bewerbungsprozess eingeleitet werden. Wegen der notwendigen Kontinuität ist Employer Branding vor allem eine kulturelle – und für jedes Unternehmen individuelle – Aufgabe, die von unterschiedlichen Rahmenbedingungen geprägt ist. Mit etablierten Vorgehensweisen können Arbeitgeber diesen Entwicklungsprozess jedoch unterstützen.

Carsten Franke (41), Industriekaufmann und Kommunikationswirt. Nach zehn Jahren auf Unternehmens- und Dienstleisterseite ist er seit 1998 Gründer und Vorstand der milch & zucker AG Bad Nauheim/Hamburg. Das Unternehmen bietet als Agentur und Software-Haus Marketing- und Recruitinglösungen »aus einem Guss« an. Er verantwortet den Unternehmensbereich HR Marketing Solutions, ist CEO des Unternehmens und Herausgeber des Blogs www.employee-branding.de. Sein Spezialgebiet ist das Thema »Employer Branding vs. Employee Branding«. Seit 2003 ist er zusätzlich Sprecher der Stellenbörse JobStairs®.

milch & zucker®
THE MARKETING   SOFTWARE COMPANY

Wolf Reiner Kriegler
Gründer und Geschäftsführer
»Deutsche Employer Branding Akademie«

Wolf Reiner Kriegler ist Experte für Corporate und Employer Branding. Er baute zwei Agenturen und eine genuine Strategieberatung für Marken auf. 2006 gründete er mit der Personalexpertin Christina Grubendorfer die Deutsche Employer Branding Akademie. Die DEBA ist auf die Employer Branding Strategieentwicklung spezialisiert.

www.employerbranding.org

Wie geht es richtig? Was hat sich bewährt?

EMPLOYER BRANDING IN DER PRAXIS – DIE 10 SCHRITTE

In Deutschland werden allenfalls 20 % der Potenziale einer Arbeitgebermarke genutzt. Unternehmen, die identitätsbasiertes Employer Branding betreiben, kommen in den Genuss vielfältiger positiver Effekte, bis hin zu überdurchschnittlicher Leistung der Mitarbeiter oder einem Plus an Kundenzufriedenheit. Wer Employer Branding richtig macht, der verbessert auch die eigene Arbeitgeberqualität und steigert so kontinuierlich seine Wettbewerbsfähigkeit als Arbeitgeber.

Wie sieht er aus, der Employer-Branding-Prozess? Welches Vorgehen hat sich bewährt? Hier die zehn Schritte auf dem Weg zur Arbeitgebermarke:

1. »*Cockpit-Check*«
Leiten Sie Ihre Employer-Branding-Ziele aus der Unternehmens- und Personalstrategie ab. Berücksichtigen Sie die Unternehmensmarke, sie ist Ihre strategische Leitplanke.

2. »*Runder Tisch*«
Sorgen Sie von Anfang an für die anhaltende Aufmerksamkeit des Top-Managements. Vernetzen Sie HR und Marketing. Das bringt Budgetsynergien und stärkt die Marke insgesamt.

3. *Erkunden Sie das Umfeld*
Untersuchen Sie Markt und Wettbewerb, studieren Sie Benchmarks und betrachten Sie Ihre externen und internen Zielgruppen.

4. *Gehen Sie »trüffeln«*
Prüfen Sie die Positionierungstauglichkeit verschiedener Aspekte Ihrer Arbeitgeberqualität in Abgleich mit Zielen und Werten. Wo liegen Chancen und Risiken? Entwickeln Sie einen strategischen Ansatz und testen Sie ihn intern auf seine Glaubwürdigkeit.

5. *Gehen Sie in sich*
Entwickeln Sie Identität und Werte der Arbeitgebermarke. Stimmt das »offizielle Selbstbild« auch wirklich mit der gelebten Realität überein?

6. *Treiben Sie sich auf die Spitze*
Entwickeln Sie ein profilscharfes und prägnantes Employer Brand Positioning. Die Unique Employment Proposition (UEP) bringt auf den Punkt, was Sie als Arbeitgeber besonders macht und unterscheidet. Der »cultural fit« definiert, wer kulturell und persönlich zu Ihnen passt.

7. *Geben Sie sich ein Gesicht*
Entwickeln Sie ein Kreativkonzept. Planen und priorisieren Sie die operativen Maßnahmen. Erst jetzt kommen Agenturen zum Zuge. Suchen Sie sich die richtige. Passen Sie den Arbeitgeberauftritt an.

8. *Messen Sie Ihren Erfolg*
Definieren Sie Erfolgsfaktoren und starten Sie die Evaluation.

9. *Externes Employer Branding*
Starten Sie die Kommunikation und machen Sie die Arbeitgebermarke in allen »Touchpoints« des Recruitingprozesses konsistent erlebbar.

10. *Internes Employer Branding*
Passen Sie HR-Strukturen und -Prozesse, Führung, interne Kommunikation sowie die Gestaltung der Arbeitswelt an die Arbeitgebermarke an. So sorgen Sie nicht nur für ein konsistentes Erleben der Arbeitgebermarke in Ihrem Unternehmen, Sie verbessern auch kontinuierlich Ihre Arbeitgeberattraktivität.

Quelle: Deutsche Employer Branding Akademie, März 2008

DPWK 2008

43 200 Stunden Arbeit, 270 Tage Zeit, 40 Studentinnen und Studenten, 8 Teams und 1 Event – das ist der »Deutsche Preis für Wirtschaftskommunikation 2008« (DPWK). Von Studentinnen und Studenten der Fachhochschule für Technik und Wirtschaft (FHTW) Berlin konzipiert und organisiert, wird der Wirtschaftspreis in diesem Jahr bereits zum achten Mal verliehen. Den jährlichen Abschluss des akademischen Projektes bildet der Tag der Wirtschaftskommunikation mit einer spannenden und informativen Fachtagung am Vormittag und der glamourösen Preisverleihung am Abend.

Der Deutsche Preis für Wirtschaftskommunikation richtet sich an Unternehmen, die Wert auf innovative und wirkungsvolle Kommunikationskonzepte sowie deren konsequente Umsetzung legen. Dass der DPWK in all seinen Attributen ein Preis ist, der selbst Zeichen setzt und mit jedem Jahr an Ansehen gewinnt, verdeutlicht das diesjährige Motto »Die Zeichensetzer – Deutschlands beste Wirtschaftskommunikation«. Vor allem haben aber die teilnehmenden Unternehmen mit ihren erfolgreichen Kommunikationskonzepten deutliche Zeichen gesetzt. Zeichen, die sehr überzeugend sind und zum Teil überraschen.

Die Finalisten heben sich herausragend von der Masse ab und betreiben in den unterschiedlichen Gebieten eine erstklassige Kommunikation. Sie beeindrucken und erreichen ihre Zielgruppe, schaffen Vertrauen für das eigene Unternehmen und stellen den Inbegriff von »Deutschlands bester Wirtschaftskommunikation« dar.

Das mottospezifische Erscheinungsbild im urbanen Streetart-Stil lässt den »DPWK 2008« und die Studierenden unverfälscht und frech erscheinen. Es unterstreicht zwei der wichtigsten Attribute und Stärken des Preises: Unabhängigkeit und Lobbyfreiheit.

Graffiti, Tags und Stencils als Möglichkeit, sich vom Untergrund aus im urbanen Dschungel zu artikulieren, finden sich in der diesjährigen Umsetzung des DPWK-Mottos wieder. Zutaten also, die das Erscheinungsbild unvermeidlich prägen und eine sehr freie, direkte sowie ehrliche Form der Stellungnahme im großstädtischen Gesellschaftsgefüge darstellen.

Das Stencil als wichtigster Teil der Mottoumsetzung des »DPWK 2008« zeigt die vielfältigen Möglichkeiten in der Verwendung von Streetart-Elementen und lässt sowohl den DPWK als auch »Die Zeichensetzer 2008...2009« selbst zum Zeichen ihrer Umwelt werden. Ein besonderer Meilenstein war die erstmalige Verwendung von Fotografien in unserem Jahrbuch. Die Kombination aus Stadtbild und Kategorientitel erzeugt neue Zusammenhänge und besonders hier wird die Funktionsweise des Konzeptes »Streetart« deutlich: Durch ein gesetztes Zeichen werden bekannte Bilder neu bewertet, so dass die Bilder selbst zum Zeichen werden. Mit einem Tüpfelchen Ironie sollen die Abbildungen dem Betrachter so Raum für eigene Ideen und Vorstellungen lassen. Außenstehende werden somit »Mitgestalter« des diesjährigen DPWK und können aktiv das endgültige Erscheinungsbild formen.

Wie jedes einzelne Element des Mottos Entwicklungszeit benötigt, braucht auch der DPWK insgesamt jedes Jahr aufs Neue viel Vorarbeit, um qualitativ bedeutungsvoll, gestalterisch neu und thematisch aktuell zu sein. Zwei Semester lang befassen sich Studierende der Wirtschaftskommunikation, der Internationalen Medieninformatik und des Kommunikationsdesigns mit verschiedenen Tätigkeiten in den Bereichen Unternehmenskontakt, Eventmanagement, Sponsorenakquise, Öffentlichkeitsarbeit, Werbung und nicht zuletzt mit der Juryarbeit.

Die – aus Studentinnen und Studenten der FHTW bestehende – Jury bewertet die Kommunikationsmaßnahmen der Unternehmen kritisch und kompetent, unabhängig von Größe und Branche der Unternehmen. Denn beim DPWK zählt die Qualität der Maßnahmen sowie deren intelligente und kreative Ideen – nicht das eingesetzte Budget.

Die Juryarbeit, als Fundament des DPWK, erfuhr in diesem Jahr eine Neuorganisation, um auch hier ein Höchstmaß an Qualität bieten zu können. Die immer unumgänglicher werdende Emotionalisierung und Involvierung der Zielgruppen, vor der Unternehmen heutzutage stehen, und die damit verbundenen Aktivitäten sollen nicht unbemerkt bleiben. So wurde in diesem Jahr die neue Preiskategorie für »Beste Kommunikation im Event Marketing« eingeführt. Neben dieser Aktualisierung wurde ein halbes Jahr lang recherchiert, verworfen und entschieden, um die eingereichten Unterlagen der Teilnehmer noch effizienter zu bewerten und die markantesten Bewertungskriterien einer jeden Preiskategorie auszuarbeiten. Den ersichtlichen Kern der Juryarbeit stellen letztlich jedoch die dokumentierten Jurybewertungen für jede Kampagne dar, einsehbar auf den Seiten der Kampagnendarstellungen der diesjährigen Finalisten und Gewinner.

Das Projekt DPWK hat ein gesundes Wachstum: Die Zahl der eingereichten Unternehmensbewerbungen stieg seit letztem Jahr um über 25 Prozent. Das Jahrbuch nimmt dementsprechend an Quantität, und natürlich auch an Qualität zu. Zum Tag der Wirtschaftskommunikation werden in diesem Jahr zudem über 800 Gäste erwartet.

Zusätzlich verzeichnet der DPWK immer mehr hochrangige Befürworter, was nicht zuletzt am Renommee der diesjährigen Schirmherren und Gastautoren zu erkennen ist.

Es konnten vier Schirmherren für den »Deutschen Preis für Wirtschaftskommunikation 2008« gewonnen werden. Aus der Politik erhalten wir Zuspruch von Klaus Wowereit, Berlins Regierendem Bürgermeister und langjährigem Förderer des DPWK. Im Bereich der Wirtschaft hat Herr Volker Nickel, Sprecher des Zentralverbands der Deutschen Werbewirtschaft (ZAW), seine Unterstützung zugesichert und aus dem Gebiet der Wissenschaften wird der DPWK von Deutschlands führenden Marketingexperten Prof. Heribert Meffert und Prof. Manfred Bruhn unterstützt.

Dieses Jahrbuch, als Träger der Erinnerungen an den »DPWK 2008«, ermöglicht einmalige Einblicke in die erfolgreichsten Kommunikationsmaßnahmen des Jahres. Es werden unter anderem zukünftige Strömungen und kommende Trends aufgezeigt. Namhafte Gastautoren bereichern die jeweiligen Kategorien mit fachspezifischen Beiträgen und schreiben aus Praxissicht über die kommenden Entwicklungen.

Zum großen Finale, dem Tag der Wirtschaftskommunikation am 27. Mai 2008, werden Experten, Fachleute und Führungskräfte aus Wissenschaft, Politik, Wirtschaft und Medien erwartet. Beginnend mit der Fachtagung zum Thema »Employer Branding – Unternehmen setzen Zeichen« symbolisiert dieser Tag das Ziel der fast einjährigen Konzeptions- und Organisationsarbeit der 40 Studentinnen und Studenten, die in diesem Jahr den DPWK ausrichteten. Bei der glanzvollen Preisverleihung mit anschließender Award-Show am Abend werden die Gewinner der sieben Kategorien sowie der diesjährige Sonderpreisträger ausgezeichnet und vor der beeindruckenden Kulisse des Berliner Admiralspalastes für ihre Leistungen in der Wirtschaftskommunikation gefeiert.

Das gesamte Team des DPWK 2008 ist sehr stolz auf die diesjährig erreichten Meilensteine. Wir hoffen, mit diesem Jahrbuch eine bleibende Erinnerung für all jene zu schaffen, die den DPWK in diesem Jahr begleitet, unterstützt und mit Spannung verfolgt haben.

Natürlich soll sich dieses Buch auch als Ansporn für alle Unternehmen verstehen, ihre Wirtschaftskommunikation stets kontinuierlich auf den Prüfstand zu stellen, neue Ideen zu entwickeln und umzusetzen und den Mut zu haben, sich vielleicht im nächsten Jahr (wieder) für den Deutschen Preis für Wirtschaftskommunikation zu bewerben.

In der Hoffnung, bleibende Zeichen gesetzt zu haben, wünscht das DPWK-Team 2008 viel Spaß beim Lesen und weiterhin viel Erfolg!

DIE JURYARBEIT DES DPWK
AND THE WINNER IS...

*Jury, die; Ausschuss, der über eine Preisvergabe,
eine Auswahl oder eine Berufung zu entscheiden hat*

In diesem Jahr wird der Deutsche Preis für Wirtschaftskommunikation bereits zum achten Mal verliehen. Dass der Preis inzwischen erfolgreich etabliert ist, zeigt sich an den jährlich steigenden Bewerbungen. Wir sind davon überzeugt, dass ein Teil des großen Renommees durch die Juryarbeit erworben wurde.

Bei der Bewertung eingereichter Konzepte stand seit Beginn des DPWK der Leitspruch »Nicht das höchste Budget, sondern die Qualität und Effizienz entscheiden!« im Mittelpunkt. Einem kleinen Unternehmen wird somit die gleiche Chance eingeräumt wie einem großen international agierenden Konzern. Zwar ist ein großes Unternehmen in der Lage, mehr finanzielle Ressourcen in seine Kommunikationsmaßnahmen zu investieren. Aber auch für diese Unternehmen gilt, die Mittel möglichst zielführend und effizient einzusetzen.

Die Frage »Wie kann man Wirtschaftskommunikation objektiv bewerten?« ist durchaus berechtigt. Eine Antwort darauf lässt sich in unserer Jurytätigkeit finden. Mit jeder Preisverleihung in den vergangenen Jahren wuchsen unsere Erfahrungen. Mit unserem Wissensmanagementsystem wurden sie systematisiert und wir waren so in der Lage, sie in die aktuelle Jurytätigkeit einfließen zu lassen. Um in ihrer Bewertung eine größtmögliche Objektivität zu gewährleisten, orientierte sich die Jury – 16 Studierende der Studiengänge Wirtschaftskommunikation und Kommunikationsdesign – des Weiteren an aktuellen wissenschaftlichen Maßstäben.

Die kategorienspezifische Bewertung von Unternehmen und ihren Maßnahmen hat sich bewährt und wurde beibehalten. Wie im vergangenen Jahr konnten sich Unternehmen in den Kategorien »Beste Online Kommunikation«, »Beste Kommunikation in der Markenpolitik«, »Beste interne Kommunikation«, »Beste werbliche Kommunikation«, »Beste Public Relations Kommunikation« und »Beste Kommunikation der Corporate Responsibility« bewerben. Die »Beste Kommunikation im Event Marketing« kam in diesem Jahr als neue Kategorie hinzu.

Die Finalisten und Gewinner des diesjährigen Deutschen Preises für Wirtschaftskommunikation wurden durch ein zweistufiges Bewertungsverfahren ermittelt. Die erste Stufe diente der Ermittlung der Finalisten. Die Bewertungsgrundlage hierfür bildete ein für alle Bewerbungen geltender neu erarbeiteter Evaluationsbogen, mit dem 50 Rahmenkriterien überprüft wurden. Das Augenmerk richtete die Jury vor allem auf die:

· schlüssige Darstellung der Ausgangssituation,
· strategische Herangehensweise,
· taktische und operative Planung und Umsetzung,
· erreichten Ergebnisse und deren Kontrolle sowie auf
· die Bewerbungsunterlagen insgesamt.

Jede Bewerbung wurde von mehreren Juroren bezüglich der Kriterien mittels Punkten bewertet. Die vergebene Punktzahl ergab sich hierbei durch den Erfüllungsgrad eines Kriteriums. Die Bewertungen aller Juroren wurden zusammengeführt und Bewerbungen, die eine vorher definierte Mindestpunktzahl erreichten, zogen in das Finale ein.

Um es an dieser Stelle noch einmal deutlich hervorzuheben: Alle Unternehmen, die das Finale des Deutschen Preises für Wirtschaftskommunikation erreichen, zeichnen sich durch eine strategische und exzellent umgesetzte Unternehmenskommunikation aus. Insofern betrachten wir bereits eine Finalnominierung einer Bewerbung und die Aufnahme in das Jahrbuch als hohe Würdigung und Auszeichnung.

Die zweite Stufe des Bewertungsverfahrens diente der Ermittlung der Gewinner in den einzelnen Kategorien. Hierbei kamen neu entwickelte kategorienspezifische Evaluationsbögen zum Einsatz, mit denen weitere 25 Kriterien – wiederum von mehreren Juroren – bewertet wurden. Besondere Beachtung fanden innerhalb der Kategorien folgende Kriterien:

· *Beste Kommunikation in der Markenpolitik:* Marke und Markengestaltung, Markenpolitik und deren Umsetzung sowie die strategische Markenführung

· *Beste werbliche Kommunikation:* Werbe- und Kommunikationsleitstrategie, Werbemittelgestaltung und -originalität, Zielgruppenaffinität sowie Werbeträgerauswahl

· *Beste interne Kommunikation:* Organisation und Umsetzung der Maßnahmen, Zielgruppenaffinität sowie Zielorientierung

· *Beste Kommunikation der Corporate Responsibility:* Strategie und Nachhaltigkeit, glaubwürdige Themenwahl, Ziele und Zielgruppen sowie Umsetzung

· *Beste Public Relations Kommunikation:* Strategie und Nachhaltigkeit, Affinität zu Bezugsgruppen sowie Umsetzung

· *Beste Online Kommunikation:* Aufbau und technische Umsetzung der Website, Zielgruppenaffinität, Interaktivität sowie Gestaltung

· *Beste Kommunikation im Event Marketing:* Zielgruppenaffinität, Zielorientierung, Vermittlung kommunikativer Botschaften sowie Organisation und Umsetzung

Für alle Kategorien galt als weiteres wichtiges Kriterium, dass die eingereichten Maßnahmen in die übergreifende Kommunikationspolitik des Unternehmens integriert waren – Voraussetzung und zugleich Ergebnis einer konsistenten Unternehmenskommunikation. Die Bewertungen aller Juroren wurden konsolidiert und mit den Punktzahlen aus der ersten Bewertungsstufe addiert. Im Ergebnis ergaben sich in jeder Kategorie Ranglisten, an deren Spitze unsere Kategoriengewinner standen. Als qualitätssichernde Maßnahme wurden alle Juryentscheidungen vor einem Fachgremium – besetzt mit Vertretern aus Wissenschaft und Wirtschaft – verteidigt.

Neben dem Ziel, ein objektives Feedback zu geben, ist es unser Bestreben, die allgemeine Bedeutsamkeit von Kommunikation für den Unternehmenserfolg hervorzuheben. Die durch zielorientierte Kommunikation erreichbaren Vorteile sollen sichtbar gemacht und als Ansporn für alle teilnehmenden und nicht-teilnehmenden Unternehmen präsentiert werden. Innovative und aussagekräftige Konzepte beweisen, dass die interne und externe Kommunikation maßgeblich an der erfolgreichen Führung eines Unternehmens beteiligt ist. Die Gewinner des Deutschen Preises für Wirtschaftskommunikation 2008 stellen nach Meinung der Jury den »Goldstandard« dieses Jahres dar. Sie beeindruckten und überzeugten die Jury am stärksten. Wir möchten daher den Gewinnern sowie den weiteren als Finalisten ausgezeichneten Unternehmen herzlich gratulieren.

Der Sonderpreis des Deutschen Preises für Wirtschaftskommunikation berücksichtigt keine unternehmerischen Zielsetzungen. Er wird für das erfolgreiche Engagement für ein gesellschaftlich relevantes Thema verliehen.

Wir möchten es an dieser Stelle nicht versäumen, uns bei allen teilnehmenden Unternehmen für ihr entgegengebrachtes Vertrauen zu bedanken. Nun möchten wir Ihnen aber die Gewinner nicht länger vorenthalten und präsentieren Ihnen auf den Folgeseiten »Deutschlands beste Wirtschaftskommunikation«.

GEWINNER UND FINALISTEN
ÜBERSICHT

BESTE KOMMUNIKATION IN DER MARKENPOLITIK

Starke Marken sind immaterielle Wertschöpfer. Eine klare und konsequente Markenführung ermöglicht eine eindeutige Unternehmens- und Produktpositionierung. Mit Qualitäts- und Leistungsversprechen können Unternehmen einen Mehrwert gegenüber Konkurrenten realisieren, sich differenzieren und nachhaltig Wettbewerbsvorteile sichern. Erfolgreiche Marken bieten Verbrauchern Orientierung und Sicherheit.

Gewinner:
Henkel AG & Co. KGaA

Finalisten:
· AGRAVIS Raiffeisen AG
· CWS-boco International GmbH
· Evonik Industries AG
· Loewe AG
· TNT Express GmbH
· Westfälische Provinzial Versicherung AG
· Wilkinson Sword GmbH

BESTE INTERNE KOMMUNIKATION

Die Dynamik der Märkte fordert von Unternehmen eine hohe Flexibilität. Die interne Informations- und Kommunikationspolitik stellt einen entscheidenden Wettbewerbs- und Erfolgsfaktor dar. Mitarbeiter werden durch transparente und klare Kommunikationsmaßnahmen von Unternehmenszielen überzeugt und bilden so die Basis für eine wertschöpfende Unternehmenskultur.

Gewinner:
Otto GmbH & Co. KG

Finalisten:
· Allianz Deutschland AG
· Cognis GmbH
· comdirect bank AG
· eBay GmbH
· Evonik Industries AG
· neckermann.de GmbH
· Volkswagen AG

BESTE WERBLICHE KOMMUNIKATION

Die Marktkommunikation von Unternehmen ist von entscheidender Bedeutung für ihren wirtschaftlichen Erfolg. Ein zeitgemäßer und kreativer Umgang mit den verfügbaren Kommunikationsinstrumenten ist unverzichtbar. Überzeugende Werbemaßnahmen sind zielgerichtet und gewinnen die Aufmerksamkeit potenzieller Kunden.

Gewinner:
Hannoversche Lebensversicherung AG

Finalisten:
· Berliner Stadtreinigung (BSR)
· circ corporate experience gmbh & co. kg
· FIEGE Holding Stiftung & Co. KG
· Flughafen Berlin-Schönefeld GmbH
· HAGEN INVENT GmbH & Co. KG
· KSB Aktiengesellschaft

BESTE KOMMUNIKATION DER CORPORATE RESPONSIBILITY

Corporate Responsibility oder Corporate Social Responsibility heißt unternehmerische Verantwortung zeigen und Erfolg an die Gesellschaft zurückgeben. Dies deutlich zu machen, erfordert besonderes kommunikationspolitisches Geschick. Von besonderer Bedeutung ist es, die vielfältigen Bedürfnisse interner und externer Zielgruppen zu erkennen und sich für Gesellschaft, Umwelt und Mitarbeiter zu engagieren.

Gewinner:
TNT Express GmbH

Finalisten:
· DEGEWO AG
· Deutsche Post World Net
· EnBW Energie Baden-Württemberg AG
· Otto GmbH & Co. KG
· Philips GmbH
· Westfälische Provinzial Versicherung AG

BESTE PUBLIC RELATIONS KOMMUNIKATION

Professionelle Öffentlichkeitsarbeit und kooperatives Handeln sind die Grundlage für beispielhafte Beziehungen zu allen Bezugsgruppen des Unternehmens. Eine wirkungsvolle Public Relations-Strategie schafft Glaubwürdigkeit, Nähe und Vertrauen. Die Bekanntheit des Unternehmens steigt und ein positives Image wird gefördert.

Gewinner:
Philips GmbH

Finalisten:
· Deutsche Bahn AG
· Deutsche Post World Net
· Google Germany GmbH
· Kraft Foods Deutschland GmbH
· Metro AG
· Weidmüller Interface GmbH & Co. KG

BESTE KOMMUNIKATION IM EVENT MARKETING

Erlebnisorientierte Präsentationen dienen zur positiven Emotionalisierung von Produkten, Dienstleistungen und Unternehmen. Die erfolgreiche Zielgruppenansprache von Unternehmen und Verbrauchern nimmt einen bedeutenden strategischen Stellenwert im Marketingmix ein. Events wie z.B. Messen, Konferenzen, Produktpräsentationen und Kulturveranstaltungen bieten eine hohe Kontaktintensität zur nachhaltigen Vermittlung der Unternehmensbotschaft.

Gewinner:
Toyota Deutschland GmbH – LEXUS Division

Finalisten:
· A.T. Kearney GmbH
· FIEGE Holding Stiftung & Co. KG
· Otto Bock HealthCare GmbH
· s.Oliver Bernd Freier GmbH & Co. KG
· Uniplan International GmbH & Co. KG

BESTE ONLINE KOMMUNIKATION

Eine effiziente Online-Präsenz besticht durch klare Strukturen, benutzerfreundliche Bedienung und zielgruppenspezifische Aufbereitung der Inhalte. Den gewachsenen Ansprüchen der User wird sie mit sorgfältiger und stetiger Content-Pflege gerecht. Unverwechselbare Unternehmensdarstellungen erfüllen die Informations- und Dialogbedürfnisse verschiedener Interessengruppen.

Gewinner:
Sparkassen-Finanzportal GmbH

Finalisten:
· Berliner Stadtreinigung (BSR)
· circ corporate experience gmbh & co. kg
· GASAG Berliner Gaswerke Aktiengesellschaft
· GEA Group Aktiengesellschaft
· Hacker-Pschorr Bräu GmbH

SONDERPREIS

Der Sonderpreis des Deutschen Preises für Wirtschaftskommunikation berücksichtigt keine unternehmerischen Zielsetzungen. Er wird für das erfolgreiche Engagement für ein gesellschaftlich relevantes Thema verliehen.

Gewinner:
Neue Schule Hamburg e.V.

BEISPIEL**KOMMUN**
IKATION IN DER
MARKEN
POLITIK DPWK
2008

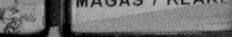
MAGAS / KLARE

HE

Rotter/Richte

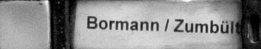
Bormann / Zumbült

Le

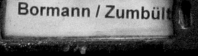
D. Wan
A. Symonowicz

Pri
Wa

Krenzke

Königs
Sachtle

Prof. Dr. Franz-Rudolf Esch
Direktor des Instituts für Marken- und
Kommunikationsforschung

KOMMUNIKATION: DAS GESICHT DER MARKE GESTALTEN

Die Kommunikation wird die Zukunft von Unternehmen und Marken bestimmen! Bei zunehmendem Qualitätspatt austauschbarer Produkte auf gesättigten Märkten, extrem schnellen Reaktionszeiten von Unternehmen auf erfolgreiche Innovationen der Konkurrenz, ständig wachsender Markenvielfalt, extremem Anstieg der Kommunikationsmedien und -optionen, wachsendem kommunikativen Rauschen und informationsüberfluteten sowie wenig interessierten Konsumenten werden intelligente Kommunikationsstrategien und deren marktadäquate Umsetzung über Erfolg oder Misserfolg von Unternehmen entscheiden.

Erfolgreiche Marken werden mehr denn je Produkte intelligenter Markenkommunikation sein! Die Kommunikation verankert Marken in den Köpfen der Kunden. Die Kommunikation als Gesicht der Marke macht die Marke erst in der Flut der Angebote sichtbar. Sie schafft eine Top-of-Mind-Awareness und baut über einzigartige, imagebildende Assoziationen Präferenzen zu einer Marke auf. Die Kommunikation verleiht einer Marke eine unverwechselbare Gestalt mit Relevanz für Kunden.

Folgende Anforderungen prägen die Kommunikation für Marken:
1. Zersplitterte Kommunikation und fraktale Marken sind fatal! *Integrierte Kommunikation heißt das Gebot der Stunde.* Konsumenten suchen klare Markenanker, die ihrem Selbstbild entsprechen. Solche Anker können nur durch abgestimmte Kommunikationsmaßnahmen erreicht werden, damit sich die Wirkungen der eingesetzten Kommunikationsinstrumente ergänzen und gegenseitig stärken. Ansonsten gehen Marken in der Kommunikationsflut unter. Erst die Orchestrierung der Kommunikation schafft eine Spur zum Konsumenten. Integrierte Kommunikation erfordert eine Abkehr von dem »Klein-klein-Denken« in einzelnen Kommunikationsinstrumenten. Es gilt: »Das Ganze ist mehr als die Summe seiner Teile«.

2. *Kommunikationsmanagement wird zur Chefsache.* Kommunikation ist eine Investition in eine Marke und in den Markt. Die Entwicklung von Kommunikationsstrategien ist so professionell durchzuführen wie der Forschungs- und Entwicklungsprozess für neue Produkte. Kreative müssen ihre Kreativität nach den strategischen Vorgaben entfalten und nicht Ideen losgelöst vom Kommunikationsbriefing entwickeln. Kreativität nur um der Kreativität willen ist fehl am Platz. Solche Kreativen werden von dem vermeintlichen Sockel der Genialität gehoben und in die Wüste verbannt werden.

3. *Kommunikation fängt im Unternehmen an.* Erst müssen Manager und Mitarbeiter für die Marke sensibilisiert werden, bevor man dies auch bei externen Anspruchsgruppen machen kann. Dies setzt das Verständnis sowie die Verankerung der Markenwerte in Denken, Fühlen und Handeln der Mitarbeiter voraus sowie Strukturen und Prozesse, die eine erfolgreiche Markenkommunikation erst ermöglichen.

4. *Die Umsetzung entscheidet über den Erfolg der Kommunikation.* Die Wahrnehmung der Konsumenten wird zum Gradmesser für den Kommunikationserfolg. Verhaltenswissenschaftliches Know-how zur wirksamen kommunikativen Beeinflussung ist gefordert. Ansonsten wird der Kommunikationserfolg dem Zufall überlassen.

5. *Marken müssen durch Kommunikation inszeniert und erlebbar gemacht werden.* Starke Marken verfügen über eine emotionale Bindung zu ihren Kunden, die durch Kommunikation geschaffen werden muss. Die Swarovski-Kristallwelt, Red-Bull-Flug-Events, Inszenierungen in Szenen wie durch die Jägerettes von Jägermeister und andere passende kommunikative Maßnahmen für Marken werden an Bedeutung gewinnen.

6. Kommunikation erfordert das Denken in Bildern. Die zentrale strategische Frage ist die nach dem »Big Picture« für Ihre Marke. Nur wer weiß, wie seine Marke in den Köpfen der Konsumenten platziert sein soll, kann auch seine Kommunikation effizient gestalten. Die Kommunikation der Zukunft folgt dem *Strickmuster der Bildkommunikation* und ist einfach, simpel, aufreizend, unterhaltsam und fesselnd.

Prof. Dr. Franz-Rudolf Esch, Jahrgang 1960, ist seit 1996 Universitätsprofessor für Betriebswirtschaftslehre mit dem Schwerpunkt Marketing an der Justus-Liebig-Universität Gießen. Er ist ferner Direktor des Instituts für Marken- und Kommunikationsforschung und Vize-Präsident des Deutschen Marketing-Verbandes. Professor Esch beschäftigt sich seit mehr als 15 Jahren mit Forschungen zum Markenmanagement, zur Kommunikation und zum Kundenverhalten. Er ist Gründer und wissenschaftlicher Beirat von Esch-Brand Consultants. Neben seiner Tätigkeit in angesehenen Managerweiterbildungsprogrammen in Deutschland und der Schweiz ist er zudem Autor von zahlreichen Fachbüchern (u.a. »Strategie und Technik der Werbung«, »Behavioral Branding«).

aus. Deshalb sollte man vorsichtig sein vor den ewig *gestrigen Einflüsterungen der Marktforschung*, die das Denken oft auf Defizite lenken, die es auszugleichen gilt, statt neue Chancen zu skizzieren. Eine intelligente Interpretation der Daten, dort, wo es nötig ist, und eine kreative Interpretation der Marke für die kommunikative Stoßrichtung der Zukunft sind gefragt. Es ist eine Balance zwischen Markenwerten, die es zu erhalten gilt in der Kommunikation, und notwendigen Anpassungen an den Zeitgeist.

11. Wenn die Kommunikation eine so zentrale Rolle spielt, müssen *markenbezogene Kommunikationskennzahlen* auch Eingang in die strategische Unternehmensplanung finden. Mehr noch: Entlohnungssysteme der Manager sind nach entsprechenden markenbezogenen Kommunikationserfolgen mit auszurichten. Nur dadurch kann dem Profilierungswillen mancher Manager und dem »Bäumchen-Wechsel-Dich-Spiel« in der Kommunikation Einhalt geboten werden. Nur so kann das altbekannte Spiel »neuer Manager – neue Kommunikation« durchbrochen werden. Es müssen die Manager belohnt werden, die erfolgreiche Marken auch kontinuierlich mit notwendigen Anpassungen an den Zeitgeist durch turbulente Märkte navigieren wollen.

7. Kundenkenntnisse sind gefragt: Nur wer Einblick in die Gefühls- und Erfahrungswelt der Kunden hat, kann langfristig Erfolg im Markt haben. Den Customer-Lifetime-Value maximieren heißt, Wünsche und Bedürfnisse der Kunden langfristig zufriedenzustellen. *Verhaltenswissenschaftliches Know-how* muss Bauchgefühl ergänzen. Sozialtechnisches Wissen ist zielgerichtet einzusetzen. Vielfach arbeitet die Kommunikation jedoch noch an den Bedürfnissen der Kunden vorbei.

8. *Das Management der Kundenkontaktpunkte wird kriegsentscheidend.* Diese sind auf die Marke und den Bedarf der Kunden abzustimmen. Klassische Kommunikationsinstrumente sind sinnvoll durch neue Kommunikationsinstrumente zu ergänzen. Es geht darum, den Buying-Cycle des Kunden sinnvoll mit unterschiedlichen Kommunikationsmaßnahmen zu begleiten.

9. *Kommunikation ohne Kommunikationskontrolle ist wie das Bogenschießen eines Blinden.* Einige Pfeile können zwar zufällig das Ziel treffen, ohne Feedback bleibt dies jedoch ein Zufallsprodukt. Beim Kommunikationscontrolling besteht noch großer Nachholbedarf, sowohl bei der Entwicklung und Begleitung einer Kommunikationskampagne als auch bei der Messung der Wirkung.

10. Markenkommunikation ist in die Zukunft gerichtet. Es gilt, den Markenkern wirksam und zukunftsorientiert entsprechend den vorhandenen Kundenbedürfnissen in Szene zu setzen. Dies setzt eine Ausrichtung an vorhandenen oder kreierbaren Stärken vor-

12. Das *Know-how von Werbeagenturen* muss den kommunikativen Entwicklungen angepasst werden. Wer heute bei Präsentationen im geschliffenen Werbedeutsch seinen Kunden die Vorschläge auf den »Pappen« lang und breit erklärt, hat die Zeichen der Zeit nicht erkannt. Schließlich haben die Konsumenten auch keine »Pappenerklärer«, die ihnen verständlich machen, worum es überhaupt in der Werbung geht. Mehr Professionalität in den Unternehmen setzt auch mehr Professionalität bei den Agenturen voraus. Werbeagenturen sollten ihre künftigen Aufgaben ernst nehmen und aktiv an leistungsbezogenen Entlohnungssystemen arbeiten, die sich an diagnostischen Erfolgsgrößen ausrichten.

Literaturhinweise:
Esch, F.-R. (2008): *Strategie und Technik der Markenführung*, 5. Aufl., Vahlen Verlag, München.
Kroeber-Riel, W., F.-R. Esch (2004): *Strategie und Technik der Werbung*, 6. Aufl., Kohlhammer Verlag, Stuttgart.

HENKEL

› DAS UNTERNEHMEN

Fokus auf Marken und Technologien

Markenartikel und Technologien bilden die strategischen Säulen des international ausgerichteten Unternehmens. In den drei Geschäftsfeldern Wasch-/Reinigungsmittel, Kosmetik/Körperpflege und Adhesives Technologies nimmt das Unternehmen zum Teil weltmarktführende Positionen ein.

Zu den bekanntesten der insgesamt 750 Produktmarken gehören Persil, Fa, Pritt und Schauma. Die Mehrheit der Stammaktien befindet sich im Besitz der Nachfahren von Fritz Henkel, der das Unternehmen 1876 gegründet hat. Im Geschäftsjahr 2007 erzielte das Unternehmen einen Weltumsatz von 13,074 Milliarden Euro. Seit 2006/07 zählt Henkel laut Innovest Strategic Value Advisors zu den hundert nachhaltigsten Firmen weltweit.

Die Henkel-Welt

Henkel, dessen Hauptsitz sich in Düsseldorf befindet, zählt zu den »Fortune Global 500« und ist stark international ausgerichtet. Von den mehr als 53 000 Mitarbeitern arbeiten 80 Prozent außerhalb Deutschlands, in mehr als 125 Ländern der Welt.

Henkel – A Brand like a Friend

»Henkel – A Brand like a Friend« – eine Marke wie ein Freund. Mit diesem Claim präsentiert sich das Unternehmen, das bereits 1907 das erste selbsttätige Waschmittel erfunden hat. Das Leben der Menschen »leichter, besser und schöner machen« – das ist der Anspruch, dem sich Henkel Tag für Tag aufs Neue stellt. Er leitet sich aus der Vision und Geschäftsidee des Firmengründers Fritz Henkel ab. Von modernen Alltagprodukten bis hin zu komplexen chemisch-technischen Systemlösungen für Industriekunden – Henkel erfüllt diesen Anspruch, indem das Unternehmen allen Kunden das passende, auf ihre jeweiligen Bedürfnisse zugeschnittene, qualitativ hochwertige Produkt anbietet.

Für die Zukunft gerüstet

Die Wünsche und Bedürfnisse der Kunden und Verbraucher frühzeitig zu erkennen und zu erfüllen, dieses besondere Anliegen treibt Henkel als Anbieter von Markenartikeln und Systemlösungen auf internationalen Märkten an. Henkel-Wissenschaftler aus Forschung und Entwicklung schaffen hierfür neue Technologien, umfassendes Knowhow, innovative Problemlösungen und Produkte, die den wirtschaftlichen Erfolg des Unternehmens langfristig sichern.

Kasper Rorsted,
Vorstandsvorsitzender Henkel

Nachhaltigkeit und gesellschaftliche Verantwortung

Der Erfolg von Henkel ist eng mit der Übernahme gesellschaftlicher Verantwortung und dem Thema Umweltschutz verknüpft. Henkel ist davon überzeugt, dass nachhaltige Entwicklung eine globale Herausforderung ist, die nur erreicht wird, wenn sich jeder Einzelne auf lokaler Ebene nachhaltig und gesellschaftlich verantwortlich fühlt. Henkel versteht sich als verantwortungsvoller Bürger, der sich freiwillig im sozialen, ökonomischen und ökologischen Bereich engagiert. Gesellschaftlich verantwortliches Handeln ist in allen Unternehmensaktivitäten entlang der gesamten Wertschöpfungskette in den Unternehmensleitlinien von Henkel fest verankert. Das Zentrum der Nachhaltigkeitspolitik bilden Marken und Technologien, die das Leben der Menschen »leichter, besser und schöner« machen. Mit weltweit verbindlichen Vorgaben will Henkel folgende Ziele erreichen:

· Effiziente, sichere und wirtschaftliche Prozesse
· Wettbewerbsvorteile durch nachhaltige Produkte
· Verantwortungsbewusste und motivierte
  Mitarbeiter

Henkel hat sich zudem mit dem Beitritt zum »Global Compact« der Vereinten Nationen (2003) verpflichtet, die Menschenrechte, die grundlegenden Arbeitnehmerrechte und den Umweltschutz zu achten und gegen alle Formen der Korruption vorzugehen.

Umwelt- und Verbraucherschutz

Die Bereiche Umweltschutz, Sicherheit, Gesundheit und Qualität besitzen für Henkel einen hohen Stellenwert und werden ständig verbessert. Konzernweit verbindliche, detaillierte Sustainability-Standards, die regelmäßig durch interne Audits und externe Zertifizierungen überprüft werden, sorgen für die optimale Umsetzung dieser Themengebiete. Die erstklassige Qualität der Produkte steht für Henkel nicht nur für eine hohe Leistung und Anwenderfreundlichkeit. Sie bedeutet auch Produktsicherheit und Umweltverträglichkeit. Bei der Entwicklung neuer Produkte stehen stets Verbraucher- und Arbeitssicherheit, geringerer Ressourcenverbrauch und eine konsequente Verringerung von Emissionen und Abfall im Vordergrund.

Gesellschaftliches Engagement

Henkel unterstützt gezielt soziale, ökologische und wissenschaftliche Initiativen. Ein Beispiel ist die MIT-Initiative (»Miteinander im Team«): Henkel fördert weltweit soziale Projekte, für die sich Mitarbeiter und Pensionäre ehrenamtlich engagieren. Seit 1998 wurden über 4 574 Projekte, die Kindern in 105 Ländern helfen, erfolgreich realisiert.

Henkel AG & Co. KGaA
Henkelstr. 67
40191 Düsseldorf

Gründungsjahr
1876

Websites
www.henkel.com
www.henkel.de

Verantwortliche
Ernst Primosch, Corporate
Vice President, Head of
Corporate Communications;
Volker Krug, Head of
Corporate Identity,
Corporate Communications

› DIE KAMPAGNE

»Henkel – A Brand like a Friend« – eine Marke wie ein Freund. Dieser Claim ist zentraler Bestandteil der im Jahr 2001 beschlossenen strategischen Neuausrichtung mit dem Fokus auf Marken und Technologien. Mit der strategischen Fokussierung stellte sich für die Kommunikation die Aufgabe, das Erscheinungsbild, das Selbstverständnis und die Identität von Henkel zu analysieren und neu zu definieren.

Ausgehend von der Überzeugung, dass Werte und Tradition des Unternehmens, gepaart mit der Vision des Firmengründers Fritz Henkel, eine bedeutende Rolle in der Neu-Orientierung spielen, startete ein umfassender Veränderungsprozess, der zu einer einheitlichen Corporate-Identity-Strategie führte.

Langfristiges Ziel der strategischen Neuausrichtung und des einheitlichen Corporate Brand Managements war es, Henkel in seiner Gesamtheit als Unternehmensmarke zu präsentieren und weltweit zu etablieren, um das Vertrauen der Kunden und der Mitarbeiter zu festigen und den Unternehmenswert nachhaltig zu steigern.

Ein klares Unternehmensbild zu vermitteln, wird in einer Zeit der Informationsflut und der Dynamik des internationalen Wettbewerbs immer wichtiger. Dies gelingt mit einer konsequent und einheitlich gestalteten Unternehmensmarke, die in der Lage ist, das Vertrauen zu allen Produkten und Produktmarken eines Unternehmens zu generieren. Sie muss informieren, Komplexität reduzieren, Assoziationen zu einem Vorstellungsbild bündeln und Identität stiften – als kreative Plattform wird sie zukünftig nicht mehr wegzudenken sein und weiter an Bedeutung gewinnen.

Die Bildung einer (Unternehmens-) Marke bedurfte einer langfristig umsetzbaren, trag- und zugkräftigen Idee: der Formulierung der Unternehmensvision. Sie bringt auf den Punkt, wofür der Name Henkel steht: »Henkel ist führend mit Marken und Technologien, die das Leben der Menschen leichter, besser und schöner machen«. Hier drückt sich der Führungsanspruch auf den Henkel-Geschäftsfeldern und der Zweck des Unternehmens aus, immer wieder neue Produkte und innovative Lösungen zu entwickeln, die für den Verbraucher und den Industriekunden wesentliche Erleichterungen und Verbesserungen bedeuten.

Mit der Neu-Formulierung ging die Definition von zehn zentralen Unternehmenswerten einher. Dieses Wertesystem gründet auf Erfahrungen und Prinzipien, die sich in der Unternehmensgeschichte bewährt und die die Anpassungsfähigkeit des Unternehmens im gesellschaftlichen und wirtschaftlichen Wandel gewährleistet haben.

Sie bilden die inhaltliche Grundlage für die Positionierung von Henkel und sind als »Grundgesetz« des Unternehmens für alle Mitarbeiter weltweit verbindlich.

Um diesen neuen Ansatz zu visualisieren und erlebbar zu machen, wurden das Corporate Design und das Unternehmenslogo überarbeitet und der Unternehmensclaim »A Brand like a Friend«, der die Markenbotschaft zusammenfasst, neu formuliert. Das Ziel dieser Botschaft ist eindeutig: Als verständnisvoller Freund steht Henkel Kunden und Verbrauchern zuverlässig zur Seite. So wird die Distanz zum Konsumenten, die für Großunternehmen oft charakteristisch ist, überbrückt. Die Personifizierung macht Henkel individuell, konkret erfassbar und unverwechselbar.

Das Corporate Design hat im Unternehmen folgerichtig einen hohen Stellenwert. Es macht die Corporate-Identity-Strategie von Henkel sichtbar. Auf allen Kommunikationsprodukten des Unternehmens – ob gedruckt oder elektronisch – ist die zentrale Botschaft »Henkel – A Brand like a Friend« zu finden.

Ein Freund, dem man vertrauen kann – »A Brand like a Friend« –, diesem hohen Anspruch stellt sich Henkel tagtäglich. Spitzenplätze in den Image-Ranglisten und ein gestiegener Unternehmenswert belegen den Erfolg der neuen Kommunikationsstrategie.

Einheitlichkeit um jeden Preis ist dabei nicht gewollt. Regionale Eigenschaften und lokale Unterschiede werden berücksichtigt. Insbesondere vor diesem Hintergrund sind eindeutige Orientierungshilfen, die bestimmen, was zur Unternehmensmarke passt und was nicht, erfolgsentscheidend.

Henkel gilt in der Fachwelt als eines der führenden Marketing-Unternehmen Deutschlands. Daraus leitet die Unternehmenskommunikation den Handlungsrahmen ab: Wenn Produktmarken wie Persil, Pattex, Pritt und Schwarzkopf erfolgreich geführt und beständig weiterentwickelt werden, gilt die gleiche Professionalität auch für die Entwicklung und strategische Führung der Unternehmensmarke Henkel.

Diese »Strategieentwicklung aus eigener Kraft« – belegbar durch die Kennzahlen zur Wertsteigerung der Unternehmensmarke (nach BBDO consult in fünf Jahren um 100 Prozent) – hat sich bereits in kurzer Zeit als erfolgreich und äußerst effizient erwiesen.

Vision und Unternehmenswerte von Henkel
· Wir sind kundenorientiert.
· Wir entwickeln führende Marken und Technologien.
· Wir stehen für exzellente Qualität.
· Wir legen unseren Fokus auf Innovationen.
· Wir verstehen Veränderungen als Chance.
· Wir sind erfolgreich durch unsere Mitarbeiter.
· Wir orientieren uns am Shareholder Value.
· Wir wirtschaften nachhaltig und gesellschaftlich verantwortlich.
· Wir verfolgen eine aktive und offene Informationspolitik.
· Wir wahren die Tradition einer offenen Familiengesellschaft.

› DIE JURY

Die Henkel KGaA mit Hauptsitz in Düsseldorf besitzt Niederlassungen in 75 Ländern und vertreibt ihre Produkte in ca. 125 Ländern. 81 Prozent der 53 000 Mitarbeiter sind außerhalb Deutschlands tätig. Henkel ist damit einer der am stärksten international ausgerichteten deutschen Großkonzerne. Als Ergebnis eines rasanten Konzernwachstums im In- und Ausland waren Inkongruenzen in der internen wie externen Markenwahrnehmung zu beobachten. Das Unternehmen definierte deshalb – nach umfassenden Analysen von Visionen, Werten und Identitäten – im Jahr 2002 neue Leitziele für das Brand Management. Mit der Entwicklung der neuen Corporate-Brand-Konzeption wurde die Strategie eines »Branded House of Brands« gewählt. Die Marke Henkel wird heute verstärkt auch auf der Kundenebene kommuniziert, um von dem positiven Image des Unternehmens zu profitieren und es auf bestehende sowie neu einzuführende Produktmarken zu transferieren. Die Kombination zielgruppengerechter Produktmarken mit der vertrauensfördernden Dachmarke trägt zum unternehmerischen Erfolg bei. Eine besondere Herausforderung bei der Umsetzung bestand in der starken Internationalisierung des Unternehmens, erkennbar an dem einheitlichen Slogan »A Brand like a Friend«. Der gewählte Slogan unterstreicht die Umorientierung von einem anonymen »Spezialisten für angewandte Chemie« hin zu einem Produzenten, der auch in der Konsumgüterwelt zu Hause ist. Henkels Markenpolitik wirkt sich positiv auf das Image des Unternehmens aus, indem sie die gefühlte Distanz zwischen dem Großunternehmen und dem Rezipienten verringert. Der strategische Ansatz der Neuausrichtung wird durch eine permanente Überprüfung und Weiterentwicklung der gesamten Markenarchitektur deutlich. Im Wissen, dass die eigenen Mitarbeiter bei der Bildung des Corporate Images von größter Bedeutung sind, hatte und hat die interne Kommunikation eine hohe Priorität. Aus Sicht der Jury hat Henkel den seit dem Jahr 2002 andauernden Prozess der Neuausrichtung der gesamten Markenarchitektur in beispielhafter Weise gelöst und gratuliert dem Gewinner des Deutschen Preises für Wirtschaftskommunikation 2008 in der Kategorie »Beste Kommunikation in der Markenpolitik«.

AGRAVIS RAIFFEISEN AG

> DAS UNTERNEHMEN

**AGRAVIS Raiffeisen AG hilft wachsen.
Mit klaren Zielen und Strategien.**
Wenn Landwirte zufrieden ihre Ernte einfahren,
Bauherren Richtfest feiern oder die Versorgung
mit Brenn- und Kraftstoffen sichergestellt ist –
dann hat die AGRAVIS Raiffeisen AG dazu einen
wichtigen Beitrag geleistet. Als modernes Agrar-
handels- und Dienstleistungsunternehmen unterstützt AGRAVIS ihre genossenschaftlichen
Vertriebspartner, die Landwirtschaft und die
Menschen im ländlichen Raum mit qualitativ
hochwertigen Produkten, umfangreichem Know-
how, fachkundiger Beratung sowie erstklassigem
Service in den Bereichen Pflanzen, Tiere, Technik,
Bauservice, Märkte, Energie. AGRAVIS tut alles,
um Partner Nummer eins für ihre Genossenschaften, Kunden und Aktionäre zu sein: Sie helfen,
profitabler zu arbeiten, effizientere Leistungen
zu erbringen und höhere Erträge zu erzielen.

Gemäß der Leitlinie:
AGRAVIS Raiffeisen AG – Wir helfen wachsen.

AGRAVIS Raiffeisen AG

Firmensitz Münster

Industrieweg 110

48155 Münster

Tel.: (02 51) 682 - 0

Fax: (02 52) 682 - 2048

Firmensitz Hannover

Plathnerstr. 4 A

30175 Hannover

Tel.: (05 11) 80 75 - 0

Fax: (05 11) 80 75 - 34 90

Gründungsjahr

2004

Website

www.agravis.de

Verantwortlicher

Bernd Homann,

Leiter Unternehmens-

kommunikation

Partneragentur

DAMM & BIERBAUM

› DIE KAMPAGNE

Die Ausgangssituation

Nach der Fusion der beiden Hauptgenossenschaften RCG Nordwest eG, Münster, und RHG Nord AG, Hannover, galt es, sämtliche Marken zu überprüfen, neu zu strukturieren und das Unternehmen AGRAVIS Raiffeisen AG neu zu positionieren. Im Zuge dessen wurde die Markenarchitektur neu ausgerichtet und die Marken unter sechs – im Strategieprozess herausgearbeiteten – Unternehmensbereichen (Tiere, Pflanzen, Technik, Bauservice, Energie, Märkte) eingegliedert.

Zunehmende Professionalisierung der Agrarwirtschaft forderte den Wandel vom reinen Handelsunternehmen hin zum integrierten, zukunftsfähigen Dienstleistungs- und Serviceunternehmen.

Der zweistufige Handel (über die selbstständigen Primärgenossenschaften) macht die Ansprache doppelt schwer.

Das Logo war vorhanden, die Unternehmensmarke aber nach der Fusion noch völlig unbekannt und noch nicht mit den Unternehmenswerten und -einstellungen aufgeladen.

Die Ziele

Zum einen sollte der Konzern, der aktuell über 4,4 Mrd. Euro umsetzt, sowohl intern, d.h. in Richtung seiner 4400 Mitarbeiter, als auch extern positioniert werden. Zum anderen sollte ein konzernweites Corporate Design entwickelt werden, das in einem Manual als Arbeitsgrundlage allen Unternehmensbereichen zur Verfügung gestellt werden soll.

› DIE JURY

Die AGRAVIS Raiffeisen AG entstand im Oktober 2004 durch einen Zusammenschluss der Raiffeisen Central-Genossenschaft Nordwest eG und der Raiffeisen Hauptgenossenschaft Nord AG. Im Zuge der Fusion der beiden Unternehmen wurden die zu dem Zeitpunkt existierenden 400 Marken analysiert, in ihrem Nutzeneffekt beurteilt und – bei einem positiven Resultat – in eine neu entwickelte Markenarchitektur integriert. Das Unternehmen fokussiert sich heute auf eine Markenfamilie, die gut 20 Produktmarken umfasst und in sechs Unternehmensbereiche gegliedert ist. An der Spitze wurde die Dachmarke AGRAVIS etabliert. Die gewählte Markenarchitektur unterstützt das Unternehmen in vorbildlicher Weise beim Wandel von einem reinen Handelsunternehmen hin zu einem integrierten Dienstleistungsunternehmen. Die starke Dachmarke bietet den Kunden Orientierung und kommuniziert ihnen, in einem unübersichtlichen Markt Services aus einer Hand zu bekommen. Der emotionale und gut merkfähige Claim »AGRAVIS – Wir helfen wachsen.« ist in seiner bildhaften Ansprache für Kunden wie für Mitarbeiter gleichermaßen geeignet. Die semantische Nähe von Markennamen und Claim zum landwirtschaftlichen Sektor wird in der Bildsprache fortgesetzt. Die neu entwickelte frische Corporate Identity wird durch einen konsistenten Kommunikationsmix interner und externer Kommunikationsmaßnahmen konsequent umgesetzt. In der Mitarbeiterkommunikation wurde der Claim »AGRAVIS – Wir helfen wachsen.« durch den involvierenden Zusatz »Helfen Sie mit!« ergänzt. Die positive Entwicklung unternehmerischer Kennzahlen belegt die Richtigkeit des gewählten Ansatzes. Nach Meinung der Jury hat die AGRAVIS Raiffeisen AG die in der Unternehmensfusion begründete Aufgabenstellung in hervorragender Weise gelöst.

Darüber hinaus sollte die große Zahl von Marken (gut 400) in allen Bereichen überprüft und unter Berücksichtigung einer klaren Markenstrategie in eine sinnvolle Markenarchitektur eingearbeitet werden. Dabei galt es auch, die Anzahl der Marken deutlich zu reduzieren und die verbleibenden bzw. neuen Marken auf- bzw. auszubauen.

Die Zielgruppe

Der Konzern unterscheidet zwei wesentliche Gruppen. Die Unternehmenskommunikation richtet sich nach innen (interne Kommunikation: Mitarbeiter). Die Handelskommunikation (externe Kommunikation) richtet sich an eine sehr heterogene Zielgruppe, je nach Bereich, in dem das Unternehmen tätig ist: Genossenschaften, Landwirte, Investoren, Endverbraucher, Aktionäre und Banken.

Die Strategie

An erster Stelle stand die Entwicklung einer starken Dachmarke AGRAVIS, die den Markenkern »Partner der Landwirtschaft« und das Markenversprechen der AGRAVIS AG »Wir helfen der Landwirtschaft mit Produkten und Dienstleistungen, ihr Geschäft voranzubringen« mit starken Produktmarken für die einzelnen Bereiche untermauert. Im Tierfutterbereich wurde z. B. für jede Futtermittelart eine starke Marke aufgebaut.

Die Kommunikationsstrategie folgt einem 3-Stufen-Plan

Stufe 1:
Interne Durchsetzung des Markenversprechens
Stufe 2:
Kommunikation an die Genossenschaften als Vertriebspartner und deren Einbindung in alle wichtigen Aktionen
Stufe 3:
Kommunikation gegenüber den Landwirten

Die kreative Leitidee

Alles übergreifend wurde ein merkfähiger Claim entwickelt, der die Unternehmenspositionierung und -zielsetzung nach innen und außen deutlich macht und für die Mitarbeiter Identifikationsfläche bietet.

Der Claim kommt, was die Begrifflichkeit betrifft, direkt aus dem landwirtschaftlichen Sektor. Er bezieht sich ganz auf die Unternehmenswurzeln: »AGRAVIS – Wir helfen wachsen.«

Der Claim klammert die Motive der sechs Bereiche der AGRAVIS AG ein und wurde flächendeckend kommuniziert (u. a. landwirtschaftliche Fachpresse, Internet, Messen/Events, Hauptversammlung, Aktionärszeitung, interne Kommunikation, Blow up, Virales Marketing).

Das Ergebnis

Laut DLG Image-Barometer, Befragung in der Fachzielgruppe (725 führende Landwirte), ist die Raiffeisengruppe im Dienstleistungsbereich führend im Ranking.

In der Fachzeitschrift »DLG Mitteilungen« heißt es dazu außerdem: »Bemerkenswert ist hierbei, dass die AGRAVIS bereits nach zwei Jahren bei der Frage nach den besonders guten Unternehmen gleich viele Nennungen wie die BayWa erhalten hat.«

Darüber hinaus gewinnt die Kampagne den von einer Fachjury auf der »Agritechnica« vergebenen Agrar-Marketing-Preis 2007 (Kategorie cross-media). Weiter überzeugt der Internetspot der AGRAVIS AG die Jury des MKN-Awards 2007, die diesen zum Sieger kürt.

CWS-BOCO INTERNATIONAL

› DAS UNTERNEHMEN

Die CWS-boco International GmbH ist der weltweit führende Anbieter von professionellen Waschraumhygienelösungen und Textildienstleistungen aus einer Hand. Unter einem Dach vereint das Unternehmen zwei erfolgreiche Traditionsmarken: CWS und boco.

CWS-boco ist der Garant für flexible, kundenindividuelle Komplettlösungen und qualifizierte Services für textile Sauberkeit und Frische. Kunden profitieren von nachhaltig umweltschonenden Produkten und Verfahren, einem modernen, international flächendeckenden Servicenetz sowie innovativen Technologieentwicklungen.

Zur Angebotspalette von CWS-boco gehören die bekannten CWS Handtuch-, Seifen- und Duftspender und praktischen Schmutzfangmatten sowie industriell waschbare Berufs- und Businesskleidung, kundenindividuelle Corporate-Fashion-Kollektionen, Schutz- und Sicherheitskleidung von boco. Senioren-, Pflege- und Reha-Einrichtungen beliefert boco darüber hinaus nicht nur mit Berufskleidung, sondern auch mit Tisch- und Stationswäsche sowie funktionalen Inkontinenzunterlagen. boco pflegt zudem die Privatkleidung der Bewohner.

Europaweit vertrauen mehr als 500 000 Unternehmen auf die Lösungen und Services von CWS-boco. Zu den Kunden zählen Unternehmen aller Branchen, insbesondere aus Industrie, Dienstleistung, Handel und Handwerk sowie aus dem Gesundheitswesen und öffentlichen Dienst.

Ein hohes Maß an Flexibilität und Kundenorientierung ist für CWS-boco verpflichtend: Alle Leistungen werden im Mietmodell als Full-Service angeboten. Die Serviceleistungen umfassen die individuelle Beratung für eine optimale, kosteneffektive Ausstattung mit Waschraumlösungen und Berufskleidungskollektionen, die fachgerechte Montage beziehungsweise Verarbeitung sowie die professionelle Wartung und Aufbereitung der Spendersysteme und Kleidungsstücke. Dies bedeutet: bringen, holen, waschen, prüfen, reparieren und ersetzen.

Seit 2001 firmierten die beiden Traditionsmarken unter dem Dach der weltweit agierenden HTS International GmbH. CWS wurde im Jahr 1954 in der Schweiz, boco bereits 1899 in Hamburg gegründet. Im März 2008 wurde das Unternehmen in CWS-boco International GmbH umbenannt. Die Umfirmierung der Holding sowie aller Ländergesellschaften ist der logische Schritt in der konsequenten Zusammenführung der beiden Premiummarken CWS und boco zur leistungsstarken und serviceorientierten Doppelmarke CWS-boco, die das Unternehmen seit 2007 verfolgt. Bis zum Frühsommer 2008 werden alle Gesellschaften – abhängig von den länderspezifischen rechtlichen Rahmenbedingungen – ebenfalls in CWS-boco umbenannt.

CWS-boco International verfügt über 17 Niederlassungen in Europa sowie einen Standort in China. Der Hauptsitz des Unternehmens befindet sich in Duisburg. In Deutschland ist das Unternehmen durch die HTS Deutschland GmbH mit Sitz im hessischen Dreieich vertreten.

Mehr als 8 500 Mitarbeiter in den internationalen Service Centern und den insgesamt 66 unternehmenseigenen Hightech-Wäschereien sowie ein professionelles Logistikkonzept sorgen dafür, dass die Services von CWS-boco überall in gleicher hochwertiger Qualität angeboten werden können.

CWS-boco verzeichnet seit Jahren ein kontinuierliches Umsatzwachstum und erwirtschaftete im Geschäftsjahr 2006 einen Umsatz von 776 Millionen Euro, davon zu je 50 Prozent mit textilen Dienstleistungen von boco und Waschraumhygienelösungen von CWS. Das Unternehmen ist eine hundertprozentige Tochter der Haniel-Gruppe, die mit einem Gesamtumsatz von 27,7 Milliarden Euro (Geschäftsjahr 2006) und mehr als 55 000 Beschäftigten einer der weltweit erfolgreichsten deutschen Konzerne in Familienbesitz ist.

CWS-boco International GmbH
Hafenstraße 2
47119 Duisburg
Tel.: (06103) 309 - 1032
Fax: (040) 73339 - 91729

Gründungsjahr
2001
1954 (CWS)
1899 (boco)

Website
www.cws-boco.com

Verantwortliche
Dr. Maren Crone, Corporate
Marketing & Communications

Partneragenturen
vibrio. Kommunikationsmanagement Dr. Kausch GmbH,
Unterschleißheim;
Die Alchemisten GmbH,
Oldenburg;
Jung von Matt/Neckar GmbH,
Stuttgart;
wdv Gesellschaft für Medien
und Kommunikation
mbH & Co. OHG, Offenbach

› DIE KAMPAGNE

CWS-boco International setzt seit 2007 auf die Integration seiner bislang getrennt geführten und operierenden Hauptmarken CWS und boco zur Doppelmarke CWS-boco. Mit der Konzentration auf diese erfolgreich am Markt etablierten Marken reagiert das Unternehmen auf die veränderten Markt- und Kundenanforderungen hinsichtlich des Angebots textiler Komplettlösungen, der Produkt- und Servicequalität sowie des Preis-Leistungs-Verhältnisses und der umweltschonenden Herstellung und Aufbereitung der Lösungen. Ziel der Restrukturierung war es, die Unternehmensorganisation ganzheitlich zu optimieren: Die Kompetenzen beider Marken sollten gebündelt, der jeweils hohe Qualitäts- und Servicestandard weiter verbessert, die Nähe zum Kunden verstärkt, Synergien in Vertrieb und Kommunikation genutzt, Cross-Selling-Potenziale ausgeschöpft und die Marktposition weltweit stabilisiert und ausgebaut werden.

Alle Unternehmensanstrengungen werden seither unter der Doppelmarke CWS-boco gebündelt, die im Rahmen einer darauf ausgerichteten Markenpolitik neu entwickelt und positioniert werden musste. Spezielle Herausforderungen stellten dabei der bislang von der zurückhaltenden Kommunikation des eigentümergeführten Mutterkonzerns Haniel geprägte Außenauftritt, die tradierten komplexen Markenstrukturen sowie die mit den Angeboten von CWS-boco verbundenen Themen dar: Während die Berufskleidungssparte boco mit »Corporate Fashion« ein auch in den Medien beachtetes Trendthema besetzt, handelt es sich bei den mit CWS verbundenen Themen (Toilette, Hygiene) um in der Öffentlichkeit weitgehend tabuisierte Motive.

Die neue Markenpolitik ist darauf ausgelegt, CWS-boco sowie das erweiterte Leistungsportfolio bei Neu- und Bestandskunden zu positionieren. Gleichzeitig sollen die Profile beider Marken unabhängig voneinander geschärft, die mit der jeweiligen Marke verbundenen Kernkompetenzen und Leistungen zielgruppengerecht kommuniziert und die Markenqualität emotional aufgeladen werden. Eine geeignete interne Kommunikation soll die Verschmelzung der Organisationsstrukturen und der teils unterschiedlichen Firmenkulturen von CWS und boco unterstützen.

Um diese Ziele zu erreichen, hat CWS-boco eine integrierte Kommunikationsstrategie entwickelt: Diese umfasst erstens die Definition und den Aufbau einer neuen Corporate Identity, in deren Zentrum die zentralen Markenversprechen Kundenorientierung, Technologiekompetenz sowie Nachhaltigkeit stehen. Zur Stärkung der Markenbindung werden zweitens Kaufentscheider rational in ihrer Rolle als Geschäftsentscheider sowie emotional als private Verbraucher angesprochen. Drittens wird das Thema »Toilette« durch Emotionalisierung, Witz und die Verwendung moderner, vorrangig B2C-orientierter Kommunikationsmaßnahmen enttabuisiert. Viertens fördert der regelmäßige Dialog zwischen Firmenleitung und Mitarbeitern die reibungslose interne Umsetzung der Restrukturierung. Fünftens wird die Marke CWS-boco in einem neuen einheitlichen Corporate Design transportiert.

› DIE JURY

Seit 2007 arbeitet die HTS Holding, die inzwischen unter CWS-boco International GmbH firmiert, an der Zusammenführung ihrer beiden Hauptmarken CWS und boco zur Doppelmarke CWS-boco. CWS und boco sind unabhängig voneinander in den Bereichen Waschraumhygiene und Berufskleidung bereits im Markt etabliert. Synergien in Vertrieb, Logistik und Verwaltung sollten besser genutzt werden. Die Verbindung beider Marken sollte sich auch im Unternehmensnamen widerspiegeln. CWS-boco International stand vor der Herausforderung, die neue Doppelmarke in Bezug auf Funktion, Nutzen, Wert und Persönlichkeit erfolgreich im Markt zu positionieren. Mittels offensiver und zielgruppengerechter Kommunikation wurde der Ausbau der Markenbekanntheit bei professionellen Kaufentscheidern einerseits und bei den Endverbrauchern andererseits forciert. Neben der Fokussierung auf die Doppelmarke sollte korrekterweise das Profil beider Einzelmarken geschärft werden. Dabei spielte die Erzeugung einer intensiven Markenbindung durch Emotionalisierung eine entschei-

dende Rolle. Die medienübergreifende Kommunikationsstrategie zeugt von einer durchdachten Vernetzung der Kommunikationsinstrumente. CWS-boco International hat unter anderem das Internet zur effizienten Streuung der Markenbotschaft speziell bei einer jüngeren Zielgruppe genutzt. So war eine witzig-provokante Inszenierung der CWS-boco-Lösungen in dem Video-Spot »Say no to dirt« auf einer bekannten Internet-Plattform zu sehen. In einer umfangreichen und originellen Anzeigenkampagne erfuhr die Plakatwerbung maximale Aufmerksamkeit, beispielsweise an stark frequentierten Orten wie dem Münchner Flughafen. CWS-boco International stellt den Prozess der Markenzusammenführung und die Umsetzung des Rebrandings eindrucksvoll dar. Das integrierte Marketingkonzept wird stringent zur differenzierten Marken- und Imagebildung genutzt. Aus der Perspektive der Jury hat CWS-boco es vorbildlich verstanden, im Sinne der Kundenorientierung Marketing und Leistungspotenzial sorgfältig aufeinander abzustimmen.

Gemäß der neuen Strategie wurden zahlreiche Werbe- und PR-Kampagnen, Online- und virale Marketing-Aktionen, Events sowie Dialog-Marketing- und interne Kommunikationsmaßnahmen realisiert: Beispiele hierfür sind die CWS Anzeigen- und Plakataktion »Schwein & Stinktier« sowie der über YouTube verbreitete Video-Spot »Say no to dirt«. In beiden Fällen wurde die Produktkommunikation gezielt mit einer ungewöhnlichen, emotional-witzigen Bild- und Textgestaltung kombiniert. Zum Welttoilettentag 2007 suchte CWS-boco mit dem Online-Wettbewerb »Stille Wörtchen« die originellsten WC-Sprüche. Daneben wurden sämtliche Unternehmensbroschüren und Informationsmaterialien an das neue Corporate Design angepasst sowie Mitarbeiter- und Branchen-Events veranstaltet.

Dank der neuen Kommunikationspolitik konnte die Markenintegration bereits nach etwas mehr als einem Jahr in weiten Teilen erfolgreich umgesetzt werden. Dies zeigt sich unter anderem in der gesteigerten Medienpräsenz und Kundenzufriedenheit sowie der stärkeren Kundenbindung und der im Geschäftsjahr 2007 erzielten hohen Wachstumsrate des Unternehmens.

Entscheidend für den Erfolg ist das durchgehend integrierte, offensive und moderne Marketing- und Kommunikationskonzept. Besonders bewährt hat sich die Strategie, originäre B2C-Kommunikationsmittel und -maßnahmen gezielt für die B2B-Kommunikation zu nutzen. CWS-boco wird dies künftig fortsetzen: So sind für 2008 bereits weitere Aktionen geplant, darunter ein Design-Wettbewerb für Studenten sowie eine deutschlandweite Hygiene-Kampagne an Schulen.

EVONIK INDUSTRIES

› DAS UNTERNEHMEN

Evonik Industries ist der kreative Industriekonzern aus Deutschland mit den Geschäftsfeldern Chemie, Energie und Immobilien. Evonik ist eines der weltweit führenden Unternehmen in der Spezialchemie, Experte für Stromerzeugung aus Steinkohle und erneuerbaren Energien sowie eine der größten privaten Wohnungsgesellschaften in Deutschland. Das Unternehmen ist in über 100 Ländern der Welt aktiv. Mehr als 43 000 Mitarbeiter erwirtschafteten im Geschäftsjahr 2006 einen Umsatz von rund 14,8 Milliarden Euro und ein operatives Ergebnis (EBIT) von über 1,2 Milliarden Euro.

Die operativen Aktivitäten sind in acht Geschäftsbereichen gebündelt, die als Unternehmer im Unternehmen agieren und direkt an den Konzernvorstand berichten. Das Corporate Center in Essen nimmt die strategischen Steuerungsfunktionen wahr. Unterstützt werden Geschäftsbereiche und Corporate Center durch ein Shared Service Center, das standortübergreifende Dienstleistungen – wie Einkauf oder Personalabrechnung – anbietet.

Die Identität der Unternehmensmarke Evonik gründet in vier Kernkompetenzen: Kreativität, Spezialistentum, kontinuierliche Selbsterneuerung und Verlässlichkeit. Aus dieser Markenidentität leitet sich die Positionierung als »kreativer Industriekonzern« ab. Die vier Kernkompetenzen begründen zugleich das Leistungsversprechen, das der Konzern gegenüber seinen Kunden, Mitarbeitern und Eigentümern abgibt: Evonik. Kraft für Neues.

Die Marke Evonik macht das Unternehmen für alle seine Stakeholder fassbar: Kunden und Lieferanten, Aktionäre und Analysten, Mitarbeiter und Talente am Arbeitsmarkt, Medien und Öffentlichkeit. Im Geschäftsfeld Chemie, das über Hunderte von Produktmarken verfügt, fungiert Evonik als B2B-Dachmarke, die den Produktmarken zusätzliche Stärke im Marktauftritt verleiht. Im Geschäftsfeld Immobilien und einem Teil des Geschäftsfelds Energie (Fernwärme) tritt Evonik als Endkundenmarke auf.

Eine historische Zäsur

Der Start von Evonik Industries am 12. September 2007 markiert eine der großen Zäsuren in der deutschen Industriegeschichte. Als »Spin-off« aus dem Essener RAG-Konzern ist ein neues Unternehmen entstanden – ein moderner, weltweit tätiger Industriekonzern, der in den drei Geschäftsfeldern Chemie, Energie und Immobilien tätig ist. Der neue Konzern bündelt die bisherigen Industriebeteiligungen der RAG (den so genannten »weißen Bereich«): das Spezialchemie-Unternehmen Degussa, den Stromerzeuger STEAG und die Wohnungsgesellschaft RAG Immobilien. Die RAG selbst existiert weiter und konzentriert sich auf die Steinkohleförderung. Eigentümer der beiden Unternehmen – des Bergbau-Konzerns RAG und des neuen Industriekonzerns – ist ab 1. Januar 2008 die neu gegründete RAG-Stiftung.

Aufgabe der RAG-Stiftung ist es, den Industriekonzern an die Börse zu bringen, um mit den Erlösen aus dem Börsengang die so genannten »Ewigkeitslasten« des deutschen Steinkohlebergbaus zu decken. Mit der Ausgliederung des Industriekonzerns wird der Haftungsverbund zwischen den profitablen Industrieaktivitäten der RAG und der im staatlichen Auftrag betriebenen Förderung deutscher Steinkohle aufgelöst. Dieses Verfahren sichert die Zukunftsfähigkeit des Industriebereiches und schafft die Voraussetzungen für den Ausstieg Deutschlands aus dem Steinkohlebergbau.

Die Herausforderungen

Aus dieser Grundkonstellation ergeben sich zahlreiche Herausforderungen für die Markenstrategie und die Markenkommunikation des neuen Industriekonzerns:

· Wie positioniert man einen Mischkonzern?
· Wie entwickelt man eine authentische Markenidentität für einen Mischkonzern?
· Wie muss er heißen und wie muss er aussehen, damit er sich spürbar und merkfähig von anderen großen Konzernen unterscheidet – in den Branchen Chemie, Energie und Immobilien sowie am Kapitalmarkt?
· Wie schafft man einen guten und nachhaltigen ersten Eindruck in allen relevanten Zielgruppen?
· Wie schafft man als Industrieunternehmen Relevanz in der Öffentlichkeit?
· Wie transferiert man das Vertrauen der Kunden in die Vorgänger-Unternehmen auf die neue Marke?
· Wie erzeugt man von Anfang an eine hohe Identifikation der Mitarbeiter?

Evonik Industries AG
Rellinghauser Str. 1–11
45128 Essen

Gründungsdatum
12. September 2007

Website
www.evonik.de

Verantwortlicher
Markus Langer,
Leiter Konzernmarketing

Partneragenturen
XEO GmbH;
KNSK GmbH;
VOK DAMS GRUPPE

› DIE KAMPAGNE

Die Ausgangssituation

Als »Spin-off« aus dem Essener RAG-Konzern ist im Jahr 2007 ein neues Unternehmen entstanden – ein moderner, weltweit tätiger Industriekonzern, der in den drei Geschäftsfeldern Chemie, Energie und Immobilien tätig ist und an die Börse will.

Die Ziele

Auf der Ebene der Markenstrategie besteht das Ziel darin,

· *einen Neuanfang zu markieren:*
Ein neues Unternehmen ist entstanden, das es so zuvor noch nicht gegeben hat.

· *Geschlossenheit zu zeigen:*
Das neue Unternehmen ist ein integrierter Industriekonzern – und keine Holding mit drei Teilkonzernen.

· *die Durchsetzungskraft zu steigern:*
Das neue Unternehmen soll schnell ein klares Profil erreichen.

Die Markenkommunikation verfolgt das Ziel, die neue Konzernmarke so schnell wie möglich so stark wie möglich zu machen, um in allen relevanten Zielgruppen Vertrauen in das neue Unternehmen aufzubauen. Dabei werden drei Zielgruppen unterschieden: die Öffentlichkeit in Deutschland (von Entscheidern in Wirtschaft und Politik über Kapitalmarktteilnehmer und Anlageinteressierte bis hin zu Bewerbern am Arbeitsmarkt und Endkunden), die Kunden und Geschäftspartner weltweit sowie die Führungskräfte und Mitarbeiter des Konzerns.

Die Strategie

Damit das neue Unternehmen als ein Industriekonzern wahrgenommen werden kann, werden die bisherigen Unternehmensmarken Degussa, STEAG und RAG Immobilien durch eine neue Marke abgelöst, die den gesamten Konzern umfasst. Als Markenidentität werden vier Kernkompetenzen ermittelt, die sich durch zahlreiche Leistungsbeweise belegen lassen: Kreativität, Spezialistentum, kontinuierliche Selbsterneuerung und Verlässlichkeit. Daraus leitet sich eine Positionierung ab, die eine klare Differenzierung zum Wettbewerb beschreibt: Evonik Industries ist der »kreative Industriekonzern«.

Auf Basis der Markenidentität wird eine eigenständige, schnell wiedererkennbare Markengestalt entwickelt, die für hohe Unterscheidungskraft sorgt: ein markanter Name (»Evonik Industries«), eine kraftvolle Wort-Bild-Marke, eine ungewöhnliche Farbe (»Evonik Deep Purple«) und ein zentrales Gestaltelement (der »Clip«).

Die Umsetzung

Die Kommunikation zur Einführung der Marke ist kreativ, mutig und entschlossen – so, wie es dem Charakter der neuen Marke entspricht. Eine Auswahl der Maßnahmen:

Um Neugier auf das neue Unternehmen zu schaffen, arbeitet die TV- und Print-Kampagne mit einer zehntägigen Teaser-Phase ohne Absender und einer sechswöchigen Auflösungsphase. Unter dem eingängigen Claim »Wer macht denn so was?« kommuniziert die Kampagne von Anfang an konkrete Leistungen eines »kreativen Industriekonzerns«.

Eine originelle Mediastrategie (drei Spots hintereinander in einem Werbeblock, drei Anzeigen hintereinander in Publikumszeitschriften) sorgt für zusätzliche Aufmerksamkeit.

Schon drei Wochen vor dem Marken-Launch können Internet-Nutzer unter der Adresse www.wermachtdennsowas.de ihren Tipp abgeben, welche Leistungen hinter den einzelnen Anzeigenmotiven stecken, und damit ausgefallene Preise gewinnen.

Zehn Tage vor dem Marken-Launch verhüllt sich die Konzernzentrale, um am 12. September in einer spektakulären Enthüllung das 16 Monate lang geheim gehaltene Markenzeichen freizugeben.

Zwei Tage später haben nicht nur die Spieler von Borussia Dortmund Trikots mit dem neuen Namen, sondern auch 50 000 Dauerkarteninhaber im Stadion.

Die Kundenkommunikation verfolgt das Ziel, möglichst viel Markenkapital von den alten Unternehmensmarken auf die neue Marke Evonik zu transferieren. So werden die alten Namen auf der Ebene der Legaleinheit (etwa in der Geschäftsausstattung) für eine Übergangzeit mit der neuen Marke verbunden. Und in 60 internationalen Chemie-Fachtiteln erklärt die Kampagne »Degussa is now Evonik« den Übergang.

Die Ergebnisse
Repräsentative Umfragen, die Ende Oktober 2007 vorgenommen werden, belegen, dass die Markeneinführung in Deutschland die Zielvorgaben übertroffen hat. Die gestützte Markenbekanntheit von Evonik Industries in der relevanten Zielgruppe (Alter: 25–54 Jahre; Haushaltsnettoeinkommen: ≥ 2 000 Euro) liegt bei 47 Prozent, die Sympathie bei 19 Prozent. Eine Befragung deutscher Top-Entscheider und Wirtschaftsjournalisten ergibt, dass mehr als 60 Prozent der Zielgruppe mit Evonik Begriffe wie »kreativ«, »Spezialisten«, »mutig«, »innovativ« und »modern« verbinden. Es ist also vom Start weg gelungen, nicht nur den Namen, sondern auch die Positionierung der neuen Marke zu vermitteln.

› DIE JURY

Evonik Industries AG ist die neue Unternehmensmarke, unter der die Unternehmen Degussa, STEAG und RAG vereint wurden. Der entstandene Mischkonzern ist nun in die Geschäftsbereiche Energie, Chemie und Immobilien gegliedert. Die neue Corporate Brand Strategy wurde mit einer geheimnisvollen wie aufmerksamkeitsstarken Auflösungskampagne eingeführt. »Wer macht denn so was?« war die Frage, die mit Hilfe einer humorvollen Bildsprache Alltagssituationen mit den jeweiligen Geschäftsfeldern verband. Diese Frage wurde mit Veröffentlichung des neuen Unternehmensnamens beantwortet und somit erlebbar gemacht. Die Jury beurteilt die kreative Herangehensweise an die Spannung aufbauende Einführung dieser für viele Menschen schwer fassbaren Geschäftsbereiche von Evonik Industries als sehr gelungen. Die Auflösung brachte Transparenz und Erklärung in Verbindung mit dem neuen Markennamen. Evonik strebt eine Positionierung als »kreativer Industriekonzern« an. Mit der Einführungskampagne wurde dies überzeugend vermittelt. Beachtlich empfand die Jury die internationale Ausrichtung von Evonik. Die zentrale Kernbotschaft »Evonik. Kraft für Neues.« wurde in die jeweiligen nationalen Sprachen übersetzt. Dies ist von großer Bedeutung, da Evonik in über 100 Ländern aktiv ist. Besonders gelungen und umsichtig war die internationale Chemiefachkampagne, die ebenfalls auf einem »Cliffhanger« basierte. Hier konnte ein Markentransfer von Degussa auf Evonik sympathisch vollzogen werden. Die entwickelte Wort-Bild-Marke ist eingängig und merkfähig. Sie bedarf jedoch an Auseinandersetzung. Lobenswert findet die Jury die ungewöhnliche Farbwahl zum »Evonik Deep Purple«. Sie drückt Einzigartigkeit und Kreativität aus. Die Evonik Industries hat ihre Ziele Werbeerinnerung, Bekanntheit und Sympathie in kürzester Zeit erreicht.

LOEWE

› DAS UNTERNEHMEN

**Mit innovativer Technik, ausgezeichnetem Design
und höchster Qualität zum Erfolg**
Die Geschichte der Loewe AG, die heute zur füh-
renden Premiummarke im Bereich der Consumer
Electronics geworden ist, beginnt 1923 in einer
von dem Forscher und Unternehmer Dr. Siegmund
Loewe gegründeten Radiowerkstatt in Berlin.
Pioniergeist und Innovationen prägen die Firma
von Beginn an. Bereits 1931 macht sie durch die
Vorstellung des weltweit ersten elektronischen
Fernsehers auf sich aufmerksam. Weitere Meilensteine auf dem Weg zum Erfolg: erstes Kassetten-
Tonbandgerät 1951, erster europäischer Videorecor-
der 1961, die Präsentation des ersten europäischen
Stereofernsehers im Jahr 1981 und die Entwicklung
des »Art 1«, der ab 1985 eine neue design- und
technikorientierte Fernsehergeneration einleitet.
1995 brachte Loewe als Erster ein Fernsehgerät
auf den Markt, das auch den Zugang zum Internet
eröffnet hat.

Zum Sortiment gehören heute Fernseher, Lautsprecher, DVD-Recorder, Harddisk-Recorder, Blu-ray-Player und HiFi-Anlagen. Sie werden immer mehr zur kompletten Home-Cinema-Systemlösung, deren Komponenten in Technik und Design perfekt harmonieren. Mit der Einführung des »Loewe Individual« 2005 brachte Loewe als erstes Unternehmen der Branche höchst individualisierbare Fernsehgeräte und Home-Cinema-Systeme auf den Markt.

Loewe ist Marktführer für Premium-Home-Cinema-Lösungen in Europa. Entscheidend für den Erfolg von Loewe ist die Kombination von Hightech, Design, Qualität und Bedienerfreundlichkeit. Die Produkte bestechen durch klare, präzise und elegante Formen, die ihre Ausstrahlung auf lange Zeit behalten und bereits mit rund 200 Designpreisen aus dem In- und Ausland ausgezeichnet wurden.

Wesentliche Stärke von Loewe ist die faszinierende Marke. Deren Attraktivität beruht vor allem auf der Attraktivität ihrer Produkte. Kernwerte der Marke sind exklusive Individualität, sinnvolle Innovation und minimalistische Formensprache.

Am Firmensitz in Kronach arbeiten insgesamt 1000 Personen, allein 120 davon als Ingenieure und Techniker in den Entwicklungsabteilungen und Labors. Die Vorteile eines Unternehmens mittlerer Größe nutzt Loewe konsequent: kurze Entscheidungswege, Flexibilität in der Produktentwicklung und Fertigung sowie die Leistungsbereitschaft einer miteinander verbundenen überschaubaren Belegschaft.

1999 war ein besonderes Jahr in der Unternehmensgeschichte: Loewe ging an die Börse. Im Geschäftsjahr 2007 lag der Loewe Umsatz bei 372,5 Mio. Euro das EBIT bei 21,1 Mio. Euro.

International ist Loewe in 50 Ländern der Erde präsent. Über 50 Prozent des Umsatzes wird im europäischen Ausland und in Übersee erwirtschaftet. Das Unternehmen hat Tochtergesellschaften in Italien, Belgien, Frankreich, Österreich und Großbritannien.

LOEWE.

Loewe AG
Industriestraße 11
96317 Kronach

Gründungsjahr
1923

Website
www.loewe.de

Verantwortlicher
Henrik Rutenbeck,
Bereichsleiter Marketing

Partneragentur
Brandoffice GmbH
Kapuzinerstraße 9
80337 München

› DIE KAMPAGNE

Markt- und Technologiesituation
Getrieben durch den Technologiewechsel von Röhre zu Flat-TV brach der für Loewe relevante Premium-TV-Markt (> 1000 Euro) in den Jahren 2002 und 2003 um 44 Prozent ein.

Während asiatische Volumenmarken massiv Marktanteile erobern, gerät Loewe als Premium-TV-Anbieter in eine schwierige Unternehmenssituation.

Ziele
Das oberste Ziel bestand für Loewe darin, den Turnaround des Unternehmens erfolgreich herbeizuführen und Loewe schnellstmöglich zurück in die Gewinnzone zu führen. Die Voraussetzung dafür: eine erfolgreiche Repositionierung von Loewe als führende europäische Premium-Marke,

die sich mit attraktiven Differenzierungsmerkmalen gegenüber allen Volumenkonkurrenten abhebt und eigene Premium-Marktsegmente schafft.

Strategie
Markenführung wird Chefsache. Der Vorstandsvorsitzende Dr. Rainer Hecker übernimmt zusammen mit Marketingleiter Henrik Rutenbeck und Brandoffice-Berater Jürgen Kindervater die Markenverantwortung. Als langfristige strategische Leitplanke wird eine mutige Markenmission vorgegeben: »Loewe zur führenden europäischen Premium-Marke für individuelle Home-Entertainment-Systeme in Europa entwickeln.« Als Alleinstellungsmerkmale werden »Zeitloses Design«, »Exklusive Individualität« und »Sinnvolle Innovation« in den Fokus der integrierten Markenführung gestellt.

› DIE JURY

Seit der Gründung vor 85 Jahren in Berlin setzt die Loewe AG auf Innovation, Design und Qualität. Um sich wieder zur führenden europäischen Premium-Marke für individuelle Home-Entertainment-Systeme zu entwickeln, startete die Loewe AG in Zusammenarbeit mit der Brandoffice GmbH den erfolgreichen Turnaround der Marke Loewe. Die eindeutige Differenzierung des Premium-Charakters gegenüber allen Volumenmarken hat dabei höchste Priorität. Um die Markenpersönlichkeit klar herauszustellen, werden drei zentrale Markenwerte geschaffen, die konsequent in allen Produktentwicklungen umgesetzt werden. Die im Jahr 2007 eingeführte Produktlinie »Loewe Connect« komplettiert ein klar strukturiertes TV-Angebot, das sich wesentlich an den eindeutig definierten Kundenwünschen orientiert und es so schafft, die vom Unternehmen verfolgte Premium-Strategie erfolgreich durchzusetzen. Die Positionierung markengerechter Produktlinien führt schließlich zur Abdeckung des gesamten Premium-Marktes.

Die Marke umfasst die Bedeutung eines Produktes für den Kunden. Um diese zu steigern, war es besonders wichtig, das Markenerlebnis an allen Kundenkontaktpunkten aufzuwerten. Dazu wurde die visuelle und kommunikative Identität der Produkte gestärkt, beispielsweise in den rund 150 Loewe Galerien deutschlandweit. Die vorangegangene Neuordnung und Aufwertung der Distributionsstufen war entscheidend für die Stärkung der Marke im Handel. Das Ergebnis ist eine konsequente Fachhandelsstrategie, bei der jeder Händlerstatus mit klaren markenrelevanten Vorgaben verknüpft ist. Mittels dieser Retail-Offensive kann langfristig ein Wettbewerbsvorteil gesichert werden, denn auch mit dieser Maßnahme hebt sich Loewe von der Konkurrenz ab. Aus Sicht der Jury sind Konzept und Umsetzung für eine erfolgreiche Positionierung als Premiummarke anschaulich und logisch. Besonders hervorzuheben ist hierbei die Schwerpunktlegung auf eine wertorientierte Vermarktung der Produkte.

Für den TV-Bereich wird mit den neuen TV-Linien »Loewe Reference«, »Loewe Individual«, »Loewe Connect« und »Loewe Art« eine Angebotssegmentierung eingeführt, die sich konsequent an den Bedürfnissen der relevanten europäischen Premium-Milieus ausrichtet.

Produktoffensive und Kampagnen

Zur Stärkung des Loewe-Kompetenzprofils setzt Loewe seit 2004 auf eine Produktoffensive, die von vernetzten Kampagnen unterstützt wird: Im Jahr 2005 wird die TV-Linie »Loewe Individual« mit der Kampagne »Nach allen Regeln gegen die Regeln« eingeführt. Die Kampagne stellt die besondere Haltung der Marke und den zentralen Produkt-USP in den Mittelpunkt der Kommunikation. Loewe gewinnt mit der Kampagne den »Effie« in Bronze.

Im Jahr 2006 gelingt mit dem neuen Audiosystem »Loewe Individual Sound« erstmals die erfolgreiche Positionierung im Premium-Audiosegment. Motto der Launchkampagne: »Das haben ihre Ohren noch nie gesehen«.

Im Jahr 2007 wird die Produktlinie »Loewe Connect« unter dem Motto »Loewe verbindet, was zusammengehört« eingeführt. Ziel ist die systematische Verjüngung der Marke und die zunehmende Erschließung moderner Kundengruppen.

Erlebnisoffensive

Der Loewe-Markenauftritt wird entlang der gesamten Erlebniskette an allen Kundenkontaktpunkten aufgewertet. Dabei entsteht eine weiße astral leuchtende Markenwelt, in der das Produkt in unverwechselbarer Bildsprache als der alleinige Star inszeniert wird. Zahlreiche Preise vom »Adam Award« über den »Designpreis der Bundesrepublik Deutschland« bis hin zu mehreren »reddot Awards« dokumentieren die Ausnahmestellung Loewes im Bereich ganzheitliche Markenwelt.

Retailoffensive

Loewe setzt auf eine konsequente Fachhandelsstrategie. Der Fachhandel ist bei Loewe aufgeteilt in herausragende Markenhändler (Loewe Galerien), sehr gute Markenhändler (Loewe PartnerPlus) und Markenhändler, die wenigstens einen Mindest-Markenstandard erfüllen. Jeder Händlerstatus korrespondiert mit klaren Vorgaben zu allen markenrelevanten Themen, von der Außenkennzeichnung über die Angebotsstruktur bis hin zur Marken- und Produktpräsentation am PoS. Damit wird sichergestellt, dass die Marke Loewe strahlkräftige Highlights im Markt durchsetzt und gleichzeitig auch in der Fläche Mindeststandards erfüllt. Das Loewe-Shop-in-Shop-System schafft die Voraussetzungen für den Erfolg im Handel: Es kreiert eine eigene Bühne für die Produkte und stellt damit eine

markenkonforme Produktpräsentation auch auf kleinstem Raum sicher. Damit ist das Shop-System ein wichtiges Alleinstellungsmerkmal, um sich in allen Umfeldern gegen die Produkte der Massenanbieter durchsetzen zu können.

Ergebnisse

Loewe konnte sein Markenbild bei Verbrauchern in zentralen Bereichen wie Sympathie (+11,7 Prozent) und Qualität (+14,8 Prozent) von allen Marken im Bereich der Unterhaltungselektronik am deutlichsten verbessern. Durch die werteorientierte Unternehmensführung kann Loewe gegenüber dem Marktdurchschnitt ein Preis-Premium von über 150 Prozent durchsetzen. Dabei hält Loewe seine Preise seit 2004 stabil, während das Preisniveau im Gesamtmarkt nach wie vor stark rückläufig ist. Loewe ist heute europäischer Marktführer bei Premium-Flat-TVs. Schließlich konnte Loewe in 2007 ein Rekordergebnis (EBIT +60 Prozent) verkünden. Der Marken-Relaunch ist damit erfolgreich abgeschlossen.

Aussichten

Loewe konzentriert sich auf eine erfolgreiche Positionierung im Bereich Ultraslim-TVs sowie auf einen fokussierten internationalen Ausbau der Premium-Marktführerschaft in internationalen Schlüsselmärkten.

TNT EXPRESS

> DAS UNTERNEHMEN

Erfolgreich als Premiummarke: TNT Express
TNT Express zählt zu den Premiummarken auf dem hart umkämpften Markt der zeitsensiblen B2B-Transporte. Um sich langfristig erfolgreich zu positionieren, hat sich der KEP-Dienstleister ein klares Ziel gesetzt: Das Unternehmen möchte die Erwartungen der Kunden übertreffen und sie dabei unterstützen, in ihren Märkten noch erfolgreicher zu sein.

Damit einher geht das Ziel, die bestehende Position als weltweit führender Qualitätsanbieter von zeitsensiblen B2B-Express-Sendungen weiter auszubauen. Um »zur ersten Wahl« bei bestehenden und prospektiven Kunden zu werden, muss TNT noch besser, noch präsenter und noch kundenorientierter sein als die Wettbewerber.

Der Gedanke der Kundenorientierung ist dabei so alt wie das Unternehmen selbst: Ken Thomas gründete 1946 das Transportunternehmen Thomas Nationwide Transport (TNT) in Australien, um Unternehmen mit regelmäßigen Fahrten zwischen Melbourne und Sydney beim schnellen Austausch von Dokumenten und Waren zu unterstützen. Die Kunden honorierten den zuverlässigen Service mit zunehmenden Aufträgen. Thomas vergrößerte den Fuhrpark kontinuierlich und entwickelte sich zu Australiens führendem Transportanbieter. Ende 1979 vergrößerte er sein Produkt- und Serviceportfolio durch internationale Transportdienstleistungen in Europa, die schrittweise durch nationale Expressdienste in einzelnen europäischen Ländern erweitert wurden. Dabei fasste TNT auch in Deutschland erfolgreich Fuß: Seit 25 Jahren stehen hier überzeugende Express- und Transportlösungen zur Verfügung.

Die nationalen und internationalen Geschäftszweige waren in Deutschland zunächst zusammengefasst. Das änderte sich 1992, als beide Zweige operativ und firmenrechtlich verselbstständigt wurden. Ende 1996 übernahm die Königliche Post der Niederlande (KPN) 100 Prozent der Anteile beider Unternehmen und führte sie wieder zusammen. Die KPN gliederte ihren Telekommunikationsbereich aus und vereinte Anfang 1998 die von TNT angebotenen Express- und Logistiklösungen sowie ihre Postaktivitäten unter einem neuen Dach: der TNT Post Group (TPG).

Während dieser gesamten Zeit wurde das Produkt- und Serviceportfolio gemäß den Anforderungen der Kunden, Mitarbeiter und Kapitalgeber sowie der Gesellschaft verändert. TNT ist größer, leistungsfähiger und effizienter geworden. Aus dem kleinen Transportunternehmen wurde in kurzer Zeit ein erfolgreich agierender Weltkonzern.

Heute zählt TNT zu den Qualitätsmarktführern für zeitsensible Express- und Transportlösungen. Allein der Unternehmensbereich TNT Express transportiert weltweit wöchentlich etwa 4,4 Millionen Sendungen. 26700 Fahrzeuge und 47 Flugzeuge sind in über 220 Ländern und Regionen im Einsatz, um die Kundenanforderungen Tag für Tag zu übertreffen. In Deutschland beschäftigt TNT Express zurzeit rund 4400 Mitarbeiter. Das Unternehmen ist bundesweit mit 31 Niederlassungen und der Zentrale im rheinischen Troisdorf vertreten. 1800 Fahrzeuge sind im Einsatz, um die Sendungen der Kunden schnell und zuverlässig zu transportieren.

TNT zählt zu den vier großen Anbietern auf dem deutschen KEP-Markt. Auch wenn sich das Produktportfolio und die Services von Unternehmen zu Unternehmen unterscheiden, ist ihnen doch eines gemeinsam: Sie bieten eine immaterielle Leistung an, die für die Kunden nicht greifbar ist. Gemessen werden die Unternehmen deshalb an der Einhaltung ihrer Versprechen, der Qualität der Produkte und an ihrem Preis-Leistungs-Verhältnis. Vor dem Hintergrund der sich immer ähnlicher werdenden Produkte und Dienstleistungen zeichnet sich dabei ein harter Preiskampf auf dem KEP-Markt ab.

TNT Express beteiligt sich bewusst nicht an diesem Wettbewerb über den Preis. Das Unternehmen differenziert sich vielmehr über (emotionale) Mehrwerte, die mit der Marke TNT transportiert werden.

TNT Express GmbH
Haberstraße 2
53842 Troisdorf
Tel.: (02241) 497-0
Fax: (02241) 497-6665

Gründungsjahr
1946

Website
www.tnt.de

Verantwortliche
Lutz Blankenfeldt,
Director Sales & Marketing;
René Nagy, Department
Manager Marketing;
Daniela Lubanski,
Department Manager
Internal Communications

DIE WELTWEITE PRODUKTHARMONISIERUNG DER TNT EXPRESS

› DIE KAMPAGNE

Wo Produkte und Services sich immer ähnlicher werden, gewinnen Marken und Markenkommunikation immer mehr an Bedeutung. Dies gilt auch für Unternehmen, die auf dem Markt der KEP- und Transportdienstleistungen agieren. Deshalb beschäftigt sich TNT bereits seit 2003 verstärkt mit der Marke und ihren Werten.

Wesentlicher Bestandteil der Markenkommunikation im Jahr 2007 war die weltweite Produktharmonisierung für nationale und internationale Express-Services. Das Ziel: Weltweit sollten die Kunden aus einheitlich benannten Produkten den für sie optimalen Service wählen können. Außerdem wurde die Produktpalette erweitert und entspricht nun noch stärker den funktionalen Bedürfnissen der global ansässigen Kunden.

Zur weiteren Differenzierung vom Wettbewerb folgte TNT Express Deutschland den Ergebnissen der Marktforschung, die die emotionalen Bedürfnisse des Zielpublikums darlegten. Danach spielen neben funktionalen Bedürfnissen – wie Schnellig-

keit, freie Sendungsgewichte und Verfügbarkeit der Services – die emotionalen Beweggründe eine ebenso große Rolle bei der Wahl des Transportdienstleisters.

Während bisher das emotionale Bedürfnis nach Sicherheit und Zugehörigkeit sowohl bei TNT Express als auch beim Wettbewerb in Form des klassischen Problemlösers im Fokus der Kommunikation stand, weckt und stillt das Unternehmen seither das Bedürfnis nach Anerkennung. Hiermit wurde eine Positionierung belegt, die einerseits vom Wettbewerb noch nicht besetzt ist und andererseits zum Anspruch einer Premiummarke passt. TNT Express transportiert nicht nur Waren und Dokumente, sondern auch den guten Ruf seiner Kunden.

Die Anerkennung durch die richtige Entscheidung ist einem TNT Express-Kunden sicher: 95 Prozent der Kunden bestätigen in Umfragen, dass sie mit den Leistungen und Services von TNT Express zufrieden bzw. sehr zufrieden sind. 51 Prozent von ihnen bestätigen sogar, dass ihre Erwartungen übererfüllt werden.

Zur Kommunikation von »Anerkennung« spricht TNT Aspekte dieses Begriffs an, indem beispielsweise Kompetenz demonstriert, Bestleistung präsentiert und Partnerschaft angeboten wird. Den Kunden erreicht in allen Medien die Botschaft, dass er sich mit TNT für einen Premiumdienstleister entschieden hat, für den er und sein Erfolg im Mittelpunkt des Handelns stehen. Benefits bleiben keine leeren Versprechen, sondern werden durch die permanente Orientierung an den Unternehmensmarkenwerten mit Leben gefüllt. Caring, Präsenz, Dynamik, Excellence und Orange erbringen die Beweisführung und sind der Garant für eine Kundenorientierung, die ihresgleichen sucht. Visueller Kampagnenträger ist ein Sternenbogen, bestehend aus fünf dynamisch geschwungenen Sternen. Als gelerntes Symbol für Auszeichnung verkörpern die fünf Sterne im externen Auftritt den Aspekt der Anerkennung und im internen Verhältnis die stete Ausrichtung an den fünf Markenwerten.

› DIE JURY

Nach der Brand Analysis im Jahr 2003 entschloss sich TNT Express zu einer internationalen Produktharmonisierung. Die Vereinheitlichung des Produktportfolios wurde von Anfang an ganzheitlich an die Mitarbeiter kommuniziert. TNT stellte die Identifikation mit dem Unternehmen und seinen Leistungen, die wesentlich für die Kommunikation der Marke und ihrer Werte sind, in den Mittelpunkt. Parallel wurde die Markenkommunikation ausgearbeitet, um sich als Premiumdienstleister zu positionieren. Die zentralen Markenwerte Caring, Präsenz, Dynamik, Business Excellence und »Orange« werden nun durch den neu eingeführten 5-Sterne-Bogen intern wie extern verkörpert. Der Sternenbogen steht für die emotionalen Bedürfnisse nach Anerkennung und Erfolg. Der Markenkern »Schnelligkeit. Vertrauen. Wertschöpfer« wird dadurch zusätzlich unterstrichen. Durch das harmonisierte internationale Produkt-

portfolio kann TNT einen einheitlichen Marktauftritt erzielen. Die emotionale Aufladung der Marke durch den Sternenbogen ist ebenfalls gut gewählt. Er ist als Zeichen – im Gegensatz zu einem sprachbasierten Slogan – international verständlich und mit positiver Bedeutung aufgeladen. Er kann die von TNT angebotenen Mehrwerte sehr gut darstellen. Die Einführung der Produktoffensive und des Sternenbogens wurden intern wie extern mit fantasievollen Aktionen begleitet. So wurde gewährleistet, dass jeder Mitarbeiter zum offiziellen Start der Offensive eine informativ befüllte Umhängetasche erhielt, mit der ein Gewinnspiel verbunden war. Kunden konnten mit Testaufträgen Sternenführer oder Teleskope gewinnen. Besonders gut gefallen hat der Jury die Herangehensweise und Umsetzung von TNT Express. Diese waren langfristig angelegt, zielgruppenaffin und zugleich emotionalisierend.

Die interne Kommunikation
Im Vorfeld der Produktharmonisierung entwickelte TNT Express ein Starter Package, das in allen 31 Niederlassungen sowie der Zentrale zeitgleich zur Aufklärung an die Mitarbeiter verteilt wurde. Genutzt wurde dazu eine typische Kuriertasche, die ein Anschreiben, ein Fact-Book mit Infos zur Produktharmonisierung und Kommunikationsstrategie, ein Mousepad sowie eine Gewinnspielkarte enthielt. Ebenfalls in der Tasche lag das »Manifesto«. In diesem DIN-A5-Büchlein wird unter dem Titel »Sterndeuter« das Thema Produktharmonisierung anhand einer illustrierten Tiergeschichte für jeden greifbar dargestellt.

Die internen Medien wurden an alle Mitarbeiter einschließlich Fahrer verteilt und informierten ausführlich über die Produktharmonisierung, die Notwendigkeit des Projekts und die dahinter stehende Strategie.

Die externe Kommunikation
Der offizielle Startschuss für die externe Kommunikation – und damit auch für die neue Produktstruktur – erfolgte am 17. September 2007. Bis zu diesem Zeitpunkt wurden sämtliche Broschüren überarbeitet. In KW 38 wurde eine Sonderausgabe des digitalen Kundennewsletters mit ausführlichen Informationen über die Produktoffensive und die neuen Services herausgegeben und es wurden zudem Mailings an Bestandskunden und Neukunden versendet. Heads wie »Glänzen Sie mit Qualität« und »Natürlich erwarten Sie von Ihrem Umfeld Respekt für Ihre Arbeit« sprachen gezielt den Mehrwert »Anerkennung« an. Die Mailings informierten über die neue Produktstruktur und ihre Vorteile. Als besonderer Anreiz zum Kauf bzw. zur Buchung der zeitdefinierten Produkte wurden alle teilnehmenden Neukunden für einen ent-

sprechend getätigten Versandauftrag mit einer hochwertigen Prämie incentiviert. Bestandskunden hatten unter denselben Teilnahmevoraussetzungen per Verlosung die Chance auf den hochwertigen Prämiengewinn.

Eine eigens entwickelte Microsite gab Kunden im Internet alle wesentlichen Informationen zur Produktharmonisierung.

Der Erfolg: Positives Feedback
Zurzeit, wenige Monate nach der Einführung der neuen Produktpalette, gibt es keine objektive Messung der Produktakzeptanz. Wohl aber ist das Feedback der Mitarbeiter und Kunden sehr positiv. Dies betrifft vor allem den emotionalen Mehrwert, den TNT durch das Wording und den Sternenbogen transportiert. Damit hat TNT ein wesentliches Ziel erreicht, das sich der KEP-Dienstleister bereits 2006 gesetzt hat: die Emotionalisierung der Marke TNT.

WESTFÄLISCHE PROVINZIAL

› DAS UNTERNEHMEN

Die Westfälische Provinzial Versicherung AG ist ein hundertprozentiges Tochterunternehmen der Provinzial NordWest Holding AG. Gegründet als Feuersozietät mit mehreren Keimzellen in Westfalen, versteht sie sich bereits seit 1722 als zuverlässiger Versicherer in Westfalen. Sie ist der zweitgrößte öffentliche Versicherungskonzern im Finanzverbund der Sparkassen. Mit 1,8 Millionen Privat- und Firmenkunden ist das Unternehmen heute Marktführer in seinem Geschäftsgebiet mit ca. 8 Millionen Einwohnern: Fast jedes zweite Haus und achtzig Prozent aller Bauernhöfe in Westfalen sind bei der Provinzial versichert.

Durch die enge Verbundenheit mit der Region kennt die Provinzial die Bedürfnisse ihrer Kunden sehr genau. Ein Garant für diese Kundennähe ist ein dichtes Vertriebsnetz: Rund 500 Provinzial-Geschäftsstellen mit über 2000 Mitarbeitern und 76 westfälische Sparkassen mit ihren mehr als 1500 Filialen und über 30000 Mitarbeitern sichern den Provinzial-Kunden eine individuelle Beratung vor Ort zu. Konkret heißt das: Die nächste Provinzial-Geschäftsstelle ist für jeden Kunden beispielsweise in maximal zehn Minuten zu erreichen.

Die Westfälische Provinzial bietet als Universalversicherer Privatkunden genauso wie Firmenkunden, Institutionen und Kommunen die komplette Palette von Versicherungsdienstleistungen an. So wird die Westfälische Provinzial im besten Sinne als »immer da, immer nah« erlebt und dies ist auch ihre Botschaft in der Marken-Kommunikation. Nicht nur durch dieses Versprechen hat es das Unternehmen geschafft, einen enorm hohen Markenwert zu erreichen. Ob über Print-Medien, im TV, auf großflächigen Plakaten oder im Internet: Die Westfälische Provinzial ist mit dem Key-Visual »Schutzengel« bei den Menschen in Wesfalen fest verankert.

www.provinzial.net

Emotionale Nähe

Die emotionale Komponente der Marke wird geprägt von der persönlichen Beziehung zu den Kunden. Das besondere Engagement der Vertriebspartner im geschäftlichen und gesellschaftlichen Leben vor Ort, die zum Teil über Generationen bestehenden Geschäftsbeziehungen und ein ausgezeichneter effektiver Service im Schadenfall sorgen für ein nachhaltig positives Image der Provinzial.

Darüber hinaus spielt die Versicherung für ihr gesamtes Geschäftsgebiet eine bedeutende Rolle als Arbeitgeber. Vor allem begreift sie es als eine wichtige Investition in die Zukunft, jungen Menschen die Chance zu einer qualitativ hochwertigen Ausbildung zu geben: Pro Jahr starten rund 100 Auszubildende mit der Provinzial ins Berufsleben.

Getreu ihrem Selbstverständnis als »Schutzengel« für die Region legt die Westfälische Provinzial besonderen Wert auf eine aktive Schadenverhütung, die insbesondere in der täglichen Arbeit den schadenverhütenden Charakter von Maßnahmen mit gesellschaftlichem Engagement vernetzt: So unterstützt sie beispielsweise nicht nur westfalenweit rund 60 Nachtbusse zur Förderung der Verkehrssicherheit, sondern bietet ihren Kunden z. B. auch ein kostenloses Unwetterfrühwarnsystem an. Zahlreiche Sicherheits-Netzwerke, zum Beispiel eine aktive Kooperation mit den westfälischen Feuerwehren, sind ein weiterer Beleg für das schadenverhütende und gesellschaftliche Engagement der Provinzial in Westfalen.

Das Engagement in und für Westfalen geht jedoch noch weiter: So fördert die Provinzial im Rahmen ihrer Stiftung die Kultur in Westfalen – vom jährlichen Schülerzeitungswettbewerb bis hin zum ersten und bisher einzigen Picasso-Museum Deutschlands, dem Graphikmuseum Pablo Picasso Münster.

Rahmenbedingungen und Marktsituation

In der Versicherungswirtschaft scheinen die Angebote mehr oder weniger austauschbar und vergleichbar hinsichtlich ihrer Kernleistungen zu sein. Folglich steigt auch die Preissensibilität der Versicherungsnehmer. Zudem werden nur wenige relevante Bedürfnisse und Wünsche der Kunden erkannt, die kaufrelevant gestaltet werden. Dadurch positionieren sich zwangsläufig viele Versicherungsunternehmen – ca. 160 Anbieter existieren am deutschen Markt – mit ähnlichen Profilen am Markt. Wer sich Marktanteile nicht über den Preis erobern will, muss sich durch eine entsprechende Bekanntheit, eine klare Marke und ein besonderes Image bei seinen Kunden verankern.

Die Westfälische Provinzial ist als regionaler Marktführer gut aufgestellt. Mit einer spontanen Markenbekanntheit von über 40 Prozent ist die Marktstellung in Westfalen gefestigt. Für viele ist die Provinzial die erste Wahl, wenn es um Versicherungen geht.

Der Versicherungsmarkt wird zunehmend zu einem Verdrängungsmarkt. Damit steht die Provinzial als Marktführer zwangsläufig im Fokus konkurrierender Marktteilnehmer.

PROVINZIAL
Die Versicherung der ś Sparkassen

**Westfälische Provinzial
Versicherung AG**
Provinzial-Allee 1
48159 Münster

Gründungsjahr
1722

Website
www.provinzial-online.de

Verantwortliche
Peter Börsch, Marketing;
Thomas Langer,
Marketing/Kommunikation;
Ursula Heuer, CD;
Lars Mrongowius, Media;
Dagmar Schulze Wartenhorst,
Kreation

Partneragenturen
Damm & Lindlar, Berlin
(Corporate Design);
Jäschke Operational Media,
Hamburg (Media);
Ogilvy & Mather, Düsseldorf
(Kreation)

› DIE KAMPAGNE

Das Unternehmensziel ist die Festigung der Marktführerschaft in Westfalen und die Abwehr neuer preisaggressiver Versicherungen durch stabiles Wachstum im Bestand. Kundenbindung durch Intensivierung der Geschäftsbeziehungen hat Vorrang vor Neukundengewinnung. Auf die Marketing-Kommunikation heruntergebrochen wird das Ziel formuliert, das Markenbild der Provinzial und damit den Vorverkauf sowie die Markenloyalität nachhaltig zu stärken. Operativ bedeutet dies, die Position der Provinzial im Relevant Set der Verbraucher zu verbessern und die Marke als erste Wahl in Westfalen zu etablieren.

Das Markenprofil der Provinzial als Möglichkeit zur Orientierung und Differenzierung war 2003 nicht scharf genug gezeichnet. Zu häufig zahlte die Markenwerbung auf generische Eigenschaften ein. Die Kommunikation war nicht konsequent inhaltlich und formal integriert. Damit fehlten ihr Effizienz und Durchschlagskraft. Diese Ausgangssituation bot Optimierungspotenzial.

Die Strategie: Schaffung eines klaren, unverwechselbaren Markenbilds. Das Differenzierungs- und Identifikationspotenzial der Marke Provinzial muss deutlicher herausgestellt werden. Erreicht werden soll eine eindeutige Positionierung im Wettbewerbsumfeld, ein überzeugendes Markenversprechen und die Vereinigung kaufrelevanter Imagedimensionen auf die Marke Provinzial.

Eine gestärkte Marke Provinzial soll:
· die Kundenbindung verstärken, weil starke
  Marken emotionale und rationale Bedürfnisse
  bedienen
· Vertrauen schaffen, weil starke Marken Sicherheit
  geben – in allen Kaufphasen
· Orientierung bieten, weil starke Marken bei der
  Wiedererkennung helfen
· das Risiko reduzieren, weil starke Marken »teure«
  Fehlentscheidungen verhindern
· für Zeitersparnis bei Kunden sorgen, weil
  Prüfungsaufwände entfallen
· visuell klar sein, weil starke Marken schneller den
  Weg in die Köpfe der Verbraucher finden
· den Vorverkauf ankurbeln, weil starke Marken
  emotionaler Anker für den Vertrieb sind

› DIE JURY

Die Westfälische Provinzial Versicherung AG blickt in der Region Westfalen auf eine lange Tradition zurück. Als Universalversicherer musste sie sich zunehmend mit dem stark ansteigenden Verdrängungswettbewerb auseinandersetzen und konnte den preisaggressiven Mitbewerbern nur durch stabiles Wachstum im Bestand entgegentreten. Aus dieser Situation heraus definierte die Westfälische Provinzial ihr Ziel, Markenbild und Markenloyalität nachhaltig zu stärken. Dabei wurde berücksichtigt, dass das Unternehmen eine speziell zugeschnittene Marketingstrategie benötigt, die ohne eine Anpassung an die Charakteristika von Finanzdienstleistungen nicht Erfolg versprechend ist. Kunden empfinden die vielfältigen Versicherungsangebote oft als austauschbar. Umso wichtiger ist es, eine Differenzierung über die Vermittlung von Werten, wie zum Beispiel Vertrauen, und damit ein positives Markenimage zu schaffen. Die Vertrauensbildung realisiert die Westfälische Provinzial, indem sie

neben konsequenter Leistungsbereitschaft in allen Kommunikationsmaßnahmen unter anderem das starke Symbol des Schutzengels und die ausgewählte Farbe Grün transportiert. Das überarbeitete Corporate Design mit den vier Eckpfeilern Schutzengel, Logo, Claim und Farbe wird formal und inhaltlich in die Maßnahmen integriert. Der Schutzengel und der mit ihm verknüpfte Claim »Immer da, immer nah.« erzeugen ein klares Bild über das Unternehmen und seine Mitarbeiter. Die Werbung in den gewählten Mediengattungen wie Fernsehen, Hörfunk und Direktwerbung ist stärker markenorientiert und weniger produktorientiert und auf dieser Grundlage zielführend. Die Jury schätzt die emotionale Aufwertung der Marke als sehr gelungen ein. Die Nachhaltigkeit des entstandenen Markenbildes ist gegeben und unterstreicht die Position der Marktführerschaft der Westfälischen Provinzial in der Region.

Zur Schärfung des Markenprofils und zur eindeutigen Positionierung im Wettbewerbsumfeld entwickelt die Provinzial ein neues Markensteuerrad und legt damit die Markenkompetenz, Benefits, Tonalitäten und die zentralen Elemente des Markenbildes fest. Als differenzierende Eigenschaften für die Marke werden festgeschrieben: räumliche und emotionale Nähe.

Die Provinzial wird als sympathischer, zuverlässiger und fürsorglicher Versicherer positioniert, der seinen Kunden über Generationen stets nah ist. Im Schadenfall hilft sie schnell und unbürokratisch und vermittelt ihren Kunden so das gute Gefühl von Sicherheit und Vertrauen.

Im zweiten Schritt wird ein neues Corporate Design entwickelt und eingeführt. Alle Kommunikationsmaßnahmen vermitteln danach auf inhaltlicher und formaler Ebene die gleichen positionierungsrelevanten Assoziationen. So wird sichergestellt, dass sich bei den Zielgruppen und an allen Kundenkontaktpunkten ein konsistentes Bild der Marke einstellt.

Der POS, bei der Provinzial rund 500 Geschäftsstellen in bester Ortslage, ist heute größtenteils nach einem einheitlichen Konzept ausgestattet. Auch dort wird das Markenbild erlebbar. Von der äußeren Erscheinung bis hin zum Arbeitsplatz spürt der Kunde die Marke Provinzial. Das räumliche Konzept sorgt für Transparenz und unterstützt das partnerschaftliche Miteinander im Beratungsprozess.

Auch in der Schadenbearbeitung wird das Markenversprechen »Immer da, immer nah.« überzeugend vermittelt. Im Zuge der Strategieumsetzung wird die Sofortregulierungskompetenz der Provinzial-Geschäftsstellen deutlich erweitert und damit den Kunden ein entscheidender Vorteil geboten.

Schließlich wird auch die Mediastrategie angepasst: mehr Kontakte, weniger Reichweite. Mit der Umstellung von Wachstum auf Intensität wird die Zielgruppe nachhaltiger als zuvor erreicht, um das Markenbild zu konkretisieren und zu verankern.

Fazit: Die Westfälische Provinzial ist mit der Markenstrategie auf einem Erfolgsweg. Das Ziel, die Versicherung im Markt eindeutig zu positionieren, ist in eindrucksvoller Weise gelungen. Bei vielen Menschen in Westfalen ist sie heute die erste Wahl – und das mit deutlichem Abstand vor ihren Wettbewerbern. Die Provinzial wird deutlich stärker mit differenzierenden Eigenschaften in Verbindung gebracht als noch vor fünf Jahren. Dies belegen die Ergebnisse einer regelmäßigen Werbeerfolgsmessung. Darüber hinaus verzeichnet die Provinzial einen erheblichen Effizienzgewinn in der Medienwerbung.

WILKINSON SWORD

› DAS UNTERNEHMEN

**Nassrasierer, Rasierpflege, Maniküre, Schwerter –
200 Jahre höchste Qualität**
Seit der Unternehmensgründung 1772 durch Henry
Nock, der als britischer Waffenschmied unter König
George III. diente, stellt Wilkinson Sword seine
Expertise für die Klingenfertigung unter Beweis.
Was als Hoflieferant für Schwerter für die britische
Monarchie im 18. Jahrhundert begann, entwickelte
sich zu einem heute weltweit erfolgreichen Kon-
zern mit Fokus auf die Nassrasur.

Vom Safety-Rasierer »Pall Mall«, der 1898 auf den
Markt kam, bis zum weltweit ersten Vier-Klingen-
Rasierer »Quattro« 2003 zeigt sich, dass die Unternehmensgeschichte geprägt von hochwertigen und
technologisch fortschrittlichen Produkten ist. Die
neueste Innovation aus dem Hause Wilkinson ist
der »Quattro Titanium Precision«, der erste 3-in-1
Nassrasierer zum Rasieren, Konturenschneiden

und Trimmen! Neben den vier Titan-Carbon-be-
schichteten Klingen ist dieser mit einer Präzisions-
Konturenklinge sowie einem batteriebetriebenen
Edelstahltrimmer am Ende des Griffes ausgestattet –
so werden alle Rasurwünsche mit einem Nassrasierer erfüllt. Seit 1994 gehören auch Produkte
für die weibliche Nassrasur dazu, ein sehr dynamisches Wachstumssegment, das durch die Neu-
einführung von »Intuition« im Jahre 2004 weitere
Impulse erhielt. So brachte Wilkinson Sword einen
Nassrasierer mit integriertem Hautconditioner auf
den Markt, der die Verwendung von Rasierschaum
oder Rasiergel überflüssig macht. Die Verwenderin
spart Zeit und Aufwand, da das Einschäumen und
Rasieren in einem Schritt durchgeführt werden
kann. Mit diesem neuartigen »All-In-One«-Produkt
erhält die Frau eine optimale Antwort auf ihre
spezifischen Bedürfnisse bei der Haarentfernung
und dem Unternehmen gelang es dadurch, eine
weitere große Zielgruppe und deren spezifische
Bedürfnisse zu erschließen.

Wilkinson bietet neben verschiedensten Nassrasierern auch Rasierpflegeprodukte an. In der Produktpalette finden sich neben Rasiergel oder Rasierschaum, Rasierseife oder -creme auch hochwertige Rasierpinsel oder Aftershaves. Diese zeichnen sich durch ein ansprechendes Preis-Leistungs-Verhältnis aus. Sie unterliegen einer permanenten Qualitätskontrolle und werden kontinuierlich entsprechend neuesten wissenschaftlichen Erkenntnissen über die Bedürfnisse der Haut weiterentwickelt.

Im Jahre 1978 wandte sich Wilkinson Sword auch dem Bereich der Maniküre und Pediküre zu und transferierte so die langjährigen handwerklichen Erfahrungen aus der Klingenfertigung auf weitere Präzisionsinstrumente aus Stahl. Wilkinson ist mit einem breiten Sortiment von Nagel- und Hautscheren, Feilen, Zangen und Pinzetten Marktführer in Deutschland. Wenn Sie mehr über die Produkte oder die besonderen Bedürfnisse von Haut und Haar bei der Nassrasur in Erfahrung bringen wollen, steht Ihnen die Firmen-Internetseite www.wilkinson.de zur Verfügung.

Wilkinson Sword GmbH ist die deutsche Unternehmenszentrale mit Sitz in Solingen, wo ca. 635 Mitarbeiter Rasierklingen, Rasierapparate, Rasierpflege sowie Maniküre- und Pediküreprodukte entwickeln und vermarkten. Rund 1,1 Mrd. Klingen werden jährlich in Solingen hergestellt. Alle Wilkinson-Produkte werden auf höchstem Qualitätsniveau nach den Kriterien der ISO 9001-Norm gefertigt. Außerdem ist das Unternehmen nach den Leitlinien der internationalen Umweltschutznorm ISO 14001 zertifiziert. Das interne Umwelt-Management-System ist ein integraler Bestandteil des Business-Management-Systems und hat den Zweck, die durch den Betrieb verursachten Auswirkungen auf die Umwelt durch einen Prozess der ständigen Verbesserung zu minimieren. Das Unternehmen setzt sich zum Ziel, die Erzeugung von Abfallstoffen, den Verbrauch von Ressourcen wie Material und Energie sowie die Emission umweltschädlicher Stoffe auf ein Minimum zu beschränken. Ebenso wird die Teilnahme aller Mitarbeiter an Programmen und Aktivitäten zum Umweltschutz, zum Arbeits- und Gesundheitsschutz sowie zur Qualitätsverbesserung gefördert.

Wilkinson gehört seit 2003 zum Energizer-Konzern, dem weltweit zweitgrößten Hersteller von Batterien und Taschenlampen. Energizer hat 11 000 Mitarbeiter in 140 Ländern und seinen Hauptsitz in St. Louis in den Vereinigten Staaten. Im Konzernbesitz sind auch die Marken Eveready, Schick und Playtex. Entsprechend gehören heute Batterien, Akkus, Taschenlampen und Ladegeräte zum Produktportfolio von Wilkinson Sword.

Wilkinson Sword GmbH
Schützenstraße 110
42659 Solingen
Tel.: (0212) 405 - 0
Fax: (0212) 405 - 306

Gründungsjahr
1772

Website
www.wilkinson.de

Verantwortliche
Elisabeth Mazur,
Wilkinson Sword GmbH

› DIE KAMPAGNE

Wilkinson Sword nimmt mit seiner Marke und seinen Produkten eine bedeutende Stellung im Markt ein. Zur Erreichung und Sicherung einer positiven Marken- und Produktpräsenz bedient sich das Unternehmen professioneller und kreativer Verkaufs- und Marketingmethoden.

In diesem Rahmen wurde das Konzept des »Wilkinson Cup« ins Leben gerufen, welches das Ziel verfolgt, das Image von Wilkinson zu stärken und die Marke im Relevant Set der Zielgruppe »junge Männer« zu etablieren. Es sollte eine Kommunikationsplattform geschaffen werden, über die das Unternehmen die Zielgruppe »junge Männer« erreichen und Interesse für die Marke Wilkinson und das Produkt Nassrasierer generieren kann.

Die Strategie des »Wilkinson Cup« basiert auf einer cross-medialen und kontinuierlichen Zielgruppen-Ansprache durch kreative Maßnahmen, die in Form einer integrierten Kommunikation umgesetzt wurden. Ausgangspunkt ist eine der wichtigsten Freizeitbeschäftigungen von Teenagern: Computer-Gaming. Wilkinson hat mit dem »Wilkinson-Cup« eine Nische im Jugend-Marketing besetzt, die bis dahin wenig von branchenfremden Unternehmen genutzt wurde – was eine hohe Aufmerksamkeit für den »Wilkinson Cup« versprach. Der Kontakt zwischen den Teilnehmern des »Wilkinson Cup« und der Marke Wilkinson ist durch die aktive Einbindung von hoher Qualität.

Der »Wilkinson Cup« ist ein Online-Gaming Cup mit eigenen Offline-Events, der in Kooperation mit Electronic Arts (EA), Electronic Sports League (ESL) und MTV durchgeführt wird.

Wilkinson ist exklusiver Sponsor einer eigenen Rennserie, die an Computern und auf Events ausgetragen wird. Als Basis für den »Wilkinson Cup« dient die im jeweiligen Jahr neue Version der erfolgreichen Rennserie »Need For Speed« von Electronic Arts.

Jeder interessierte Gamer aus Deutschland kann an dieser Rennserie teilnehmen und sich dazu kostenlos im Internet auf der Cup-Microsite (www.wilkinson-cup.de) registrieren. Zusätzlich zu den Gaming-Wettbewerben finden Kreativ-Wettbewerbe statt, bei denen die Nutzer eigene kreative Inhalte einsenden können.

Der »Wilkinson Cup 2007« fand im Zeitraum von Dezember 2006 bis August 2007 – begleitet von Aktivitäten im Online-, Print- und TV-Bereich – statt. Verschiedene Maßnahmen bildeten die Bausteine der integrierten Kommunikation. Die Online-Kommunikation ging zum einen aus der Kooperation mit ESL, Consoles und MTV hervor. Basierend darauf kamen unterschiedliche Kommunikationsformen zum Einsatz (Integration auf den Homepages, E-Mail-Kampagne etc.), um die Bekanntheit und Attraktivität des »Wilkinson Cup« zu steigern.

Zum anderen wurden auf diversen Homepages von Gaming-Magazinen News-Eventflashs und Online-Ads geschaltet.

Auch im Print-Bereich wurde der »Wilkinson Cup« kommunikativ unterstützt: Print-Anzeigen und Advertorials in Gaming- und Jugend-Magazinen erreichten im Veröffentlichungszeitraum von März bis September 2007 eine Reichweite von über 4,3 Millionen Rezipienten.

Die TV-Unterstützung erfolgte via Trailer und einer redaktionellen Integration auf MTV.

Die Offline-Events im Jahre 2007 fanden im Movie-Park Bottrop und auf der Games Convention (größte Gaming-Messe in Europa) statt. Hier kamen Promotionstände, ein EA-Fahrzeug, Spielkonsolen (Live-Gaming), getunte Show-Cars, ein mobiler Barbier, Wilkinson-Cup gebrandete Promotion-Geschenke und auch Wilkinson-Produkte zum Einsatz.

Die visuelle sowie inhaltliche Ansprache der Zielgruppe erfolgte durch ein »junges« Design des Logos und aller zum Einsatz gekommenen Materialien mit der Headline »Du bist schnell? Du bist besser? Dann beweise es!«. Als spezieller Kommunikationsträger konnten zusätzlich über die Wilkinson-Homepage kostenlose Visitenkarten im »Wilkinson Cup«-Look bestellt werden – ein hervorragendes Medium für die Kommunikation mit der jungen Zielgruppe.

Wilkinson hat mit dem »Wilkinson Cup« ein neues Kommunikationsfeld besetzt und engagierte sich als erstes branchenfremdes Unternehmen in dieser Form im Bereich Gaming. Die Ergebnisse der Marktforschung (MEC MediaLab) zeigen einen Anstieg der Markenbekanntheit, Werbeerinnerung und Imagewerte bei jungen Männern, welche den »Wilkinson Cup« kennen. Es wird auch belegt, dass der »Wilkinson Cup« eine hohe Akzeptanz in der Zielgruppe genießt.

Der »Wilkinson Cup« startete zum ersten Mal im Jahr 2006 und geht somit 2008 in seine dritte Runde – Konzept sowie Zielgruppenansprache bleiben dabei konstant, einzig die gestalterischen Aspekte werden in Anlehnung an das zugrunde liegende »Need for Speed«-Spiel adaptiert.

› DIE JURY

Die Wilkinson Sword GmbH gehört seit März 2003 zum Energizer-Konzern. Das Unternehmen bietet weltweit eine breite Auswahl an Produkten für die Rasur, Rasierpflege, Maniküre und Pediküre. Der deutsche Markt für Nassrasierer ist hart umkämpft. Durch stetige Produktinnovationen und spezielle Designs sollen neue Kunden gewonnen sowie bestehende Kunden zu einem Wechsel zu technisch aufwändigeren Modellen bewegt werden. In dieser Situation entschloss sich Wilkinson Sword, eine klar umrissene Zielgruppe kommunikationspolitisch stärker ins Visier zu nehmen. Ziele waren hierbei vor allem die Stärkung des Markenimages und die Etablierung der Marke im Relevant Set der Kernzielgruppe »junge Männer« im Alter von 15 bis 19 Jahren. Durch enge Kooperationen mit führenden Anbietern im Bereich Video- und Online-Gaming sowie aus den Bereichen Event und TV gelang es dem Unternehmen im Jahr 2006, erstmalig den »Wilkinson Cup« zu starten. Die junge und konsumfreudige Gaming-Community wurde zielgruppengerecht mittels eines konsistenten Kommunikationsmix angesprochen. Mit inhaltlich, methodisch und zeitlich aufeinander abgestimmten Maßnahmen erreichte der »Wilkinson Cup« nachhaltig die notwendige mediale Aufmerksamkeit. Die hohe Qualität des Zielgruppenkontakts geht mit dem hohen Involvement der Spieler beim »Wilkinson Cup« einher. Im Ergebnis zeigte sich, dass die Markenbekanntheit in der Zielgruppe signifikant gesteigert werden konnte. Die Mehrzahl der Teilnehmer verbindet die Marke nun verstärkt mit den intendierten Attributen wie »hat Style« und »ist technisch auf dem neuesten Stand«. Kenner des »Wilkinson Cups« würden im Falle einer Kaufentscheidung mehrheitlich zu Wilkinson-Produkten greifen. Da Kunden im Bereich Nassrasierer von einer sehr hohen Markentreue gekennzeichnet sind, kommt der Unternehmensentscheidung, sich auf eine besonders junge Zielgruppe zu konzentrieren, besondere Bedeutung zu. Aus Sicht der Jury ist es der Wilkinson Sword GmbH in hervorragender Weise gelungen, sich von ihrer Konkurrenz abzuheben und Wettbewerbsvorteile zu sichern.

Jochen Matzer
Geschäftsführender Gesellschafter
Red Rabbit Werbeagentur

VON DER KONFRONTATION ZUR KOOPERATION

Das Problem ist hinlänglich bekannt: Durch die dramatische Medienexplosion – besonders in den letzten beiden Jahrzehnten – und die zunehmende Emanzipation der Verbraucher funktioniert das alte, einst sehr erfolgreiche, Sender-Empfänger-Modell der Massenkommunikation nicht mehr. Auch die Fakten sind bekannt: Mit mehr als 3 000 Werbebotschaften wird der Verbraucher jeden Tag »gepusht«. Die meisten davon werden nicht oder kaum noch wahrgenommen, oft auch ganz bewusst ignoriert oder mit moderner Technik ausgeblendet. Die Marke und ihre Werbebotschaft kommt nicht mehr durch.

Die werbetreibende Industrie, von den Kreativ- und Mediaagenturen bis hin zu den Forschungsinstituten, tut schon immer alles und zuletzt auch immer mehr, um sich die Aufmerksamkeit des Verbrauchers zu sichern, um ihn zu erreichen, besser zu verstehen, um sich an sein verändertes soziokulturelles Umfeld anzupassen und dieses als Plattform zur Inszenierung der eigenen Markenbotschaften zu nutzen.

In den Achtzigern und zu Beginn der 90er-Jahre heißt es daher meistens »Welcome in Ad-Land«: Hier zeigen stets gut gelaunte und mindestens genauso gut aussehende Menschen, dass man fast alles im Leben schaffen kann. Offensiver Konsum ist Ausdruck für eine positive Lebenseinstellung in einer heilen Premium-Welt.

Diese Welt bekommt Mitte der Neunziger hässliche Risse. Der Golfkrieg, die Aidsdiskussion und die ersten großen Umweltskandale sorgen für zunehmend schlechte Laune. Vor diesem Hintergrund entsteht eine neue Art von Werbung – eine, die in die Zeit passt und den Nerv einer neuen Generation von kritischen Verbrauchern trifft, die schockiert: Vorreiter ist die Marke »Benetton«, deren Kampagne blutverschmierte Soldatenuniformen, sterbende Aids-Patienten oder tote Ölpest-Vögel zeigt und durch diese Tabubrüche eine Aufmerksamkeit, ein Medieninteresse für Werbung schafft, das es so vorher noch nie gab. Die damit erreichte gesellschaftspolitische Resonanz, die kostenlose journalistische Berichterstattung und die »authentische« Bildsprache waren und sind bis heute Vorbilder für Legionen von Werbern.

Was damals noch schockiert und dadurch funktioniert hat, lockt heute allerdings niemanden mehr hinter dem sprichwörtlichen Ofen hervor. Das Magazin »Neon« hat in einer seiner letzten Ausgaben mehrere Portraitbilder aus Werbung und Pornografie ausgeschnitten und anonymisiert gegenübergestellt, der Leser sollte in einer Art Bilderrätsel die jeweiligen Motive zu einer der beiden Kategorien zuordnen. Die Inszenierung der Models, der Fotolook, das Styling, die Mimik sind sich mittlerweile aber so ähnlich, dass eine Unterscheidung praktisch unmöglich ist.

Die Anforderungen an die Kommunikation haben sich also innerhalb von nur zehn Jahren drastisch geändert, eine reine Aufmerksamkeitsstrategie auf der Einbahnstraße der klassischen Massenmedien genügt heute meist nicht mehr. Durch die Vielzahl und die gleichzeitig zunehmende Zersplitterung von Medien wird der Konsument immer schwerer zu erreichen.

Daher findet in der Werbung eine Annäherung zwischen Unternehmen und Konsumenten statt, einige Marken schichten ihre Budgets um und gehen immer öfter direkt auf den Verbraucher zu.

Aufwendige Events, prominentestes Beispiel sind sicher die Flugtage von Red Bull, sollen die Konsumenten aktiv einbeziehen und die Marke besser erlebbar machen. Dabei sind diese Events meist keine losgelösten Einzelveranstaltungen, sondern stehen als Drehscheibe im Zentrum der gesamten Werbemaßnahmen. Ziel ist es – neben der prominenten Medienberichterstattung – die Marke stärker im sozialen Umfeld der Verbraucher zu verankern, sie zum festen Bestandteil ihres Lebens zu machen: Die Events sollen durch positive Erlebnisse eine stabile Beziehung zwischen Marke und Teilnehmern aufbauen, im Idealfall begeisterte Markenbotschafter hervorbringen, die wiederum positiv über die Marke in ihrem sozialen Umfeld sprechen.

Jochen Matzer (geb. 1967)
· Studium der Betriebswirtschaftslehre
  (Diplom-Betriebswirt)
· Gründer/Geschäftsführender Gesellschafter
  Red Rabbit Leo Burnett
· Managing Director Elephant Seven
· Berater Springer & Jacoby
· Berater Scholz & Friends Berlin

Red Rabbit Werbeagentur ist eine Kreativ-
agentur mit Sitz in Hamburg, wurde 2002
als Joint Venture zusammen mit Leo Burnett
Worldwide gegründet, 2004 erfolgte ein
Management Buyout, im selben Jahr wurde
Red Rabbit zur Newcomeragentur des Jahres
gewählt. Die Agentur betreut unter anderem
Schweppes, Krombacher, Otto Group,
Hamburg-Mannheimer, Blau Mobilfunk,
Axel Springer Verlag und Fritz Kola.

www.red-rabbit.de

Im Internet hat sich diese neue Form der Erfahrungs- und Erlebnis-Kommunikation zwischen Marken und Konsumenten, beschleunigt durch viele neue technische Möglichkeiten, ebenfalls längst etabliert. Hier verläuft der Dialog in Echtzeit und auf Augenhöhe. Denn einerseits lässt sich durch moderne Tracking-Methoden von Unternehmensseite leicht nachvollziehen, ob die jeweilige Werbemaßnahme angekommen ist. Aber andererseits kann der User auch nirgendwo schneller darauf reagieren und eigenständiger entscheiden, wie er sich dazu verhält, welche Medien er konsumiert, welche Kommunikationsnetzwerke er nutzt, mit wem er in Verbindung tritt oder wann und weshalb er diese Verbindung wieder abbricht. Diese Handlungsautonomie des Verbrauchers wird die Markenkommunikation und ihre bislang etablierte Steuerung durch die Unternehmen nach und nach verändern, vielleicht sogar umkehren. Gerade im Netz müssen Unternehmen versuchen, eine starke Beziehung zwischen ihren Marken und den Verbrauchern aufzubauen und diese nicht nur kurzfristig einzubeziehen. Und genau wie bei den Offline-Events besteht die Chance gerade darin, den Verbraucher ernst zu nehmen und in Kooperation mit ihm einen Mehrwert im Markenerlebnis zu schaffen.

Die Markenwerbung hatte schon immer das Ziel, eine Beziehung zwischen der Marke und dem Verbraucher aufzubauen. Dabei bezieht sie die jeweilige gesellschaftliche Entwicklung mit ein. Aktuell kann man erkennen, dass die Verbraucher verstärkt ihre Kaufentscheidungen auf Basis ihrer Einschätzung von Moral und sozialer Verantwortung von Unternehmen treffen. Kein Wunder in Zeiten von Steuerhinterziehungen, Korruptionsvorwürfen und Massenentlassungen.

Die korrekte Werteorientierung wird für Marken und Unternehmen also immer wichtiger: Der Kunde sucht den »Genuss ohne Reue«, will sich gerne für eine Marke entscheiden können, weil er sicher sein kann, dass mit Mitarbeitern und Ressourcen verantwortungsbewusst umgegangen wird.

Für die Werbung der Zukunft gilt es daher, Authentizität und Glaubwürdigkeit von Marken gegenüber den Verbrauchern erlebbar zu machen, sie sorgt deshalb nicht mehr für Aufmerksamkeit durch Konfrontation, sondern kooperiert mit den Konsumenten.

DIE HANNOVERSCHE LEBEN

› DAS UNTERNEHMEN

Die Hannoversche Leben ist Deutschlands erfahrenster Direktversicherer. Als Preußischer Beamten-Verein im Jahr 1875 gegründet, verschreibt sie sich der Aufgabe, Lebensversicherungsschutz auf direktem Weg ohne Außendienst anzubieten. Daran hat sich bis heute nichts geändert. Getreu dem Grundsatz »einfach-besser-direkt« zeichnet sich das hannoversche Traditionsunternehmen durch eine besondere Kosteneffizienz aus. Die Kostenquoten liegen in allen Bereichen deutlich unter Marktdurchschnitt. Kunden profitieren daher von besonders günstigen Preisen für alle Produkte des Unternehmens. Zugleich hat die Hannoversche Leben ihr Angebot um vielfach ausgezeichnete Produkte für die Hinterbliebenen- und Altersvorsorge bis hin zum Vermögensaufbau erweitert. Im Geschäftsjahr 2007 weist das Unternehmen ein Beitragsvolumen von über 800 Millionen Euro bei rund 810 000 Verträgen aus.

2003 schließt sich die Hannoversche Leben mit den VHV Versicherungen zur VHV Vereinigte Hannoversche Versicherung AG zusammen. Innerhalb der VHV Gruppe agiert sie als der Direktversicherer. Zum 1. Oktober 2007 erweiterte Deutschlands erfahrenster Direktversicherer (Versicherungsbeginn: 1. Januar 2008) mit der Marke »Hannoversche Direkt« sein Direktversicherungsangebot um die Sparte Kfz. Grund war die Nachfrage vieler zufriedener Direktkunden, die sich das kosteneffiziente und leistungsfähige Angebot der Hannoverschen Leben auch für den Kfz-Bereich wünschten.

Dank der Erfahrung im Direktvertrieb der Hannoverschen Leben bietet die Hannoversche Direkt erstklassige Leistung zu sehr günstigen Preisen. Die Kunden schätzen diesen doppelten Synergieeffekt: Das Interesse übersteigt die Erwartungen.

Einfach-Besser-Direkt
Mit ihrem Markenauftritt gewährleistet die Hannoversche Leben die Wiedererkennbarkeit als etablierte Marke im Altersvorsorgebereich. Als positives und modernes Zeichen versinnbildlicht der Schrägstrich eine effiziente und unkomplizierte Kommunikation. Das in frischem Blau gehaltene Farbklima betont die Seriosität und die Zuverlässigkeit des modernen Traditionsunternehmens. Die klare und prägnante Schrift unterstreicht die Markenwerte der Hannoverschen Leben. Seit dem Jahr 2006 wirbt TV-Star und Sympathieträgerin Anke Engelke für die Assekuranz.

Auszeichnungen
Standard & Poor's (S&P), 2007: »A« (Ausblick stabil) insbesondere wegen guter Kennzahlen und guter Wettbewerbspositionierung

ASSEKURATA, 2007: »A+/sehr gut« in allen Teilqualitäten – Sicherheit, Gewinnbeteiligung, Kundenorientierung, Erfolg und Wachstum gute bis exzellente Bewertungen

map-report 2007: »mm/sehr gut«

Firmensitz der Hannoverschen Leben

Hannoversche Leben setzt Akzente

Was zeichnet eine sehr gute Versicherung aus? Natürlich leistungsfähige und zugleich preiswerte Versicherungsangebote. Aber auch das Gespür für kundenorientierte, also bedarfsgerechte Angebote kennzeichnet ein ambitioniertes Unternehmen.

Altersvorsorge

Die Hannoversche Leben bietet vielfach ausgezeichnete Altersvorsorgeprodukte für alle drei Schichten des Alterseinkünftegesetzes. Ihre Riesterrente »HL Garant« zählt zu den besten am Markt. Die Basisrente/Invest kombiniert die staatliche Förderung klassischer Basisrenten mit den Renditechancen der Kapitalmärkte. Der Versicherte wählt dabei selbst den zu seiner Investmentstrategie passenden Dachfonds. Die Analyseagentur Franke & Bornberg findet sowohl die Basisrente/Invest als auch die klassische Variante »hervorragend«. Auch die

Berufsunfähigkeitsversicherungen und die Risikolebensversicherung gehören zu den besten am Markt. In zahlreichen Tests belegen sie Spitzenplätze.

Betriebliche Altersversorgung (bAV): TÜV SÜD-geprüfte Entgeltumwandlung

Die Hannoversche Leben ist Deutschlands erstes und bislang einziges Unternehmen, das sich die hauseigene Entgeltumwandlung vom TÜV-Süd hat zertifizieren lassen. Von der zertifizierten Entgeltumwandlung profitieren dabei nicht nur die eigenen Mitarbeiter, sondern auch die Firmenkunden der Hannoverschen Leben, denen das im eigenen Haus etablierte Konzept selbstverständlich ebenfalls angeboten wird.

Baugeldspezialist Hannoversche Leben

Die Hannoversche Leben bietet mit die günstigsten Konditionen für Baugeld. Bekannt ist das Unternehmen auch durch innovative Hypothekenprodukte wie z. B. die Rentenhypothek. Als einziges Produkt am Markt bietet es Ruheständlern die Möglichkeit, ihr Haus zu beleihen und ein kostengünstiges Darlehen zu erhalten. Bisher war es insbesondere für ältere Pensionäre und Rentner schwer, einen Kredit zu bezahlbaren Konditionen zu bekommen.

Arbeitnehmervertreter Antje Schenke, Manfred Habermehl, Leiter Konzernstrategie und -marketing Dr. Per-Johan Horgby, Anke Engelke, Vorstandssprecher der VHV Gruppe Uwe H. Reuter

// HANNOVERSCHE LEBEN

Hannoversche Lebensversicherung AG
Karl-Wiechert- Allee 10
30622 Hannover

Gründungsjahr
1875

Website
www.hannoversche.de

Verantwortliche
Dr. Per-Johan Horgby, Leiter Konzernstrategie und -marketing;
Vorstand:
Frank Hilbert, Sprecher;
Dr. Christian Bielefeld, Vertrieb;
Claus Blänkner, Kapitalanlagen

Partneragentur
Scholz & Friends, Hamburg

Produktliteratur

Printanzeige

› DIE KAMPAGNE

Nach 132 Jahren war es höchste Zeit für einen Marken-Relaunch
Da Direkt-Versicherungen weder über Außendienst-mitarbeiter verfügen noch durch Makler vertreten werden, müssen sie es allein mit Hilfe ihrer Kommunikation in die Köpfe der Verbraucher schaffen.

Und genau das war das Problem der Hannoverschen Leben. Sie ist zwar die älteste Direktversicherung Deutschlands, aber ihre Markenbekanntheit sank in den letzten Jahren dramatisch. In den Köpfen der Verbraucher fand sie nicht mehr statt!

Die große Herausforderung bestand somit darin, ein besonders aufmerksamkeitsstarkes Kampagnen-format zu entwickeln, das die Hannoversche Leben schnell und klar aus der Masse der Versicherer heraushebt und ihr ein eindeutiges, aktivierendes Profil gibt.

Mit Direktversicherungen den Mainstream erobern
Das Ziel der Hannoverschen Leben ist es, neue Kunden über die konkreten Vorteile einer Direkt-versicherung zu gewinnen. Dazu müssen vermehrt die »typischen« Kunden der traditionellen Versicherer angesprochen werden. Es gilt, gegenüber dieser Zielgruppe die Stärken der Hannoverschen Leben herauszustellen und ihnen gleichzeitig die Skepsis vor einem »imaginären« Direkt-Versicherer zu nehmen, der nur über Internet, Brief oder Telefon erreichbar ist.

Die erste Versicherungs-Kommunikation im Comedy-Stil
Die Hannoversche Leben ist ein Direkt-Versicherer und genauso tritt sie auch auf: Sie nennt die Dinge in der Kampagne beim Namen. Geradeheraus, ehrlich – eben direkt. Um dies möglichst aufmerksamkeitsstark umzusetzen, hat sich die Hannoversche Leben Folgendes überlegt: Das Fernsehformat, das zurzeit die höchste Aufmerksamkeit erzielt, ist Comedy. Und eine ihrer bekanntesten und beliebtesten Protagonisten ist Anke Engelke.

Mit ihrer lockeren, sympathischen Art und Weise, mit der erstmals auch ernste Versicherungsthemen behandelt werden, schafft Anke Engelke eine frische Alternative im Werbeblock. So gelingt es, in der Kampagne über heikle und komplexe Themen wie beispielsweise Hinterbliebenen-Schutz zu sprechen, dies aber zugleich mit einem charmanten Augenzwinkern zu verbinden. Die TV-Spots etablieren sich dabei als eigenständiges Comedy-Format im Werbeblock.

Ganzheitliche Wirtschaftskommunikation mit einer langfristigen Markenplattform
Neben Anke Engelke erreicht die Marke ihre ganzheitliche Kraft in der Wirtschaftskommunikation durch die besondere textliche Tonalität und mit dem branding-orientierten Corporate Design als langfristige Plattform für alle Kommunikations-maßnahmen.

› DIE JURY

Als Direktversicherer mit über 130-jähriger Tradition stand die Hannoversche Leben AG vor der Aufgabe, als eher antiquierte Marke im wachsenden Direktversicherungs-Markt nicht den Anschluss gegenüber der werbestarken Konkurrenz zu verlieren. Ein umfassender Markenrelaunch und der damit verbundene Imagewechsel sollten helfen, die Bekanntheit und die Marktanteile der Versicherung zu steigern. Um den Markenrelaunch bei der Zielgruppe zu kommunizieren, wurde eine aufwendige Kampagne kreiert. Durch das im Relaunch ausgearbeitete deutliche Auftreten als Direktversicherer mit einer klaren, unkomplizierten und direkten Ansprache im Comedy-Format wurde ein sympathischer und witziger Auftritt geschaffen, der die Skepsis vor Direktversicherungen nimmt. Die innovative Werbeidee, die Comedy-Sprache im Zusammenhang mit einem in diesem Bereich sehr bekannten Testimonial zu nutzen, hat eine hohe Aufmerksamkeit und nachhaltige Wirkung erzielt. Der TV-Spot, in dem ein Mann vom Baum erschlagen wird, wirkt einerseits makaber, löst andererseits durch Anke Engelkes Moderation beim Betrachter ein Schmunzeln aus und hat zeitgleich eine deutliche Aussage. Der Werbeauftritt ist einzigartig in der Branche und hebt sich daher stark von der Konkurrenz ab. Durch die schlüssige und stimmige Formulierung der Ziele, Zielgruppe, Strategie und die daraus resultierende Umsetzung konnte eine ganzheitliche und glaubhafte Kampagne geschaffen werden, die zu einer enormen Bekanntheitssteigerung der Marke geführt hat. Der Aufbau und die Umsetzung der Maßnahmen sind logisch aufeinander abgestimmt und langfristig nutzbar. Die grafische Gestaltung der Kampagne ist sehr zeitgemäß: in einer für eine Versicherung sehr angemessenen, klaren und einfachen Gestaltungslinie, die sich an der Zielgruppe orientiert. Die Gestaltung transportiert durch das modulare Raster die Baukasten-Idee des Versicherungssystems glaubwürdig nach außen. Mit der Kampagne zum Markenrelaunch hat es das Unternehmen geschafft, ein klares Markenbild zu kommunizieren und die Stärken der Hannoverschen Leben herauszustellen. Die Jury gratuliert dem Gewinner des Deutschen Preises für Wirtschaftskommunikation 2008 in der Kategorie »Beste werbliche Kommunikation«.

Der Auftritt setzt auf TV-Spots und Printanzeigen, zeitgleich kamen zur Aktivierung von Neu- und Bestandskunden vertriebsunterstützende Maßnahmen in den Verkaufskanälen Dialogmarketing (z. B. Mailings, Produktliteratur) und Online-Marketing (Website, Onlinebanner) zum Einsatz. Damit wurde eine durchgängige Präsenz der Marke erreicht, die durch Anke Engelke ein ebenso eigenständiges wie sympathisches Gesicht bekam. Zudem entstand eine enge Verbindung zwischen Testimonial und Marke.

Anke ist »die neue Herr Kaiserin«
Bereits Anfang 2008 lag mit Anke die Werbeerinnerung schon über 20 Prozent. Damit ist Anke als Testimonial für die Hannoversche Leben heute präsenter als die Werbe-Ikone Herr Kaiser, der seit 1972 (!) für die Hamburg-Mannheimer wirbt.

Starker Anstieg der Werbeerinnerung
Das Kampagnenformat mit Anke Engelke erzeugt höchste Aufmerksamkeit: Die gestützte Werbeerinnerung konnte mit der Kampagne deutlich gesteigert werden. Nach Kampagnenstart lag sie um 87 Prozent über dem Niveau vor Kampagnenstart.

Starker Vertriebsschub für den Verkauf
Die starken Kommunikationswerte des neuen Kampagnenauftritts schlagen sich unmittelbar in messbarem Markterfolg nieder: Die erstmals mit Anke Engelke beworbene Risiko-Versicherung wurde gegenüber dem Vorjahr um knapp 50 Prozent häufiger verkauft.

Ein großer Erfolg bei vergleichsweise geringen Ausgaben
Der nachweisliche Markterfolg konnte mit einem im Wettbewerbsvergleich sehr geringen Werbebudget erreicht werden. Zum Vergleich: Direkten Wettbewerbern der Hannoverschen Leben steht jeweils etwa ein fünffaches (!) Marketingbudget zur Verfügung.

Der Mut zu einem risikoreichen Weg wird belohnt
Mit der Kampagne »Direkt gesagt« mit Anke Engelke geht die Hannoversche Leben einen für Versicherungswerbung ungewöhnlichen und damit risikoreichen Weg – und wurde bisher für ihren Mut belohnt: Eine stark gestiegene Markenpräsenz, ein profilierteres Markenimage und steigende Verkaufszahlen. Darauf setzt das Unternehmen auch in Zukunft und sagt nicht zuletzt mit Blick auf die Auszeichnung beim Deutschen Preis für Wirtschaftskommunikation:

Danke, Anke!

„DER ERSTE ABSCHLUSS, DEN ALLE SCHAFFEN."

Einfach abschließen

BERLINER STADTREINIGUNG (BSR)

> DAS UNTERNEHMEN

Die Berliner Stadtreinigung (BSR) ist als traditionelles Berliner Unternehmen fester Bestandteil der Hauptstadt. Seit 1994 in der Rechtsform einer Anstalt öffentlichen Rechts ist die BSR vom Land Berlin beauftragt, die öffentlichen Aufgaben der Abfallentsorgung und Straßenreinigung wahrzunehmen. Damit leistet die BSR zuverlässig einen wesentlichen Beitrag zur urbanen Infrastruktur.

Auf Wirtschaftlichkeit ausgerichtetes Denken und Handeln, nachhaltige Umweltorientierung und soziale und gesellschaftspolitische Verantwortung bestimmen die Unternehmensziele. Messgrößen dafür sind die hohe Qualität der Dienstleistungen und die niedrigsten Gebühren unter den deutschen Großstädten.

Dabei beweist das Unternehmen in seiner täglichen Praxis, dass Ökologie und Wirtschaftlichkeit kein Widerspruch sind: Bereits heute gilt die BSR in Sachen Reduzierung von Treibhausgasen als Schrittmacher und hat das von der Bundesrepublik angestrebte Ziel, die CO_2-Emissionen von 1990 bis 2012 um 21 Prozent zu senken, weit übertroffen. Allein von 1999 bis 2005 reduzierte das Unternehmen die CO_2-Emissionen um 69 Prozent auf 207000 Jahrestonnen.

Im Rahmen des Berliner Landesenergieprogramms unterzeichnete die BSR im Frühjahr 2007 als erstes öffentliches Unternehmen eine Kooperationsvereinbarung mit der Senatsverwaltung mit ehrgeizigen Zielen: In zehn Jahren – von 1999 bis 2010 – soll das Klimagas CO_2 um 87 Prozent reduziert sein. Erreicht wird das mit einer intelligenten Mischung aus großen und kleinen Schritten.

Dazu gehören beispielsweise eine neue Aufbereitungsanlage für Sperrmüll, zwei Vergärungsanlagen für Bioabfälle und ein Fuhrpark, der bis zum Jahr 2010 komplett mit lärm- und schadstoffarmen Fahrzeugen ausgestattet sein wird. Auch systematische Fahrertrainings zur Senkung des Kraftstoffverbrauchs, ein Anteil von sechs Prozent an Kraftstoffen aus regenerativen Quellen sowie der ressourcenschonende Umgang mit den eigenen Immobilien gehören zum Klimaschutzprogramm.

Als kommunales Unternehmen nimmt die BSR ihre soziale Verantwortung innerhalb und außerhalb des Unternehmens sehr ernst. Ein wichtiger Aspekt ist hier beispielsweise die Zukunft junger Menschen. Mit rund 200 Auszubildenden bildet die Berliner Stadtreinigung weit über den eigenen Bedarf aus und gibt jungen Menschen damit eine grundlegende berufliche Perspektive. Aber auch außerhalb des Unternehmens engagiert sich das Unternehmen intensiv. Das gilt vor allem für die langfristige Unterstützung von Kinder- und Jugendprojekten und von gemeinnützigen Vereinen und Organisationen. Zudem integriert die BSR leistungsgeminderte Menschen in ihre Arbeitsprozesse, ein Engagement, das bereits mit mehreren Integrationspreisen ausgezeichnet wurde.

Die Ausgangssituation

Das kommunale Unternehmen BSR ist in der Hauptstadt Garant für wichtige öffentliche Aufgaben der Daseinsvorsorge: für die Entsorgungssicherheit, für saubere Straßen und für die Verkehrssicherheit im Winter. Auch die Förderung von Abfallvermeidung und -verwertung gehört zum Anspruch und zu den Aufgaben der Berliner Stadtreinigung. Eine weitere Besonderheit des kommunalen Unternehmens: Bei den öffentlichen Aufgaben gibt es keinerlei Gewinnorientierung, nur die tatsächlich entstehenden Kosten werden in Form von Gebühren von den Berlinerinnen und Berlinern bezahlt. Und diese Gebühren sind immerhin die niedrigsten unter den deutschen Großstädten.

Strategisches Ziel ist es, die BSR als *kommunales Unternehmen* zum Wohl der Berlinerinnen und Berliner zu erhalten. Dieser Zielsetzung unterliegt auch die externe Kommunikation für die öffentlichen Aufgaben, also auch die Bereiche »werbliche Kommunikation« und »Online-Kommunikation«. Diese Bausteine sollen zunächst den Nutzen und die Vorteile des »kommunalen Modells BSR« für die Berlinerinnen und Berliner deutlich machen, die ja Kunden und Eigentümer des Unternehmens in einem sind. Darüber hinaus sollen sie dazu beitragen, die BSR als kommunales Vorzeigeunternehmen zu positionieren.

Und letztlich geht es darum, zu zeigen, dass es die Verbundenheit und die Einheit mit Berlin ist, die das Unternehmen und seine Mitarbeiterinnen und Mitarbeiter motiviert, tagtäglich an der Attraktivität der Hauptstadt zu arbeiten – mit innovativen Ideen und herausragendem Engagement. Das ist Dienst an der Stadt und am Kunden pur. Und erst wenn die zufrieden sind, ist es die BSR es auch.

Berliner Stadtreinigung (BSR)
Ringbahnstraße 96
12103 Berlin
Tel.: (030) 75 92 - 49 00
Fax: (030) 75 92 - 22 62

Gründungsjahr
1951

Website
www.BSR.de

Verantwortliche
Birgit Nimke-Sliwinski,
Leiterin Vorstandsbüro Marketing

Partneragentur
Etwas Neues entsteht
Marketing GmbH
www.etwas-neues-entsteht.de

WIE ZUHAUSE. NUR GRÖSSER.

› DIE KAMPAGNE

Mit dem Ausbau des ökologischen Profils, hoher Leistungsqualität, sozialer Verantwortung und der Gewährleistung von niedrigen Gebühren und Tarifstetigkeit, will sich die BSR als kommunales Vorzeigeunternehmen dauerhaft den Leistungsauftrag sichern. Neben diesen rationalen Argumenten ist es dem Unternehmen nach wie vor wichtig, die BSR bei den Berlinern auch emotional als unverzichtbaren »Wohlfühldienstleister« der Stadt zu verankern.

Wesentliche Grundlage hierfür ist die Verbundenheit mit Berlin, die das Unternehmen und seine Beschäftigten motiviert, mit innovativen Ideen und Engagement an der Attraktivität der Stadt zu arbeiten und die Lebensqualität zu sichern. Die Berliner Stadtreinigung agiert nicht in einem beliebigen Unternehmensfeld, sondern engagiert sich für das eigene »Zuhause«. Kundenbetreuung und die Sorge um das Wohlbefinden aller stehen im Mittelpunkt. Dies ist die kommunikative Ausgangssituation für die Kampagne: »Wie zuhause. Nur größer.«

Die Strategie knüpft dabei an die in den letzten Jahren signifikant verbesserten Imagewerte der BSR durch die bisherige Unternehmenskommunikation an. Wohlfühlen kann man sich am besten gemeinsam. Wohlfühlen heißt aber auch zusammen Verantwortung tragen. Das möchte die BSR mit dieser Kampagne ins Bewusstsein rufen. Ziel ist es, dass sich alle Berlinerinnen und Berliner angesprochen fühlen und die Stadt wie ihr eigenes »Zuhause« behandeln. Um die Identifikation der Zielgruppe – alle Berlinerinnen und Berliner – mit diesen Zielen des Unternehmens zu erreichen, ist nichts naheliegender, als sich mit der Zielgruppe selbst zu identifizieren. Mit der Gleichung »Wir gehören zu Berlin = Wir gehören Berlin = Wir sind Berlin« macht die BSR die ganze Stadt zum gemeinsamen Zuhause und alle Kunden zu Nachbarn.

Dabei positioniert sich die BSR nicht nur über ihr konkretes Leistungsspektrum, sondern vor allem emotional als öffentliches Unternehmen in und für Berlin, das einen deutlichen urbanen Mehrwert schafft (Public Value). Entsprechend dem Konzept der integrierten Kommunikation verfolgt die BSR die Strategie, unter dem gemeinsamen Dach der Unternehmens- bzw. Leistungspositionierung diverse Zwischenziele zu formulieren. Diese wurden in einzelnen, aber ganzheitlich integrierten Kampagnen umgesetzt und kommuniziert. Sie gliedern sich in verschiedene Phasen, die sich mit neuen Plakaten, Anzeigen und anderen Werbemitteln wie Postkarten und Aufklebern für Abfallbehälter unmittelbar fortsetzen und ineinander greifen. Um die ganzheitliche Integration zu gewährleisten, wurden bei sämtlichen Kommunikationsmaßnahmen Kernbotschaften aus der kommunikativen Leitidee des Unternehmens und die Zwischenziele aus der Positionierung zum Ausdruck gebracht.

Die Kommunikationsstrategie wurde über verschiedene Medien umgesetzt: von Printmedien über Anzeigen bis hin zu Kooperationen mit Berliner Institutionen. So wurde beispielsweise ein regionales Handball-Nachwuchs-Turnier veranstaltet, das in der Botschaft das besondere Engagement der BSR auch für die jüngsten Berliner kommunizierte. Auch mit der internen Kommunikation wurde das Ziel der werblichen Kommunikation unterstützt. Die Mitarbeiterinnen und Mitarbeiter in Orange sind Bestandteil des Berliner Stadtbildes. Ihr Verhalten ist ein wichtiger Imagefaktor für das Unternehmen. Vor Veröffentlichung der Kampagne wurden alle Mitarbeiter und Mitarbeiterinnen über eine Extra-Ausgabe der Mitarbeiterzeitschrift über die neue Kampagne informiert. Besonders die Authentizität der Plakate profitiert dabei von den Mitarbeiterinnen und Mitarbeitern, die sich für die Sympathiekampagne fotografieren ließen.

Der Kampagnenerfolg wurde mit einer Marktforschungsanalyse überprüft. Über die Hälfte der befragten Berliner Bürgerinnen und Bürger stimmte der Aussage zu, die BSR sei ein »sympathisches Unternehmen«. 44 Prozent erinnerten sich spontan, in der letzten Zeit Werbung der BSR gesehen zu haben. Dabei hat die Plakatwerbung den größten Eindruck hinterlassen. Im Vordergrund der Werbe-Detailerinnerungen stehen wieder die witzigen Slogans, die den BSR-Kampagnen einen sympathischen Grundton verleihen, sowie Orange als unverkennbare Farbe des Berliner »Wohlfühl«-Dienstleisters.

› DIE JURY

Mit der Sympathiekampagne »Wie zuhause. Nur größer.« ist der Berliner Stadtreinigung (BSR) ein weiterer Schritt gelungen, sich einen Platz in den Herzen der Berliner zu sichern. Welches Thema ist schwieriger positiv zu verpacken als Abfall? Die Kampagne »Wie zuhause. Nur größer.« ist eine von bisher vier einzelnen, aber ganzheitlich umgesetzten und kommunizierten Kampagnen, welche ein großes Maß an Weiterführungspotenzialen aufweist. Bei dieser Kampagne kommt die Leidenschaft der Mitarbeiter und Mitarbeiterinnen der BSR zu ihrer Arbeit für Berlin zum Ausdruck. Die parallele interne und externe Kommunikation der BSR greifen ineinander über, ergänzen und stützen sich gegenseitig und sprechen gleichermaßen Mitarbeiter und Bürger an, sich mit ihrer Hauptstadt zu identifizieren und diese wie ihr Zuhause zu behandeln. Mit Humor und Witz bringt die BSR es zustande, sich als das sympathische Reinigungs-Dienstleistungsunternehmen im Gedächtnis der Berliner Bürger zu verankern. Plakate, Edgarkarten, Papierkorb-

beklebungen und weitere Werbemittel glänzen dabei durch ihre originelle Gestaltung und stechen vor allem durch ihre witzigen Werbesprüche hervor. Die BSR zeigt mit dieser Kampagne ihr Gefühl für Zeitgeist. Sie ist sehr innovativ, kreativ, originell und aufmerksamkeitsstark. Die Sympathie ausstrahlenden BSR-Mitarbeiter, die als Models auf den Plakaten an der Kampagne mitgewirkt haben, unterstreichen die Glaubwürdigkeit. Sie strahlen deutlich aus, bei der Pflege ihres Zuhauses Berlin Spaß zu haben und Verantwortung für dieses zu übernehmen. So, wie sich die Mitarbeiter mit Hilfe von interner Kommunikation mit ihrem Unternehmen und ihrem Hauptarbeitsort, den Straßen von Berlin, identifizieren, so sollen sich auch die Berliner mit ihrem Berlin als Zuhause identifizieren und es dementsprechend behandeln. Die BSR hat dazu ein großes Stück beigetragen und ist allein dafür verantwortlich, beim Gang zum Papierkorb ein Lächeln in die Gesichter zu zaubern. Vielen Dank dafür und weiter so!

CIRC CORPORATE EXPERIENCE

Konzeption und Realisation
der Konzerntagung der E.ON
Energie AG unter dem Titel
»360° – Neue Perspektiven
gewinnen«

› DAS UNTERNEHMEN

Erlebnisse, die inspirieren und verändern
»Wir glauben, Erfahrungen zu machen, aber die
Erfahrungen machen uns«, schrieb der französi-
sche Dramatiker Eugène Ionesco. Erfahrungen inspirieren und verändern Menschen – ihr Fühlen
und Denken, ihre Einstellungen, ihr Verhalten.
Erfahrungen entstehen im Erleben außergewöhnlicher Ereignisse – Erlebnisse, die so intensiv sind,
dass sie sich nachhaltig ins Bewusstsein einprägen.
circ corporate experience schafft Momente intensiven Erlebens. Aus den Impulsen und Botschaften
der Auftraggeber entstehen bewegende Ereignisse
für Kunden und Partner ebenso wie für Mitarbeiter
und Management, für Aktionäre ebenso wie für
Medien und Öffentlichkeit.

Ganzheitliche Beratung und Begleitung
circ corporate experience berät und begleitet Unternehmen seit fast 15 Jahren rund um den Einsatz
von Ereignisketten und Events zur Erreichung der
verschiedenen Unternehmensziele. Dazu zählt die
klassische Vertriebs- und Marketingunterstützung
(*experience marketing*) ebenso wie die Unterstützung
von unternehmensinternen Veränderungspro-
zessen (*change experience*) sowie die ganzheitliche
Betreuung von Unternehmen in der Gestaltung
und Weiterentwicklung ihrer Unternehmenskultur
(*development experience*).

Der Kundenschwerpunkt von circ corporate experience liegt auf international tätigen DAX 30-Unternehmen verschiedenster Branchen, wie zum Beispiel adidas AG, BASF SE, E.ON AG und Volkswagen AG. Mit rund 25 festangestellten Mitarbeiterinnen und Mitarbeitern sowie einem weit verzweigten Netzwerk aus Experten unterschiedlicher Fachbereiche deckt circ corporate experience das komplette Leistungsspektrum von der Beratung über die Konzeption, Organisation und Umsetzung geeigneter Veranstaltungsformate ab.

Für Marken und Strategien begeistern

Ob exklusive Erlebnisse für einige wenige Topkunden oder begeisternde Events für viele tausend Menschen, ob Messeauftritt oder Produkt-Launch, Medien-Event oder Händler-Präsentation: *experience marketing* macht die Botschaft eines Unternehmens, die Welt seiner Marke mit allen Sinnen erfahrbar – die vielleicht wirkungsvollste, sicher aber intensivste Form der Kommunikation mit den relevanten Zielgruppen.

Die Welt wandelt sich in immer kürzeren Zyklen – entsprechend hoch ist der Veränderungsdruck auf Unternehmen. *change experience* sorgt dafür, dass Management, Mitarbeiter und Partner den notwendigen Wandel im Unternehmen mittragen und Innovationen aktiv mitgestalten. Entsprechende Impulse setzen beispielsweise Mitarbeiter- und Führungskräfte-Events, die nicht nur Orientierung in der Sache geben, sondern für neue Ziele und Strategien begeistern.

Was macht ein Unternehmen besonders und unverwechselbar? Wo liegen seine Möglichkeiten? *development experience* hilft, die Potenziale eines Unternehmens zu entdecken und zugleich erlebbar zu machen – im Sinne der Entwicklung und Stärkung einer Unternehmenskultur, die ihre sinnstiftende Kraft nach innen wie nach außen entfaltet.

circ corporate experience

**circ corporate experience
gmbh & co. kg**
Gebäude f/officio III
Unter den Eichen 5
65195 Wiesbaden
Tel.: (0611) 9 86 82 - 0
Fax: (0611) 9 86 82 - 57
Mail: info@circ.de

Gründungsjahr
1994

Websites
www.circ.de
www.corporate-lexikon.de

Verantwortlicher
Hans Reitz

CIRC CORPORATE LEXIKON –
»VON CORPORATE BULLSHIT ZU
CORPORATE CULTURE«

› **DIE KAMPAGNE**

Orientierung in der Flut der »Korporatismen«
Von »corporate identity« bis »corporate social responsibility«: »corporate«-Wortschöpfungen in verschiedenster Zusammensetzung erleben in den letzten Jahren eine geradezu inflationäre Zunahme. Diese Entwicklung ist nicht zuletzt auch Ausdruck des Bemühens gerade jener großen, komplexen und tendenziell anonymen »Corporations«, der Vielfalt ihrer Erscheinung Identität und erkennbare Gestalt zu geben. circ corporate experience setzte sich zum Ziel, eine Bestandsaufnahme der »Korporatismen« zu leisten und im Dialog mit bestehenden wie potenziellen Kunden, Partnern sowie der interessierten (Fach-)Öffentlichkeit die inhaltliche Substanz der Begrifflichkeiten auszuloten – mithin der Versuch, der Beschäftigung mit der Unternehmenskultur insgesamt, mit der »corporate culture«, die ihr gebührende Seriosität und Qualität zu geben und die Kompetenz der Agentur in diesem Bereich zu unterstreichen.

Aus dieser Überlegung heraus entstand das circ corporate lexikon – »von corporate bullshit zu corporate culture«: zunächst einmal ein – in dieser Form bislang einzigartiges – Nachschlagewerk, das einen Überblick über die aktuell gebräuchlichen »corporate«-Begrifflichkeiten sowie ihre gängigen Deutungen verschafft und damit einen Beitrag zu einem gemeinsamen Verständnis der diversen »Korporatismen« leistet. Doch das Lexikon inspiriert nicht mit seinem Inhalt zur Beschäftigung mit dem Thema »corporate«: Durch seine Gestaltung und nicht zuletzt durch seine besondere Verarbeitung (deutsche und englische Fassung in Doppelbindung verbunden) verleiht das außergewöhnliche Buch der »corporate identity« von circ adäquaten Ausdruck.

› DIE JURY

Wer sich heute sicher im ständig wachsenden »Corporate-Dschungel« bewegen will, braucht eine solide Basis im Umgang mit den gängigen Fachausdrücken – keine leichte Aufgabe im Gewirr der stetig neu entstehenden und teilweise schnelllebigen »Corporate«-Wortschöpfungen. circ corporate experience hat dazu ein bemerkenswertes Nachschlagewerk entwickelt, das die Jury sowohl inhaltlich als auch gestalterisch überzeugt hat. Das »circ corporate lexikon« räumt auf mit unnötigen und teilweise sogar sinnfreien Begrifflichkeiten und dient bestehenden und potenziellen Kunden als nützlicher Leitfaden im Kontakt mit den allgegenwärtigen »Korporatismen«. Dabei unterstreicht die Agentur geschickt die eigene Kompetenz in der Beratung von Unternehmen auf dem Gebiet aller relevanten Corporate-Prozesse, indem ein beträchtlicher Kundennutzen geboten wird, der über ein durchschnittliches Werbemittel weit hinausgeht. Die Botschaft ist für den Leser sehr informativ und schnell verständlich. Die gelungene Gestaltung drängt sich dabei nicht in den Vordergrund und gibt den einzelnen Begriffserklärungen für ein Lexikon erfreulich viel Raum. Die verwendeten grafischen Elemente bringen das im Lexikon komprimierte Know-how permanent mit der Agentur in Verbindung. Die aufwändige Aufmachung des Lexikons beeindruckt bereits auf den ersten Blick durch die wirkungsvolle buchbinderische Veredelung. Die Doppelbindung ermöglicht es sehr einfallsreich, die englische Fassung des Lexikons mit dem deutschen Teil zu verbinden. Positiv bewertet wurde von der Jury außerdem die Nutzung verschiedener Werbeträger. Neben der Printversion besteht im Rahmen eines interaktiven Projektes die Möglichkeit, die aufgelisteten »Korporatismen« immer wieder neu zu bewerten und zu ergänzen, so dass das Nachschlagewerk nicht starr bleibt, sondern im Zuge eines stetigen Prozesses auch langfristig auf dem neuesten Stand gehalten werden kann. Diese aufmerksamkeitsstarke und originelle Maßnahme erzielt somit eine nachhaltige Wirkung, die auch zukünftig Erfolg versprechend ist.

Ein Wiki der Unternehmenskultur
Über das (gedruckte) Buch hinaus ist das circ corporate lexikon aber vor allem auch ein interaktives Projekt, ein Wiki, das durch die Teilnahme und die Impulse vieler lebt und sich ständig weiterentwickelt. Unter www.corporate-lexikon.de können die verschiedenen »corporate«-Begrifflichkeiten kommentiert, bewertet sowie durch weitere Termini ergänzt werden. Das corporate lexikon verändert sich damit nicht nur quantitativ, sondern insbesondere qualitativ – die Begriffsdefinitionen gewinnen an Schärfe, der Dialog über corporate culture an Tiefe.

Die vorliegende »edition 1« der Printversion des circ corporate lexikon wird mittelfristig zu einer »edition 2« fortgeschrieben, die den dann aktuellen Stand des »corporate-Dialogs« dokumentieren wird. Das circ corporate lexikon erzielte eine bemerkenswerte Resonanz sowohl bei bestehenden Kunden, mit denen der Dialog über corporate-culture-Themen vertieft werden konnte, als auch bei potenziellen Kunden. Hier gelang es nicht zuletzt, über die sichtbar gewordene Beratungskompetenz der Agentur neue und vielversprechende Kontakte zu knüpfen.

FIEGE

› DAS UNTERNEHMEN

Die FIEGE Holding Stiftung & Co. KG ist einer der führenden Dienstleister der Logistikbranche in Europa – und auf weltweiten Märkten unterwegs. Als Joan-Joseph Fiege im Jahre 1873 im münsterländischen Greven ein Fuhrparkunternehmen aus der Taufe hob, konnte niemand die Entwicklung bis heute vorhersehen. Mit der Erschließung neuer Leistungsbereiche, Logistikdisziplinen und wegweisender Kooperationen – angefangen beim Transport über die Spedition bis hin zur komplexen Logistik – ist FIEGE heute in der vierten Generation inhabergeführt. Und die fünfte Generation ist bereits im Unternehmen.

Pionier der Kontraktlogistik
Vor gut 30 Jahren wurde der für die Entwicklung des Unternehmens entscheidende Schritt vom Transport- zum Logistikdienstleister vollzogen. Damals beschlossen die Inhaber Heinz Fiege und Dr. Hugo Fiege zusammen mit einem der größten Reifenhersteller, ihre Warenströme zentral zu bündeln. Die Kontraktlogistik war geboren. Sie markiert den Schritt zum One-Stop-Shopping und gleichzeitig zum konsequenten Logistics Engineering und

Management. Markenzeichen des Pioniergeistes der Kontraktlogistik sind die FIEGE Mega Center. Diese bis zu 200 000 Quadratmeter großen Logistikzentren werden von FIEGE in Kooperation mit einem oder mehreren Kunden geplant, gebaut und betrieben.

Global Player – lokal engagiert
Heute beschäftigt die FIEGE Gruppe an ihren 222 Standorten über 21 000 Mitarbeiter. Insgesamt werden weltweit die Warenströme von gut 2 500 Kunden optimiert.

FIEGE ist sich seiner unternehmerischen und regionalen Verantwortung bewusst – und nimmt sie im gesellschaftlichen und politischen Dialog wahr. Die Inhaber der FIEGE-Gruppe sind u.a. Vorsitzende des Beirats der Bundesvereinigung Logistik (BVL), Mitglied im Vorstand der Vereinigung Deutscher Kraftwagenspediteure und im Präsidium des Wirtschaftsrates Deutschland, Vorsitzender des Vorstands der wissenschaftlichen Gesellschaft für Marketing und Unternehmensführung in Münster sowie Vorsitzender des Vorstands des Vereins der Kaufmannschaft zu Münster von 1835.

Josef-Fiege-Stiftung

Aushängeschild des nachhaltigen Engagements des Unternehmens ist die Josef-Fiege-Stiftung. Ihr Ziel ist es, Spenden für ökologische, soziale und medizinische Zwecke zu ermitteln und zu vergeben. Das 2007 verfügbare Spendenvolumen von 150000 Euro wurde zu je 40 Prozent für Projekte des Umweltschutzes und aus dem sozialen Bereich sowie zu 20 Prozent für Medizin und Gesundheit vergeben.

Künftig plant die Stiftung außerdem, Studien mit ökologischer oder sozialer Zielrichtung voranzutreiben. Auch in der Bildung engagiert sich die Stiftung mit einem Stiftungslehrstuhl an der FH Münster im Bereich Logistik.

FIEGE setzt den Weg fort, der 1996 mit der Auszeichnung als »Ökomanager des Jahres« eingeschlagen wurde. Heinz Fiege und Dr. Hugo Fiege nahmen damals den vom WWF Deutschland und der Zeitschrift »Capital« vergebenen Preis für ihr Konzept der Ökologistik entgegen. Die wirtschaftlich wie ökologisch ausgezeichnete Nutzung alternativer Verkehrsträger auf kurzen Wegen belegt das nachhaltige Handeln und den unternehmerischen Pioniergeist von FIEGE.

Mission verpflichtet

Warenversorgung in einer globalisierten Welt setzt vernetzte Märkte voraus. Mit einem integrierten Netzwerk weltweiter Standorte leistet FIEGE einen nachhaltigen Beitrag zum globalen Warenaustausch. Vor allem im Kernmarkt Europa erfüllt FIEGE höchste Anforderungen an logistische Qualität. Als Inhaber des Familienunternehmens definieren Heinz Fiege und Dr. Hugo Fiege langfristige, dauerhafte Erfolge als Ziel ihres unternehmerischen Handels. Im Ranking der europäischen Kontraktlogistikdienstleister als einziges inhaber-

geführtes Unternehmen die jetzige Top-Position gegen börsennotierte Konzerne zu halten und auszubauen, ist erklärtes Ziel. Hohe Sozialverantwortung, Verbundenheit mit dem Standort Münsterland sowie ein kontinuierliches Wachstum stehen den Inhabern als Ziele klar vor Augen.

Mit konsequenter Fokussierung auf Kunden- und Branchenbedürfnisse kommt FIEGE den Zielen – zweistellige Wachstumsraten und Top of Mind als Premium-Logistikdienstleister – jeden Tag ein Stück näher.

Marktsituation

Als Nummer eins der privaten Kontraktlogistiker Europas und als Nummer fünf insgesamt stellt sich FIEGE in einem umkämpften Markt den Herausforderungen der Globalisierung.

Dem Fachkräftemangel in der gesamten Branche stellt sich FIEGE mit alljährlicher Ausbildungsoffensive sowie der Gründung des FIEGE Training Centers oder der eigenen FIEGE-Fahrschule für LKW-Fahrer entgegen.

Im Wettbewerbsumfeld weniger Großkonzerne und eines breiten Mittelstands positioniert sich FIEGE weiter als inhabergeführtes Familienunternehmen mit Weltruf.

In Zeiten steigender Komplexität ist und bleibt Fokussierung die Kernkompetenz von FIEGE.

Durch konsequentes Logistics Engineering und Management ist und bleibt FIEGE der Spezialist der Kontraktlogistik auf den Wachstumsmärkten in Europa und Asien.

FIEGE

The World of Logistics

FIEGE Holding Stiftung & Co. KG
Joan-Joseph-Fiege-Straße 1
48268 Greven
Tel.: (02571) 999 - 402
Fax: (02571) 999 - 888

Gründungsjahr
1873

Website
www.fiege.de

Verantwortlicher
Dr. Rembert Horstmann, Group
Director Corporate Development,
Marketing & Communications
Mail: rembert.horstmann@fiege.com

Partneragenturen
RTS Rieger Team Düsseldorf
Hohenzollernstraße 11 – 13
40211 Düsseldorf
Tel.: (0211) 94487 - 0
Fax: (0211) 94487 - 87
Mail: agentur@rts-riegerteam.de
Michael Frank, GF;
Yvonne Wicht ,
Beratung/Projektleitung;
Daniela Schäfer, Art Director;
Francisco Navarro y Gomes,
Text/Konzept

Jung Produktion GmbH,
Düsseldorf (Produktion);
Andreas Herkenrath, Produktioner

FIEGE JAHRESBERICHT

› DIE KAMPAGNE

Bis zum Eintritt von Dr. Rembert Horstmann als Group Director Corporate Development, Marketing & Communications im September 2006 war der Auftritt und die Wahrnehmung der FIEGE Gruppe eher blass: Im einheitlichen Corporate Design waren die Farbwelten zurückhaltend emotionslos, grau und matt – was sich durchaus mit dem kommunikativen Umfeld in der jungen Branche der Kontraktlogistik deckt.

Die FIEGE Gruppe genießt als Marke – von zwei starken Unternehmerpersönlichkeiten, Heinz Fiege und Dr. Hugo Fiege, geprägt – über die Branche hinaus ein positives Image. Im Zuge der Neustrukturierung der Kommunikationsverantwortung auf Unternehmensseite stellt die erstmalige Ausgabe des Jahresberichts der FIEGE Gruppe einen echten Neuanfang dar.

Der Jahresbericht 2007 ist die Speerspitze der Markenkommunikation von FIEGE. Die World of Logistics und die Branchenvielfalt von FIEGE adäquat zu kommunizieren, ist Aufhänger der Unternehmenskommunikation für das Jahr 2007.

Zielgruppen sind zunächst die Kunden, bestehende sowie potenzielle, aber auch Verbände, Institutionen, Politiker, Universitäten, Finanzinstitutionen, Entscheidungsträger der Branche und Mitarbeiter des Unternehmens.

› DIE JURY

Mit dem »Branchenführer« ist der FIEGE Gruppe ein bemerkenswerter Jahresbericht für 2006 gelungen. Während sich die Konkurrenz auf die in der Logistikbranche übliche Art und Weise eher rational und zurückhaltend in der Öffentlichkeit präsentiert, verlässt FIEGE gewohntes Terrain und geht mit dem ersten Jahresbericht in der langjährigen Firmengeschichte neue Wege. Ziel der Maßnahme war es, das fundierte Know-how und die Kompetenz des familiengeführten Unternehmens auf dem Feld der Kontraktlogistik zu unterstreichen. Diese Vorgabe wird durch die gestalterische Aufmachung vorbildlich erfüllt. Der Jahresbericht greift jeweils die Bildsprache der acht Branchen auf, in denen die FIEGE Gruppe tätig ist, und visualisiert damit eindrucksvoll die enge Verbindung zum Kunden. Der konzeptionelle Ansatz wird konsequent und mit viel Liebe zum Detail durchgehalten und ermöglicht nicht nur Branchenkennern einen umfassenden Einblick in das breit gefächerte Tätigkeitsfeld des Unternehmens. Im Zusammenspiel mit den unternehmensübergreifenden Themenseiten ist so eine gelungene Mischung aus hohem Informationswert und optisch ansprechender Aufmachung entstanden, die durch die Wahl verschiedener Papiere, die gestanzten Navigationsreiter und durch eine robuste Ringbindung auch haptisch sehr attraktiv ist. Die Publikation ist originell, involvierend und kommuniziert innerhalb kurzer Zeit die zentralen Schlüsselinformationen. Durch den »Branchenführer« konnte die Bekanntheit des Unternehmens erheblich gesteigert werden. Die hohe Medienresonanz inner- und außerhalb der Fachpresse macht einmal mehr deutlich, wie sehr sich innovative und kreative Lösungen in der werblichen Kommunikation lohnen. Die hohe Kommunikationswirkung des FIEGE Jahresberichtes 2006 bietet aus Sicht der Jury über die Einzelmaßnahme hinaus viel Potenzial zur weiteren Adaption bzw. Variation.

Wer auf dem Feld der Kontraktlogistik erfolgreich sein möchte, muss mehr bieten als schlecht sitzende 08/15-Lösungen von der Stange. Gefragt sind innovative Logistik-Maßanfertigungen, die auf die individuellen Anforderungen der Kunden zugeschnitten sind. Dies gelingt nur mit fundiertem Branchen-Know-how. Von Fashion, Handel, Fast Moving Consumer Goods über Durable Consumer Goods, Pharma/Medical, Industriegüter bis hin zu Medien und Reifen: Acht Branchen können eine ganze Welt ausmachen – die Welt von FIEGE. Sie der Öffentlichkeit und der Zielgruppe auf ungewöhnliche und eindrucksvolle Weise näher zu bringen, bildet den konzeptionellen Hintergrund für den FIEGE Jahresbericht 2006. Somit wird der Slogan »World of Logistics« mit Leben gefüllt.

Der FIEGE Jahresbericht ist das Leitmedium des Gesamtkonzepts. Neben dem eigentlichen Berichtsteil enthält er acht Kapitel, die jeweils eine konkrete Branche inszenieren, die spezifischen Kompetenzen von FIEGE thematisieren und Referenzen vorstellen. Jede dieser Branchendarstellungen bedient sich der visuellen und sprachlichen Elemente der Segmente. Zum Beispiel ist die Branche Fashion wie eine Modezeitschrift gestaltet; die Reifen-Branche wie ein Automobilmagazin visualisiert.

Der gesamte Jahresbericht ist zweigeteilt: Unternehmensübergreifende Themen wie strategische Ausrichtung, Innovation oder Kundenorientierung wechseln im »Branchenführer« mit acht Kapiteln, in denen jeweils eine FIEGE Schwerpunktbranche anhand spezifischer Kompetenzen bzw. Referenzen präsentiert wird.

Ausdruck des Kundeninsights und der gestalterischen Originalität ist die Darstellung der Branchen. Hier wird die Text- und Bildsprache der Segmente übernommen: So erscheint das Kapitel Medien im Zeitungssatz – gedruckt auf echtem Zeitungspapier. Und auch der »Schweinebauch«-Stil erfährt hier seine kommunikative Aufwertung, wenn es um die Darstellung der FIEGE-Kompetenz für Handelsunternehmen geht.

Mehr Klicks: Wurde die Website früher nur rund zehn Mal am Tag besucht, verzeichnet www.fiege.de heute 1500 Klicks pro Tag.

Mehr Interesse: Die Zahl der (Initiativ-)Bewerbungen hat sich im vergangenen Jahr deutlich erhöht. Die Anfragen auch von Mitarbeitern der Konkurrenz sind Zeichen der verbesserten Wahrnehmung des Unternehmens.

Mehr Resonanz: Der Jahresbericht wird von vielen Journalisten angefragt, das Interesse an Projekten der FIEGE Gruppe wächst, die Berichterstattung insgesamt ist messbar ebenso größer geworden wie der Bekanntheitsgrad der FIEGE Gruppe inner- und außerhalb der Fachpresse und der überregionalen Wirtschaftspresse.

Mehr Geschäft: Bestehende namhafte Kunden – wie z. B. Esprit – wollen ihr bisheriges Geschäft ausdehnen, Verträge verlängern und erweitern. Außerdem konnten Neukunden aus den vorgestellten Branchen gewonnen werden.

Aus der marktnahen wie ungewöhnlichen Darstellung der Branchen im Jahresbericht werden nun sukzessive so genannte Branchenspecials erarbeitet. Diese Broschüren dienen als weiterer Beweis der Branchenkompetenz von FIEGE sowie als Vertriebsunterstützung und Akquisetool.

FLUGHAFEN
BERLIN-SCHÖNEFELD

› DAS UNTERNEHMEN

**Die Berliner Flughäfen – beste Verbindungen
für die deutsche Hauptstadtregion**
Mit den Airports Schönefeld, Tegel und Tempelhof
sichern die Berliner Flughäfen die Luftverkehrs-
infrastruktur für die Hauptstadtregion Berlin-
Brandenburg. Ab 2011 wird der gesamte Verkehr
auf dem neuen Hauptstadt-Airport Berlin Brandenburg International BBI konzentriert.

Die Berliner Flughäfen verzeichnen ein Rekord-
wachstum. 2007 sind über 20 Millionen Passagiere
von und nach Berlin geflogen. Berlin nimmt damit
im deutschlandweiten Vergleich den dritten Platz
bei Passagieren ein. Der Standort wächst mit über
acht Prozent deutlich schneller als der Durch-
schnitt der deutschen Verkehrsflughäfen. Außerdem ist Berlin der größte Low-Cost-Standort in
Kontinentaleuropa.

Noch nie war Berlin so gut mit der Welt verbunden
wie heute. Insbesondere das innereuropäische
Streckennetz ist dicht geknüpft. Aus Berlin heraus
wurden 2007 insgesamt 162 Ziele in 50 Ländern,
davon 123 in Europa, bedient. Mit den Nonstop-
Flügen von Tegel nach New York und Doha verbessert sich das Angebot auch im Bereich Lang-
strecke kontinuierlich. Seit Winter 2007 steht
außerdem Bangkok neu im Flugplan.

Nach dem ersten Jahr der BBI-Bauarbeiten steht
auch 2008 ganz im Zeichen des neuen Hauptstadt-
Airports Berlin Brandenburg International BBI.
Erste Bauarbeiten wurden bereits erfolgreich
abgeschlossen, in diesem Jahr folgen mit dem
Baubeginn des BBI-Terminals und der Schließung
von Tempelhof zwei weitere wichtige Schritte auf
dem Weg zu BBI.

Ein Blick in die Zukunft: Der neue Hauptstadt-Airport Berlin Brandenburg International BBI

Die Weichen für die Zukunft sind gestellt: Seit September 2006 laufen die Bauarbeiten auf der 2000 Fußballfelder großen BBI-Baustelle, 2011 geht der neue Hauptstadt-Airport Berlin Brandenburg International BBI in Betrieb. Funktional, weltoffen und hochmodern soll er sein, ein Flughafen der neuen Generation. Vorgesehen ist 2011 eine Startkapazität von 22 bis 25 Millionen Passagieren. Je nach der Passagierentwicklung kann der Flughafen schrittweise für bis zu 360000 Flugbewegungen, also etwas 40 Millionen Passagiere ausgebaut werden. Der BBI wird ein Flughafen mit kurzen Wegen, bei dem das Terminal zwischen den beiden parallel angelegten Start- und Landebahnen liegt (»Midfield Airport«). Die Passagiere werden alle Flugangebote – von innerdeutschen über innereuropäische bis zu Interkontinentalflügen – unter einem Dach finden (»One-Roof-Konzept«). Bis zu 6500 Passagiere können in einer typischen Spitzenstunde auf dem BBI starten oder landen. Die Baukosten für den Airport betragen zwei Milliarden Euro. Hinzu kommen die Kosten für Straßenanbindung, Schienenanbindung und Drittinvestitionen wie zum Beispiel für Parkhäuser, Hotels und Konferenzzentren.

Der Hauptstadt-Airport Berlin Brandenburg International BBI ist das wichtigste Zukunftsprojekt der Hauptstadtregion. Ab 2011 wird der gesamte Flugverkehr der Region Berlin Brandenburg auf dem BBI konzentriert. Und die Region profitiert schon jetzt: Aufträge im Wert von 850 Millionen Euro sind bereits vergeben worden, fast 90 Prozent davon an die heimische Wirtschaft.

Die Ansiedlung neuer Unternehmen bedeutet gleichzeitig die Schaffung von Arbeitsplätzen. Damit sichert der BBI langfristig die Zukunftsfähigkeit der Region. Durch steigende Passagierzahlen, eine signifikante Verbesserung der Standortgüte und zusätzliche Kaufkrafteffekte werden in der Region bis 2012 bis zu 40000 neue Arbeitsplätze entstehen.

Flughafen Berlin-Schönefeld GmbH

Flughafen Schönefeld
12521 Berlin
Tel.: (030) 609120 55
Fax: (030) 609116 43
Mail: pressestelle@berlin-airport.de

Gründungsjahr

1991

Website

www.berlin-airport.de

Verantwortlicher

Burkhard Kieker, Leiter Marketing und Unternehmenskommunikation

Partneragentur

Jung von Matt/Spree GmbH
www.jvm.de

› DIE KAMPAGNE

Viaberlin.com – das Portal der Berliner Flughäfen für Reisen von, über und nach Berlin

Mit Beginn des neuen Jahrtausends hat sich in Berlin ein neues Marktsegment im Luftverkehr durchgesetzt: der Low-Cost-Verkehr. Gerade am Boom-Flughafen Schönefeld siedelten sich in der Zeit von 2003 bis 2007 zahlreiche Low-Cost-Airlines an. Berlin ist immer besser mit dem Rest der Welt vernetzt. Für den Städtetourismus bedeutet dies eine Marktstimulation, von der auch Berlin als junge kreative Metropole profitiert. Die günstigen Flüge sind gerade für Wochenend- oder Kurzzeittouristen ideal.

Explore Europe the smarter way.

Mit der Zunahme des Low-Cost-Verkehrs hat sich auch das Reiseverhalten der Passagiere geändert. Immer mehr Flugreisende stellen sich ihre Reise selbst zusammen, kombinieren verschiedene Airlines und steigen eigenständig um. Der neue Trend heißt Self-Hubbing und bezeichnet den eigenständig organisierten Umstieg von Passagieren zwischen zwei separat gebuchten Flügen. Damit können gerade in Berlin neue Passagiere gewonnen werden: Reisende, die über Berlin fliegen, weil die Berliner Flughäfen zahlreiche attraktive Punkt-zu-Punkt-Verbindungen bieten. Und Passagiere, die auf ihrer Reise einen Zwischenstopp in der Metropole Berlin planen. Eine Fluggastbefragung im Jahr 2005 bestätigte den Trend des Self-Hubbings in Berlin – einen Trend, den die Berliner Flughäfen erkannt haben und mit einem maßgeschneiderten Produkt nutzen und verstärken möchten.

Die Idee: Beim eigenständigen Organisieren von Reisen und der Kombination von mehreren Flügen trägt der Passagier einen großen Teil der Verantwortung, zum Beispiel in Bezug auf die Umsteigezeiten oder den Flughafentransfer, selbst. Außerdem ist das Recherchieren und Buchen von einzelnen Flügen einer Reisekette oft kompliziert und zeitaufwendig, zudem muss der Aufenthalt in Berlin eigenständig organisiert werden. Mit einer eigenen Buchungs- und Informationsplattform – viaberlin.com – greifen die Berliner Flughäfen den Trend des Self-Hubbing auf und vereinfachen das eigenständige Umsteigen. Dabei sollen das Erlebnis Berlin und die Anziehungskraft der Metropole sowie das gute Preis-Leistungs-Verhältnis vermarktet werden. Mit viaberlin.com sind die Berliner Flughäfen der erste Flughafen weltweit mit einer

› DIE JURY

Im Zeitalter der Low-Cost-Airlines und dem damit verbundenen Self-Hubbing setzen die Berliner Flughäfen Zeichen. Orientiert am Trend der Zeit, entwickelte das Unternehmen die Internetplattform viaberlin.com für Berlin-Umsteiger. Mit der Markteinführung der Internetplattform viaberlin.com gelang es dem Unternehmen als erster Flughafen weltweit, eine Buchungs- und Informationsplattform zur Optimierung der selbst organisierten Reise bereitzustellen. Berlin als junge kreative Metropole dabei in den Mittelpunkt eines jeden Reiszieles zu bringen, hat das Unternehmen, insbesondere durch die gezielte Ansprache an eine junge urbane Zielgruppe, erfolgreich umgesetzt. Damit etabliert sich das Unternehmen als kreativer Flughafenbetreiber sowie Vorreiter der Branche und verschafft sich europaweit Bekanntheit. Mit einer in sich stimmigen strategischen Werbekampagne hat das Unternehmen Berliner Flughäfen die Alleinstellungsmerkmale der Destination Berlin deutlich hervorgebracht. Ob Kulturinteressierte, Shopping-

begeisterte, Partyfreunde oder Geschäftsleute – mit einer sehr gut durchdachten Zielgruppensegmentierung wurden vier Anzeigenmotive entworfen und die Vielseitigkeit der Stadt Berlin gezeigt. Die Gestaltung ist mit kräftigen Farben und mit den Motiven der Stadt Berlin der Zielgruppe angepasst und vermittelt Freude am Reisen, Lebenslust und Esprit. Diese Idee fand ihre Umsetzung unter anderem in Form dreier Werbespots, die im Rahmen einer Onlinekampagne auf der Community-Plattform »YouTube« geschaltet wurden. Charmant und liebevoll wird die Stadt Berlin als Zwischenstopp mit einem damit verbundenen Aufenthalt der jeweiligen Zielgruppe nahe gebracht. Die Erschließung eines neuen sich stark abzeichnenden Marktsegmentes in Form moderner Marketinginstrumente, wie dem viralen Marketing, ist dem Unternehmen Berliner Flughäfen mit Ideenreichtum und sichtlicher Freude an der Umsetzung gelungen. Die Stimmigkeit der Kampagne im Zusammenspiel von Zielvorgabe, Strategie und Umsetzung hat die Jury begeistert.

eigenen Internetplattform, die das selbst organisierte Reisen optimiert und es Passagieren ermöglicht, Flüge bei unterschiedlichen Airlines in einem Schritt zu buchen. Zahlreiche Zusatzprodukte wie Umsteigeversicherung oder Flughafen-Transfer erweitern das Angebot. Ein zusätzliches Stopover-Programm versorgt Reisende mit Ideen für ihren Berlin-Aufenthalt.

Von irgendwo über Berlin nach anderswo
2006 wurde viaberlin.com von den Berliner Flughäfen am Markt eingeführt und setzt Maßstäbe: Kein anderer Flughafen konnte zu dem Zeitpunkt einen solch innovativen Service bieten. Mit der Einführung von viaberlin.com etablieren sich die Berliner Flughäfen als kreativer Flughafenbetreiber und Vorreiter in der Branche: Bis heute haben zwei weitere deutsche Flughäfen ähnliche Internetplattformen etabliert.

Im ersten Jahr der Vermarktung wurde der Schwerpunkt auf die Produkteinführung und Bekanntmachung des Produktes viaberlin.com gelegt. Auf zahlreichen Messen und Veranstaltungen wurde viaberlin.com durch die Berliner Flughäfen promotet. Mit Erfolg: Das Produkt viaberlin.com gewann europaweit an Bekanntheit.

2007 dann der zweite Schritt der Vermarktung: Ziel war es, vermehrt auf die Alleinstellungsmerkmale (USP's) der Destination Berlin, Shopping, Kultur, Business, Nightlife, hinzuweisen. In Anlehnung daran wurden vier neue Anzeigenmotive entwickelt, die ihren Fokus jeweils auf einem der vier Merkmale haben. So zeigt eine der Anzeigen z. B. den Umriss eines Museumsbesuchers vor der Skyline Berlins mit dem Claim »Get more out of your flight. With a culture stop in Berlin.« Zu drei der neuen Anzeigenmotive wurden außerdem Werbefilme produziert, die 2007 weltweit auf Deutsche Welle TV zu sehen waren.

Um dem Image von viaberlin.com als neuem innovativem Produkt gerecht zu werden, starteten die Berliner Flughäfen im Sommer 2007 eine europaweite Onlinekampagne. Unter anderem wurde auf zahlreichen europäischen Internetportalen Bannerwerbung geschaltet, um die Bekanntheit von viaberlin.com zu erhöhen. Bestandteil dieser Kampagne waren auch drei Viralspots, die speziell die junge urbane Kernzielgruppe ansprechen und auf Community-Plattformen wie »YouTube« eingestellt wurden. Die Viralspots spielen mit den Vorurteilen der Europäer untereinander. Die Berliner Flughäfen räumen damit auf und wollen, dass Reisende sich selbst ein Bild von Europa machen – natürlich viaberlin!

HAGEN INVENT

› DAS UNTERNEHMEN

Die Agentur HAGEN INVENT ist einer der Pioniere
der Live Communication. Seit 1979 entwickelt die
Düsseldorfer Agentur weltweit Events, Incentives
und Salesaktivitäten. Strategisches Markenver-
ständnis, innovative Kreationen und zielorientierte
Beratungs- und Umsetzungskompetenz machen
HAGEN INVENT seit fast 30 Jahren zu einem
zuverlässigen Partner und Experten im gesamten
Bereich der Live Communication.

Schon 1979 realisierte HAGEN INVENT die weltweit erste Incentive-Kreuzfahrt durch das west-
liche Mittelmeer für mehr als 2700 Personen.
Die Agentur setzt nach wie vor kontinuierlich
innovative Akzente und beweist immer wieder
Gespür für innovative Konzepte und Maßnahmen.
Mit aktuell mehr als 25 festen Mitarbeitern und
einem umfangreichen internationalen Netzwerk
kann HAGEN INVENT auf über 1000 national
und international erfolgreich realisierte Projekte
verweisen. Zu den Kunden zählen führende Mar-
kenartikler, Automobilkonzerne, Versicherungen,
Pharmakonzerne, Telekommunikations- und
IT-Unternehmen.

Im offiziellen Ranking der kreativsten Agenturen im Bereich der Live Communication zählt
HAGEN INVENT zu den Top 15. Die Experten
von HAGEN INVENT bieten ihren Kunden eine
360°-Betreuung durch alle Phasen der Live Communication. Von der Entwicklung der richtigen
Strategie über die individuelle Kreation sowie
ihre perfekte inhaltliche und logistische Umsetzung bis zur Evaluierung des Projekts.

HAGEN INVENT gliedert seine Kompetenz in der
Live Communication in drei Leistungsbereiche:

Events
HAGEN INVENT konzipiert Kommunikations-
strategien, integriertes Event-Marketing
und Marken-, Produkt- und Themenwelten:
· Produktpräsentationen
· Motivationsveranstaltungen
· Galas und Preisverleihungen
· PR- und Media-Events
· Roadshows und Ausstellungen
· Tagungen und Trainings
· Kulturprojekte

Incentives
HAGEN INVENT entwickelt Motivationsstrategien,
Qualifikationskonzepte und Prämiensysteme:
· Weltweite Incentive-Reisen
· Hospitality-Programme
· VIP- und Kunden-Reisen

Salesaktivitäten
HAGEN INVENT kreiert Vertriebsstrategien,
Verkaufsförderungskonzepte und Kundenbindungs-
programme:
· Schulungen
· Verkaufswettbewerbe
· Verkaufsberatungen
· Promotions

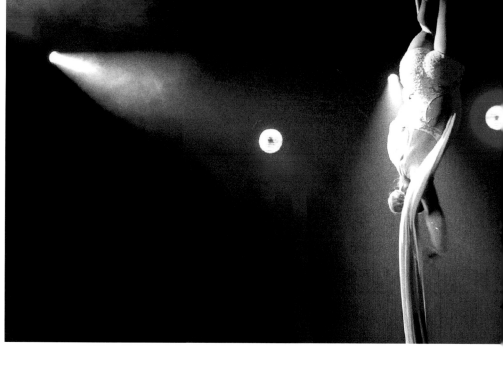

HAGEN INVENT verfügt heute über alle Experten-Werkzeuge für erfolgreiche Live Communication.

Langjährige Erfahrung.
Seit fast 30 Jahren ist HAGEN INVENT in der Branche aktiv, hat sie geprägt und mitgestaltet. HAGEN INVENT setzte in den 70er Jahren als eine der ersten Agenturen überhaupt Großbildprojektoren bei Events ein. Jahrzehnte und Technologien später waren die Düsseldorfer wieder die Ersten, als sie RFID-Chips für die personalisierte Event-Inszenierung nutzten.

Viel gesehen haben.
HAGEN INVENT ist für seine Kunden auf der ganzen Welt unterwegs und hat in mehr als 80 Ländern Projekte realisiert. Dazu zählt auch, die richtige Live Communication für die unterschiedlichsten Kulturräume zu entwickeln.

Bauchgefühl.
Erfahrung schärft die Sinne. HAGEN INVENT kann sich längst nicht nur auf Fachwissen und Umsetzungskompetenz verlassen, sondern auch auf das Gespür für die richtige Idee, das richtige Konzept, das dem Kunden den besten Nutzen bringt. Eine Intuition, durch die wieder außergewöhnlich erfolgreiche Kreation entsteht.

Verständnis.
HAGEN INVENT verfügt über ein tiefes Verständnis für Marken und Märkte. Nicht selten ist das Experten-Team gemeinsam mit dem Kunden in die Märkte hineingewachsen. Denn HAGEN INVENT kann jahrzehntelange vertrauensvolle Kundenbeziehungen vorweisen – eine Seltenheit in einer Branche, die von projektbezogenen Aufträgen geprägt ist. Doch gerade diese Langfristigkeit ist ein enormer Gewinn für Kunden, weil sie sicher sein können, dass verstanden wurde, worum es ihnen geht.

Eine verlässliche Basis.
Wer sich so lange erfolgreich am Markt behauptet, muss über eine hohe unternehmerische Leistungsfähigkeit verfügen. Und über ein Team, das dies alles möglich macht. Bei HAGEN INVENT treffen Kunden auf ein eingespieltes Experten-Team mit langjähriger Erfahrung. Eine Dauerhaftigkeit, die ihren Ursprung nicht zuletzt in der bis heute inhabergeführten Unternehmensstruktur hat.

Ein guter Kopf.
Die Kompetenz von HAGEN INVENT umfasst alle Phasen der Live Communication. Je nach Projekt steigt die Agentur da ein, wo es für den Kunden am meisten Sinn hat. Die Arbeit von HAGEN INVENT zeichnen höchste Zielorientierung, eine extrem transparente Angebotspolitik und eingespielte Organisationsstrukturen aus, die die Abläufe für Kunden optimal gestalten.

Innovationskraft.
Auch wenn HAGEN INVENT längst zu den etablierten Agenturen für Live Communication zählt: Die Ideen sind so frisch und überraschend wie am ersten Tag.

All das zeichnet HAGEN INVENT als die Experten für Live Communication aus.

HAGEN ⚡ INVENT
die experten für live communication

HAGEN INVENT GmbH & Co. KG
Plange Mühle 1
40221 Düsseldorf
Tel.: (0211) 67935-0
Fax: (0211) 67935-19

Gründungsjahr
1979

Website
www.hagen-invent.de

Verantwortlicher
Adone Kheirallah,
Geschäftsleitung

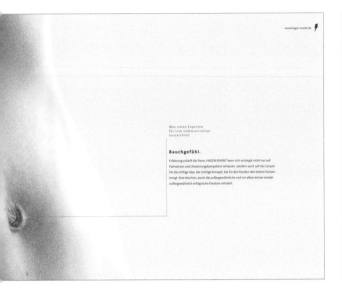

› DIE KAMPAGNE

HAGEN INVENT ist einer der Pioniere im Bereich der Live Communication. Die seit 1979 etablierte Agentur prägt bis heute immer wieder den jungen, hart umkämpften und sehr schnelllebigen Markt für Event-Marketing. HAGEN INVENT hat es dabei verstanden, vorausschauend und flexibel den aktuellen Situationen zu begegnen und dabei gleichzeitig das eigene Agentur-Profil ständig zu schärfen und zielgerichtet zu kommunizieren. Zu Beginn 2007 wurde die Agentur, auch im Hinblick auf den anstehenden Generationswechsel in der Führungsebene, strategisch neu ausgerichtet.

Die konzeptionelle Herangehensweise an die eigene neue Marktpositionierung wurde intern wie ein strategischer Kundenauftrag verstanden und erarbeitet. Eine umfassende Analyse der aktuellen Situation, eine detaillierte Definition des Wettbewerbsumfeldes und eine kritische Beurteilung der eigenen Stärken und Schwächen ergaben eine klare Differenzierung gegenüber dem Wettbewerb. Die Essenz aus der Analyse hat HAGEN INVENT in einem Markenclaim zusammengefasst: »HAGEN INVENT – die Experten für Live Communication«.

Was ist ein Experte?
Ein Experte verfügt über umfangreiches Wissen und wertvolle Erfahrung in speziellen Fachgebieten. Neben theoretischem Wissen ist auch dessen kompetente Anwendung kennzeichnend. Ein Experte ist wichtiger Ratgeber. Er lässt Freiraum für Gedanken, um von Meinungen und Erfahrungen anderer profitieren zu können.

Neben der inhaltlichen Neuausrichtung der Agentur als Experte für Live Communication galt es, diese auch eindeutig zu visualisieren. Mit der Entwicklung eines neuen Corporate Designs wurde die gesamte Kommunikation der Agentur positiv beeinflusst. Alle Werbemittel und Kommunikationsmaßnahmen sowie die Online-Präsenz wurden neu definiert und gestaltet. Zusätzlich zu den bestehenden Kommunikationsmitteln sollte ein übergreifendes emotionales Dialogtool entwickelt werden, das HAGEN INVENT in den Köpfen potenzieller und bestehender Kunden verankert. Aufgabe dieses Tools war zunächst die inhaltliche Agenturpräsentation mit allen Kompetenzbereichen. Nicht zu kurz kommen sollte aber auch die emotionale Komponente: HAGEN INVENT ist Experte für Live Communication. Die jahrelange Erfahrung ermöglicht den emotionalen Umgang mit Menschen, Unternehmen, Marken und Projekten, ohne den strategischen Grundsatz aus den Augen zu verlieren. Das macht einen wirklichen Experten aus!

Die Positionierung als »Experte« sollte im angestrebten Medium deutlich werden. Der Kern der Zielgruppe sind potenzielle Kunden von HAGEN INVENT. Vor allem Entscheider für Budgets im Bereich der Live Communication sind das Ziel. Zum erweiterten Empfängerkreis gehören darüber hinaus auch Bestandskunden, Pressevertreter, Leistungspartner und die Mitarbeiter. Ganz bewusst wurde der langfristige Dialog und Wissensaustausch mit Kunden und Partnern angestrebt. Wichtiges Kriterium für das neue Medium war die richtige Bildsprache. Es ging darum, Emotionen zu vermitteln. Das funktioniert nur, wenn Menschen im Spiel sind. Die Bilder sollten die Merkmale eines Experten transportieren.

Aber wie vermittelt man das »Gespür für die richtige Idee« visuell?
HAGEN INVENT hat »die Sinne« im Bild festgehalten. Sinne, die ein Experte für Live Communication haben muss, um seinen Kunden die höchstmögliche Sicherheit und Begeisterung zu garantieren. Die Bildsprache ist sympathisch, eindeutig und strukturiert. Auch dieses Maß an optischem Anspruch spiegelt die Arbeitsweise von HAGEN INVENT im neuen Medium wider.

Die Idee: ein Buch von Experten für Experten!
Das HAGEN INVENT-Buch ist ein Gefährte für alle
Experten aus den verschiedensten Branchen. Es
informiert über die Experten von HAGEN INVENT,
lässt seinem Besitzer aber auch Freiraum für Skiz-
zen, Notizen, Geschichten und Eindrücke. Das Buch
sammelt Ideen und Emotionen, die ihre Energien
im Laufe der Zeit freisetzen. Ein hochwertiges
96-seitiges Skizzenbuch, in Schwarz gebunden, mit
rotem Lesezeichen. Im ersten Viertel wird die Expertise von HAGEN INVENT visuell anspruchsvoll
und textlich informativ dargestellt und der Exper-
tenstatus verdeutlicht. Die verbleibenden 72 Seiten
stehen dem Empfänger für persönliche Notizen
seines eigenen Expertenwissens zur Verfügung.

*Hier trifft Expertenwissen auf Expertenwissen –
jeden Tag und überall!*
Das HAGEN INVENT-Buch erreicht persönliche
Nähe, sensible Nachhaltigkeit und ständige Präsenz
beim Kunden. Das Skizzenbuch wird durch die
individuellen Eintragungen zu einem wichtigen
Instrument im Arbeitsalltag des Besitzers. Die erste
Auflage ist bereits, infolge zahlreicher aktiver
Nachfragen, vergriffen.

Die neue Imagebroschüre von HAGEN INVENT…
… macht die Agentur-Positionierung durch Text
und emotionale Bebilderung erlebbar.
… vermittelt Experten-Wissen und fungiert als
persönlicher ständiger Begleiter.
… ist Dialogtool mit Freiraum für individuelle
Gedanken.
… lässt die Botschaft von HAGEN INVENT konstant
präsent erscheinen.
… bietet seinem Besitzer einen eindeutigen
Mehrwert und Zusatznutzen.

› DIE JURY

Um sich noch stärker als Experte für Live Communication bei der Zielgruppe zu positionieren,
musste HAGEN INVENT ein Medium finden, welches
die Philosophie und das Profil der Agentur glaubhaft nach außen trägt. Mit der als Skizzenbuch
aufgemachten Imagebroschüre präsentiert HAGEN
INVENT eine gelungene Umsetzung der gemachten
Zielvorgaben. Neben der Darstellung der Agentur-
Kernkompetenzen soll auch der Kunde aktiv mit
eingebunden werden. Dabei konnte die Wahl eines
Skizzenbuches als Träger der Werbebotschaft
bei der Jury punkten, da dieses sich als sehr wirk-
sames Mittel bei der konkreten Kundenansprache
erweist. Im ersten Abschnitt der Broschüre verdeutlicht die Agentur in einem Imageteil glaubhaft
den Expertstatus von HAGEN INVENT, unterstützt
durch großzügige und emotionale Bebilderung.
Dieser Expertstatus wird im Anschluss daran
auch den bestehenden und potenziellen Kunden
zugestanden, indem viel Raum für das Sammeln
von eigenen Ideen und Erfahrungen zur Verfügung
steht. Das Skizzenbuch besitzt aus Sicht der Jury
das Potenzial, für die Kunden ein langfristiger
Begleiter zu werden, und geht daher weit über eine
gewöhnliche Imagebroschüre, die oftmals ohne
erkennbaren Mehrwert für den Kunden auskommt,
hinaus. Es bietet die Möglichkeit zum ständigen
Dialog mit dem Agentur-Know-how und ruft HAGEN
INVENT stets als kompetenten Partner auf dem
Gebiet der Live Communication in Erinnerung. Auch
die positive Resonanz auf die Imagebroschüre und
die hohe Nachfrage sprechen für den Erfolg der
Maßnahme. Aus Sicht der Jury wäre bei einer even-
tuellen Neuauflage bzw. Fortführung der Maßnahme vorstellbar, die offenkundigen Parallelen der
Imagebroschüre zu den traditionellen Moleskine-
Skizzenbüchern durch die Papierauswahl und ande-
re gestalterische Mittel noch weiter auszubauen.

KSB AG

› DAS UNTERNEHMEN

Sicherer Flüssigkeitstransport seit über 130 Jahren
Mit dem Patent, das er für seine Erfindung des
»Kesselspeiseautomaten« erhielt, legte Firmengründer Johannes Klein den Grundstein für das
traditionsreiche und zugleich innovative Unternehmen KSB. In den 130 Jahren seiner Geschichte
hat sich viel verändert: Während die erste Pumpe
nur wenige Kubikmeter pro Stunde förderte,
schafft eine besonders leistungsstarke KSB-Pumpe
heute mehr als 60 000 Kubikmeter – in der gleichen Zeit. Errungenschaften wie diese sind das
Ergebnis fundierter Erfahrung auf der einen und
des sicheren Gespürs für die Technikanforderungen
der Zukunft auf der anderen Seite.

Die Marke und ihre Werte
Das Kern-Business der KSB AG ist die Entwicklung
der besten Lösungen zum absolut sicheren und
ökonomischen Transport von Flüssigkeiten überall
auf der Welt. Als ein international führender Hersteller innovativer Pumpen, Armaturen und Systeme leistet das Unternehmen hierzu weltweit seinen
Beitrag. Immer auf Basis der gelebten Markenwerte
Qualität, Sicherheit, Kompetenz und Internationa-
lität, denen jede Produktentwicklung folgt.

KSB verbindet innovative Technik und exzellenten
Service zu intelligenten Lösungen, also zu erst-
klassigen Produkten, die Kunden in aller Welt
erfolgreich machen. Im Konzern widmen sich
42 operative Gesellschaften in 28 Ländern diesem
Geschäftszweck.

Vielfalt im Einsatz
Dass KSB-Produkte weit mehr als nur Wasser fördern, beweisen die vielfältigen Einsatz- und damit
die Tätigkeitsbereiche des Konzerns. Das Unternehmen unterscheidet sechs unterschiedliche Segmente, die jeweils mit Produkt- und Serviceangeboten
bedient werden: Industrietechnik, Gebäudetechnik, Wasserwirtschaft, Abwasserwirtschaft, Ener-
gietechnik sowie Bergbau/Mining. Je nach Anforderung und Anwendung müssen Flüssigkeiten nahezu
aller Art, gleich welcher Temperaturen, Beschaffen-
heiten und Gefährdungspotenzialen transportiert,

gesteuert und geregelt werden. Doch trotz des
breiten Einsatzspektrums und der unterschiedlichen Herausforderungen, die jeden Tag an die
KSB-Produkte gestellt werden, behält der Lösungsanbieter immer den Überblick. Die umfangreichen
Services sowie der enge Kundenkontakt machen
dies möglich.

Zuverlässiger Partner

Weltweit engagieren sich rund 14000 Mitarbeiter
für höchste Kundenzufriedenheit in allen Markt-
segmenten. Neben technischen Komponenten entwickelt das Unternehmen für die Anlagen vieler
Kunden Komplettsysteme und individuelle Service-
konzepte. Jede Lösung berücksichtigt immer das
Gesamtsystem, in das sie integriert werden soll.
So auf die jeweiligen Anforderungen abgestimmt,
ermöglicht sie ein perfektes Zusammenspiel aller
beteiligten Komponenten – der zentrale Schlüssel
zum bestmöglichen Wirkungsgrad bei gleichzeitiger
Energieeinsparung.

Und da gerade diese Faktoren bei der Wahl des
Pumpen- und Armaturenpartners in der heutigen
Zeit eine wichtige Rolle spielen, steht KSB den
Planern und Betreibern weltweit mit effizienten
Lösungen und maßgeschneiderten Services zur
Seite.

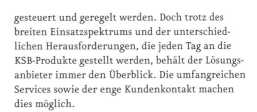

KSB Aktiengesellschaft
Johann-Klein-Straße 9
67227 Frankenthal
Tel.: (06233) 86-0

Gründungsjahr
1871

Website
www.ksb.com

Verantwortliche
Nicole Schmidt-Seitz,
Leiterin Marketing

Partneragentur
DAMM & BIERBAUM

› DIE KAMPAGNE

Zur Ausgangssituation

Um jeden der sechs unterschiedlichen Tätigkeitsbereiche (»Segmente«: Gebäudetechnik, Wasser, Abwasser, Industrie, Energie, Mining) von KSB mit seinen entsprechenden vielfältigen Zielgruppen zu berücksichtigen und die Kompetenz innerhalb jedes einzelnen Bereiches klar zu verdeutlichen, sollte ein übergreifendes Anzeigenkonzept entwickelt werden. Weiterhin sollten die entwickelten Anzeigenmotive in verschiedenen begleitenden Medien zum Einsatz kommen, um das Image von KSB innerhalb der einzelnen Segmente auf- bzw. auszubauen.

Zu Ziel und Zielgruppe

Die Zielgruppen des Unternehmens sind so vielfältig wie seine Tätigkeitsbereiche: Jedes Segment mit seinen Subsegmenten hat eigene Zielgruppen, die entsprechend differenziert angesprochen werden müssen. Die Kommunikationsmaßnahmen sollten zum einen das Image von KSB als Lösungsanbieter innerhalb der einzelnen Segmente auf- bzw. ausbauen, zum anderen sollte das KSB-Markenversprechen untermauert und in den Köpfen der Zielgruppen verankert werden.

Zur Strategie

Der KSB AG wird eine hohe Kompetenz bei der Herstellung von Pumpen, Armaturen und Systemen zugesprochen. Aber kann ein Unternehmen, das so viele unterschiedliche Geschäftsfelder abdeckt, wirklich Spezialist in jedem einzelnen Segment sein und den dort gestellten Anforderungen auch gerecht werden?

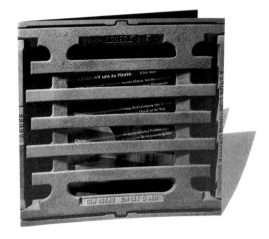

› DIE JURY

Um das Image des Unternehmens auszubauen, bestand die Aufgabe der KSB AG darin, ein übergreifendes Anzeigenkonzept zu erarbeiten, das jedes der sechs unterschiedlichen Tätigkeitsbereiche des Unternehmens mit seinen entsprechenden Zielgruppen berücksichtigt und die Kompetenz innerhalb dieser Bereiche klar verdeutlicht. Geschaffen wurde eine Werbestrategie, die einen starken Aufmerksamkeitswert hat. Das eher abstrakte und schmuddelige Thema »Flüssigkeitstransport« wurde kreativ und imagebildend durch große Bildmotive, die den Ort des Geschehens und nicht die einzelnen Geräte zeigen, umgesetzt. Die hochwertigen Abbildungen vermitteln die Kerngeschäfte des Unternehmens auf emotionale und originelle Weise. Sympathische Headlines und informative Copytexte sorgen in Verbindung mit den Bildmotiven für einen stimmigen Auftritt und einen hohen Wiedererkennungswert. Die Adaption der Anzeigenmotive auf andere Werbemittel unterstützt die ganzheitliche Kommunikation.

Die Ziele, die Zielgruppen, die Strategie und die Umsetzung der Kampagne bauen aufeinander auf, sind schlüssig formuliert und nachvollziehbar. Die Medienauswahl ist zielgruppenaffin, angemessen für die angestrebte Image- und Bekanntheitssteigerung und die Branche. Die vermittelte Werbebotschaft ist einfach, klar, verständlich und glaubwürdig. Mit der Kampagne hat es das Unternehmen geschafft, die Markenkernwerte des Gesamtunternehmens zu kommunizieren, sich als Spezialist im jeweiligen Segment zu positionieren und das Image des Unternehmens auf sympathische und kreative Art auszubauen. Aus Sicht der Jury besitzt diese Kampagnenidee Potenziale zur Weiterführung. Um einen einzigartigen Auftritt zu schaffen, sollten neben den sehr gelungenen klassischen Medien auch multisensorische Aktionen wie Kundenevents oder Messeauftritte weiter ausgebaut und interaktive Elemente im Internet geschaffen werden, um die Zielgruppe stärker einzubinden und die Nachhaltigkeit der Kampagne zu erhöhen.

Genau diese Frage stellen sich die vielfältigen
Zielgruppen aus den einzelnen Segmenten und
Subsegmenten – und genau diese Frage galt es zu
beantworten: mittels eines oder mehrerer Anzeigenmotive, die auf die Bedürfnisse des jeweiligen
speziellen Bereiches eingehen und KSB hier als
Spezialisten und kompetenten Ansprechpartner
im Segment platzieren.

Zur Umsetzung
Wir verzichten bei der Umsetzung bewusst auf die
Abbildung von Produkten, da eine kleine Auswahl
von Produkten die Gesamtkompetenz nur sehr unzureichend repräsentiert. Stattdessen zeigen wir
den »Ort des Geschehens«, an dem die Pumpen,
Armaturen und Systeme von KSB im jeweiligen
Segment zum Einsatz kommen – auf hochwertige
und imagebildende Art und Weise.

Die jeweiligen Anzeigentexte verdeutlichen die
Kompetenz innerhalb des Segments und verweisen
auf vertiefende Informationen auf der KSB-Website.
Eine emotionale und gleichermaßen charmante
Headline-Mechanik zeigt auf, dass KSB das jeweilige
Tätigkeitsfeld nicht nur kennt, sondern sich jeder
Mitarbeiter gleichermaßen damit identifiziert.

Botschaft jedes Anzeigenmotivs
In diesem Segment kennen wir uns aus. Wir haben
alle wichtigen und relevanten Informationen,
passende Produktangebote sowie kompetente Mitarbeiter, die mit Rat und Tat zur Seite stehen.
Hier macht uns niemand etwas vor.

Beispiel: Motiv Chemische Industrie
Als Ort des Geschehens wurde eine Industrie-Anlage
ausgewählt. Bei der Betrachtung durch die Zielgruppe wird dieser schnell klar: KSB bietet mir die
Produkte und Lösungen, die meinen Anforderungen
genügen. Auch hier zahlt die Headline auf das Bild-
motiv ein: »Hier sind wir in unserem Element«.

Beispiel: Motiv Abwasser
Der abgebildete Kanal ist hochwertig fotografiert,
die Headline charmant umgesetzt: »Hier fühlen wir
uns zu Hause«. So wird deutlich: Die Aufgabe, die
die Zielgruppe zu erfüllen hat, mag »schmuddelig«
sein – aber KSB fühlt sich auch in diesem Umfeld
zu Hause, kennt sich aus, fühlt sich dort wohl.
Und bietet die optimalen Produkte und Services
für dieses Segment an. Das Motiv wurde auch für
weitere werbliche Medien (z. B. Broschüren,
Mailings) genutzt.

Zum Ergebnis
Die Segmente Gebäudetechnik, Energie, Abwasser
und Industrie sind die Säulen des KSB-Konzerns.
Die jeweiligen Imagemotive sind Elemente einer
Konzern-Imagekampagne, die erheblich zum
Erfolg des Unternehmens in 2007 beigetragen hat.
Das KSB-Image wurde in Deutschland in den Kun-
denzufriedenheitsstudien 2004 und 2007 erforscht.
Im Vergleich zu 2004 blieben die Imagewerte in
2007 auf konstant hohem Niveau. Laut Studie wer-
den vor allem die Markenkernwerte Qualität, Zu-
verlässigkeit und Kompetenz mit KSB verbunden.
Dies spiegelt wider: Die eingesetzten Kampagnen-
motive zahlen auf die Markenkernwerte des
Gesamtunternehmens ein und tragen zum Imageaufbau und Imageausbau des Unternehmens bei.

Dr. Jens Tomas
Managementtrainer

KOMMUNIKATION ALS UNTERNEHMERISCHER ERFOLGSFAKTOR IM 21. JAHRHUNDERT

Die interne Unternehmenskommunikation steht vor einem gewaltigen Umbruch. In Großkonzernen, mittelständischen Betrieben, ja, selbst bei Kleinunternehmen ist im Hinblick auf die firmeninterne Kommunikation ein dramatisches Umdenken erforderlich. Hintergrund sind insofern die demografischen Entwicklungen in Deutschland. Bis zum Jahre 2050 wird sich die Bevölkerung in Deutschland von derzeit rund 82 Millionen Einwohnern auf 70 Millionen Einwohner gesenkt haben. Für Unternehmen ergeben sich daraus zwei wesentliche Konsequenzen:

Erstens nimmt die Anzahl der über fünfzigjährigen Erwerbstätigen zu. Zweiten stehen dem Arbeitsmarkt immer weniger junge, besonders qualifizierte Berufseinsteiger zur Verfügung. Zahlreiche Studien, wie zum Beispiel der Bertelsmann Stiftung, belegen diese Tendenz. Innerhalb der nächsten 30 Jahre haben wir deshalb in Deutschland einen Arbeitnehmermarkt, statt wie in den vergangenen Jahren einem Arbeitgebermarkt. Das Humankapital der Unternehmen (das Know-how, die Ausbildung usw. der Mitarbeiter), das wesentlich für wirtschaftlichen Wohlstand notwendig ist, schrumpft. Besonders hochqualifizierte Arbeitnehmer können sich schon heute ihren Job aussuchen. Ingenieure sind Mangelware und Informatikstudenten werden bereits an der Uni von Firmen umworben. Wenn sich aber Arbeitnehmer zukünftig aussuchen können, für welche Firma sie arbeiten, so ergeben sich daraus gravierende Konsequenzen für die interne Mitarbeiter- und Führungskommunikation. Insgesamt folgen daraus drei wesentliche Konsequenzen, die jedes innovative Unternehmen, das zukunftstauglich sein möchte, kurz- bis mittelfristig umsetzen sollte.

1. Wettbewerbsfaktor: Arbeitsumfeld
Um attraktive Mitarbeiter für das Unternehmen zu gewinnen, bedarf es eines attraktiven Arbeitsumfeldes. Arbeitsbedingungen müssen sich an den Menschen anpassen und nicht umgekehrt. Das Arbeitsumfeld muss derart attraktiv sein, dass dadurch eine Sogwirkung für Arbeitnehmer entsteht. Gerade für sehr qualifizierte Mitarbeiter ist dabei der Verdienst nur zweitrangig. Wie beispielsweise eine Studie des Gallup-Instituts zeigt, ist es für Mitarbeiter heute viel wichtiger, selbstverantwortlich das Unternehmen mit zu gestalten. Um dieses Mitgestalten zu gewährleisten, ist es für

das Unternehmen der Zukunft erforderlich, eine Fehlerkultur zu etablieren. Der Fehler eines Mitarbeiters darf nicht zu Sanktionen führen, sondern muss als Lernerfahrung behandelt werden. Ein wichtiger Satz der systemischen Theorien dazu lautet:

>*Fehler sind Feedback«.*

Und genau darum geht es. Jede Führungskraft muss in der Lage sein, Fehler von Mitarbeitern kommunikativ so zu nutzen, um auf der einen Seite die Motivation jedes einzelnen Mitarbeiters zu fördern, andererseits aber aus jedem Fehler für die Gesamtorganisation und den Mitarbeiter wichtige Lernerfahrungen zu machen.

Übrigens hat eine sehr umfassende Studie des Corporate Leadership Council London gezeigt, dass die angesprochene Fehlerkultur ein Top-Performance-Driver für Unternehmen ist. Von über 50 Faktoren, die untersucht wurden, ist das Etablieren einer Fehlerkultur der wichtigste Kriterium, um aus durchschnittlichen Unternehmen Höchstleistungsunternehmen zu machen.

2. Wettbewerbsfaktor: Führung
Da das Arbeitsumfeld mit der Etablierung einer Fehlerkultur von entscheidender Bedeutung für das Unternehmen der Zukunft ist, so muss dies durch die Führungskultur, die im Unternehmen herrscht, unterstützt werden. Klare, möglichst flache Hierarchien sind ebenso erforderlich wie ein hohes Maß an Kommunikationsfähigkeit der Führungskräfte. Fachwissen wird in der heutigen Zeit vorausgesetzt. Führungen und damit einhergehende Kommunikationen stehen dagegen nach wie vor nicht in den Lehrplänen unserer Schulen und Hochschulen. Um Mitarbeiter zukünftig an Unternehmen zu binden und zur Höchstleistung zu motivieren, ist gekonnte Kommunikation, die das Miteinander in den Vordergrund stellt, unabdingbar.

Folgende einfache Regeln sind für die Führungskraft von morgen von besonderer Bedeutung:

· *Das Verhalten eines Mitarbeiters ist streng von seiner Person zu trennen.*
Immer wieder erlebe ich in Coachings Manager, die über ihre unfähigen Mitarbeiter stöhnen. Dahinter steckt das psychologische Kommunikationsphänomen, nach dem wir Menschen häufig mit ihren Verhaltensweisen untrennbar verbinden. Dies ist aber kommunikationspsychologisch unhaltbar. Menschen verhalten sich in einem bestimmten Kontext in einer bestimmten Situation gegenüber einer bestimmten Person. Jedes Verhalten ist, kommunikationswissenschaftlich betrachtet, einzigartig. Diese Grundgedanken sind heute unantastbar, ergeben sich aus anthropologischen, systemischen und kommunikationspsychologischen Forschungserkenntnissen.

Für die Führungskraft von morgen ist es erforderlich, diese Grundsätze konsequent in ihrer eigenen Führungspraxis zu etablieren. Unterläuft ein Fehler oder verhält sich ein Mitarbeiter nicht so, wie die Führungskraft es sich wünscht, ist es erforderlich, dieses Verhalten anzusprechen, ohne dabei die Person des Mitarbeiters infrage zu stellen. Das macht die oben beschriebene Denkhaltung erforderlich, die das Verhalten streng von der Person und der Individualität des Mitarbeiters trennt. Verhaltensweisen kann ich dabei scharf kritisieren, die Persönlichkeit des Gegenübers ist jedoch immer unantastbar.

· *Effektive Führungskommunikation ist spezifisch und genau.*
Wirksame Kommunikation erfolgt so spezifisch wie irgend möglich. Aus dem Grundsatz, Verhalten von der Person zu trennen, folgt zugleich, dass die Kritik jeder Verhaltensweise so spezifisch und detailliert wie möglich erfolgen muss. Hat der Mitarbeiter beispielsweise eine schlechte Präsentation gehalten, macht es keinen Sinn, zu sagen: Sie sind ein schlechter Präsentator. Auch ist es wenig zielführend, zu sagen: Ihre Präsentation war schlecht. Erforderlich ist vielmehr ein ganz spezifisches Feedback, aus dem das Verbesserungspotenzial des Mitarbeiters ersichtlich wird. Was genau, wie genau und in welchem Zusammenhang gibt es Verbesserungspotenzial? Das ist die richtige Fragestellung.

· *Der Sympatiefaktor*
Gute und effektive Führungskommunikation findet immer auf zwei Ebenen statt: die Sachebene und die Beziehungsebene. Gerade in Deutschland wird die Sachebene häufig in den Vordergrund gestellt, wenn es um die Kommunikation in Unternehmen geht. Emotionalität wird hinter Sachargumenten verborgen. Auch hier ist ein deutliches Umdenken erforderlich. Interne Unternehmenskommunikation mit Mitarbeitern, aber erst recht externe Kommunikation mit Kunden und Lieferanten kann nur auf der Basis von Sympathie erfolgreich sein. Nichts kann die Beziehungsebene effektiver gestalten als eine gegenseitige Sympathie. Kommunikationspsychologen haben nachgewiesen, dass dieser Sympathiefaktor durch die Art der Kommunikation gesteuert werden kann. Die Herausfilterung von Gemeinsamkeiten und Ähnlichkeiten ist dabei ebenso von Bedeutung wie permanentes Feedback im Hinblick auf die wahrgenommene Leistungsfähigkeit des Mitarbeiters.

3. Wettbewerbsfaktor: Die Führungskraft als Emotionsmanager
Um mit dem Humankapital der Mitarbeiter zukünftig einen Wettbewerbsvorteil zu erhalten, hat jeder Manager, wie dargestellt, effektive Kommunikationsstrategien, um Mitarbeiter zu entwickeln, zu fördern und zu motivieren.

Diesen Anforderungen können Führungskräfte aber nur dann gerecht werden, wenn sie auch eine effektive Kommunikation mit sich selbst pflegen. Die Bedeutung des eigenen inneren Dialoges einer Führungskraft darf dabei gar nicht genug überschätzt werden. Gerade in Zeiten stetiger Veränderung und permanenten Wandels ist es erforderlich, ein optimales Selbstmanagement-Konzept für sich zu entwickeln. Insoweit ist es eine gute Möglichkeit, ein permanentes gedankliches Mit-Bewusstsein seines eigenen inneren Dialoges zu haben. Anstatt im eigenen inneren Dialog zu fragen: »Warum geht das nicht?«, ist es für das Selbstmanagement ungleich effizienter, zu fragen: »Was kann ich tun, um mein Ziel zu erreichen?«. Konsequente Lösungsorientierung im Denken ist hier der Königsweg. Dies erfordert Selbstreflexion, die Fähigkeit, sich selbst infrage zu stellen, und einen gekonnteren Umgang mit den eigenen Fehlern. Diese Faktoren werden zukünftig immer mehr zum entscheidenden Erfolgsfaktor einer Führungskraft werden.

Dr. Jens Tomas ist geschäftsführender Gesellschafter einer erfolgreichen Unternehmensberatung. Als ehemaliger international tätiger Rechtsanwalt und Consultant der Firma Nokia Deutschland sammelte er vielfältige Erfahrung im Bereich der Verhandlungsführung und Kommunikation. Er studierte die verschiedenen Kommunikationsmodelle und ist heute ein Meister, wenn es um überzeugende Kommunikationsstrategien geht. In seinen Vorträgen zeichnet er sich besonders dadurch aus, komplexe Strategien in eingängiger, leicht verständlicher und humorvoller Weise zu präsentieren. Heute ist er einer der deutschen Top-Experten zu dem Thema Kommunikation. Einem Millionenpublikum wurde er als TV-Coach mit der Sendung »Schwer vermittelbar« bekannt. Seine neue Sendung heißt »Der Profi hilft«. Er ist Bestseller-Autor und hat zahlreiche Artikel veröffentlicht. 2008 wurde er im Rahmen des Conga-Awards von über 25 000 Seminarveranstaltern zu einem der zehn besten Trainer und Referenten Deutschlands gewählt.

OTTO GROUP

› DAS UNTERNEHMEN

1949 wird die Otto Group in Deutschland von
Werner Otto als »Otto Versand« gegründet. Der
Aufbau des Unternehmens gilt als beispiellose Erfolgsstory der deutschen Nachkriegsgeschichte.
Am 17. August 1949 nimmt Werner Otto mit drei
Mitarbeitern in einem kleinen Büro- und Lagergebäude in Hamburg-Schnelsen einen Versandhandel in Betrieb. Der erste OTTO-Katalog erscheint
1950 in einer Auflage von 300 Exemplaren, ist
handgebunden und präsentiert auf 14 Seiten 28
Paar Schuhe. Innerhalb von zehn Jahren entsteht
aus der »Hinterhof-Firma« ein Versandhandelsunternehmen mit mehr als 100 Millionen Mark
Umsatz und gut 1000 Mitarbeitern. Der Versandhandel war und ist für die Einzelgesellschaft
OTTO die tragende Säule des Geschäfts. Das Angebotsspektrum reicht von Mode über Einrichten
bis zu Technik. Wesentlicher Erfolgsfaktor des
Unternehmens ist die starke Kundenorientierung,
die sich in einer hohen Produktqualität, einem
hervorragenden Preis-Leistungs-Verhältnis und
gutem Service ausdrückt.

In den 70er Jahren schlägt OTTO einen internationalen Wachstumskurs ein. Seit 1980 liegt der Fokus
parallel zum Aufbau der nationalen Otto Group auf
der internationalen Expansion und Diversifikation
in neuen Geschäftsfeldern. Heute ist die Otto Group
eine weltweit agierende Handels- und Dienstleistungsgruppe mit rund 53 000 Mitarbeitern auf
drei Kontinenten.

Die Otto Group ist mit 123 wesentlichen Unternehmen in 19 Ländern Europas, Nordamerikas und
Asiens präsent. Ihre Geschäftstätigkeit umfasst
die drei Segmente Multichannel-Einzelhandel,
Finanzdienstleistungen und Service. Im Geschäftsjahr 2006/07 (28. Februar) erwirtschaftete die
Otto Group einen Umsatz von 15 251 Mio. Euro.

Otto ist heute die größte Versandhandelsgruppe
der Welt. Im Onlinehandel mit dem Endverbraucher (B2C) belegt die Otto Group weltweit Platz 2
hinter Amazon. Die dritte Säule des erfolgreichen
Multichannel-Vertriebskonzepts – neben dem
Kataloggeschäft und E-Commerce – bildet der
stationäre Einzelhandel.

Weltweite Konzernaktivitäten und eine Vielzahl
von strategischen Partnerschaften und Joint
Ventures bieten Otto ausgezeichnete Voraussetzungen für Know-how-Transfer und die Nutzung von
Synergiepotenzialen. Verbindendes Glied zwischen
allen Gruppenunternehmen sind der Handel und
ergänzende Dienstleistungen in ihren unterschiedlichen Ausprägungen hinsichtlich Sortimenten,
Zielgruppen und Vertriebskanälen. Ein hohes Maß
an Eigenverantwortlichkeit der nationalen Unternehmen garantiert zugleich Flexibilität und Kundennähe sowie eine optimale Zielgruppenansprache
in den jeweiligen Ländern.

Im Mittelpunkt des Selbstverständnisses der Otto
Gruppe steht die gemeinsame Haltung, mit Leidenschaft für den Erfolg des jeweiligen Unternehmens
und des Konzerns als Ganzes zu arbeiten. Dieses
Selbstverständnis spiegelt sich in dem für die Otto
Group entwickelten Leitgedanken »Leading through
passion« wider.

Es ist das gemeinsame Ziel, durch Leidenschaft zum Erfolg zu kommen. Die Otto Group versteht sich trotz unterschiedlicher Geschäftsfelder, Geschäftsideen und Vertriebswege sowie trotz ihres regional unterschiedlichen Auftretens als eine Wertegemeinschaft. Die Leidenschaft für den Erfolg der Gruppe fußt hierbei auf vier Leistungsebenen, die in ihrem Zusammenwirken die Stärke der Gruppe ausmachen:

· Leidenschaft für Kunden,
· Leidenschaft für Innovation,
· Leidenschaft für Nachhaltigkeit und
· Leidenschaft für gemeinsam integriertes Handeln der Mitarbeiter.

Neben einer überzeugenden Sortimentsgestaltung und umfangreichen Serviceleistungen hat Otto die Themen Umwelt- und Sozialverantwortung bereits seit Mitte der 80er Jahre in seiner Geschäftspolitik verankert.

Alle Standorte der Einzelgesellschaft OTTO in Deutschland verfügen heute über ein zertifiziertes Umweltmanagementsystem. Außerdem achten die Unternehmen der Gruppe darauf, mit dem Import ihrer Produkte gleichzeitig ökologische und soziale Standards umzusetzen. Seit 1996 verfügt das Unternehmen über einen »Code of Coduct«, der die Einhaltung sozialer Mindeststandards bei seinen Lieferanten sicherstellt. Oberstes Ziel ist es, die Lieferanten zu sensibilisieren und menschenwürdige Sozialstandards auch in jene Teile der Welt zu exportieren, in denen ihre Einhaltung vom Staat nicht immer gewährleistet ist. Bei der Überprüfung der sozialen Anforderungen beteiligt sich die Otto Group an der Gemeinschaftsinitiative »Business Social Compliance Initiative – BSCI«, die unter dem Dach des europäischen Außenhandelsverbandes FTA (Foreign Trade Association) entwickelt wurde. Ziel ist es, nachhaltiges Wirtschaften zu einem wichtigen Faktor im Wechselspiel von Angebot und Nachfrage zu machen – und damit zu einem mitbestimmenden Faktor im Marktgeschehen insgesamt.

Der Vorstand der Otto Group verabschiedete in diesem Kontext im Dezember 2007 eine Klimaschutzstrategie, die eine langfristige, kontinuierliche und nachhaltige Senkung der CO_2-Emissionen zum Ziel hat. Die Strategie verpflichtet alle Unternehmen der Otto Group mit mindestens 50 Millionen Euro Umsatz p.a., bei denen die Otto Group die (direkte oder indirekte) Mehrheit der Stimmrechtsanteile hält, zur Halbierung der transport-, mobilitäts- und standortbezogenen Emissionen bis 2020.

otto group

Otto GmbH & Co. KG
Wandsbeker Straße 3–7
22172 Hamburg

Gründungsjahr
1949

Website
www.ottogroup.com

Verantwortlicher
Jürgen Bock,
Bereichsleiter Unternehmens-
und Kulturentwicklung und
Otto Group Academy

Partneragenturen
Ernst Handl (handl.e pictures)
(Künstler & Ideengeber);
Mumme + Ziegfeld GmbH
(Ausführende Agentur)

»FLYING CARPET« MITARBEITERAKTION

› DIE KAMPAGNE

Ausgangssituation
Das Zusammenwirken zwischen der Konzernzentrale und den Gesellschaften der Otto Group ist geprägt von verschiedenen individuellen Unternehmenskulturen. Ziel ist es deshalb, die übergeordneten Kernwerte des Konzerns – Leidenschaft für Kunden, Leidenschaft für Innovation, Leidenschaft für die Arbeit in Netzwerken und Leidenschaft für Nachhaltigkeit – immer wieder innovativ zu vermitteln und nachhaltig zu festigen. Die Leitgedanken der Gruppe werden kontinuierlich auf verschiedensten Kommunikationsebenen verbreitet.

Ziele
Mit der zu Beginn des Jahres 2007 entwickelten Mitarbeiteraktion »Flying Carpet« sollten die Kernwerte der Otto Group hierarchieübergreifend im Konzern erlebbar gemacht werden. Zusätzlich sollte ein neuartiger Ansatz zu Armutsbekämpfung und zum Umweltschutz in die Unternehmen getragen werden: die Initiative »Cotton made in Africa«.

Diese setzt sich für die Schaffung einer Nachfrageallianz unter Handelsunternehmen ein, um afrikanischen Baumwollfarmern eine sichere Abnahme der Ware und verlässliche Bezahlung garantieren zu können.

Idee
Als theoretische Grundlage für das Projekt diente der Lawineneffekt bzw. das »Tippingpoint Scenario«. Gezielt ausgewählte Multiplikatoren in den Unternehmen sollten durch spezifische Kommunikationsmaßnahmen und Eigeninitiative vor Ort eine große Mitarbeiterbeteiligung erreichen. Die zentrale Botschaft lautete: »Durch Leidenschaft und Gemeinschaft können wir etwas bewegen«.

Umsetzung und Gestaltung
Als Kernelement der Aktion wurde ein weltweit bekanntes Symbol gewählt: das Tattoo – ein Symbol, das unter die Haut geht – als Bild für Leidenschaft. Übertragen auf die Werte der Otto Group konnte diese Leidenschaft hierdurch sichtbar gemacht werden. Alle Mitarbeiter wurden im Aktionszeitraum vom 1. bis 10. Oktober 2007 eingeladen, mit einem selbst gestalteten Stück Baumwollstoff (dem »Stoff-Tattoo«) zu den »Fliegenden Teppichen« beizutragen. Die sehr persönlichen Kunstwerke wurden Bestandteil der Herstellung von insgesamt 57 Teppich-Segmenten, die am »Cotton made in Africa«-Webtag am 10. Oktober 2007 gleichzeitig in allen teilnehmenden Firmen weltweit angefertigt wurden. Am Ende entstanden daraus vier gleich große Kreisteppiche (die »Flying Carpets«) als Sinnbilder für die vier Unternehmenswerte.

Für die direkte Ansprache der Mitarbeiter in jedem Unternehmen wurden Projektleiter in allen Einzelgesellschaften benannt. Die internationale Gruppe traf sich zu einer Kick-Off-Veranstaltung in Hamburg. Jeder Einzelne wurde dort zum Experten und Botschafter für die Aktion. Die Otto Group stellte Plakate und Broschüren im Corporate Design in den Sprachen Deutsch, Englisch, Französisch und Japanisch bereit. Informationen zur Aktion wurden folgend im jeweiligen Intranet und den einzelnen Mitarbeiterzeitungen veröffentlicht. Auf der global zugänglichen »ottotube«-Website im Internet wurde ein eigener Bereich eingerichtet, in dem Stoff-Tattoo-Bilder hochgeladen und Kommentare eingefügt werden konnten. Individuelle Aktionen ergänzten die Kommunikation weltweit. Die Bekanntmachung des Projekts durch professionelle Schauspieler am Arbeitsplatz oder der Umbau ganzer Eingangsbereiche und Kantinen zu Arbeitsstationen für die Anfertigung von Stoff-Tattoos bilden nur einen Ausschnitt ab.

Während des gesamten Aktionszeitraumes wurde zusätzlich in allen Unternehmen mit Filmen, Informationswänden und via Intranet und Broschüren über das Projekt »Cotton made in Africa« informiert. Als Ansporn kündigte die Otto Group an, für jedes eingereichte Stoff-Tattoo 3,00 Euro an die Initiative zu spenden.

Ergebnisse

· Rund 25 000 angesprochene Mitarbeiter in
  27 Firmen und 9 Ländern
· 8 582 eingereichte Stoff-Tattoos
· 2 425 Anmeldungen auf der Website »ottotube«
· 25 746,00 Euro generierte Spendensumme für
  »Cotton made in Africa«

Im Dezember 2007 wurden die vier Kreisteppiche feierlich in der Konzernzentrale enthüllt und seitdem ausgestellt. Alle weltweiten Projektleiter erhielten eine Ergebnispräsentation in verschiedenen Sprachen zur Kommunikation an alle Mitarbeiter.

Die Brücke zu den Unternehmenswerten wurde erfolgreich geschlagen: Leidenschaft wird durch jedes Bild auf jedem Stoff-Tattoo symbolisiert. Die gewebten und mit einzelnen Webrahmen verbundenen Teppiche stehen für die Netzwerke der Otto Group. Durch die einzigartige Verbindung völlig unterschiedlicher Ansätze – Handwerk des Webens, Kunst und Tätowieren, nachhaltige Agrarwirtschaft in Afrika – wird dieses Projekt einmalig und steht für Innovation. Mit der Förderung von »Cotton made in Africa« demonstriert das Projekt Einsatz von und Einsatz für Nachhaltigkeit.

› DIE JURY

Ein Unternehmen mit ca. 53 000 Mitarbeitern in 19 Ländern muss sich besonderen Herausforderungen wie der Überbrückung und parallelen Akzeptanz der dort herrschenden Werte und Kulturen stellen. Im Zuge struktureller Veränderungen, die sich innerhalb der Otto Group in den letzten Jahren ereigneten, musste der Fokus auf den Zusammenhalt der Einzelunternehmen und deren Mitarbeiter gelegt werden. Die Vermittlung der vier Grundwerte der Otto Group »Nachhaltigkeit«, »Innovation«, »Leidenschaft« und »Netzwerke« sollte bei der Mitarbeiteraktion »Flying Carpet« nicht nur die Geschäftsführer, sondern hierarchieunabhängig alle Mitarbeiter erreichen. Als Symbol diente passend ein bunt gewebter Teppich. Was zuerst in den Augen der Jury utopisch erschien, überzeugte diese durch eine sehr schlüssige und langfristig angelegte Strategie. In drei Phasen nutzte man verschiedenste Kommunikationsinstrumente, die die Mitarbeiter auf allen Ebenen für das Projekt begeisterten. So erreichte die stark involvierende Botschaft »Durch Leidenschaft und Gemeinschaft können wir etwas bewegen!« im Lawineneffekt von der Ebene der Geschäftsführer aus über die Projektleiter hinweg alle Mitarbeiter. Bemerkenswert waren bei dieser Maßnahme folgende Punkte: Es handelte sich nicht nur um eine besonders kreative Form der internen Kommunikation, sondern verfolgte ebenfalls einen Zusatznutzen im Sinne der Corporate Responsibilty: Für jedes eingereichte Stoff-Tattoo der Mitarbeiter spendete die Otto Group 3 Euro für das Projekt »Cotton made in Africa«. Darüber hinaus knüpfte die Maßnahme im Rahmen einer kontinuierlichen Kommunikationsstrategie an die zwei Jahre zuvor durchgeführte Maßnahme »Otto Group Meilensteine« an, was der Jury verdeutlichte, dass die interne Kommunikation im Unternehmen organisatorisch verankert ist und deren Maßnahmen hervorragend aufeinander abgestimmt sind. Die Jury verleiht der Otto Group den Deutschen Preis für Wirtschaftskommunikation 2008 in der Kategorie »Beste interne Kommunikation« und wünscht sich, auch in Zukunft von derartig kreativen Konzepten begeistert zu werden!

ALLIANZ DEUTSCHLAND AG

> DAS UNTERNEHMEN

Die Allianz Gruppe ist in mehr als 70 Ländern vertreten und einer der größten Finanzdienstleister der Welt. Der bedeutendste Markt des Unternehmens ist Deutschland. Alleine hier vertrauen rund 20 Millionen Kunden dem Marktführer. Mit ihren Tochtergesellschaften erreicht die Allianz Deutschland AG auf dem heimischen Markt einen Anteil von rund 15 Prozent und ist damit das führende Versicherungsunternehmen. Über 29700 Mitarbeiter erwirtschafteten im Jahr 2007 alleine in Deutschland einen Jahresüberschuss in Höhe von 2 Milliarden Euro – dies entspricht rund einem Viertel des Gesamtumsatzes der Allianz Gruppe weltweit.

Der Bereich »Sachversicherung« ist die Keimzelle der Allianz Gruppe – er wurde im Jahr 1890 als Allianz Versicherungs-AG gegründet. Als Nummer eins der Schaden- und Unfallversicherer in Deutschland entwickelt die Allianz Produkte zur finanziellen Absicherung von Risiken für Privatpersonen und Firmenkunden. Dabei macht sie ihre Kompetenz aus mehr als 100 Jahren Erfahrung im

Umgang mit Schadenfällen für ihre Kunden direkt nutzbar: Bedeutete Schadenregulierung früher vor allem die Erstattung von Kosten, bietet die Allianz mit ihren Assistance-Produkten in den Bereichen Unfall-, Rechtsschutz- und Hausratversicherung ihren Kunden im Schadenfall zusätzlich zur Kostenerstattung konkret erlebbare Hilfe an.

Auch mit dem Geschäftsbereich »Lebensversicherung«, 1922 in Stuttgart gegründet, ist die Allianz Marktführer in Deutschland. Wie wichtig die private Altersvorsorge und die Absicherung für den Fall einer Berufsunfähigkeit oder Pflegebedürftigkeit ist, wird immer mehr Menschen klar: Angesichts der demografischen Veränderungen stoßen die staatlichen Versorgungssysteme an die Grenze ihrer Leistungsfähigkeit. Deutlich mehr als eine Million Allianz-Kunden profitieren mit der Allianz Riester-Rente bereits von staatlichen Zulagen und zusätzlichen Steuervorteilen. Dem Wunsch vieler Kunden, ihre Absicherung mit einer renditeorientierten Geldanlage zu koppeln, entsprechen neue fondsgebundene Produkte.

Schließlich verfügt die Allianz über einen modernen Gesundheitsdienstleister. Die ehemalige Vereinte Krankenversicherung gehört seit 1996 zur Allianz Gruppe und wurde Anfang 2003 in Allianz Private Krankenversicherungs-AG umfirmiert. Sie ist der führende Ärzteversicherer in Deutschland – 25 Prozent der deutschen Ärzte sind bei der Allianz privat krankenversichert – und der drittgrößte Anbieter auf dem privaten Krankenversicherungsmarkt. Privat krankenversichert zu sein, bedeutet auch, seine Absicherung nach den persönlichen Vorstellungen und Anspruchen zusammenstellen zu können. Die Allianz bietet alle entsprechenden Möglichkeiten – und darüber hinaus ein breites Angebot an Zusatzversicherungen für all jene, die keine private Vollversicherung abschließen können oder wollen, jedoch die gesetzliche Grundversorgung aufstocken möchten.

Seit Ende 2005 erlebt die Allianz einen tief greifenden Wandel, der alle drei Geschäftsbereiche betrifft: Unter dem Dach der neu gegründeten Allianz Deutschland AG wurden die drei deutschen Versicherungsgesellschaften der Allianz, die Sach-, Lebens- und Private Krankenversicherung, zusam-

mengeführt. Die Ausschließlichkeitsvertriebe wurden in der Allianz Beratungs- und Vertriebs-AG gebündelt. Mit dem Zusammenschluss der drei ehemals getrennten Bereiche geht ein weit reichender Perspektivenwechsel für das Unternehmen einher. Die Allianz will noch zukunftsfähiger werden – und positioniert sich dabei nicht als anonymes Versicherungsunternehmen, sondern als verlässlicher Partner der Versicherungsnehmer. Sie erkennt die Zeichen der Zeit und antizipiert die Bedürfnisse der Kunden, die mit dem demografischen Wandel der Gesellschaft einhergehen. Die Allianz wird vom »Gelderstatter« zum »Problemlöser«.

Mit der Neuordnung der Versicherungsaktivitäten in Deutschland befindet sich die Allianz in einem der umfassendsten strukturellen Umbrüche der Firmengeschichte. Die von der Unternehmensführung beschlossenen Änderungen im Deutschlandgeschäft bringen tief greifende Veränderungen für das Unternehmen und seine Mitarbeiter mit sich.

Die Neuordnung zielt vor allem darauf, die Wettbewerbsposition der Allianz deutlich zu verbessern und den Kunden noch stärker als bisher in den Mittelpunkt zu rücken. Zudem wird die Struktur gestrafft: Dies umfasst unter anderem die Reduzierung der Verwaltungsstandorte von 21 auf 10; einige traditionelle Standorte werden geschlossen. Die Anzahl der Aufsichtsratsmitglieder verringert sich von 20 auf 12.

Allianz Deutschland AG

Unternehmenskommunikation

Königinstraße 28

80802 München

Tel.: (089) 3800-7466

Fax: (089) 3800-87466

Gründungsjahr

1890

Website

www.allianzdeutschland.de

Verantwortlicher

Martin Bendrich,

Leiter Kommunikation

Sachversicherung

Partneragentur

Molthan van Loon

Communications Consultants

GmbH (GPRA)

Am Sandtorkai 68

20457 Hamburg

Tel.: (040) 46068-100

Fax: (040) 46068-108

› DIE KAMPAGNE

Die Neuordnung der Allianz verunsichert die Mitarbeiter, das wird auch von den Medien thematisiert. In dieser für das Unternehmen brisanten Situation wird eine interne Aufklärungskampagne auf Basis von drei modular konzipierten Mitarbeiterfilmen umgesetzt. Es geht vor allem darum, den Mitarbeitern die Notwendigkeit, den Nutzen und die zukünftigen Vorteile der eingeleiteten Maßnahmen zu erläutern. Anhand konkreter Beispiele sollen Ängste genommen und die Bereitschaft zur Veränderung gefördert werden. Gleichzeitig soll die Firmenphilosophie von jedem Mitarbeiter verstanden und zum Leben erweckt werden.

Die verschiedenen Module (zu den Themen »Telefonie und Posteingangszentrum«, »Vertrieb« sowie »Korrespondenz und Fachberatung«) illustrieren anhand von praktischen Beispielen, wie die Neuordnung der Allianz dem Kunden zugute kommt und wie davon wiederum die Mitarbeiter im täglichen Umgang profitieren. Fundament aller Filme und kommunikatives Konzept ist eine authentische, glaubwürdige und motivierende Darstellung der Zusammenhänge. Der neue »Ist-Zustand« rückt an die Stelle von realitätsfernen Zukunftsszenarien: Idealisierungen und übertriebene Versprechungen haben keinen Platz in den Beiträgen. Sachliche, nachvollziehbare Informationen und größtmögliche Transparenz sind stattdessen Grundlage des Projekts.

Umgesetzt werden die Mitarbeiterfilme im News-Feature-Stil, der auf bloße Behauptungen oder geschönte Bilder verzichtet, um nicht werblich wie ein Imagefilm zu wirken. Statt eines eher hierarchischen Ansatzes mit Erklärungen des Vorstands kommen Mitarbeiter zu Wort. Der Sprecher ist eine bekannte TV-Stimme, die Vertrautheit und Glaubwürdigkeit symbolisiert. Zahlreiche Mitarbeiter erklären in O-Tönen die Vorteile der Veränderungen und schaffen damit Identifikationspotenzial bei ihren Kollegen. Die moderne, schnelle Schnittfolge sowie die passende Musik symbolisieren Wandel, Aufbruch und Modernisierung. Gearbeitet wird nur mit einem kleinen Kamerateam, Available Light und einer Handkamera. Dadurch können möglichst beiläufige und wenig inszeniert unverkrampfte Stimmen eingefangen werden.

Die Filme werden firmenintern auf Infomärkten, Mitarbeiterversammlungen und Abteilungsmeetings eingesetzt und anschließend diskutiert. Deswegen wird jeder Film zunächst in einer größeren Gruppe angesehen. Diese Form der Verbreitung ermöglicht, das Gesehene anschließend zu erörtern und offene Fragen zu klären. Vier Wochen nach den Vorführungen ist der Film zum Download im Intranet verfügbar. Alle Abteilungsleiter bekommen noch einmal DVDs, um diese ggf. an die Kollegen weitergeben zu können. Vor der Kantine stehen Flatscreens, auf denen die Filme übertragen werden. Für die Außendienstmitarbeiter steht ein gesonderter Vertriebsfilm zur Verfügung. Auf eine Verbreitung an Journalisten und die externe Öffentlichkeit wird verzichtet. Die Filme werden bewusst vorab intern nicht groß angekündigt – die Maxime lautet »Zurückhaltung«.

Das Fazit über die Wirkung der Filme fällt sehr positiv aus. Über 90 Prozent der rund 30 000 in Deutschland tätigen Allianz-Mitarbeiter werden durch eine der zahlreichen Maßnahmen erreicht.

Das speziell für die
Neuordnung kreierte Logo

Mitarbeiterfilme zu kreieren, um bestimmte Prozesse im Unternehmen zu verdeutlichen, ist heutzutage sicherlich keine Seltenheit mehr. Umso mehr Kreativität und Kompetenz sind gefordert, um daraus eine glaubwürdige und motivierende interne Aufklärungskampagne zu entwickeln. Die Allianz Deutschland AG stand 2007 vor der Aufgabe, die Neuordnung ihrer Versicherungsaktivitäten auch intern publik zu machen. Es galt, Unsicherheiten sowie Existenzängste zu nehmen sowie gleichzeitig Vertrauen und Sicherheit im gesamten Unternehmen zu schaffen, was mit der Kreation der Mitarbeiterfilme außerordentlich gut gelang. Die dargestellten Prozesse und agierenden Mitarbeiter wirken Vertrauen erweckend und natürlich. Die klare und verständliche Zielgruppensegmentierung nach einzelnen mitarbeiterspezifischen Themenfeldern (»Telefonie und Posteingangszentrum«, »Korrespondenz und Fachberatung« oder auch »Vertriebsfilm«) überzeugte die Jury. Die Maß-

nahme der Allianz Deutschland AG empfing hohe Resonanz bei den Mitarbeitern. Auch die Jury war von der hohen Transparenz der einzelnen Aufgaben in den unterschiedlichsten Positionen des täglichen Geschäfts beeindruckt. Es wurde deutlich, dass die Mitarbeiter der heiklen Thematik »Neustrukturierung« positiver gegenübertreten können. Allerdings stellt sich die Frage, inwieweit die Mitarbeiterfilme auch zukünftig zum Einsatz kommen können. Die Weiterentwicklung des Konzepts könnte die vorhandenen Potenziale dieser Maßnahme ausschöpfen und eine langfristige Kommunikation gewährleisten, was den Umgang mit erneut auftretenden Ängsten erleichtern könnte. Die Jury empfiehlt, den Einklang zwischen interner und externer Kommunikation auszubauen, um eine langfristige Stärkung der Unternehmensidentität sicherzustellen, und gratuliert der Allianz Deutschland AG, da das Vertrauen und der Glaube der Mitarbeiter in das Unternehmen sichtbar gestärkt wird.

8 000 Mal wird der Film im Intranet angeklickt – damit übertrifft die Resonanz die im Vorfeld des Projekts geschätzten Werte deutlich. Ähnliches ist bei den Downloads der Filme zu beobachten. In Gesprächen ist zudem spürbar, dass die Mitarbeiter durch den Film Zusammenhänge besser verstehen und der erwünschte Veränderungswille vorangebracht wird.

Insbesondere die nicht hierarchische Struktur der Filme kommt gut an: Die Diskussionen nach den Erstaufführungen in den Abteilungen erweisen sich als lebhaft und konstruktiv bei der Klärung offener Fragen. Lange bestehende Skepsis kann entkräftet werden – das neue Betriebsmodell wird

den Mitarbeitern näher gebracht. Neben dem gelungenen Gesamteindruck berichten auch die teilnehmenden Abteilungsleiter und Mitarbeiter von durchweg positiven Reaktionen auf ihr Mitwirken in dem Film. Projektleiter beobachten zunehmend auch verbesserte Prozessabläufe. Auch hier gilt: Der Film hat die gesetzten Ziele sogar übertroffen.

Externe Beobachter würdigen die wesentlichen Fortschritte im Umbruchsprozess: So attestiert etwa das Handelsblatt am 6. September 2007, dass nach anfänglichen Turbulenzen der Umbau jetzt »recht geräuschlos über die Bühne geht« und somit das deutsche »Verdikt von der Unwilligkeit zum Wandel« Lügen straft.

COGNIS

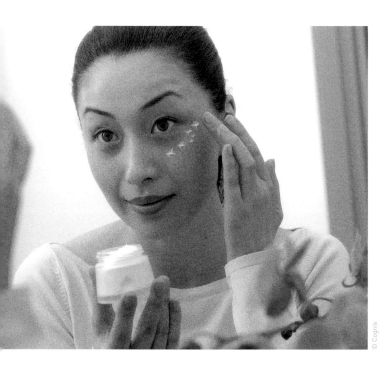

› DAS UNTERNEHMEN

Cognis – We know how
Cognis ist ein weltweiter Anbieter von innovativen
Produkten der Spezialchemie mit Fokus auf die
Trends Wellness und Sustainability. Das Unter-
nehmen verfolgt konsequent das Prinzip der Nach-
haltigkeit und liefert Rohstoffe und Wirkstoffe
auf natürlicher Basis für den Ernährungs- und
Gesundheitsmarkt sowie für die Kosmetik-, Wasch-
und Reinigungsmittelindustrie. Ein weiterer
Schwerpunkt sind Produkte für industrielle Märkte
wie Farben und Lacke, Schmierstoffe, Agrar und
Bergbau.

Entstanden ist das Unternehmen 1999 im Rahmen
eines »Spin-offs«, als die Henkel KgaA ihre Chemie-
sparte ausgliederte. Seit 30. November 2001 ist es
im Besitz von Private Equity Funds, die von Permira,
GS Capital Partners und SV Life Sciences beraten
werden. Im Jahr 2006 erzielte Cognis einen Gesamtumsatz von 3,37 Mrd. Euro und ein Adjusted
EBITDA (operatives Ergebnis) von 394 Mio. Euro.
Cognis beschäftigt derzeit weltweit rund 7700 Mit-

arbeiter, unterhält Geschäftsbeziehungen in über
100 Länder und verfügt über Produktionsstätten
und Servicecenter in 30 Ländern, unter anderem
in Europa, Nord- und Südamerika oder Asien.
Gesteuert werden die Aktivitäten von der Unternehmenszentrale im rheinischen Monheim. CEO
von Cognis ist seit Januar 2002 Dr. Antonio Trius.

Der Anspruch des Unternehmens »We know how«
positioniert Cognis als Unternehmen, das seinen
Kunden mehr zu bieten hat als Spezialchemikalien,
nämlich komplette oder integrierte Lösungen und
Marketingkonzepte.

Produktportfolio und Märkte
Cognis ist in drei strategische Geschäftseinheiten
gegliedert, die auf die Märkte ihrer Kunden, zum
Beispiel namhafte Konsumgüterhersteller, ausgerichtet sind:

· *Care Chemicals* ist ein weltweit führender Anbieter
von Tensiden, Spezialitäten und Wirkstoffen für
die Hersteller von Haar-, Haut- und Körperpflege-
produkten und von Haushalts- und Industrie-
reinigern.
· *Nutrition & Health* entwickelt und produziert
Zusatz- und Inhaltsstoffe für die Ernährungs- und
Gesundheitsindustrie.
· *Functional Products* vermarktet integrierte Lösungen zur Steigerung der Effizienz und Senkung
der Kosten bei der industriellen Herstellung von
Lacken und Farben, Polymeren, Schmierstoffen,
innovativen Pflanzenschutzmitteln und Produkten für umweltgerechte Metallgewinnung.

Das Tochterunternehmen Pulcra Chemicals bietet
Lösungen für Kunden der Chemiefaser-, Textil-
und Lederindustrie. Darüber hinaus ist Cognis zu
50 Prozent an dem Joint Venture Cognis Oleo-
chemicals beteiligt.

Fokus auf die weltweiten Wachstumsmärkte Wellness und Sustainability

Das gesteigerte Bewusstsein der Menschen für das Gleichgewicht von Körper und Seele sowie die gesellschaftliche Forderung nach einer Balance zwischen wirtschaftlichem Anspruch und ökologischer und sozialer Verträglichkeit haben zwei große Trends hervorgebracht: Wellness und Sustainability.

Cognis hat optimale Voraussetzungen, um von beiden Trends zu profitieren. Über 160 Jahre Erfahrung in der Oleochemie machen das Unternehmen zu einem der kompetentesten Spezialchemie-Unternehmen in diesem Bereich. Zudem stammen über 40 Prozent der verwendeten Rohstoffe aus nachwachsenden Quellen.

Nachhaltigkeit ist für Cognis nicht nur elementarer Teil des Geschäftsmodells, sondern grundlegender Bestandteil der Unternehmenskultur: Cognis will eine gesunde Balance zwischen wirtschaftlichen, ökologischen und gesellschaftlichen Ansprüchen erhalten – national und weltweit. Der wirtschaftliche Erfolg wird nicht nur durch innovative Produkte und möglichst umweltverträgliche Herstellungsverfahren gesichert. Auch die kontinuierliche Qualifikation der Mitarbeiter und ein weltweit vorbildliches soziales Engagement gehören zu den wichtigen Pfeilern der Zukunftsfähigkeit.

Hohes Verständnis für die Bedürfnisse der Endverbraucher

Cognis, aus einem bedeutenden Konsumgüterhersteller hervorgegangen, kennt die Bedürfnisse von Verbrauchern ebenso gut wie die relevanten Märkte. Daraus sind zum Beispiel erfolgreiche Wellness-Konzepte entstanden: »Feelosophy« bietet den Kunden von Cognis die Möglichkeit, Produkte zu entwickeln, die Verbrauchern ein umfassendes Wohlfühlerlebnis ermöglichen. » Newtrition« folgt neuen Ernährungstrends für gesundheitsfördernde, funktionale Nahrungsmittel und Nahrungsergänzungsmittel.

Als Anbieter umfassender Konzepte und integrierter Lösungen verfügt Cognis über ein hochspezifisches anwendungstechnisches Know-how und Technologie-Plattformen, die in die unterschiedlichsten Märkte transferiert werden können. Ausgestattet mit der Kreativität, die Bedürfnisse des Marktes in Produktideen und -konzepte zu übertragen, in denen die Marketing-Idee gleich mitgeliefert wird, ist Cognis auch Partner bei der Vermarktung neuer Trendprodukte.

Cognis GmbH

Rheinpromenade 1

40789 Monheim

Tel.: (0 21 73) 49 95 0

Fax: (0 21 73) 49 95 500

Gründungsjahr

1999

Website

www.cognis.com

Verantwortliche

Susanne Marell, Vice President

Corporate Communications

Mail: susanne.marell@cognis.com

Partneragenturen

NedFederation GmbH

Sürther Hauptstrasse 180 B

50999 Köln

Tel.: (0 22 36) 39 36 7

Fax: (0 22 36) 39 36 84

Mail: postbox@net-federation.de

www.net-federation.de

JP KOM GmbH

Grafenberger Allee 115

40237 Düsseldorf

Tel: (0211) 68 78 35 0

Fax: (0211) 68 78 35 30

Mail: info@jp-kom.de

www.jp-kom.de

WELTWEITE ONE-VOICE-POLICY UND LOKALE MITARBEITERINFORMATIONEN IM COGNIS INTRANET

› DIE KAMPAGNE

Der Spezialchemieanbieter Cognis beschäftigt rund 7700 Mitarbeiter in 30 Ländern. In 2007 wird das Intranet (infonet) umfassend neu gestaltet. Durch den Relaunch kann Cognis die Vermittlung übergreifender Botschaften und gleichzeitig den Workflow von insgesamt 17 Länderportalen effektiver steuern. Dem Unternehmen gelingt die Gratwanderung zwischen einer One-Voice-Policy und der Förderung der Mitarbeiteridentifikation mit ihrem unmittelbaren Arbeitsumfeld. Es überwindet eine Mentalität von »Wir hier vor Ort« und »Die in der Zentrale«. Zudem setzt Cognis innovative Web 2.0-Tools wie Tag Clouds ein, um die Nutzer gezielt bei der Verbreitung von Inhalten einzubeziehen.

Ausgangssituation
Das globale Intranet und die Länderportale sind das wichtigste Medium zur Information der Cognis-Mitarbeiter. Mitarbeiterbefragungen haben gezeigt, dass das Intranet Optimierungspotenzial bietet.

Dies betrifft besonders den Fluss strategischer Informationen aus der Zentrale zu den einzelnen Ländergesellschaften. Das bisherige Navigationskonzept genügte nicht mehr den Anforderungen an ein leistungsfähiges und übersichtliches Intranet.

Ziele des Relaunch
Optimierung des Informationsflusses: Das Intranet ist zentrales Instrument, um die Balance zwischen der Vermittlung globaler Ziele und der lokalen Umsetzung zu finden. Während sichergestellt werden muss, dass strategische Themen im Rahmen der One-Voice-Policy von Cognis weiterhin einheitlich und durchgehend kommuniziert werden, sollen auch lokale Nachrichten die Identifikation der Mitarbeiter mit »ihrem« Standort stärken.

Erhöhte Benutzerfreundlichkeit: Das neue Intranet soll mit einer übersichtlicheren Leseführung transparenter und einfacher zu bedienen sein.

Vom Push- zum Pull-Prinzip: Die Benutzer werden bei der Verbreitung von Inhalten einbezogen und ihre Bedürfnisse und Lesegewohnheiten besser erkannt. Statt statisch Informationen bereitzustellen, wird künftig erfasst, welche Angebote die Mitarbeiter tatsächlich bei ihrer täglichen Arbeit nutzen.

Strategie
Die Vermittlung einer stringenten One-Voice-Policy und die Förderung der Mitarbeiteridentifikation sollen sich nicht ausschließen. Um beide Aspekte miteinander zu verknüpfen, werden konzernweite und länderspezifische Themen gemischt.

Die infonet-User werden dennoch durch keinen »Informations-Wildwuchs« überfordert. Corporate-Beiträge sind auch in die Länderportale integriert, aber als solche leicht zu identifizieren und werden von den »nationalen« Rubriken getrennt.

Um Rückschlüsse auf die Lesegewohnheiten der Nutzer zu ziehen, werden Web 2.0-Tools integriert: Inhalte werden nicht nur zentralisiert von der Redaktion bereitgestellt, sondern auch von den Usern selbst, die ihre favorisierten Beiträge für Kollegen markieren und gewichten können.

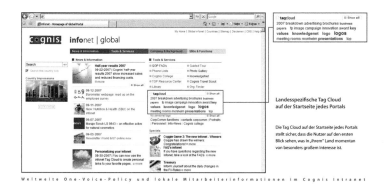

Landesspezifische Tag Cloud auf der Startseite jedes Portals

Die Tag Cloud auf der Startseite jedes Portals stellt sicher, dass die Nutzer auf den ersten Blick sehen, was in „ihrem" Land momentan von besonders großem Interesse ist.

Weltweite One-Voice-Policy und lokale Mitarbeiterinformationen im Cognis Intranet

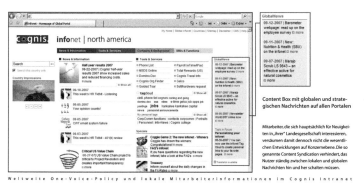

Content Box mit globalen und strategischen Nachrichten auf allen Portalen

Mitarbeiter, die sich hauptsächlich für Neuigkeiten in „ihrer" Landesgesellschaft interessieren, versäumen damit dennoch nicht die wesentlichen Entwicklungen auf Konzernebene. Die sogenannte Content Syndication verhindert, dass Nutzer ständig zwischen lokalen und globalen Nachrichten hin und her schalten müssen.

Weltweite One-Voice-Policy und lokale Mitarbeiterinformationen im Cognis Intranet

Umsetzung

Zwischen Oktober 2006 und Juni 2007 werden insgesamt 18000 Seiten für das neue Cognis-Intranet bearbeitet und umgestaltet.

Featured article: Mitarbeiter, die sich über Entwicklung an ihrem Standort in ihrer Muttersprache und in ihrem Landesportal informieren, versäumen dennoch nicht grundlegende konzernübergreifende Entwicklungen: Regional angepasste, tagesaktuelle News werden durch die Rubrik »Featured article« ergänzt, die in mehrere Sprachen übersetzt wird.

Content Box: Auch die neuesten übergeordneten Nachrichten der globalen Intranet-Seite werden in den einzelnen Länderportalen dargestellt.

Tag Clouds: Durch das Setzen von Tag Clouds können die Nutzer Lesezeichen für ihre meistbesuchten Seiten anlegen. Jeder Mitarbeiter kann sich so sein persönliches Intranet schaffen.

Farblich markierte Menüs: Die graue oder weiße Markierung der Drop-down-Menüs der Länderportale lässt erkennen, ob bereichsübergreifende oder länderspezifische Information hinterlegt sind.

Ergebnis und Erfolge

Stärkung der One-Voice-Policy: Die Nutzerstatistiken für die Content Box zeigen, dass das Tool bei den Nutzern beliebt ist – die Zahl der Aufrufe der globalen Website ist im ersten Monat um 30 Prozent angestiegen. Damit ist es gelungen, die One-Voice-Policy zu stärken und die Nutzer gleichzeitig mit standortspezifischen Informationen zu versorgen.

Nutzerfreundlichkeit: Lesezeichen für besonders relevante Seiten werden sehr häufig genutzt. Im ersten Monat nach der Implementierung haben mehr als 40 Prozent der Nutzer einen Tag für eine Lieblingsseite vergeben.

Tag Clouds als Feedback-Tool: Die Tag Clouds geben den Intranet-Redakteuren wertvolle Hinweise auf die Lesegewohnheiten.

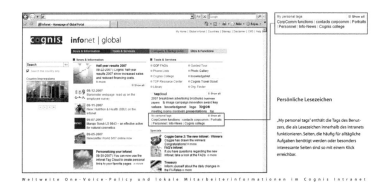

Persönliche Lesezeichen

„My personal tags" enthält die Tags des Benutzers, die als Lesezeichen innerhalb des Intranets funktionieren. Seiten, die häufig für alltägliche Aufgaben benötigt werden oder besonders interessante Seiten sind so mit einem Klick erreichbar.

Weltweite One-Voice-Policy und lokale Mitarbeiterinformationen im Cognis Intranet

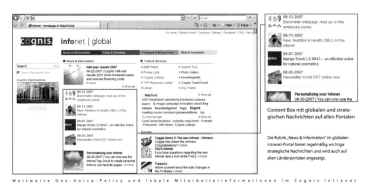

Content Box mit globalen und strategischen Nachrichten auf allen Portalen

Die Rubrik „News & Information" im globalen Intranet-Portal bietet regelmäßig wichtige strategische Nachrichten und wird auch auf allen Länderportalen angezeigt.

Weltweite One-Voice-Policy und lokale Mitarbeiterinformationen im Cognis Intranet

› DIE JURY

Das Intranet gehört für die meisten Unternehmen zum wichtigsten Kommunikationstool. Für die Cognis GmbH mit 7700 Mitarbeitern in 30 Ländern stellte sich die Schwierigkeit, einen optimalen Fluss strategischer Informationen aus der Zentrale in Monheim zu den einzelnen Standorten weltweit zu gewährleisten. Umso wichtiger war es, die Ergebnisse aus den Mitarbeiterbefragungen zu nutzen, um anschließend das Intranet umfassend neu zu gestalten. Besonders gut gefiel der Jury, dass für diese Aufgabe ein interdisziplinäres Team aus den Abteilungen Corporate Communications und IT sowie Fachansprechpartnern aus den Geschäftsbereichen zusammengestellt wurde, um so das Intranet gezielt auf die Bedürfnisse und Interessen der Mitarbeiter auszurichten. Ebenso überzeugten die taktische Planung und Umsetzung. Die angestrebte Balance zwischen Länder- und Konzernthemen, die zu einer One-Voice-Policy führen soll, wird durch den Featured Article und die Content Box ermöglicht. Globalen News und

landesspezifischen Inhalten kann gleichermaßen Aufmerksamkeit geschenkt werden. Als ebenso bemerkenswert werden die Web 2.0-Tools erachtet, die es ermöglichen, dass auch von den Mitarbeitern selbst favorisierte Beiträge für Kollegen markiert und gewichtet werden können. Ausbaufähig wären nach Ansicht der Jury die Tag Clouds als Feedback-Tool gewesen. Über das passive Feedback hinaus könnte es förderlich sein, eine Art »schwarzes Brett« einzurichten, auf dem sich die Mitarbeiter direkt zu gewissen Themen äußern können. Nutzerstatistiken zeigen, dass die erstrebte Stärkung der One-Voice-Policy und die Versorgung der Nutzer mit standortspezifischen Informationen erreicht wurden. Die Jury rät auch bei Vorhandensein eines innovativen Intranets wie diesem, weitere Instrumente der internen Kommunikation zu nutzen, um die Mitarbeiter vollends zu motivieren. Sie gratuliert Cognis, da durch den Relaunch des Intranets ermöglicht wurde, den Workflow von insgesamt 17 Länderportalen effektiv zu steuern.

COMDIRECT BANK AG

> DAS UNTERNEHMEN

Das Zentrum des deutschen Online-Investments liegt in der Provinz. Die comdirect bank AG hat ihren Firmensitz im schleswig-holsteinischen Quickborn, 20 Kilometer nördlich von Hamburg. Kurz nach der Gründung vor 13 Jahren stand die Bank noch auf der grünen Wiese und die Kollegen gingen in der Mittagspause zur Würstchenbude vor dem Haus. Wer braucht Infrastruktur, wenn es um webbasiertes Geschäft geht? Mittlerweile hat die comdirect namhafte Nachbarn. Und auch sonst hat sich viel getan.

Heute ist die comdirect bank mit mehr als einer Million Kunden Deutschlands Marktführer im Online-Brokerage. Mit 20 Millionen Visits und 180 Millionen Seitenaufrufen im Monat ist www.comdirect.de Deutschlands meistbesuchte Finanzwebsite. 2007 erzielt die Bank einen Vorsteuergewinn von 90,5 Millionen Euro und verzeichnet damit den fünften Rekordgewinn in Folge.

War die comdirect ursprünglich ausschließlich Online-Broker, agiert sie heute in den drei Kompetenzfeldern Brokerage, Banking und Beratung: Die comdirect bank ist die führende Direktbank mit Beratungsangebot.

Brokerage steht für Angebote zum selbstbestimmten Handeln mit Aktien, Optionsscheinen, Zertifikaten, Anleihen und Fonds. Zusammen mit einem breiten Angebot an Wertpapieren und Fonds bietet comdirect über die Website Informationen und Tools für eine fundierte Anlageentscheidung. Banking umfasst alle Leistungen rund um die unkomplizierte Erledigung der täglichen Finanzgeschäfte. Neben dem kostenlosen Girokonto, das einen Euro pro Monat auszahlt, inklusive kostenloser ec/Maestro- und VISA-Karte gehören hierzu Tagesgeld-, Festgeld- und Laufzeitkonten. Mit diesem Angebot können Kunden die comdirect als Erstbankverbindung im Internet nutzen. Ergänzt wird das Banking-Angebot seit Anfang 2008 durch die comdirect Baufinanzierung.

Die Beratung unterstützt Kunden ganz individuell mit mehr als 200 Beratern. Sie umfasst eine Palette an Vorsorge-, Anlage- und Versicherungsprodukten, zugeschnitten auf die persönliche Lebenssituation der Kunden. Für dieses Kompetenzfeld ist das hundertprozentige Tochterunternehmen der comdirect, die comdirect private finance AG, verantwortlich. 28 Geschäftsstellen befinden sich in deutschen Ballungsgebieten.

Leitgedanke des Unternehmens ist die Hinwendung zum Kunden: comdirect ist eine Bank, die ihre Kunden kennt und weiß, was sie benötigen, welche Produkte für sie in der aktuellen Lebenssituation und auch langfristig richtig sind. Eine Bank, die ihnen persönliche Berater zur Verfügung stellt, wenn es um komplexere Entscheidungen geht. Eine Bank, die mit ihren Kunden partnerschaftlich auf gleicher Augenhöhe umgeht.

Die Marke comdirect
Die Marke comdirect ist geprägt durch ihren Markenkern: überraschend und begeisternd im Sinne des positiven Konventionsbruchs und durch ihre Markenwerte: Höchstleistung, smart banking und wegweisend.

Beispiele:
Überraschend / begeisternd: comdirect überrascht nachhaltig. Denn wer hätte gedacht, dass es irgendwann ein Girokonto gibt, das jeden Monat einen Euro auszahlt, anstatt Kontoführungsgebühren zu verlangen?

Höchstleistung: www.comdirect.de steht als Deutschlands meistbesuchte Finanzwebsite für einfachste Usability und professionelles Finanz-Know-how auf Basis modernster Technologie.

smart banking: Das comdirect Preismodell ist ein Musterbeispiel für ein intelligentes Belohnungssystem. Wer als Kunde aktiv ist, bezahlt weniger. Fair in der Ausgestaltung. Einfach zu verstehen. Das ist smart banking.

Wegweisend: Direktbank und Beratung schließen sich nicht mehr aus: comdirect private finance bietet unabhängige, ganzheitliche und persönliche Beratung in ihren Geschäftsstellen.

.com**direct**

comdirect bank AG
Pascalkehre 15
25451 Quickborn

Gründungsjahr
1994

Website
www.comdirect.de

Verantwortlicher
Johannes Friedemann, Leiter Unternehmenskommunikation

Partneragenturen
Unternehmenskommunikation comdirect bank AG (Konzept); achtung! werbeagentur GmbH (Gestaltung)

BANK WÄCHST. MENSCHEN AUCH.

› DIE KAMPAGNE

Die comdirect bank ist ein Wachstumsunternehmen. Die comdirectler verstehen: Die Bank wächst, das Unternehmen ist erfolgreich, der Arbeitsplatz ist sicher. Andererseits bedeutet Wachstum für comdirect-Kollegen auch, Wachstum bewältigen zu müssen im Sinne von mehr Kunden, mehr Aufträgen und mehr Arbeit. Dies meint Veränderung und erfordert die Bereitschaft der Kollegen, neue Wege mitzugehen und selbst an neuen Aufgaben zu wachsen.

Diese Ausgangssituation erfordert, die Kollegen aktiv auf den Wachstumskurs mitzunehmen, ihnen Angebote zur Identifikation mit dem Unternehmen zu machen, sie inhaltlich mit Blick auf prozessuale Veränderungen abzuholen und ihnen ihre eigene Rolle in der Wachstumsphase zu verdeutlichen. An die Stelle etwaiger Furcht vor Veränderung kann so die Begeisterung für das Wachstum und den Erfolg der Bank treten. Der Auftrag an die interne Kommunikation leitet sich dabei aus den zuvor beschriebenen drei Facetten des Wachstums ab: Unternehmen – Prozesse – Mitarbeiter. Nicht das

Unternehmen allein steht im Fokus des Wachstumskurses, nicht allein die prozessualen Veränderungen, nicht allein die Mitarbeiter – sondern alle drei Größen gleichermaßen: *Bank wächst. Menschen auch.*

Wie nehmen die Kollegen das Unternehmen in dessen Wachstum wahr? Wunsch der comdirect bank ist es, von ihren Mitarbeitern als innovatives Unternehmen und attraktiver Arbeitgeber wahrgenommen zu werden. Dann: Wie nehmen die Kollegen die sich verändernden Strukturen des Unternehmens wahr? Im Sinne der Bank ist es, dass Veränderungen und die dazugehörigen Top-Projekte von allen Kollegen erkannt, verstanden und für richtig gehalten werden. Außerdem: Wie fühlen sich die Kollegen in der Phase des Wachstums von ihrem Arbeitgeber wahrgenommen und begleitet? Die comdirect bank nimmt sich vor, den hohen Stellenwert der Mitarbeiter für das Unternehmen zu betonen, deren Anstrengungen wertzuschätzen und teilweise zu kompensieren.

› DIE JURY

Mit der Maßnahme »Bank wächst. Menschen auch.« vermittelt die comdirect bank AG das Thema des integrativen Wachstums nicht nur nach außen, sondern auch innerhalb des Unternehmens. Mit den drei Schwerpunkten »Unternehmen: Innovation«, »Prozesse: Service« und »Mitarbeiter: Gesundheit/Wertschätzung« verfolgt die comdirect bank AG die Ziele, Innovationen für Kunden zu entwickeln, den Service zu verbessern und die Mitarbeiter für das Wachstum zu begeistern. Diese Schritte waren nach Auffassung der Jury eine logische Schlussfolgerung aus dem Bedürfnis heraus, in dem Unternehmen eine innere Erneuerung zu etablieren, um dem Anspruch einer wachsenden Kundschaft gerecht zu werden. Gleichzeitig agiert das Unternehmen als ein attraktiver Arbeitgeber in der hart umkämpften Sparte des Online-Bankings. Die Jury überzeugten die schlüssige Strategie und der logisch aufgebaute Zeitstrahl der gesamten Maßnahmen. Diese werden durch die Leitmedien Intranet, Mitarbeitermagazin und durch einen comdirect »hotspot« unterstützt, welche als ver-

lässliche Informationsquellen für die Mitarbeiter dienen. Durch die wachsende Anzahl von Kunden ist auch die Einstellung neuer Mitarbeiter deutlich gestiegen. Dies führt zu mehr Effizienz und interner Ökonomie, was die positive Aufstellung des Unternehmens in Zukunft fördert. Besonders gut gefiel der Jury, dass das Unternehmen Energie und Substanz in die humanen und gesundheitlichen Bedürfnisse der Mitarbeiter investiert und somit erkannt hat, dass der einzelne Mitarbeiter nur dann die erforderliche Leistung beitragen kann, wenn menschliche und gesundheitliche Voraussetzungen gegeben sind. Damit erreicht das Unternehmen auf intelligente Weise eine Ausgeglichenheit der Mitarbeiter. Die Jury begrüßt das Ziel, diese angestrebten Veränderungen in der internen Kommunikation weiterzuentwickeln und somit das Unternehmenswachstum weiter positiv zu beschleunigen. Die bisher erzielten Ergebnisse sowie das überzeugende Bewerbungsmaterial verdeutlichen bereits, dass das Unternehmen auf dem richtigen Weg in die Zukunft ist.

Drei Facetten des Wachstums:
Unternehmen – Prozesse – Mitarbeiter

Für die drei Facetten des Wachstums *Unternehmen – Prozesse – Mitarbeiter* identifiziert die interne Kommunikation die Schlüsselthemen *Innovation – Service 2008 – Gesundheit.*

Unternehmen:
Die comdirect bank als innovatives Unternehmen
Die comdirect bank wächst nicht nur quantitativ, auch qualitativ. 2007 unterstützt das die Initiative Innovation@comdirect mit zwei neuen Veranstaltungen.

Ein Innovationsforum findet in einem zweitägigen Workshop mit Kollegen aus mehreren Bereichen statt. Das Forum hat das Ziel, unter Betrachtung von Megatrends Innovationen für Kunden zu entwickeln. Die Teilnehmer diskutieren zu Trendthemen, darunter Mobilität, Individualisierung, Best Ager und Simplexity. Über 200 Ideen entstehen.

Als weiteres neues Veranstaltungsformat vermittelt die comdirect academy als Vortragsreihe Fachwissen an die Kollegen. Externe Referenten vertiefen aktuelle Themen der comdirect und bereiten zukünftige Themen vor.

Prozesse:
Mit Service 2008 fit für mehr Wachstum
Die Strategie der comdirect bank, die ein starkes Kundenwachstum anvisiert, ist eine Herausforderung vor allem für den Service. Die Antwort des Service auf diese Aufgabe heißt »Service 2008«. Das auf zwei Jahre angelegte Projekt setzt auf Digitalisierung und Multikanal-Teams als Basis für die Zukunft.

Digitalisierung ermöglicht eine schnellere und effizientere Bearbeitung von Geschäftsvorgängen. Briefe werden daher zukünftig eingescannt und digital zur Verfügung stehen und Faxe elektronisch weitergeleitet. So reduzieren sich die vielen manuellen Verteilschritte bis zur Bearbeitung.

Darüber hinaus werden über die Einrichtung neuer Multikanal-Teams alte Strukturen im Service aufgebrochen. An die Stelle der bisherigen Gruppen, die entweder telefonieren oder E-Mails bearbeiten

Bild links: Das Visual für das Thema Gesundheit in der internen Kommunikation 2007

Bild unten: Das Visual für das Thema Service 2008 in der internen Kommunikation 2007

oder Faxe beantworten treten Teams, die für eine effizientere Kundenbetreuung alle Kanäle gleichermaßen bedienen. Diese Veränderung ist ein tief greifender Prozess, der über das ganze Jahr kommunikativ begleitet wird.

Mitarbeiter:
Gesundheitsinitiative für Balance im Wachstum
Berufstätige Menschen beanspruchen Körper und Geist. Zeiten des Wachstums in einem Unternehmen sind Zeiten, in denen Körper und Geist stark beansprucht werden. Damit aus Beanspruchung keine Überbeanspruchung wird, bedarf es der Balance. Für den Körper kann das Bewegung und richtige Ernährung sein. Für den Geist kann das Ausgeglichenheit und innere Ruhe sein. Die comdirect stellt hierfür im und außerhalb des Arbeitsalltags Angebote zur Verfügung. Mit Blick auf die Ernährung ist es beispielsweise kostenloses Mineralwasser für alle Kollegen. Für die Unterstützung der inneren Ruhe ist es das OTHEB Mitarbeiter Unterstützungstelefon. Darüber hinaus gibt es 2007 den ersten comdirect Gesundheitstag comfit. Externe Spezialisten informieren im Rahmen eines Forums über die Themen Bewegung und Ergonomie am Arbeitsplatz, Ernährung, Grippeschutz, Suchtfaktor Rauchen und Stressbewältigung.

In den folgenden Monaten werden Massageangebote und Fitnesseinheiten und der comdirect Vitaminschub weitergeführt. Auch eine kostenlose Grippeimpfung ist für alle Kollegen im Angebot.

Das Visual für das Thema Innovation in der internen Kommunikation 2007

EBAY GMBH

› DAS UNTERNEHMEN

Wenn Zahlen Auskunft über die Bedeutung eines Unternehmens für eine Branche geben, dann wird schnell klar, welche Rolle eBay (www.ebay.de) für den Handel im Internet spielt. Weltweit nutzen mehr als 83 Millionen aktive Mitglieder in 38 Märkten eBay zum Einkaufen und Verkaufen. Ständig sind mehr als 100 Millionen Artikel auf dem weltweiten Online-Marktplatz im Angebot, davon rund neun Millionen in Deutschland. Vom Plüschteddy bis zur Luxusuhr, vom Generator bis zur Segelyacht, von der Geige bis zur Ferienreise bieten die Nutzer auf eBay fast alles an, was Menschen suchen.

Unser Geschäftsmodell: Das Besondere am Handeln auf eBay ist die Angebotsform, mit der eBay weltbekannt geworden ist: die Online-Auktion. Auf eBay kaufen oder verkaufen kann man auch per Festpreis; wer will, kann sogar Preisvorschläge akzeptieren und mit Interessenten verhandeln. Die meisten eBay-Nutzer aber reizt nach wie vor das außergewöhnliche Auktionsverfahren: Bieten und Ersteigern sorgen für Konkurrenz, Nervenkitzel und Spannung – nicht umsonst lautet der Werbeslogan »3...2...1...meins!«. Das Erfolgsrezept des Online-Marktplatzes bestand von Anfang an in der Freude am Kaufen und Verkaufen – und in der Interaktion, die schon beim Bewerten der Handelspartner gefragt ist. Die gegenseitige Rückmeldung von Käufern und Verkäufern sorgt für Vertrauen und Transparenz auf eBay.

Einblick in die eBay-Zentrale
in Berlin

eBay GmbH,
Dreilinden, Berlin

Unsere Stärken: Die größte Stärke von eBay besteht im einzigartig großen Angebot an Artikeln – kein Wunder bei mehr als 14 Millionen aktiven Mitgliedern allein in Deutschland. Die Hälfte aller deutschen Internetnutzer besucht eBay mindestens ein Mal monatlich. Nirgendwo ist die Auswahl größer als auf eBay, nirgendwo die Wahrscheinlichkeit höher, Gesuchtes zu finden. Auf eBay ist unendlich viel Platz für Nischenprodukte, Skurriles und Artikel, die aus dem Handel andernorts längst verschwunden sind. Doch eBay-Mitglieder suchen nicht nur nach allen möglichen Produkten auf dem Online-Marktplatz. Sie suchen auch das Vergnügen am Surfen, Kaufen und Verkaufen, sie suchen Anregungen und Austausch sowie Gleichgesinnte mit ähnlichen Interessen – und häufig auch Rat und Hilfe. All dies macht eBay zu einem lebendigen, höchst dynamischen Marktplatz, der sich an den Bedürfnissen seiner Mitglieder orientiert. Das zeigt

auch die Neugestaltung des Online-Marktplatzes unter dem Motto »eBay neu erleben« im Herbst 2007. Die neuen Angebote und Services, in der Summe die größten Veränderungen auf eBay seit Bestehen des Online-Marktplatzes in Deutschland, machen eBay noch einfacher, weil sich Artikel noch schneller einstellen lassen. Sie machen eBay günstiger, weil die Gebühren sinken. Sie machen eBay kundennäher, weil der Service besser funktioniert. Die neue eBay-Community sorgt für noch mehr Spaß auf eBay, denn sie bildet eine ganz enge Verbindung aus Handel, Kommunikation und Gemeinschaft, indem sie Menschen auf Basis ihrer Interessen zusammenbringt. Besonders deutlich wird dies in produktbezogenen Themenwelten. Sie bieten den Nutzern völlig neue Spielräume im Online-Handel – mit Produktinformationen, Kritiken und Rezensionen, Fotos, Blogs und Diskussionsforen. So setzt eBay Standards für die Art und Weise, wie Menschen heute und in Zukunft miteinander handeln und kommunizieren beziehungsweise beides miteinander verbinden.

eBay GmbH

Marktplatz 1

14532 Europarc Dreilinden

Gründungsjahr

1995

Website

www.ebay.de

Verantwortliche

Katja Mayer, Senior Manager Unternehmenskommunikation;

Nerses Chopurian, Director Corporate Communications

Partneragentur

DAMM & BIERBAUM

› DIE KAMPAGNE

Hintergrund
eBay startete im dritten Quartal 2007 mehrere externe Produkt- und Kommunikationsoffensiven, die sich an den aktuellen Kundenbedürfnissen orientierten (z. B. Homepage-Neugestaltung, die neue Kampagne »Schau' mal, was ich hab«).

Um die Glaubwürdigkeit und Nachhaltigkeit dieser Aktionen zu steigern, galt es auch, die Kundenorientierung der eBay-Mitarbeiter (hier die eBay Deutschland GmbH) zu schärfen.

Durch das schnelle Wachstum der ersten Jahre, die neue Unternehmensstruktur sowie viele neue Mitarbeiter war eine wachsende Distanz zwischen Mitarbeitern und Kunden erkennbar.

Es galt, ein integriertes internes Kommunikationskonzept zu entwickeln, das auf intelligente Weise die Mitarbeiter zum Thema »Kundenorientierung« aktiviert.

Ziel und Zielgruppe
Das übergeordnete Ziel war letztendlich der zufriedene eBay-Kunde! Die Mitarbeiter sollten für das Thema »Kundenorientierung« sensibilisiert werden.

Es sollten Möglichkeiten geschaffen werden, den Kunden kennen zu lernen bzw. besser zu verstehen. Insgesamt sollte die Aktion zum »talk of the cafeteria« bei eBay werden.

Zur Zielgruppe gehörten alle eBay-Mitarbeiter, unabhängig von der Dauer ihrer Firmenzugehörigkeit oder ihrer Position.

Strategie
Die Kunden sind das Herzstück des Unternehmens. Wenn nicht die Mitarbeiter täglich dafür sorgen, dass die Kunden den Spaß am Beobachten, Bieten oder Verkaufen nicht verlieren, wer dann? Das geht nur, indem die Mitarbeiter selbst aktiv werden und den Kunden etwas von ihrer Begeisterung zurückgeben. Denn der wertvollste »Artikel« bei eBay ist der Kunde.

Daher wurde das Konzept »eBay steigert sich« entwickelt, das alle Mitarbeiter dazu bringen sollte, sich mehr mit eBay und den eBay-Kunden zu beschäftigen und auseinanderzusetzen.

Umsetzung
Phase I: Die Mitarbeiter sensibilisieren und Aufmerksamkeit wecken, für Gesprächsstoff und Austausch sorgen.

In einer Teaserphase werden 2000 Aufkleber »gesponsert von [eBay-Mitgliedsname]« überall in den Büros angebracht.

Anschließend lösen Poster (Abbildung und Vorstellung von insgesamt fünf typischen eBay-Mitgliedern) die Teaser-Aufkleber ab. Zusätzlich finden die eBay-Mitarbeiter die Kundenversprechen zusammengefasst auf »Customer Promise Badges«, Flyern mit Informationen zu den Veränderungen bei eBay sowie Bilderrahmen mit den Gesichtern der eBay-Nutzer auf ihren Schreibtischen.

Bilderrahmen als Geschenk

Seitdem eBay 1999 auf dem deutschen Markt aktiv wurde, waren die ersten Jahre der Internetauktionsplattform durch ein enorm schnelles Wachstum gekennzeichnet, welches viele neue Mitarbeiter und einen raschen Wandel in der Unternehmensstruktur mit sich brachte. Die Unternehmensleitung wurde sich im Laufe der Jahre bewusst, dass aufgrund dessen das Thema »Kundenorientierung« durch ein internes Kommunikationskonzept allen Mitarbeitern verstärkt vermittelt werden musste. Die aus der Ausgangssituation, die die wachsende Distanz zwischen Kunden und Mitarbeitern betraf, hervorgehende Aufgabenstellung empfand die Jury als klar und fortschrittlich. eBay beeindruckte die Jury mit einer besonders schlüssigen und nachvollziehbaren Zielgruppensegmentierung. Der Einsatz der Segmentierung

bei der Umsetzung kann jedoch weiter ausgebaut werden. Als sehr gelungen schätzte die Jury auch die in der Umsetzung durchgeführten Maßnahmen ein. Verschiedene Kommunikationsinstrumente kommen über unterschiedliche Kanäle zum Einsatz, die optimal auf die drei auftretenden Phasen abgestimmt wurden. So konnte eine bestimmte Dramaturgie aufgebaut werden. Denkbar könnte in Zukunft sein, dass die Mitarbeiter schon während derartiger Aktionen die Möglichkeit der Interaktion erhalten bzw. vor Durchführung Ideen beisteuern könnten, um diese noch stärker zu involvieren. Die Jury beglückwünscht eBay, da das Ziel erreicht wurde, die Mitarbeiter für das Thema »Kundenorientierung« zu sensibilisieren. Letztendlich sind zufriedene Mitarbeiter und Kunden der Schlüssel zum Erfolg für ein jedes Unternehmen.

Phase III: Direkt mit den Kunden in Kontakt treten. Diese Phase tritt parallel mit dem Kick-off der Verkaufsaktivitäten rund um die so genannte »Volksauktion« ein.

Während der Customer Support Days sind eBay-Mitarbeiter aus unterschiedlichen Bereichen im Kundendienst dabei und hören bei Kundengesprächen zu, um einen direkten Einblick in die Bedürfnisse der eBay-Kunden zu erlangen.

Ergebnis
Da die Aktion ständig fortgeführt und erweitert wird gibt es zurzeit kein abschließendes Ergebnis. Zu Phase I und II gibt es jedoch einige Statements aus einer kurzen Zwischenbefragung:

Das Feedback zur Aktion ist zu 75 Prozent positiv. Ein paar Stimmen dazu:
»Super, die Aktion hat uns den Kunden wieder näher gebracht.«
»Das hätten wir schon längst tun sollen, die Aktion war lang überfällig, ich find's gut!«
»Klasse, die Bilderrahmen.«
»Die ›sponsored by‹-Aufkleber sollten auf unseren Gehaltszetteln stehen.«
»Cyberdirt ist echt süß!«

Zur Verkaufsaktion: Ein Team hat gemeinsam Sachen für gut 370,00 Euro verkauft und das Geld anschließend in Musikboxen für das Büro investiert.

Phase II: Die Mitarbeiter sollen eBay-Verkäufer werden sowie Informationen rund um die Veränderungen bei eBay erhalten und für die neue Marketing-Kampagne begeistert werden (»Schau' mal, was ich hab«). Ein Company Meeting informiert alle Mitarbeiter über die Ziele der Aktion und was jeder dazu beitragen kann. Anschließend wird die interne Verkaufsaktion mit Gewinnspiel gestartet: Jeder eBay-Mitarbeiter muss den Gegenstand, den er auf seinem Schreibtisch findet, nach allen Regeln der eBay-Verkaufskunst verkaufen. Die besten »Verkaufsstrategien« werden mit einem Preis belohnt.

EVONIK INDUSTRIES

› DAS UNTERNEHMEN

Der Start von Evonik Industries am 12. September 2007 war nicht nur ein wichtiges Ereignis für rund 43 000 Konzernmitarbeiter und ihre Familien. Das Datum markiert auch eine der großen Zäsuren in der deutschen Industriegeschichte. Damit wurde die Voraussetzung geschaffen, dass der über Jahrzehnte bestehende Haftungsverbund zwischen den profitablen Industrieaktivitäten der vormaligen RAG und der im staatlichen Auftrag betriebenen Förderung deutscher Steinkohle aufgelöst werden konnte.

Heute ist Evonik Industries ein Unternehmen, das mit seinen drei Geschäftsfeldern Chemie, Energie und Immobilien weltweit in mehr als hundert Ländern aktiv ist. Der neue Name ist notwendige Bedingung für den weiteren Weg an den Kapitalmarkt. Denn was die Menschen mit den Namen der Vorgängergesellschaften verbinden, wird der neuen Aufstellung als integrierter Industriekonzern nicht länger gerecht. Aus den Einzelmarken Degussa (Chemie), Steag (Energie) und RAG Immobilien (Wohnen) ist Evonik Industries geworden: Ein Konzern, der für das Geschäftsjahr 2007 einen Umsatz von 14,4 Milliarden Euro und ein operatives Ergebnis (EBIT) von über 1,3 Milliarden Euro ausweist. Im Zentrum der Marke Evonik stehen die Kernkompetenzen Kreativität, Spezialistentum, kontinuierliche Selbsterneuerung und Verlässlichkeit. Sie bilden die Basis für das Leistungsversprechen, das der Konzern gegenüber seinen Kunden, Mitarbeitern und Eigentümern abgibt: Evonik. Kraft für Neues.

Ziel von Evonik ist es, einer der kreativsten Industriekonzerne der Welt zu werden. Damit der neue Konzern erste Plätze in den Köpfen und Herzen seiner Mitarbeiter belegen kann, wurde die Infrastruktur für die interne Markenvermittlung in den zwölf Monaten vor dem Day One systematisch aufgebaut: So stand vor der inhaltlichen Vermittlung zunächst einmal die Kontrolle über die maßgeblichen Kommunikationskanäle selbst. Zum Jahresauftakt 2007 hat die Interne Konzernkommunikation 25 vormals eigenständige Publikationen von internationalen Regionen, Standorten und Geschäftsbereichen auf »Folio« verschmolzen. »Folio« ist seither das einzige Mitarbeitermagazin im Konzern und mit einer monatlichen Auflage von weltweit rund 50 000 Exemplaren das Leitmedium von Evonik Industries. Regional- und Spartenteile

blieben in dem neuen Heft erhalten, wurden aber in einen übergreifenden Redaktions- und Freigabeprozess eingebunden. Nach gleichem Muster erfolgte auch die Formatierung der Onlinemedien im Konzern. Rund 35 Spartenintranets, die zum Teil noch auf unterschiedlichen technologischen Plattformen realisiert waren, konnten in einem mehrstufigen Verfahren zum Konzernintranet zusammengeführt werden. Eine gemeinsame Startseite, die allen Intranets vorgeschaltet ist, berichtet nun tagesaktuell über die wichtigsten Ereignisse im Konzern und ist zur Plattform für ein weiteres Schlüsselmedium der späteren Kampagne geworden: Evonik TV. Insgesamt war das neue Intranet punktgenau zur Markeneinführung im Herbst 2007 startklar.

Der neuen Marke vorausgegangen war ein seit 2004 laufender Umbau des Gesamtkonzerns. Vor dem Hintergrund der umfassenden Veränderungen wurde die Markenkampagne zum Katalysator eines neuen Konzernverständnisses. In dem Prozess der kulturellen Integration vormals eigenständiger Teilidentitäten von Degussa, Steag und RAG Immobilien kam der internen Konzernkommunikation von Anfang an eine Schlüsselfunktion zu. Auftrag der Abteilung ist es, eine gemeinsame Konzernidentität zu stärken und ein einheitliches Verständnis von Konzernstrategie und Entscheidungen

der Konzernführung sicherzustellen. Die Vermittlung der neuen Konzernmarke nach innen baut auf diesem Auftrag auf. Drei Ziele standen dabei im Vordergrund:

Sichtbarkeit

Die neue Marke sollte binnen einer Woche an allen Standorten mit mehr als 100 Mitarbeitern präsent sein (wurde schließlich innerhalb von nur sechs Stunden am Day One erreicht).

Sympathie

Berührungspunkte der Mitarbeiter mit der neuen Marke sollten nicht erzwungen werden, sondern immer auf dem Prinzip Freiwilligkeit beruhen.

Relevanz

Die emotionale Intensität der Kampagne sollte zügig argumentativ unterfüttert und versachlicht werden.

In der Umsetzung dieser Ziele setzte die Kommunikation auf eine zweistufigen Kaskade mit differenzierten Maßnahmen für Konzernführungskräfte (Top 350) und Mitarbeiter. Eine feinere Abstufung dieser Kernzielgruppen wurde erreicht, indem die Kommunikationsverantwortlichen von Regionen und Standorten als weiterer Adressatenkreis einbezogen wurden. Diese Multiplikatoren haben dafür gesorgt, die jeweils eigene lokale Kommunikationskaskade zu stärken und den Informationsfluss von Führungskräften zu Mitarbeitern weiter zu intensivieren.

Evonik Industries AG
Rellinghauser Str. 1–11
45128 Essen

Gründungsdatum
12. September 2007

Website
www.evonik.de

Verantwortlicher
Stefan Haver, Leiter Interne
Konzernkommunikation

Partneragenturen
VOK DAMS GRUPPE;
XEO GmbH

› DIE KAMPAGNE

Am 12. September 2007 geht Evonik an den Start. Im Anschluss an die Pressekonferenz erfolgt eine spektakuläre Markenenthüllung auf dem Campus des Corporate Centers in Essen. Bereits am Vorabend war das Geheimnis um die neue Marke im Kreis von 350 Konzernführungskräften gelüftet worden. Ausgestattet mit umfangreichen Infomaterialien ist dieser Multiplikatorenkreis nun gut präpariert, um die jeweils eigenen Kommunikationsaufgaben gegenüber den Mitarbeitern wahrzunehmen.

Von der Startpressekonferenz bis zur Logoenthüllung am 80 Meter hohen EvonikHaus sind zwischen Antwerpen und Tokio rund 33 000 Mitarbeiter via Evonik TV live dabei. Großballons, Plakate und Schrankenbanner machen das Evonik-Logo innerhalb weniger Stunden an allen Standorten mit mehr als 100 Mitarbeitern sichtbar. Am Folgetag erscheint eine Sonderausgabe der Bild-Zeitung, die auf zwei Seiten Bilder und Stimmen rund um den

Start des neuen Konzerns liefert. Die Auflage von knapp 30 000 Exemplaren ist schon nach kürzester Zeit vergriffen.

Evonik geht auf Tour
In den Wochen darauf geht Evonik auf Tour. An 25 Standorten erleben die Mitarbeiter ihre neue Marke im Rahmen von Aktionstagen hautnah. Zum Beispiel in Form von T-Shirts, die auf der Brust das neue Konzernlogo und auf dem Rücken einen jeweils regionalen Slogan tragen. 31 000 Stück davon werden die Promotionteams am Ende verteilt haben. In Fotoboxen lassen sich mehr als 5 000 Mitarbeiter in Motiven der laufenden Werbekampagne fotografieren. Retour gibt es rund 3 500 Patengrüße der Teilnehmer an ihren neuen Konzern. Unter dem Motto »Startsignale« werden diese Rückläufe im Konzernintranet und im Mitarbeitermagazin »Folio« veröffentlicht.

Im Rahmen der Aktionstage geht auch der Evonik-Vorstand auf Tour: Auf Betriebsversammlungen an acht Standorten ist im direkten Dialog viel Raum für standortspezifische Fragen und Antworten – insgesamt rund 5000 Mitarbeiter werden so von den Vorständen direkt erreicht. Als begleitendes Kampagnenmedium erscheinen während der Tour Tablettaufleger, die in den Betriebsrestaurants Wissenshappen rund um Evonik servieren. In vier Staffeln erreicht das »eat&read« eine Gesamtauflage von 80000 Exemplaren. Damit werden auch Produktionsmitarbeiter angesprochen, die über keinen Intranetzugang verfügen und sich ansonsten ausschließlich über »Folio« informieren.

Zwei bildstarke Ereignisse flankieren die Aktionstage und liefern Anlässe zur begleitenden Berichterstattung via Intranet und »Folio«: In Hanau bricht Ballonfahrer Uwe Schneider noch am Starttag von Evonik zur Jungfernfahrt im »Silver Star« auf – dem neuen Heißluftballon von Evonik Industries. Wenige Tage später treten 130 Mitarbeiter aus sieben Nationen zur Europatour von Evonik an. Auf dem Rennrad geht es in acht Tagen von Antwerpen nach Rheinfelden – beide Städte sind wichtige Traditionsstandorte des Konzerns.

Zum Abschluss der Kampagne erscheint Ende Oktober 2007 ein Praxisleitfaden, der unter dem Titel »Wir sind Evonik« an alle Mitarbeiterinnen und Mitarbeiter verteilt wird. Steckbriefe präsentieren die unterschiedlichen Konzerneinheiten und Regionen in Zahlen und griffigen Kurzgeschichten. Evonik wird in der Lektüre erstmals nicht bloß als neue Marke, sondern als neuer Konzern sichtbar. Der Leitfaden wird innerhalb kurzer Zeit zur wichtigsten Quelle für Sprachregelungen und Kennzahlen in der noch jungen Evonik Industries AG. Noch näher dran am Alltag vieler Mitarbeiter ist eine

Broschürenreihe, die standortspezifische Informationen rund um den Arbeitsplatz, wichtige Konzernangebote und regionale Tipps von Kollegen vorstellt.

Zu guter Letzt
Die Marke Evonik hat seit ihrer Einführung eine hohe Festigkeit im Konzern erreicht. Die Akzeptanz der Mitarbeiter äußert sich dabei nicht in »Schweigen als Zustimmung«. Vielmehr wird sie explizit in einer Vielzahl von Rückmeldungen über die interne Hotline, Blitzbefragungen von Fokusgruppen und in dem gebündelten Feedback von Betriebsräten, Führungskräften und Kommunikatoren vor Ort geäußert. Für alle im Rahmen der Aktionstage eingesetzten Maßnahmen erreichte die interne Konzernkommunikation ein erfreuliches Maß an regionalen Nachbestellungen – dies betrifft insbesondere die im Aktionszeitraum ausgegebenen T-Shirts sowie den Praxisleitfaden. Von keiner der durchgeführten Aktionen blieben Restauflagen. Was hingegen zurückbleibt, sind die Erinnerungen von 43000 Menschen an den Start ihres neuen Konzerns. Ein starker Treibsatz für den weiteren Weg in die Zukunft von Evonik Industries.

› DIE JURY

Die Verschmelzung dreier eigenständiger Marken zu einem Konzern ist eine große Aufgabe: Wie schafft man es, gemeinsam aufzutreten und die Identität auf allen Ebenen, von Führungsperson bis zum Produktionsmitarbeiter, im neuen Konzern zu stärken? Evonik Industries hat diese Markenvermittlung über einen Zeitraum von zwölf Monaten durchgehend aufgebaut und bis zum »Day One« hin geplant. Besonders hervorzuheben sind hierbei die gesamten Maßnahmen, die von stringenten zentralen Zügen geprägt, aber auch regional abgestimmt sind. Beispielsweise erhielten die Mitarbeiter Konzern-T-Shirts mit einem Slogan, welcher jeweils regional auf den Standort abgestimmt war. Solche Maßnahmen sind für das Zusammenführen einer so großen Anzahl von Mitarbeitern unumgänglich und fördern auch die regionale Verbundenheit zum jeweiligen Arbeitsort. Evonik Industries

hat hier einen hervorragenden Einklang gefunden, welcher sich durch die gesamte interne Kommunikation zieht und sich dabei mehrerer glaubwürdiger Instrumente bedient. Diese reichen von emotionaler Ansprache bis hin zur Sachlichkeit. Neben dem Entstehen des konzerneigenen Mitarbeitermagazins »Folio« und der neuen Konzeption eines Praxisleitfadens wurde auch eine Radtour – die Europatour von Evonik – mit internationalen Mitarbeitern veranstaltet. Bei Evonik Industries besteht ein enorm großes Potenzial einer langfristig einsetzbaren Kommunikation. Aus Sicht der Jury sollte diese herausragende Stringenz und Nachvollziehbarkeit der Maßnahmen unbedingt beibehalten werden, um so die Marke Evonik Industries auch in den kommenden Jahren zu stärken. Die Jury gratuliert dem Konzern zu einem hervorragenden Start in ein neues Unternehmenskapitel.

NECKERMANN.DE

› DAS UNTERNEHMEN

Die neckermann.de GmbH mit Sitz in Frankfurt am Main ist mit einem Umsatz von 1,4 Milliarden Euro eine der führenden Mail-Order-Companies in Europa. Die neckermann.de-Gruppe umfasst die deutsche Gesellschaft, die internationalen Tochterunternehmen und Happy Size, einen Spezialversender für große Größen. Zur Gruppe gehören weitere Unternehmen in den Bereichen Services, Customer Care, Logistik sowie Management-Services. Insgesamt beschäftigt die neckermann.de-Gruppe inklusive Tochtergesellschaften in zehn Ländern Europas rund 5000 Mitarbeiter – davon 3500 in Deutschland.

neckermann.de – in Deutschland an Position drei der Versandunternehmen – hat sich seit seiner Gründung 1950 vom traditionellen Katalogversender zu einem auf den Internet-Handel spezialisierten Unternehmen entwickelt. Heute bietet neckermann.de als Multi-Channel-Versandunternehmen sein Sortiment von rund 250 000 Produkten über unterschiedliche Vertriebswege an: im Online-Shop unter www.neckermann.de, über mobile Applikationen sowie über die Haupt- und Spezialkataloge. Gegenwärtig werden rund 50 Prozent des Unternehmensumsatzes über den Online-Shop erwirtschaftet, der heute 20 Millionen Visits im Monat verzeichnet. Bis 2010 will neckermann.de den Anteil des E-Commerce auf 70 Prozent steigern. Für seine Innovationskraft wird neckermann.de regelmäßig prämiert, unter anderem als »Bester Online-Shop« oder mit dem »Konzept-Award für dialogorientiertes Shopping«. Im Mai 2007 erhielt das Unternehmen den »intermedia-globe Silver Award« und wurde als einer der »kundenorientiertesten Dienstleister 2007« ausgezeichnet. Heute kennen rund 96 Prozent der Bevölkerung die Marke Neckermann – sie ist damit eine der bekanntesten in Deutschland.

Der Erfolg des Unternehmens ist auf eine lange Tradition zurückzuführen: »Neckermann macht's möglich« – dieser Slogan steht seit nunmehr 58 Jahren für die Philosophie des Versandunternehmens und für die Vision des Firmengründers Josef Neckermann. Er wollte auch den finanziell weniger gut gestellten Verbrauchern die Möglichkeit bieten, am damals beginnenden Aufschwung des Konsums teilzuhaben. Das Konzept ging auf – und der Name Neckermann wurde zu einem Symbol für das deutsche Wirtschaftswunder.

Gründer Josef Neckermann war zudem sportlich sehr engagiert: Er selbst war erfolgreicher Dressurreiter und gewann insgesamt sechs olympische Medaillen. Neckermann war außerdem Mitbegründer und langjähriger Vorsitzender der Stiftung Deutsche Sporthilfe (DSH). In dieser Zeit machte Neckermann den Spitzensport gesellschaftsfähig und sammelte mit großem Erfolg Spenden für den Verband. Er legte damit den Grundstein für die Idee, junge Sportler zu fördern. Für ihn waren dabei die olympischen Werte für den Erfolg im sportlichen ebenso ausschlaggebend wie im beruflichen Bereich: Er verankerte die Werte Fairplay, Teamgeist und Leistungsbereitschaft im Unternehmen. Auch nach seinem Ausscheiden aus dem Unternehmen Ende der 70er Jahre wirken seine Persönlichkeit und diese Werte immer noch nach.

Nun knüpft neckermann.de wieder an die Aktivitäten seines Gründers an: Seit Mai 2007 ist neckermann.de offizieller Partner der deutschen Olympiamannschaft. Der Vertrag der neckermann.de GmbH läuft bis 2012, umfasst also die Spiele in Beijing 2008, Vancouver 2010 und London 2012. Das Unternehmen kehrt damit zu seinen Wurzeln zurück – daher geht diese Partnerschaft für neckermann.de weit über reines Sponsoring hinaus: Die gesamte Marke wird inhaltlich mittels der olympischen Werte neu ausgerichtet und ihr Profil geschärft. Interne wie auch externe Kommunikation wurden unter das Dachthema »Olympia« gestellt. neckermann.de spielt dieses Thema heute über sämtliche Kanäle: Der olympische Gedanke ist ein wichtiges Leitmotiv in den halbjährlichen Hauptkatalogen, die an rund fünf Millionen Haushalte gehen. Eine wichtige Plattform ist neben weiteren Werbemitteln der Internetshop, in dem auch das »Team neckermann.de« vorgestellt wird: fünf junge Sportler, die neckermann.de auf ihrem Weg zu den Olympischen Spielen in Peking begleitet und unterstützt. Im Unternehmen stellt der olympische Gedanke einen wichtigen Motivationsfaktor für die Mitarbeiter von neckermann.de dar. Neben dem emotionalen Identifikationsmoment, den Olympia ohnehin hat, dient er als roter Faden für interne Aktionen. Damit setzt die Partnerschaft mit der deutschen Olympiamannschaft nicht nur deutliche Signale nach außen, sondern auch grundlegende Impulse nach innen.

neckermann.de GmbH
Hanauer Landstr. 360
60386 Frankfurt am Main

Gründungsjahr
1950

Website
www.neckermann.de

Verantwortlicher
Christian Treinies, Leiter
Unternehmenskommunikation

Partneragentur
consense public
relations GmbH

DIE NECKERMANN.DE INNOVATIONS-OLYMPIADE –
IDEENMANAGEMENT DURCH KOMMUNIKATION

› DIE KAMPAGNE

neckermann.de hat in seiner 58-jährigen Geschichte zahlreiche Innovationen entwickelt und ist
dafür insbesondere im Bereich E-Commerce häufig
ausgezeichnet worden. Die Quelle dieser Innovationskraft waren immer die eigenen Mitarbeiter.
Dennoch verfügte neckermann.de nicht über
systematische Prozesse zur Identifikation und
Weiterentwicklung neuer Ideen. Viele Neuerungen
entstanden spontan und ihre Entdeckung und
Implementierung blieb häufig dem Instinkt der
Führungskräfte überlassen. Interne Umfragen zum
Thema Innovation ergaben, dass sich die Mitarbeiter ihres eigenen kreativen Potenzials keineswegs
bewusst waren – der Innovationsgeist war noch
nicht zu einer Innovationskultur geworden, die
die Ideen von Einzelnen systematisch fördert
und für alle transparent macht. Deshalb startete
neckermann.de eine Kampagne, die den Mitarbeitern aus allen Bereichen des Unternehmens die
Möglichkeit gab, neue Ideen vorzuschlagen, ihren
Kollegen zu präsentieren und im Team weiterzuentwickeln: Die neckermann.de Innovations-

Olympiade setzte die olympischen Werte, die
neckermann.de als Partner der deutschen Olympiamannschaft vertritt, in einen motivierenden Wettbewerb um die besten Ideen um. Die Idee entstand
zunächst als eine unter vielen im Rahmen einer
Diplomarbeit zum Thema »Internal Employer
Branding«. Sie setzte sich durch und erreichte
schließlich diese Tragweite im Unternehmen. Ziele
waren die Etablierung einer neuen Innovationskultur, die Verankerung der Markenstrategie und
der olympischen Werte im Unternehmen und
die Motivation der Mitarbeiter, die ihre eigenen
Stärken entdecken und in die Planungen von
neckermann.de einbringen sollten.

Um den olympischen Gedanken zu einer lebendigen, dynamischen Kampagne zu entwickeln, sollte
die Innovations-Olympiade nicht an den üblichen
»Ideen-Briefkasten« bzw. das Mitarbeitervorschlags-
wesen im klassischen Stil erinnern. Mitmachmög-
lichkeiten bildeten daher auch den Kern der Kommunikationsstrategie: Über die aktive Teilnahme,
öffentlichkeitswirksame, lebendige Aktionen und
die gemeinsame Arbeit an neuen Ideen im Intranet
sollte aus der Initiative Einzelner eine unterneh-
mensweite Innovationsdynamik ausgelöst werden.
In vier Phasen wurden die Teilnehmer durch einen
Prozess der Ideenfindung und gemeinsamen Weiterentwicklung geführt, an dessen Ende ein unterneh-
mensweites Finalevent wartete:

· In der ersten Kommunikationsphase stellten die
Geschäftsführer im Mai 2007 persönlich die Innovations-Olympiade und die Prozesse allen Mitarbeitern vor.

· Eine Jury – bestehend aus Geschäftsführern,
Bereichsleitern und Experten – prüfte Ende Juni
2007 die eingereichten Ideen auf ihre »Olympia-
reife« und wählte Ideen für die Finalrunde aus.

· In der dritten Phase brachten interdisziplinären
Arbeitsgruppen im Intranet ihre Ideen zur Inno-
vationsreife: Die Teammitglieder standen über
das NeckNetWebLog in Kontakt zu allen necker-
mann.de-Mitarbeitern. Die Teams konnten den
Weblog dazu nutzen, ihre Idee vorzustellen, Spon-

› DIE JURY

Seit der Unternehmensgründung 1950 durch Josef Neckermann sind die olympischen Werte wie Fairplay, Teamgeist, Leistung und Erfolg fest im gesamten Unternehmen neckermann.de GmbH verankert. Das Dachthema »Olympia« umschließt demnach nicht nur die externe, sondern auch die interne Kommunikation, was die Integration der verschiedenen Maßnahmen verdeutlicht. Das Unternehmen ist sich bewusst, dass Mitarbeiter schon immer einen hohen Beitrag zu Innovationen geleistet haben. Da diese Innovationen jedoch meist nur spontan entstanden, entwickelte die neckermann.de GmbH eine Innovations-Olympiade, um eine neue Qualität des Ideenmanagements zu erreichen. Eine neue Innovationskultur sollte etabliert und die olympischen Werte bei den Mitarbeitern gestärkt werden, was durch die Strategie der Mitmachmöglichkeit aller Mitarbeiter, um eine Innovationsdynamik auszulösen, zum Ausdruck kommt und positive Resonanz bei der Jury fand. So sollten die Mitarbeiter in einzelnen Teams gemeinsam neue Ideen entwickeln und Konzepte zur Umsetzung kreieren. Besonders hervorzuheben ist die gedankliche Stringenz der Thematik, den olympischen Gedanken zu verankern, um daraus lebendige Kampagnen und Projekte zu entwickeln, was die Jury durch eine klare Nachvollziehbarkeit und Glaubwürdigkeit der Maßnahmen überzeugte. Empfehlenswert wäre, auch in Zukunft das Konzept der Innovations-Olympiade durchzuführen, um daraus eine langfristige, nachhaltige Maßnahme entstehen zu lassen, die nicht nur die Bindung der Mitarbeiter zum Unternehmen stärkt, sondern auch nach außen eine kompetente und innovative interne Unternehmenskommunikation ersichtlichen werden lässt. Die Jury gratuliert der neckermann.de GmbH, da es sich um eine besonders kreative Form der Mitarbeiterkommunikation handelt.

soren und Mitstreiter zu gewinnen, nach Unterstützung zu fragen und Tipps von Kolleginnen und Kollegen zu erhalten. In Trainingscamps erlernten die Teilnehmer im August mit externen Trainern das professionelle Management ihrer Ideen – von der Entstehung bis zur Implementierung.

· Mit einer großen Show der besten Ideen zeichnete die Jury in der letzten Phase die Ideen aus, die bei neckermann.de verwirklicht werden, und verlieh dem Siegerteam den ersten Preis – eine Reise zu den Olympischen Spielen nach Peking.

Über vierzig Einreichungen mit unternehmerischem Potenzial und die Beteiligung von 148 Mitarbeitern belegen, dass die neckermann.de Innovations-Olympiade mit gezielten Kommunikationsmaß-nahmen eine neue Qualität des Ideenmanagements innerhalb des Unternehmens geschaffen hat. Eine Umfrage unter den Teilnehmern bestätigt den Erfolg der Kampagne: 69 Prozent hatten zuvor noch nie Vorschläge eingereicht, 62 Prozent kannten vor der Innovations-Olympiade weder Prozesse noch Instrumente zur Entwicklung von Innovationen bei neckermann.de. Nach der Innovations-Olympiade gaben 81 Prozent an, dass ihnen das erworbene Wissen bei der Entwicklung zukünftiger Innovationen nützen wird. Sowohl Prozesse als auch Vorgehensweisen bei der Entwicklung von Innovationsprojekten wurden erfolgreich vermittelt. 92 Prozent wünschen sich eine regelmäßige Möglichkeit zur Einreichung von Ideen – damit wurde die Innovationskultur im Unternehmen messbar verbessert.

VOLKSWAGEN

In Westeuropa, dem größten Pkw-Markt der Welt, stammt nahezu jeder fünfte neue Pkw (19,5 Prozent) aus dem Volkswagen Konzern. Der Umsatz des Konzerns erhöhte sich im Jahr 2007 auf 108,9 Milliarden Euro (2006: 104,9 Milliarden). Das Ergebnis nach Steuern betrug im abgelaufenen Geschäftsjahr 4,12 Milliarden Euro (2006: 2,75 Milliarden). Acht Marken aus sechs europäischen Ländern gehören zum Konzern: Volkswagen, Audi, Bentley, Bugatti, Lamborghini, SEAT, Škoda und Volkswagen Nutzfahrzeuge. Jede Marke hat ihren eigenständigen Charakter und operiert selbstständig im Markt. Dabei reicht das Angebot von verbrauchsoptimalen Kleinwagen bis hin zu Fahrzeugen der Luxusklasse. Im Bereich der Nutzfahrzeuge beginnt das Angebot bei Pick-up-Fahrzeugen und reicht bis zu Bussen und schweren Lastkraftwagen. In 13 Ländern Europas und in sechs Ländern Amerikas, Asiens und Afrikas betreibt der Konzern 48 Fertigungsstätten. Mehr als 329 000 Beschäftigte produzieren an jedem Arbeitstag rund um den Globus knapp 25 400 Fahrzeuge oder sind mit fahrzeugbezogenen Dienstleistungen befasst. Seine Fahrzeuge bietet der Volkswagen Konzern in mehr als 150 Ländern an.

› DAS UNTERNEHMEN

Der Volkswagen Konzern mit Sitz in Wolfsburg ist einer der führenden Automobilhersteller weltweit und der größte Automobilproduzent Europas. 1937 wurde mit der Gründung der »Gesellschaft zur Vorbereitung des Deutschen Volkswagens mbH« der Grundstein für den späteren Global Player gelegt. Im Jahr 2007 steigerte der Konzern die Auslieferungen von Fahrzeugen an Kunden auf 6,189 Millionen (2006: 5,734 Millionen), das entspricht einem Pkw-Weltmarktanteil von 9,8 Prozent.

Ziel des Konzerns ist es, attraktive, sichere und umweltschonende Fahrzeuge anzubieten, die im zunehmend scharfen Wettbewerb auf dem Markt konkurrenzfähig und jeweils Weltmaßstab in ihrer Klasse sind. Zu den Konzernwerten und Leitlinien zählen Nachhaltigkeit, Verantwortung, Respekt, Erneuerungsfähigkeit, Werte schaffen, Höchstleistung und Kundennähe. Sie bilden die Grundlage für Unternehmenskultur und konzernweite Zusammenarbeit. Alle Prozesse und Tätigkeiten im Unternehmen an diesen Werten auszurichten, bildet die

Voraussetzung für den wirtschaftlichen Erfolg. Dabei ist zentrales Prinzip des Handelns der Nachhaltigkeitsgedanke. Daneben sind auch Werthaltigkeit und gesellschaftliche Verantwortung konstitutive Merkmale der Unternehmenskultur von Volkswagen. Vorausschauend stellt sich der Konzern wichtigen Zukunftsfragen wie dem Klimawandel. So betreibt das Unternehmen breit angelegte Forschung und Entwicklung und gibt technologisch richtungsweisende Antworten für die Mobilität von morgen. Hierbei ist der Dialog mit den Stakeholdern wichtige Voraussetzung.

Neben Stakeholdergruppen wie Kunden, Aktionären, Lieferanten, Gewerkschaften, Nichtregierungsorganisationen (NGOs) und der Politik als die klassischen Anspruchsgruppen eines Unternehmens kommt den knapp 330 000 Mitarbeitern des Konzerns eine besondere Bedeutung als eine weitere Stakeholdergruppe zu. Dem Dialog mit ihnen widmet sich die interne Kommunikation als Teil der Konzernkommunikation am Standort Wolfsburg. Die interne Kommunikation übernimmt auf der einen Seite die auf den Standort Wolfsburg bezogene und standortübergreifende Kommunikation der Marke Volkswagen. Darüber hinaus liegt die konzernweite Führungskräfteinformation in ihrer Verantwortung. Um den Informationsansprüchen der bedeutsamen Zielgruppe der Manager und Führungskräfte als die wichtigsten Multiplikatoren im Unternehmen gerecht zu werden,

veröffentlicht die interne Kommunikation vier Mal im Jahr das interne Manager-Magazin »Groupnews«. Das Magazin ist mit einer Auflage von 10 000 Exemplaren in Deutsch und Englisch das einzige konzernweit erscheinende Medium. Unter dem Dach der Konzernkommunikation, aber eigenständig in ihrer Organisation und ihren Strukturen, verfügt jede Marke des Konzerns über einen eigenen Kommunikationsbereich. Für »Groupnews« steuern die einzelnen Marken jeweils selbstständig einen Teil mit Artikeln, Interviews usw. von etwa zwei bis sechs Seiten pro Ausgabe bei. Die Führungskräfteinformation wird neben den regulären Ausgaben von »Groupnews« durch Sonderausgaben wie beispielsweise über diverse Veranstaltungen sowie den E-Mail-Newsletter »Groupnews update« ergänzt. Dieser Newsletter wird als ein schneller und informativer Kommunikationskanal genutzt und informiert zeitnah über wichtige ad hoc Mitteilungen und Presseinformationen des Konzerns. Zur Führungskräfteinformation gehört außerdem die Nachberichterstattung zu verschiedenen Management-Konferenzen und Management-Informationsveranstaltungen sowohl für die Marke Volkswagen als auch für den Konzern.

VOLKSWAGEN
AKTIENGESELLSCHAFT

Volkswagen AG
Wolfsburger Landstr. 22 b
Brieffach 1977
38463 Wolfsburg
Tel.: (0 53 61) 98 75 88
Fax: (0 53 61) 92 14 76

Gründungsjahr
1937

Website
www.volkswagenag.com

Verantwortliche
Birgit Ziesche,
Leiterin Interne Kommunikation

Partneragentur
KARMA Kommunikationsdesign
corporate publishing &
corporate design
Herr Tom Tautz
Porschestraße 47
38440 Wolfsburg
www.karma-web.de

Zuvor wurden Führungskräfte und Manager seit dem Jahr 2003 durch das Medium »Leading points« über die wichtigsten Geschehnisse innerhalb des Konzerns informiert. Bis 2007 war »Leading points« sechs bis acht Mal pro Jahr im Newsletter-Format (acht bis zwölf Seiten) auf Deutsch und Englisch erschienen.

Als Teil der neuen strategischen Ausrichtung wurde auch das Medium zur Führungskräfteinformation überarbeitet. Eine vorausgegangene Leserbefragung hatte gezeigt, dass das Medium durchaus etabliert war, jedoch weitere gewünschte Rubriken nicht enthalten waren. »Leading points« bot u. a. keine ausreichende Plattform für regelmäßige und ausführliche Berichte aus den einzelnen Marken. Auch die Themen »Wettbewerb« und »Konzernstrategie« wurden von den Lesern als wichtig, jedoch als nicht ausführlich genug behandelt eingeschätzt. Ein weiteres Ergebnis der Befragung war jedoch, dass der Newsletter für viele Standorte der einzige direkte Kommunikationskanal mit Botschaften aus der Konzernzentrale war und vor allem als einziges Medium alle Führungskräfte konzernweit erreichte. Es galt also, die grundsätzliche Strategie von »Leading points« weiterzuverfolgen und gleichzeitig die Wünsche der Leser noch zielgruppengerechter umzusetzen sowie der neuen strategischen Ausrichtung des Konzerns inhaltlich und gestalterisch gerecht zu werden.

Dementsprechend lautete das Hauptziel des Relaunchs, die Ansprache des Managements zu ändern. Inhaltlich sollte das Medium der Rolle des Managements als die Gruppe der wichtigsten Multiplikatoren des Konzerns gerecht und daher seine Mitglieder mit Informationen aus erster Hand versorgt werden. Als inhaltliche Ziele wurden die Merkmale hintergründig, informativ, strategisch, unterhaltend und persönlich definiert.

› DIE KAMPAGNE

Mit dem Wechsel an der Konzernspitze und dem neuen Vorstandsvorsitzenden im Januar 2007 änderte sich in vielen Bereichen auch die Strategie und Ausrichtung des Volkswagen Konzerns. Durch die neue Positionierung der Volkswagen AG und neue Richtlinien des Corporate Designs war auch die Konzernkommunikation betroffen. So wurde der Bereich teilweise neu strukturiert und die Strategie geschärft.

› DIE JURY

Großkonzerne wie die Volkswagen AG stehen im Blickfeld der Öffentlichkeit. Bei einem Wechsel an der Konzernspitze sind Strategieveränderungen in vielen Bereichen, unter anderem innerhalb der Konzernkommunikation, spürbar. Aufgeschlossene und an seinen Mitarbeitern interessierte Unternehmen zeichnen sich in solch wichtigen Phasen durch ein offenes Ohr für die Bedürfnisse und Interessen seiner führenden Mitarbeiter aus, was sich bei der Überarbeitung von »Leading Points« zeigte. Dem durchgeführten Relaunch lag eine umfassende Leserbefragung zugrunde, durch die deutlich wurde, dass neben reinen Konzernthemen auch ein Interesse an ausführlichen und regelmäßigen Berichten aus den einzelnen Marken bestand. Die eingereichte Maßnahme überzeugte die Jury durch eine nachvollziehbare Zielgruppensegmentierung. »Groupnews« zeichnet sich durch zielgruppengerechte und verständliche Inhalte aus und verfolgt somit das Ziel, der Rolle des Managements als wichtigster Multiplikator des Konzerns gerecht zu werden. Die hochwertige Gestaltung unterstützt diesen Inhalt und die Kommunikation in der Botschaft. Allerdings könnten im Bereich »Text-Bild-Relation« weitere Potenziale ausgeschöpft werden, um die Zielgruppe noch stärker zur Nutzung des Angebotes anzuregen. Ebenso wäre es denkbar, die Autoren der publizierten Artikel kenntlich zu machen. Lobenswert erachtet die Jury auch den Einsatz verschiedener Kommunikationsinstrumente. Die gedruckte Version wird durch den E-Mail-Newsletter, das so genannte »Groupnews update« ergänzt. Es wird deutlich, dass die internen Kommunikationsmaßnahmen exakt aufeinander abgestimmt sind. Die Jury spricht der Volkswagen AG zum gelungenen Start des Führungskräftemagazins »Groupnews« ihre Gratulation aus.

Die Aufmachung sollte die Wertschätzung des Unternehmens gegenüber seinem Management unterstreichen und das Medium zur Führungskräfteinformation als ein ernstzunehmendes Magazin etablieren. Das Layout sollte also künftig hochwertig, ansprechend und einladend, seriös, unterhaltsam sowie lesefreundlich gestaltet, der Konzern als Absender erkennbar sein.

Basierend auf den zuvor definierten Zielen, wurden verschiedene Maßnahmen zur Umsetzung ergriffen. Der Name wurde von »Leading points« in »Groupnews« geändert, was den Anspruch und den USP des Mediums widerspiegelt, als einziges Medium alle Mitglieder der Zielgruppe im gesamten Konzern (englisch: »Group«) mit Informationen aus erster Hand zu versorgen.

Die Erscheinungsweise wurde von sechs bis acht Mal pro Jahr auf eine Ausgabe pro Quartal plus ggf. Sonderausgaben zu speziellen Themen reduziert, im Gegenzug jedoch der Umfang auf rund 60 Seiten aufgestockt. Durch den erhöhten Umfang konnten nun auch die selbst definierten neuen Ansprüche an das Medium und die Leserwünsche bezüglich weiterer Inhalte und Rubriken berücksichtigt werden. Über die Rubrik »Konzern« und das dazugehörige Leitthema der jeweiligen Ausgabe hinaus wurde mehr Platz für strategische Themen geschaffen, gleichzeitig wird der Konzern über ausführlichere Berichte aus den einzelnen Marken sichtbar gemacht. »Groupnews« sollte dem Konzern ein Gesicht verleihen und außerdem einen Blick über den Tellerrand ermöglichen. Diesen Ansprüchen wird z. B. durch die neuen Rubriken »Blick von außen« mit Namensartikeln und Interviews renommierter Experten zu einem bestimmten Thema Rechnung getragen, außerdem wird »Groupnews« mit der Rubrik »Innovation« dem Wunsch der Leser nach mehr Informationen über den Wettbewerb und bedeutenden technischen Themen gerecht. Das »Management Profil«, die Rubrik »Management Know-how« und die Panorama-Seiten runden mit bunten Themen rund um den Konzern das Konzept von »Groupnews« ab.

Nach Erscheinen der ersten Ausgabe von »Groupnews« wurde eine Benchmark-Analyse durchgeführt. Deren Ergebnisse zeigten, dass sich »Groupnews« im Vergleich zu »Leading points« in fast allen Relevanz-Bereichen verbessern konnte. Besonders stark ausgeprägt ist die Verbesserung in Bezug auf den Überblick über das Konzerngeschehen. 86 Prozent der Führungskräfte lesen die komplette Ausgabe oder wählen einzelne Beiträge aus. Der gesteigerte Umfang wird von den Lesern zu 86 Prozent als angemessen bewertet. Auch die Gestaltung kommt bei den Lesern an, mit 73 Prozent wurde das Ergebnis von »Leading Points« bei Weitem übertroffen (48 Prozent). Bei der inhaltlichen Qualität wird vor allem die Verständlichkeit sehr gut bewertet (91 Prozent).

KLEIDER UND SCHUHE
SAMMELSTATION
(Tel. 030/80 57 35 32)

KLEIDER UND SCHUH
SAMMELSTATION
(Tel. 030/80 57 35 32)

www.humana-kleidersammlung.de   Servicetelefon: 030 - 66 90 91 00

KLEIDUNG & SCHUHE

KOMMUN
IKATION
CORPORATE
RESPONS
IBILITY

Kleidung   Schutz   Würde   Arbeit   Umwelt   Eine Welt   Entwicklung

S252

KLEIDER UN
SAMMELS

(Tel. 030/80

Dr. Volker Hauff
Vorsitzender des Rates für Nachhaltige Entwicklung

KERNGESCHÄFT NACHHALTIGKEIT

»Companies have a duty to contribute to the evolution of equitable and sustainable communities and societies.« Ein Satz, der heute breite Zustimmung erhält. Um diese Selbstverständlichkeit ist jedoch in der Vergangenheit – zum Beispiel beim Weltgipfel in Johannesburg 2002 – lange gerungen worden. Unternehmensvertreter wollten ihre Initiativen zur Nachhaltigkeit als ein allein freiwilliges Dialog- und Partnerschaftsangebot verstanden wissen. Nichtregierungsorganisationen (NGOs) protestierten heftig gegen das, was nach ihrer Auffassung eine Vereinnahmung des Begriffs »Nachhaltigkeit« durch die Wirtschaft war. Sie haben darauf bestanden, dass verpflichtende Festlegungen getroffen werden müssen.

Heute sind wir weiter. Einige Teile der Wirtschaft haben in den letzten Jahren einen Paradigmen-Wechsel vollzogen. Wichtige Unternehmen haben Kurs auf Nachhaltigkeit genommen. Sie haben ein Nachhaltigkeitsmanagement in ihren Unternehmen etabliert.

Das Thema selbst ist aktueller denn je. Die zeitliche Reichweite heutiger ökonomischer, ökologischer und sozialer Entscheidungen und Entwicklungen wird immer größer. Investitionen in neue Strukturen der Energieversorgung, in eine nachhaltige Mobilität und soziale Investitionen angesichts der gesellschaftlichen Veränderung durch die demografische Entwicklung – all das betrifft immer auch die kommenden Generationen. Aber noch fehlt es an übergreifenden Signalen, Nachhaltigkeit in den Kern unternehmerischen Interesses zu stellen.

Die Idee einer sozial gerechten, ökologisch intakten und wirtschaftlich verantwortbaren Entwicklung ist viel mehr als ein politischer Luxus oder eine Werbeformel, mit der sich hervorragend Geschäfte machen lässt. Das zeigt das wachsende öffentliche Interesse. Das Leitmotiv der nachhaltigen Entwicklung wird in Zukunft noch an Gewicht gewinnen. Es ist begrüßenswert, dass die Wirtschaft die Nachhaltigkeit als »Lizenz zur Zukunftsfähigkeit« zunehmend anerkennt. Vielerorts zeigen sich gute Initiativen mit dem Mut und der Bereitschaft zu neuen Denkweisen.

Das Ringen um die besten unternehmerischen Ansätze zur Nachhaltigkeit ist ein wichtiger Wettbewerb. Kommunikation spielt dabei eine zentrale Rolle – gleichermaßen für die Politik und für die Unternehmen. Auf erfolgreicher Kommunikation gründet nicht zuletzt betriebswirtschaftlicher Erfolg. Doch ist Vorsicht geboten, denn unaufrichtige oder gar unglaubwürdige Kommunikation wird von der Öffentlichkeit zuverlässig entlarvt. Wer nicht weiß, was in seinem Unternehmen vorgeht, wird es schwer haben, glaubwürdig zu kommunizieren. »Glaubwürdigkeit« und »Transparenz« sind die Schlüsselworte, wenn es um den business case Nachhaltigkeit geht.

Immer mehr Unternehmen beweisen Mut zur Transparenz. Die Zahl der Firmen, die Nachhaltigkeitsberichte vorlegen, ist gestiegen. Dennoch gibt es auch weiterhin schwarze Schafe. Wichtige Unternehmen berichten nicht über ihre Geschäftsentscheidungen zu Ökonomie, Ökologie und Sozialem. Ich halte es für keinen Zufall, dass Lidl und Aldi dazugehören.

Es geht darum, öffentlich darüber zu reden, dass Nachhaltigkeit aus der harmoniefreundlichen Umgebung heraus muss. Es ist ein höchst streitbares Thema, bei dem ein Streit über den richtigen Weg unvermeidbar ist.

Die öffentliche Diskussion über das Engagement der Unternehmen zur Nachhaltigkeit ist wichtig. Ein wichtiger Meilenstein sind die Nachhaltigkeitsberichte. Um hier einen Überblick zu gewinnen, ist das Ranking, also die vergleichende Auswertung der Nachhaltigkeitsberichte, ein gutes Instrument.

Beim Ranking der Nachhaltigkeitsberichte 2007, das von IÖW und future im November 2007 vorgestellt worden ist, fiel auf, dass das Management der Lieferkette noch kaum Beachtung in der Nachhaltigkeitsberichterstattung findet. Dieses Manko gilt sowohl in sozialer Hinsicht auf Arbeitsbedingungen und Geschäftsbeziehungen als auch bezüglich der Umweltaspekte. Im Wesentlichen konzentrieren sich die Unternehmen noch sehr auf ihren eigenen Geschäftsbereich und fragen noch nicht nach dem ökologischen und sozialen Engagement ihrer Zulieferer. Als erster Schritt ist das völlig in Ordnung, aber hier darf es nicht stehen bleiben. Bislang gibt es noch viel zu wenige branchen- und regionalspezifische Netzwerke und Angebote, die dazu einen Beitrag leisten. Hier entsprechende Angebote zu machen, wird eine Herausforderung sein, denn hier können auch kleine und mittelständische Unternehmen abgeholt werden. Sie zu ignorieren, wäre ein großer Fehler.

Ein guter Bericht erläutert Ziele und Maßnahmen, mit denen ein Unternehmen zur nachhaltigen Entwicklung beiträgt. Glaubwürdig ist er insbesondere dann, wenn er Zielkonflikte benennt und sagt, welche Nachhaltigkeitsziele verfehlt wurden, warum das so war und was er zu tun gedenkt, das zu ändern.

»Transparenz« und »Glaubwürdigkeit« sind die zentralen Stichworte. Durch Transparenz, Messbarkeit und Nachvollziehbarkeit von Entscheidungen wird das Unternehmen zu dem, was es unbedingt werden muss, nämlich zur lernenden Organisation. Besonders mittelständische Unternehmen wissen um diesen Marktvorteil. Die Rahmenbedingungen für eine »neue Ehrlichkeit« sind so gut wie nie. Die Debatte um den Klimawandel hat eine neue Sensibilität geschaffen – besonders in der Öffentlichkeit. Jetzt geht es darum, diese Stimmung nicht in Alarmismus kippen zu lassen, der sich mit dumpfen Visionen von Weltuntergängen beschäftigt, sondern die Chancen zu einem fundamentalen Wandel zu nutzen.

Wir müssen schneller lernen, unsere kommunikativen und schöpferischen Potenziale zu nutzen, um den nicht nachhaltigen Trends in Wirtschaft, Politik und Gesellschaft zu begegnen. Wenn wir das nicht tun, werden wir vor großen Schwierigkeiten stehen. Handeln heute im Sinne einer nachhaltigen Entwicklung ist wirtschaftlich vernünftig. Abzuwarten und sich den Herausforderungen unserer Zeit zu verschließen, wäre weit kostspieliger und zumindest für einige Unternehmen existenzgefährdend.

Dr. Volker Hauff (geb. 1940), Vorsitzender des Rates für Nachhaltige Entwicklung, war u. a. Bundesminister für Forschung und Technologie (1978–1980), Bundesminister für Verkehr (1980–1982) und Mitglied der »World Commission On Environment And Development« der Vereinten Nationen (1984–1987). Von 1995–2001 war Dr. Volker Hauff als Generalbevollmächtigter und als Vorstandsmitglied für die KPMG Deutsche Treuhand-Gesellschaft AG tätig. 2001 bis 2002 war er Vorstand für den Bereich Infrastruktur & Öffentlicher Sektor der KPMG Consulting GmbH (heute BearingPoint GmbH), ab 2002 Senior Vice President bei BearingPoint.

TNT EXPRESS

› DAS UNTERNEHMEN

Nachhaltig erfolgreich bleiben:
Das CSR-Engagement bei TNT Express
TNT Express zählt zu den weltweit führenden
Anbietern für zeitsensible B2B-Express-Sendungen.
Gegründet wurde das Unternehmen Thomas Nationwide Transport (TNT) 1946 von Ken Thomas in
Australien. Die Geschäftsidee bezog sich zunächst
auf regelmäßige Fahrten zwischen Melbourne und
Sydney. Schon bald nahmen die Aufträge zu und die
Kunden fragten weitere Strecken nach. Thomas
vergrößerte den Fuhrpark kontinuierlich und entwickelte sich zu Australiens führendem Transportanbieter. Auch das Produktportfolio wuchs: Seit
1979 bietet TNT internationale Transportdienstleistungen an, die schrittweise durch nationale Expressdienste in einzelnen europäischen Ländern
erweitert wurden. Vor 25 Jahren fasste TNT auch in
Deutschland erfolgreich Fuß. Seitdem stehen auch
hier überzeugende Express- und Transportlösungen
zur Verfügung.

Die nationalen und internationalen Geschäftszweige waren in Deutschland zunächst zusammengefasst. Das änderte sich 1992, als beide Zweige operativ und firmenrechtlich verselbstständigt wurden.
Ende 1996 übernahm die Königliche Post der Niederlande (KPN) 100 Prozent der Anteile beider Unternehmen und führte sie wieder zusammen. Die
KPN gliederte ihren Telekommunikationsbereich
aus und vereinte Anfang 1998 die von TNT angebotenen Express- und Logistiklösungen sowie ihre
Postaktivitäten unter einem neuen Dach: der TNT
Post Group (TPG). Heute zählt TNT Express auch in
Deutschland zu den Qualitätsmarktführern für
zeitsensible Expresslösungen im Business-to-Busi-
ness-Bereich.

Wöchentlich transportiert TNT Express weltweit
etwa 4,4 Millionen Sendungen. 26 700 Fahrzeuge
und 47 Flugzeuge sind in über 220 Ländern und Regionen im Einsatz, um die Kundenanforderungen
Tag für Tag zu übertreffen. In Deutschland beschäftigt TNT Express zurzeit rund 4 400 Mitarbeiter.
Das Unternehmen ist bundesweit mit 31 Niederlassungen und der Zentrale im rheinischen Troisdorf
vertreten. 1 800 Fahrzeuge sind im Einsatz, um die
Sendungen der Kunden schnell und zuverlässig zu
transportieren.

Basis des Erfolgs sind eine außerordentliche Kun-
den- und Mitarbeiterorientierung sowie die Wahrnehmung umweltpolitischer und gesellschaftlicher
Verantwortung bei gleichzeitig wirtschaftlichem
Handeln. 1999 führte TNT Express nach eingehen-
der Analyse weltweit das EFQM-Modell für Excellence ein. Zu den Kernzielen dieser Philosophie
zählen die permanente und konsequente Verbesserung der Prozesse, die regelmäßige und detaillierte
Überprüfung der Umsetzung, die kontinuierliche
Steigerung aller Ergebnisse sowie die Übernahme
gesellschaftlicher Verantwortung.

Das Modell berücksichtigt die Tatsache, dass Unternehmen von Kunden und Geschäftspartnern sowie von politischen Entscheidungsträgern nicht nur nach dem wirtschaftlichen Erfolg, sondern auch anhand außerökonomischer Faktoren beurteilt werden. Hier spielen auch karitatives und soziales Engagement sowie ökologische Kriterien eine Rolle.

Genau wie die Wettbewerber greift TNT Express beim Transport der Sendungen auf natürliche Ressourcen zurück und ist am CO_2-Ausstoß beteiligt. Damit trägt TNT unweigerlich zum Klimawandel und den Folgen für die Menschen bei. Dieser Verantwortung ist sich der Expressdienstleister bewusst und er hat sich zum Ziel gesetzt, auch Teil der Lösung dieses Problems zu sein.

Das Bewusstsein für die Wichtigkeit der Themen Ökologie und Gesellschaft besteht bei TNT nicht erst seit der aktuellen Diskussion über die Erderwärmung und den damit verbundenen Klimawandel. Bereits 2002 verpflichtete sich das Unternehmen der Philosophie des nachhaltigen Wirtschaftens. Vorausgegangen waren erste Umweltinitiativen wie beispielsweise der bundesweite Einsatz von Erdgasfahrzeugen seit 1999.

Basis aller Initiativen ist die Überzeugung, dass nur die Unternehmen langfristig erfolgreich sein werden, die in der Welt positive Spuren hinterlassen. Entsprechend hoch angesiedelt ist das CSR-Engagement im Unternehmen: Nachhaltiges Wirtschaften gehört für TNT zu den festen Bestandteilen der Unternehmensphilosophie.

Definiert wird Corporate Social Responsibility von TNT als aktive, dem Unternehmensziel förderliche Übernahme von gesellschaftlicher Verantwortung in den Bereichen Ökonomie, Ökologie und Gesellschaft. Dabei legt TNT großen Wert darauf, dass das Management und die Mitarbeiter die CSR-Aktivitäten und die dahinterstehende Philosophie tragen und leben. Zu den Zielen des CSR-Engagements zählt daher auch, das Bewusstsein für die Notwendigkeit sozialer und ökologischer Initiativen bei den Mitarbeitern und anderen Stakeholdern zu schärfen.

TNT Express GmbH
Haberstraße 2
53842 Troisdorf
Tel.: (02241) 497-0
Fax: (02241) 497-6665

Gründungsjahr
1946

Website
www.tnt.de

Verantwortliche
Markus Wohler, Senior
General Manager Public
Relations & Public Affairs;
Peter Kosicki, Specialist
Public Relations

Partneragenturen
auhage schwarz, Köln;
KAP text.kommunikation, Köln;
verbalis, Dortmund

› DIE KAMPAGNE

Zwei Säulen für eine bessere Welt

TNT engagiert sich seit vielen Jahren im ökologischen und gesellschaftlichen Bereich. Denn nur Unternehmen, die positive Spuren hinterlassen, werden langfristig erfolgreich sein. Zudem treffen die Folgen der Erderwärmung diejenigen am härtesten, die sich am wenigsten wehren können: die Ärmsten der Armen. Deshalb hat sich TNT 2007 dazu entschlossen, das gesellschaftliche und ökologische Engagement in einem Zwei-Säulen-Konzept zu bündeln, um so die damit verbundenen strategischen Ziele noch besser und effizienter zu verfolgen.

Planet me° – Die Initiative zur Verringerung des CO_2-Ausstoßes

Die ehrgeizige Initiative Planet me° wurde 2007 konzernweit ins Leben gerufen. Ziel ist die Reduzierung des CO_2-Ausstoßes im gesamten Unternehmen sowie die Sensibilisierung für das wichtige Thema bei Mitarbeitern, Kunden und Stakeholdern. Dazu wurden sämtliche Prozesse im Unternehmen auf mögliche CO_2-Einsparpotenziale hin untersucht.

Das Ergebnis sind konkrete Maßnahmen, zu denen die Investition in moderne und umweltfreundliche Fahrzeuge ebenso zählt wie die weitere Routenoptimierung und die Reduzierung der Geschäftsreisen durch die verstärkte Nutzung von Videokonferenzen. Zudem setzt TNT verstärkt auf umweltfreundliche Firmenwagen mit Rußpartikelfiltern. Ein weiterer Ansatz zur CO_2-Reduktion sind die Gebäude von TNT. Beispiel Niederlassung Hamburg: Die größte deutsche Niederlassung wurde konsequent nach ökologischen Maßstäben gebaut. So ermöglichen beispielsweise Tageslichtbänder in der Halle die optimale Nutzung von Tageslicht. Die Heizungsanlage mit Brennwerttechnik gewährleistet eine sparsame und umweltschonende Verbrennung. Und die durchgängig begrünte Dachfläche sorgt für einen verbesserten Wärmehaushalt und ein günstiges Mikroklima.

Das größte Potenzial zur Reduzierung der CO_2-Emissionen liegt bei den Mitarbeitern. Sie sind – im beruflichen und privaten Leben – der Schlüssel zum Erfolg dieser Initiative. Deshalb werden sie, ebenso wie bei dem sozialen Engagement, aktiv einbezogen.

› DIE JURY

Orange für den Planeten. TNT Express überzeugt die Jury mit der Umweltinitiative »Planet me°«, mit der das Unternehmen eine Philosophie zum Leben erweckt und die Zielgruppen ansteckt. In Zeiten der öffentlichen Diskussionen zum Klimaschutz beweist das Unternehmen Mut und präsentiert sich selbst mit erschütternden Zahlen als Teil des Problems. Im Rahmen der »Planet me°-Initiative« sucht TNT Lösungsansätze bei seiner Unternehmensumwelt. Die selbstkritische Wahrnehmung der Verantwortung für eine gesunde Umwelt hebt das Unternehmen deutlich von Mitbewerbern ab. Die Maßnahmen folgen schlüssig den Zielen der Sensibilisierung und des Handelns, deren Umsetzung in kleinen und großen Projekten erfolgt. »Code Orange« und »Choose Orange« sind die Leitstrategien, die zum einen konkrete Aufgaben für das Unternehmen und zum anderen motivierende Aktionen zur Stärkung des Umweltbewusstseins der Mitarbeiter beinhalten. Mit einer Vielzahl praktischer Lösungen nimmt TNT die Vorbildfunktion für seine Stakeholder ein.

Als Schlüssel zur Involvierung der Mitarbeiter dient eine besonders herausragende Kommunikation, die zielgruppengerecht aufgebaut, aktivierend und in besonderem Maße emotionalisierend ist. Die »Planet me°-Kommunikationselemente« Film, Broschüre und Website beeindrucken durch ihre gelungene Gestaltung und übermitteln erfolgreich die Botschaft des Unternehmens. Die transparente und kontinuierliche Realisierung der Ziele in Verbindung mit interaktivem Austausch mit Mitarbeitern schafft zudem Vertrauen, Sympathie und Identifikation. Verantwortung und Nachhaltigkeit beginnen für TNT im Bewusstsein jedes Einzelnen. Die Kampagne »Planet me°« knüpft gekonnt daran an und reiht sich beispielhaft in die Corporate Social Responsibility-Politik des Unternehmens ein. Für das originelle Engagement und seine bescheidene Größe verleiht die Jury TNT Express den Deutschen Preis für Wirtschaftskommunikation 2008 in der Kategorie »Beste Kommunikation der Corporate Responsibilty«.

**Gesellschaftliche Verantwortung übernehmen –
global und lokal**

Die zweite Säule des CSR-Konzeptes ist das soziale
und gesellschaftliche Engagement. Auch dieses ist
fester Teil der Unternehmensphilosophie und wird
von den Mitarbeitern gelebt.

Hier ist das größte Projekt die Unterstützung des
World Food Programme (WFP) der Vereinten Nationen. Das gemeinsame Ziel von TNT und WFP ist es,
den Hunger unter den Ärmsten einzudämmen.
Dazu unterstützt der Expressdienstleister die weltweit größte humanitäre Hilfsorganisation seit 2003
durch logistische Beratung, Notfalltransporte,
freiwillige Helfer und Spezialisten sowie durch
das Sammeln von Spendengeldern. Diese kommen
in erster Linie dem School Feeding Support zugute,
der Kinder im Rahmen von Schulbesuchen mit
Mahlzeiten versorgt.

Die Entscheidung für das WFP fiel unter anderem
aufgrund gemeinsamer Wertevorstellungen hinsichtlich Geschwindigkeit, Zuverlässigkeit und
Effizienz. Für die Hilfsorganisation sprach auch,
dass ihr Engagement – ebenso wie das von TNT –
auf Nachhaltigkeit angelegt ist. Die zunächst für
fünf Jahre vereinbarte Zusammenarbeit wird nun
unbefristet fortgesetzt.

Die Mitarbeiter werden in das Engagement einbezogen. Sie sammeln bei Veranstaltungen und
bei von ihnen initiierten Projekten Spenden oder
bringen ihr Wissen drei Monate lang vor Ort als
Volontär ein – bei weiterer Bezahlung ihres Gehalts
und Übernahme der Reise- und Unterbringungs-
kosten durch TNT.

Transparente Kommunikation

Beide Säulen leben von dem Engagement der Mitarbeiter. TNT nutzt deshalb von der Mitarbeiterzeitschrift bis zum Intranet verschiedene Kommu-
nikationswege, um über die Initiativen, ihre Ziele
und die erreichten Erfolge zu informieren. So
können sich Mitarbeiter und ihre Familien auf der
Website www.tntplanetme.com informieren und
untereinander austauschen.

Kunden werden unter anderem mit Vorträgen
im Rahmen von Veranstaltungen informiert.
Namens- und Fachartikel, aber auch Broschüren
und Filmprojekte zu Planet me° und dem WFP
beinhalten neben Fakten und Zielen des Engagements auch die erreichten Erfolge.

Ausgezeichnetes Engagement

Mitarbeiter, Kunden und Stakeholder erkennen
das Engagement an. So belegte TNT im Dow Jones
Sustainability Index (DJSI) 2007 den ersten Platz.
Dabei erzielte TNT nicht nur das beste Ergebnis
in der Kategorie »Industriegüter und Dienstleistungen«, sondern die beste Punktzahl aller im
DJSI geführten Unternehmen.

Ausgezeichnet wurde auch die konsequente Umsetzung ökologischer Aspekte beim Bau der Niederlassung Hamburg. TNT erhielt dafür den von der
Logistik-Initiative Hamburg erstmalig verliehenen
»Hanse Globe«.

Aber auch der erste Platz im Image-Ranking der
Zeitschrift »Logistik inside«, das Gütesiegel TOP JOB
für herausragendes Personalmanagement und der
European Business Award in der Kategorie »Kundenorientierung« – alle 2007 an TNT verliehen –
zeugen davon, dass das Engagement wahrgenommen und als glaubwürdig eingestuft wird.

DEGEWO-GRUPPE

› DAS UNTERNEHMEN

Die DEGEWO-Gruppe ist das führende Wohnungsunternehmen in Berlin. Das Immobilienmanage-
ment umfasst die Vermietung, Verwaltung und
Bewirtschaftung von rund 70 000 Wohnungen in
Berlin und dem Brandenburger Umland sowie von
mehr als 1 500 Gewerbeobjekten. Dabei betreibt das
Unternehmen eine aktive Stadtentwicklung, die
vor allem die ganzheitliche Entwicklung von Stadt-
quartieren beinhaltet. Wohnungs- und Gewerbesu-
chende können aus einer breiten Palette von Angeboten auswählen. Dazu zählen auch Reihen- und
Doppelhäuser, Eigentumswohnungen sowie Ein-
richtungen des seniorengerechten Wohnens. Die
DEGEWO-Gruppe hat sich auch als Grundstücksent-
wickler profiliert, unter anderem am Alexander-
platz. Ein Teil dieses Grundstücks wurde an den
portugiesischen Investor Sonae Sierra verkauft,
der dort den Bau des Shopping- und Erlebnis-Cen-
ters Alexa realisierte.

Seit acht Jahrzehnten hat das Unternehmen
Berliner Architekturgeschichte mitgeschrieben.
Wohnsiedlungen wie das Märkische Viertel, die
Gropiusstadt oder die Autobahnüberbauung Schlan-
genbader Straße sowie in jüngster Zeit die Ahrens-
felder Terrassen im Berliner Bezirk Marzahn sind
wesentliche Bestandteile des Stadtbildes geworden.
Die DEGEWO-Gruppe, zu der die DEGEWO, KÖWOGE,
WBG Marzahn und die GEWOBE gehören, baut ihre
Stärken Schritt für Schritt weiter aus. Als größtes
kommunales Wohnungsunternehmen Berlins bietet
es höchste Qualität bei allen Dienstleistungen rund
um die Immobilie in nahezu allen Berliner Stadt-
teilen. Dabei spielt der Einsatz von modernen Technologien eine besondere Rolle, z. B. zur Reduzierung
des CO_2-Ausstoßes in den Gebäuden der DEGEWO
oder bei der Realisierung des Seniorenprojektes
SOPHIA.

Erfahrene Immobilienfachleute stehen den Berlinerinnen und Berlinern beim Mieten oder Kaufen zur Seite. Der Service für die wohnenden Mieter des Unternehmens wird groß geschrieben. Schwerpunkt ist die wohnungsnahe Vor-Ort-Betreuung durch die fünf Kundenzentren der DEGEWO-Gruppe. Sie orientiert sich mehr und mehr an den Bedürfnissen bestimmter Zielgruppen, beispielsweise wenn es um das »Wohnen im Alter« geht. Das Unternehmen setzt auf Fairness und Vertrauen und bietet ein gutes Preis-Leistungs-Verhältnis.

Die DEGEWO hat sich in einem Prozess, in dem alle 650 Mitarbeiterinnen und Mitarbeiter gleichermaßen involviert waren, ein ehrgeiziges Leitbild gegeben: »Die DEGEWO-Gruppe zeichnet sich durch Ertragsoptimierung sowie höchste Qualität bei allen Dienstleistungen rund um die Immobilie aus und übernimmt Verantwortung für die Entwicklung Berlins.« Für den Umgang und das Handeln im Unternehmen wurden gemeinsame Werte definiert. Dazu gehören: Offenheit, Verantwortung, Mut, Weitsicht und Konsequenz. Die DEGEWO-Gruppe wird geführt von den beiden Vorständen Frank Bielka und Christoph Beck.

In der Region Berlin-Brandenburg ist der Markt in private und kommunale Wohnungsunternehmen aufgeteilt. Zu den Mitbewerbern der DEGEWO-Gruppe im kommunalen Bereich zählen u. a. die Wohnungsbaugesellschaft Mitte (WBM), die »Stadt und Land« und die GESOBAU. Zu den privaten Mitbewerbern zählen u. a. die Gagfah, die Deutsche

Wohnen (einschließlich Gehag), die Deutsche Annington und die GSW, ferner die genossenschaftlichen Wohnungsunternehmen.

Die DEGEWO-Gruppe als größtes städtisches Wohnungsunternehmen Berlins fühlt sich den Bewohnern der Hauptstadt besonders verpflichtet und bekennt sich auch in ihrem Leitbild zur Verantwortung für die Entwicklung Berlins. Was ein kommunales Wohnungsunternehmen wie die DEGEWO-Gruppe seiner Stadt und ihren Bürgerinnen und Bürgern tatsächlich einbringt, lässt sich nicht allein an der betriebswirtschaftlichen Rendite ablesen. Als Unternehmen der öffentlichen Hand trägt die DEGEWO-Gruppe eine gesellschaftliche Verantwortung, die sie weit über den rein betriebswirtschaftlichen Tellerrand hinausblicken und handeln lässt. Diese Form von »Corporate Responsibility« kostet Geld, aber die ganze Stadt zieht großen Gewinn daraus.

»Stadtrendite« heißt die Formel, mit der sich gesellschaftliche Verantwortung auch in Zahlen darstellen lässt. Im Auftrag der DEGEWO-Gruppe haben Wissenschaftler des Instituts für Management der Humboldt-Universität zu Berlin diese Berechnung entwickelt. Mit ihrer Hilfe lässt sich das Ausmaß der gesellschaftlichen Verantwortung eines kommunalen Wohnungsunternehmens verdeutlichen. Nach den Berechnungen der Humboldt-Universität kam der Stadt Berlin allein im Jahr 2005 ein Betrag von 46,8 Millionen Euro zugute. Mittlerweile dürfte er wesentlich höher liegen.

DEGEWO AG

Potsdamer Straße 60

10785 Berlin

Gründungsjahr

1928

Website

www.degewo.de

Verantwortlicher

Michael Zarth, Leiter

Marketing/Unternehmens-

kommunikation

Tel.: (030) 26485-1500

Mail: michael_zarth@degewo.de

ment der DEGEWO »erlebbar« gemacht. Voraussetzung für den Erfolg ist die Vernetzung der Akteure im Stadtteil unter Einbeziehung der Verwaltung, des Bezirks sowie zum Teil des Landes und des Bundes. Ein Mix aus unterschiedlichen Projekten solle auf der kommunikativen Ebene den Blick auf das Brunnenviertel lenken, auf die Probleme vor Ort aufmerksam machen, Lösungsansätze zeigen, aber auch einen tatsächlichen Wandel im Wohnviertel bringen. Der Entwicklungsprozess geht nunmehr in das nächste Stadium.

Umsetzung

Mit einer Veranstaltungsreihe unter dem Motto »Verantwortung für die Stadt« wurden zunächst Entscheider und Multiplikatoren mit dem neu entwickelten Begriff »Stadtrendite« vertraut gemacht. Auf dem Podium diskutierten Experten aus Politik, Wissenschaft und Wirtschaft mit DEGEWO-Vorstand Frank Bielka.

Was ein kommunales Wohnungsunternehmen wie die DEGEWO-Gruppe seiner Stadt und den Bürgern bringt, erläutert eine reich bebilderte 24-seitige Broschüre.

Da im Brunnenviertel die Bildungssituation verbesserungswürdig ist, initiierte die DEGEWO einen Bildungsverbund. Denn um neue Mieter, insbesondere Familien, ins Brunnenviertel zu holen, sind gute Kitas und Schulen die Voraussetzung.

Auf einer »Stadtrendite-Tour« wurde Vertretern aus Politik, Wirtschaft und Medien vom Vorstand vor Ort gezeigt, dass sich Wirtschaftlichkeit und soziale Verantwortung nicht ausschließen.

Als Teil des DEGEWO-Schulprojektes, bei dem bildungsferne Kinder wieder Spaß am Lernen bekommen, haben Schülerinnen und Schüler einen Film über das Brunnenviertel gedreht. Die Uraufführung fand unter reger Anteilnahme der Anwohner in der Ernst-Reuter-Oberschule im Brunnenviertel statt.

› DIE KAMPAGNE

Mit ihrem Programm zur Quartiersentwicklung im Brunnenviertel im Bezirk Berlin-Mitte lässt sich der Umfang an Corporate Responsibility der DEGEWO-Gruppe für die Hauptstadt sehr anschaulich verdeutlichen. Das Quartier um die Brunnenstraße war und ist von sozialen Problemen geprägt, viele Mieterinnen und Mieter mit Migrationshintergrund leben hier. »Mittelstandsmieter« kehrten dem Kiez immer häufiger den Rücken. Die DEGEWO, als Eigentümerin von rund 5000 Wohnungen, hat es sich zur Aufgabe gemacht, durch gezielte Maßnahmen den Wegzug von Mietern zu stoppen und den Kiez für neue Mieterinnen und Mieter attraktiv zu machen. Dabei initiierte das Wohnungsunternehmen ein Netzwerk aller Akteure vor Ort, die sich auch auf ein gemeinsames Leitbild zur weiteren Entwicklung des Quartiers verständigten.

Ziele und Zielgruppen

Strategisches Ziel ist es, ein Stadtviertel langfristig und nachhaltig zu entwickeln, Potenziale aufzuzeigen, Chancen zu eröffnen und zu fördern. Ganz konkrete Hilfestellung vor Ort wurde geleistet, um einen problematischen Kiez lebenswerter zu machen und die »Stadtrendite« zu erhöhen. Die Aktivitäten belegen einen Leitsatz des Unternehmens: Wirtschaftliches Handeln und soziale Verantwortung schließen sich nicht aus. Die Strategie zielte zudem auch auf Entscheider und Multiplikatoren. Für sie wird das soziale und städtebauliche Engage-

› DIE JURY

Berlin. 3,4 Millionen Einwohner. 12 Bezirke. 95 Ortsteile. Bevölkerungsreichste Stadt Deutschlands. Es ist nicht nur denkbar, sondern auch Fakt, dass aus solch einer auch multikulturellen Angelegenheit brisante Gebiete entstehen. Und genau hier setzt die DEGEWO-Gruppe an. Die Wohnungsbaugesellschaft möchte an der Verbesserung des Stadtbildes arbeiten und entwickelte zusammen mit der Humboldt-Universität Berlin eine Studie zur Berechnung der »Stadtrendite«. Eine Zahl, die anzeigt, wie hoch die Ausgabequote eines Unternehmens für soziales Engagement ist. Ein offiziell wissenschaftlicher Schritt, um öffentliche Verantwortung gegenüber der Stadt zu zeigen. So baut die DEGEWO-Gruppe zahlreiche Projekte auf, um auf die Problematiken aufmerksam zu machen, indem

sie vielschichtige Zielgruppen anspricht. Die Kommunikation der Öffentlichkeit kann hier ausgebaut werden, indem der Mix und die Intensität der Projekte weiterentwickelt werden. Denn das Prinzip der Stadtbildverbesserung bringt einen aktiven Dialog mit sich. Des Weiteren sollte das Wohlbefinden der Bewohner erforscht werden, denn sie sind die Meinungsträger und letztlich die Zielgruppe, der jegliche Kommunikation gewidmet werden sollte. Die DEGEWO-Gruppe hat einen großen Schritt über den ihr übertragenen Verantwortungsrahmen gesetzt und damit einen Aufbruch unternommen, einem sozial aktuellen Thema mit nachhaltigem Handeln zu begegnen. Für die Projekte der »Stadtrendite« gilt der DEGEWO-Gruppe unsere besondere Anerkennung.

Im Rahmen des Festivals »Wedding Dress #2« machte die DEGEWO auf die Möglichkeiten des Brunnenviertels für die Modeszene aufmerksam. Junge Kreative wurden unterstützt, können ein Jahr mietfrei ihr Geschäft betreiben.

Ergebnisse
Die Maßnahmen der DEGEWO haben sich nicht nur für die Menschen im Brunnenviertel positiv ausgewirkt, sondern auch kommunikativ zu großen Erfolgen geführt. Der von der DEGEWO initiierte Bildungsverbund umfasst sieben Schulen und läuft so erfolgreich, dass er nun auch in der Gropiusstadt initiiert wurde. Dieser neue Bildungsverbund ist soeben in das ExWoSt-Forschungsfeld »nationale Stadtentwicklungspolitik« aufgenommen worden. Das Kultur- und Kunstfestival »Wedding Dress #2«

zog rund 10 000 Kreative aller Branchen in die Brunnenstraße. In 26 Ladenlokalen wurden Mode und Kunst zum Verkauf, aber auch zum Erleben angeboten. Zum begleitenden Wettbewerb »Create your own Wedding Space« wurden rund 200 Geschäftskonzepte eingereicht. Die Preisträger wurden von einer fachkundigen Jury ermittelt. Sie werden ihre Ladenlokale demnächst eröffnen. Darüber hinaus wurden die verbleibenden freien Läden inzwischen von Festivalteilnehmern und anderen Kreativen gemietet. Damit ist das Ziel der DEGEWO, mit dem Festival und dem Wettbewerb ein intelligentes, ungewöhnliches Zwischennutzungskonzept für die freien Gewerberäume bis zum Baubeginn des geplanten City-Outlet-Centers zu entwickeln, in vollem Umfang erreicht.

DEUTSCHE POST WORLD NET

› DAS UNTERNEHMEN

Logistische Kompetenz für jeden Winkel der Welt
Von der Behörde zum Weltmarktführer: Die Deutsche Post World Net (DPWN) nimmt heute im Bereich Transport und Logistik international den ersten Platz ein. Mit der gebündelten Logistikkompetenz ihrer Marken Deutsche Post, DHL und Postbank bietet der Konzern Dienstleistungen für Kunden in nahezu jedem Winkel der Welt an – maßgeschneiderte Lösungen für das Management und den Transport von Waren, Informationen sowie Zahlungsströmen. Dazu nutzt DPWN ihr multinationales Know-how und Netzwerk.

Noch zu Beginn der 90er Jahre war das Unternehmen eine staatliche Behörde, die vorwiegend Brief- und Paketdienstleistungen im nationalen Rahmen anbot. Aus der ehemaligen Deutschen Bundespost

ist ein börsennotierter und wirtschaftlich erfolgreicher Logistikkonzern entstanden, der die internationale Expansion durch zahlreiche Akquisitionen wie etwa Danzas (1999), DHL (2002) oder Exel (2005) gezielt vorangetrieben hat. 2007 erwirtschaftete die Deutsche Post World Net einen Konzernumsatz von mehr als 63 Milliarden Euro. Derzeit beschäftigt das Unternehmen rund 500 000 Menschen in 220 Ländern und Territorien und zählt damit zu den sechs größten Arbeitgebern weltweit.

Globale Orientierung, lokale Verankerung
Leistung in Daten und Fakten: Mit mehr als 350 Flugzeugen, rund 72 000 Fahrzeugen und mehr als 124 000 Mitarbeitern liefert DHL Express zwei Milliarden Sendungen jährlich an 120 000 Orte rund um den Globus aus. Allein das jährliche Seefrachtvolumen von DHL Logistik ergibt umgerechnet eine Containerschlange, die mehr als doppelt so lang ist wie der Nil. Gleichzeitig unterhält DPWN das größte Netzwerk für den internationalen Brieftransport. Jährlich werden rund sieben Milliarden Briefe rund um den ganzen Globus transportiert. Last but not least: Mit 14,6 Millionen Kunden und 850 eigenen Filialen ist die Postbank die marktführende Privatkundenbank Deutschlands.

Als Global Player profitiert Deutsche Post World Net von der Globalisierung der Märkte. Die DPWN erreicht praktisch jeden Ort der Welt, bleibt aber gleichwohl lokal verankert. Daraus erwächst auch die Verpflichtung, sich für globale und lokale gesellschaftliche Herausforderungen und die Reduzierung der Umweltauswirkungen aktiv einzusetzen. Der Konzern und die einzelnen Landesorganisationen engagieren sich deshalb in einer Vielzahl von humanitären und entwicklungspolitischen Hilfsprogrammen sowie beim Schutz des Weltklimas. Den Erfolg dieses an den Prinzipien der Nachhaltigkeit orientierten Einsatzes belegt unter anderem die Aufnahme in die Social Responsible Investment (SRI)-Indices KLD Global Climate 100 und FTSE4Good.

Sieben Konzernwerte bestimmen das Handeln
Seit 2005 verfügt die Deutsche Post World Net über
eine verbindliche Richtschnur für das Handeln
von Management und Mitarbeitern. Die Konzernwerte beschreiben die Kultur des Konzerns und
definieren die Reichweite unternehmerischer
Verantwortung. Ihre Maßgaben lauten:

1. Exzellente Qualität liefern
2. Kunden erfolgreich machen
3. Offenen Umgang pflegen
4. Nach eindeutigen Prioritäten handeln
5. Unternehmerisch handeln
6. Integrität nach innen und außen leben
7. Gesellschaftliche Verantwortung übernehmen

Auf der Basis dieser sieben Konzernwerte hat
DPWN einen Verhaltenskodex erarbeitet, der seit
Mitte 2006 in allen Regionen und Unternehmensbereichen gültig ist. Als »ethischer Kompass« sind
in diesem Code of Conduct die Leitlinien für das
tägliche Verhalten der Mitarbeiter überall auf
der Welt festgeschrieben.

Sowohl Respekt, Toleranz, Ehrlichkeit, Offenheit
und Integrität gegenüber Mitarbeitern und Kunden
als auch die Bereitschaft zur Übernahme von
gesellschaftlicher Verantwortung bilden das Fundament des Verhaltenskodex. Die Leitlinien gelten

im Übrigen unabhängig von Hierarchiestufen für
alle Beschäftigten und Unternehmensbereiche.

Der Code of Conduct orientiert sich an internationalen Übereinkünften und Leitlinien wie der Allgemeinen Erklärung der Menschenrechte, den
Konventionen der Internationalen Arbeitsorgani-
sation (ILO) und dem Global Compact der Vereinten
Nationen. Als wesentliche Elemente sind die Einhaltung der Menschenrechte, Chancengleichheit,
Transparenz sowie eindeutige Positionen im Kampf
gegen Diskriminierung, Bestechlichkeit und
Korruption festgelegt.

Wo und wann immer DPWN aktiv wird – der
Vorsatz des Unternehmens ist es, über den geschäftlichen Erfolg hinaus das gesellschaftliche Engagement der Mitarbeiter nach Kräften zu fördern und
dabei die Traditionen, Strukturen und Werte der
jeweiligen Länder zu respektieren. Wirksame Hilfe
ohne Bevormundung – dieser Maxime folgt das
globale Programm »Hilfe die ankommt / We deliver
help«, eine Kooperation mit dem UN-Kinderhilfs-
werk UNICEF. Dieses Programm ist einer der Eck-
pfeiler der DPWN-Aktivitäten im Rahmen der
Corporate Responsibility. Verantwortet wird es von
der Leiterin des Zentralbereichs Politik und Nachhaltigkeit, die direkt an den Vorstandsvorsitzenden
berichtet.

MAIL EXPRESS LOGISTICS FINANCE

Deutsche Post World Net
Zentrale
Politik und Nachhaltigkeit
Charles-de-Gaulle-Str. 20
53113 Bonn
Tel.: (02 28) 182 - 0
Fax: (02 28) 182 - 70 99

Gründungsjahr
1995

Website
www.dpwn.de

Verantwortliche
Petra Rosignol und
Susanne Meier,
CSR Strategie und Politik

»HILFE DIE ANKOMMT –
WE DELIVER HELP«

› DIE KAMPAGNE

Das Leistungsversprechen von Deutsche Post World Net (DPWN) als international führende Logistikgruppe ist es, Menschen zu erreichen, und zwar in jedem Augenblick rund um den Globus. Als eines der weltgrößten Unternehmen tragen wir eine hohe Verantwortung gegenüber Gesellschaft, Umwelt und Mitarbeitern. Ziel ist es daher, unsere Leistungen auch in den Dienst humanitärer und sozialer Zwecke zu stellen – durch das Engagement unserer Mitarbeiter weltweit. Wir wollen damit zur Erreichung der Milleniumentwicklungsziele beitragen. Mit UNICEF – dem Kinderhilfswerk der UN – hat der Konzern den idealen Partner für das Programm »Hilfe die ankommt/ We deliver help« gewonnen. Es ist darauf ausgerichtet, unser Knowhow auf dem Gebiet der medizinischen Logistik und unsere breite Infrastruktur einzusetzen, um das Überleben von Kindern zu sichern.

Lebendige Unternehmenskultur

Inhalt, Organisation und Ablauf des Programms »Hilfe die ankommt/ We deliver help« basieren auf der Idee, die Kernkompetenzen des Unternehmens und das gesellschaftliche Verantwortungsbewusstsein aller Mitarbeiter miteinander zu verbinden. Hinter diesem integrierten Ansatz steht die Überzeugung, dass nur ein ernsthaftes und persönlich tief verwurzeltes Engagement der Mitarbeiter die unternehmerische Verantwortung glaubhaft macht.

Erfolgreiches Pilotprojekt in Kenia

Der Startschuss für das Programm gegen Kindersterblichkeit fiel 2006 in Kenia. Im Rahmen einer der größten integrierten Gesundheitskampagnen wurden kostenlos rund 3,5 Millionen Moskitonetze verteilt. Eine überaus erfolgreiche Initiative, wie UNICEF Deutschland im Jahr darauf bilanzierte: »Die Deutsche Post World Net hat durch ihre Hilfeleistungen wesentlich dazu beigetragen, die Zahl der malariabedingten Todesfälle bei Kindern in Kenia von 34 000 im Jahr 2005 auf 16 000 im Jahr 2006 zu reduzieren.«

Kommunikation, die zum Engagement motiviert

2007 wurde die Hilfsaktion durch eine Vielzahl von Aktivitäten in Kenia fortgeführt. Dabei bot die DPWN ihren Mitarbeitern unterschiedliche Möglichkeiten, sich zu beteiligen – als freiwillige Helfer, Spender oder Spendensammler. Elementar für den Erfolg war die mehrstufige interne Kommunikation, wobei die Schwerpunkte jeweils auf der globalen Awareness, auf dem Volunteering und dem Fundraising lagen.

· In der Launch-Phase wurden die 500 000 Mitarbeiter des Konzerns über die Kooperation mit UNICEF und die Möglichkeit, sich individuell zu engagieren, umfassend informiert. Besonderes Augenmerk galt dabei den 200 000 Mitarbeitern in Deutschland. Daran schloss sich ein mehrstufiger Auswahlprozess an, in dem die Helfer für den Einsatz vor Ort benannt wurden.

· In der Implementierungs-Phase wurden diese Helfer in Kenia aktiv – und weitere Aktionen wie Fundraising-Events von den Mitarbeitern lanciert. Die Beschäftigten selbst übernahmen Verantwortung für das Gelingen des Projekts. So steigerten sie die Identifikation mit dem Unternehmen und seiner Werteorientierung. Der Zuspruch und die Anerkennung durch externe Stakeholder verstärkte ihre Motivation.

· In der noch laufenden Follow-up-Phase wird das Engagement internationalisiert und zugleich dezentralisiert. Ziel ist es, das Programm zu systematisieren, verbindliche Standards zu entwickeln und so eine hohe Professionalität und Effektivität zu gewährleisten.

We deliver help

Die Bilanz: Ein Stein ist ins Rollen gekommen
Die erste Bilanz des Projekts fällt überaus positiv
aus. 637 interne Bewerber gab es für die 12 Volun-
teerplätze bei der Aufklärungskampagne »Malezi
Bora« in Kenia. Ihre Berichte wurden im DPWN
Intranet und in den klassischen Mitarbeitermedien
publiziert. Mehr als 53 000 Leser machten die
Projektpräsentation zum bis dato meistgelesenen
Artikel im Intranet und belegen so die besondere
Aufmerksamkeit für die UNICEF-Partnerschaft.
DPWN-Mitarbeiter spendeten mehr als 200 000
Euro und organisierten rund 20 Fundraising-Ver-
anstaltungen im In- und Ausland.

Die große Resonanz bestärkt DPWN darin, die
Kooperation mit UNICEF international auszubauen.
Das Unternehmen hat ein ebenso langfristiges wie
globales Handlungsfeld abgesteckt und eine gleichermaßen wirksame und aufmerksamkeitsstarke
Hilfsaktion ins Leben gerufen. Auf der Grundlage
der Erfahrungen aus Kenia wird das Programm im
Jahr 2008 auf die Regionen Asien und Lateinamerika ausgedehnt. Externe Zielgruppen sollen verstärkt einbezogen werden. Mehr Information,
mehr Aufmerksamkeit, mehr Hilfe für die Not
leidenden Kinder der Welt.

› DIE JURY

Corporate Responsibility geht jeden Einzelnen
an. Dieser Grundsatz wird bei der Deutschen Post
gelebt. Denn nur gemeinsam mit den Mitarbeitern
kann das Partnerschaftsprojekt mit UNICEF
»Hilfe die ankommt« umgesetzt werden. Mit dieser
Herangehensweise gelingt es dem Unternehmen,
nicht nur die Empfänger der Hilfspakete zu unterstützen, auch die Mitarbeiter werden für die Thematik sensibilisiert und ihre Identifikation mit dem
Unternehmen verstärkt. Die gewählten Maßnahmen
spiegeln die Kernkompetenz des Logistikunterneh-
mens wider. Dies erhöht die Glaubwürdigkeit und
garantiert gleichzeitig eine nachhaltige Umsetzung.
Das Projekt profitiert zudem von den vorhandenen
und sich ständig erweiternden Netzwerken des
globalen Unternehmens. Die Betonung der eigenen
Logistikleistung innerhalb der Kampagne lenkt
jedoch teilweise von den beachtlichen Ergebnissen

ab und wird neben den bereits angeführten Vorteilen auch zur Herausforderung in der zukünftigen
Kommunikation. Die gesamte Konzeption des
Projektes war in allen Schwerpunkten ausführlich
dokumentiert. Die Jury erhielt dadurch einen tiefen
Einblick in den bemerkenswerten Einsatz der Deutschen Post World Net für die Menschen in Kenia.
Deutlich wurde, dass der Deutschen Post an einem
Engagement gelegen ist, welches definierte Missstände lindern kann. Der kontinuierliche Einsatz
und Aufwand für hilfsbedürftige Regionen in Afrika
zeigt, dass die Übernahme gesellschaftlicher Verantwortung im Unternehmen selbst und bei seinen
Mitarbeitern einen festen Platz gewonnen hat. Insbesondere dieses professionelle und langfristige
Engagement möchte die Jury an dieser Stelle
hervorheben und macht die Deutsche Post zum
verdienten Finalisten.

EnBW

› DAS UNTERNEHMEN

Die EnBW Energie Baden-Württemberg AG mit
Hauptsitz in Karlsruhe ist mit rund sechs Millionen
Kunden das drittgrößte deutsche Energieversor-
gungsunternehmen. Mit über 20 000 Mitarbeiter-
innen und Mitarbeitern hat die EnBW 2007 einen
Jahresumsatz von über 14 Milliarden Euro erzielt.
Unsere Kernaktivitäten konzentrieren sich auf
die Geschäftsfelder Strom, Gas sowie Energie- und
Umweltdienstleistungen.

Traditionell sind wir fest in Baden-Württemberg
verwurzelt. Darüber hinaus sind wir in ganz
Deutschland sowie in weiteren Märkten Mittel-
und Osteuropas aktiv. Wir betreiben konventionelle
Kraftwerke und Kernkraftwerke. Aber nicht nur.
Die Wasserkraftnutzung hat bei uns eine lange
Tradition. Bei den anderen erneuerbaren Energie-
trägern wie Wind, Erdwärme und Biomasse besteht
noch Entwicklungspotenzial. Wir sehen sie als
Chancen für wirtschaftliches Wachstum und für
die Umwelt und wir werden unsere Chancen nutzen. Eine wichtige Rolle werden in der Zukunft
das Gasgeschäft sowie die dezentrale Erzeugung
und die Wärmeerzeugung spielen. In allen genannten Bereichen wird sich die EnBW stärker aufstellen. Wir haben den Anspruch, in allem, was wir
anpacken, eine wegbereitende und führende Rolle
einzunehmen.

Als Vordenker und Wegbereiter auf dem Energiemarkt geben wir Impulse für die wissenschaftliche
Forschung, Entwicklung und Innovation. Wir
setzen uns für einen breiten Energiemix der Zukunft und eine Steigerung der Energieeffizienz
ein. Durch die Entwicklung neuer Konzepte und
Ideen spielen wir einen aktiven Part in der energie-
politischen Gestaltung unserer Zukunft.

Wir verstehen uns im Sinne der Nachhaltigkeit
als ein wirtschaftlich, gesellschaftlich und ökologisch verantwortlich agierendes Unternehmen.
Wir sind bestrebt, unserer Verantwortung für
zukünftige Generationen gerecht zu werden. Unser
Handeln soll sich stets durch Ehrlichkeit, Engagement und Konsequenz auszeichnen.

Klimawandel – Das Engagement der EnBW
Der Klimawandel ist eine der größten gesellschaftlichen, politischen und wirtschaftlichen Herausforderungen. Für Energieversorger ist es essenziell,
die Fakten der klimatischen Entwicklung zu kennen, um Strategien und Instrumente zur Abwen-
dung und Anpassung entwickeln zu können. Eine
tief greifende und ernsthafte Auseinandersetzung
mit dem Klimawandel ist deswegen für uns nicht
nur Teil unserer gesellschaftlichen Verantwortung,
sondern liegt auch in unserem wirtschaftlichen
Kern-Interesse.

Deswegen bringen wir uns als aktiver Dialogpartner
in die Debatte um den Klimawandel ein. Mit Buch-
projekten, Innovationsberichten, Diskussionsaben-
den, durch Vorträge oder auch auf Messen. Mit
unseren Deutschen Klimakongressen haben wir
außerdem eine Plattform für den Austausch von
internationalen Wissens- und Entscheidungsträgern geschaffen, der das Ziel hat, eine breite
Debatte über die Fakten, Folgen und Perspektiven
des Klimawandels anzustoßen.

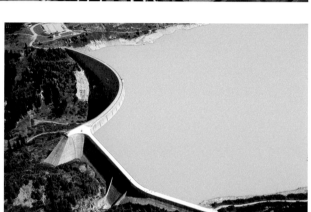

Verantwortungsvoller Umgang mit Energie heißt für uns auch effiziente Energieerzeugung und sparsamer Energieverbrauch. Wir sind der Energieversorger mit dem geringsten Kohlendioxid-Ausstoß unter den großen Energieversorgern in Deutschland. Wir arbeiten stetig an der Verbesserung der Effizienz unserer Kraftwerke. Wir helfen aber auch anderen beim Energiesparen. Denn nur wer weiß, wann und wofür Strom verbraucht wird, kann seinen Stromverbrauch gezielt steuern. Das ist die Voraussetzung, um zum Beispiel stromfressende Geräte zu identifizieren und den Energieverbrauch und damit die Kosten im Haushalt zu senken. Um unseren Kunden mehr Transparenz und Kontrolle über den Stromverbrauch zu bieten, haben wir den ersten Stromzähler einer völlig neuen Generation entwickelt: den »intelligenten Stromzähler«.

Mit unserem Projekt »Energieeffiziente Schule« haben wir die klimafreundliche Schule nach Baden-Württemberg gebracht: ein Geschäftsmodell für Energieeinsparmaßnahmen, bei der gesunkene Energiekosten die baulichen Maßnahmen refinanzieren. So konnten schon drei Schulen mit großen Erfolgen saniert werden: An einer Grundschule wurden beispielsweise 43 Prozent der Energiekosten und 86 Prozent der CO_2-Emissionen reduziert.

Auch das »Netzwerk Energieeffizienz« ist eine Erfolgsgeschichte: In Zusammenarbeit mit EnBW und dem Fraunhofer Institut entwickeln Unternehmen einer Region in einem moderierten Wissensmanagementprozess Verfahren zur rationellen Energienutzung. EnBW hat bereits fünf »Netzwerke Energieeffizienz« gegründet. Dabei werden jährlich rund 15 Mio. Kilogramm CO_2-Emissionen eingespart.

Der Klimawandel ist eine große Herausforderung – gerade für Energieversorger. Aber wir meinen, dass die Wirtschaft bei der Lösung der Klimaprobleme eine Schlüsselrolle spielen wird. Der Klimawandel bringt viele Risiken mit sich, aber auch Marktchancen. Und diese gilt es zu entdecken und zu nutzen.

EnBW Energie Baden-Württemberg AG
Schiffbauerdamm 1
10117 Berlin
Tel.: (030) 23455245

Gründungsjahr
1997

Websites
www.enbw.com
www.enbw.com/klimakongress

Verantwortlicher
Jürgen Hogrefe,
Generalbevollmächtigter EnBW
Energie Baden-Württemberg AG

Partneragentur
WE DO communication GmbH
Chausseestraße 13
10115 Berlin-Mitte
www.we-do.eu

› DIE KAMPAGNE

Ausgangssituation

Als EnBW 2006 zum 1. Deutschen Klimakongress einlud, brachte erstmalig ein Unternehmen internationale Experten aus Wissenschaft, Wirtschaft und Politik an einen Tisch. Der Klimawandel war zu dieser Zeit weder prominent auf der politischen Agenda zu finden noch fand er den Weg in die Mainstream-Medien. Mit ihm beschäftigten sich vorrangig Wissenschaftler, deren Ergebnisse jedoch weitgehend ungehört blieben. Schnell waren zwei Dinge klar: Sinnvolle Lösungen können nur gefunden und umgesetzt werden, wenn gesellschaftsübergreifend alle wesentlichen Akteure eingebunden werden. Und: Die Wirtschaft wird bei der Lösung der Probleme eine Schlüsselrolle spielen. EnBW veranlasste und begleitete im Nachgang deshalb die Gründung von Wirtschaftsinitiativen und stellte den 2. Deutschen Klimakongress unter das Motto: »Die Ökonomie des Klimawandels«.

Zwischen dem 1. und dem 2. Klimakongress lagen kalendarisch gerade mal 13 Monate, klimapolitisch aber Welten. 2007 veröffentlichte der UN-Weltklimarat seinen Aufsehen erregenden Report. Während der deutschen EU-Ratspräsidentschaft und beim G8-Gipfel stand im Vorfeld zu den UN-Klimaverhandlungen in Bali das Thema Klimawandel im Mittelpunkt. Die Medien berichteten nahezu täglich über das Thema. So entstand eine neue Herausforderung: Der Kongress musste so aufmerksamkeitsstark werden, dass er in der Vielzahl der Klima-Nachrichten Gehör finden würde.

Ziel

Mit dem 2. Deutschen Klimakongress sollte der begonnene Dialog weitergeführt werden und darüber hinaus ein Bewusstseinswandel in der Bevölkerung forciert werden. Neben Wissens- und Entscheidungsträgern sollte sich die breite Öffentlichkeit aktiv mit dem Thema auseinandersetzen, EnBW sollte dafür eine Dialogplattform bieten. Unser besonderes Augenmerk lag auf der »Ökonomie des Klimawandels«, um wirtschaftliche Risiken, aber auch Chancen aufzudecken.

Idee

Mit dem 2. Deutschen Klimakongress setzte EnBW den erfolgreichen Austausch zwischen den hellsten Köpfen aus Wissenschaft, Wirtschaft, Politik und Gesellschaft fort. Der wissenschaftliche Beirat mit Deutschlands bedeutendsten Klimaforschern wurde erneut eingebunden und international renommierte Referenten wie Außenminister Frank-Walter Steinmeier, Ministerpräsident Günther Oettinger, US-Botschafter Clayland Boyden Gray eingeladen. Als Schlüsselredner konnte erneut Al Gore gewonnen werden, der die Erderwärmung in das globale Bewusstsein gebracht und dem Kampf gegen den Klimawandel ein prominentes Gesicht gegeben hat. Kurz vor der Veranstaltung wurde bekannt gegeben, dass Al Gore dafür den Friedensnobelpreis erhalten sollte. Mit dem Wettbewerb »Sie fragen – Al Gore antwortet« wurde die Bevölkerung aufgefordert, sich aktiv an der Auseinandersetzung um den Klimawandel zu beteiligen.

Umsetzung der Kampagne

Auf 1550 Plakaten, 50000 Postkarten, in bundesweiten Anzeigen, auf Velo-Taxen, im Berliner U-Bahn-TV »Berliner Fenster« und im Internet wurden Menschen aufgefordert, ihre Frage an Al Gore zu stellen. Die beiden per Internet-Voting ermittelten Gewinner durften auf dem Kongress ihre Fragen live an den Nobelpreisträger richten. Der Klimakongress war zeitgleich im Internet zu verfolgen. In einer Medienkooperation mit n-tv

› DIE JURY

Spätestens seit Oscarpreisträger Al Gore uns mit seiner »Unbequemen Wahrheit« konfrontierte, ist es Zeit, sich intensiv mit dem Klimawandel auseinanderzusetzen. EnBW, drittgrößter Energieversorger Deutschlands, greift die aktuelle Thematik des Klimawandels bereits zum zweiten Mal im Rahmen des Deutschen Klimakongresses auf. Mit der Einbindung von Entscheidungsträgern aus Politik, den bedeutendsten Klimaforschern und international renommierten Referenten konnte eine Plattform zum aktiven Dialog geschaffen werden, welche zu Diskussionen über die Fakten und Perspektiven des Klimawandels anregt. Unter dem Motto »Die Ökonomie des Klimawandels« wurden jedoch nicht nur die Aspekte zum Klimaschutz sondern vielmehr die wirtschaftlichen Chancen und Risiken für die Energieversorger Deutschlands beleuchtet. Mittels zahlreicher Werbemittel wurde die breite Öffent-

lichkeit angesprochen und auf EnBW als verantwortungsbewusstes Unternehmen aufmerksam gemacht. Um die Außenwirkung nicht nur auf nationaler Ebene zu verstärken, gewann EnBW für den Klimakongress den Oscar- und Friedensnobelpreisträger Al Gore für sich. Zur Integration der Öffentlichkeit initiierte EnBW den Wettbewerb »Sie fragen – Al Gore antwortet«, welcher in verschiedenen Werbemaßnahmen kommuniziert wurde und zur Auseinandersetzung mit dem Klimawandel motivierte. Die Gewinner des Wettbewerbes erhielten die einmalige Möglichkeit, sich live mit ihren Fragen an Al Gore zu wenden und am Klimakongress teilzunehmen. Für das erfolgreiche Konzept, den gesellschaftlichen Dialog zum Klimawandel zu fördern und auf den verantwortungsvollen Umgang mit der Umwelt aufmerksam zu machen, gilt EnBW die besondere Anerkennung der Jury.

präsentierte EnBW parallel exklusiv den »n-tv Klimatag«. Mehrfach berichtete der Sender live vom Kongress.

Ergebnisse

460 geladene Gäste diskutierten am 23. Oktober 2007 im Kongresszentrum axica das Thema »Ökonomie des Klimawandels« und folgten am Abend dem oscar-prämierten Vortrag »Eine unbequeme Wahrheit« von Al Gore im Veranstaltungsort TIPI.

Die Printanzeigen erzielten 10,36 Mio. Kontakte, auf der Website wurden Hunderte von Fragen eingereicht. 180 akkreditierte Journalisten veröffentlichten 35 TV-Berichte (20 Mio. Zuschauer), 1615 Print-Artikel (69,5 Mio. Leser) und 370 Online-Artikel (82 Mio. Leser). Fernsehsender wie n-tv, Phoenix und ZDF übertrugen teilweise mehrmals am Tag live vom Kongress.

Aussichten

Die EnBW wird auch 2008 wieder einen Klimakongress veranstalten. Für den 3. Deutschen Klimakongress ist wieder eine Kampagne zur Bürgerbeteiligung geplant.

»Die EnBW leistet Pionierarbeit. Ich freue mich besonders über solche Anstrengungen, weil wir die Unterstützung aus der Wirtschaft brauchen. [...] In einer Demokratie ist der politische Wille eine erneuerbare Ressource und der EnBW gelingt es, diesen Willen immer wieder zu initiieren. Das ist eine großartige Entwicklung.«

Al Gore am 23.10.2007

OTTO GROUP

Die Otto Group ist mit 123 wesentlichen Unternehmen in 19 Ländern Europas, Nordamerikas und Asiens präsent. Ihre Geschäftstätigkeit umfasst die drei Segmente Multichannel-Einzelhandel, Finanzdienstleistungen und Service. Im Geschäftsjahr 2006/07 (28. Februar) erwirtschaftete die Otto Group einen Umsatz von 15 251 Mio. Euro.

› DAS UNTERNEHMEN

1949 wird die Otto Group in Deutschland von Werner Otto als »Otto Versand« gegründet. Der Aufbau des Unternehmens gilt als beispiellose Erfolgsstory der deutschen Nachkriegsgeschichte. Am 17. August 1949 nimmt Werner Otto mit drei Mitarbeitern in einem kleinen Büro- und Lagergebäude in Hamburg-Schnelsen einen Versandhandel in Betrieb. Der erste OTTO-Katalog erscheint 1950 in einer Auflage von 300 Exemplaren, ist handgebunden und präsentiert auf 14 Seiten 28 Paar Schuhe. Innerhalb von zehn Jahren entsteht aus der »Hinterhof-Firma« ein Versandhandelsunternehmen mit mehr als 100 Millionen Mark Umsatz und gut 1000 Mitarbeitern. Der Versandhandel war und ist für die Einzelgesellschaft OTTO die tragende Säule des Geschäfts. Das Angebotsspektrum reicht von Mode über Einrichten bis zu Technik. Wesentlicher Erfolgsfaktor des Unternehmens ist die starke Kundenorientierung, die sich in einer hohen Produktqualität, einem hervorragenden Preis-Leistungs-Verhältnis und gutem Service ausdrückt.

In den 70er Jahren schlägt OTTO einen internationalen Wachstumskurs ein. Seit 1980 liegt der Fokus parallel zum Aufbau der nationalen Otto Group auf der internationalen Expansion und Diversifikation in neuen Geschäftsfeldern. Heute ist die Otto Group eine weltweit agierende Handels- und Dienstleistungsgruppe mit rund 53 000 Mitarbeitern auf drei Kontinenten.

Otto ist heute die größte Versandhandelsgruppe der Welt. Im Onlinehandel mit dem Endverbraucher (B2C) belegt die Otto Group weltweit Platz 2 hinter Amazon. Die dritte Säule des erfolgreichen Multichannel-Vertriebskonzepts – neben dem Kataloggeschäft und E-Commerce – bildet der stationäre Einzelhandel.

Weltweite Konzernaktivitäten und eine Vielzahl von strategischen Partnerschaften und Joint Ventures bieten Otto ausgezeichnete Voraussetzungen für Know-how-Transfer und die Nutzung von Synergiepotenzialen. Verbindendes Glied zwischen allen Gruppenunternehmen sind der Handel und ergänzende Dienstleistungen in ihren unterschiedlichen Ausprägungen hinsichtlich Sortimenten, Zielgruppen und Vertriebskanälen. Ein hohes Maß an Eigenverantwortlichkeit der nationalen Unternehmen garantiert zugleich Flexibilität und Kundennähe sowie eine optimale Zielgruppenansprache in den jeweiligen Ländern.

Im Mittelpunkt des Selbstverständnisses der Otto Gruppe steht die gemeinsame Haltung, mit Leidenschaft für den Erfolg des jeweiligen Unternehmens und des Konzerns als Ganzes zu arbeiten. Dieses Selbstverständnis spiegelt sich in dem für die Otto Group entwickelten Leitgedanken »Leading through passion« wider.

Es ist das gemeinsame Ziel, durch Leidenschaft zum Erfolg zu kommen. Die Otto Group versteht sich trotz unterschiedlicher Geschäftsfelder, Geschäftsideen und Vertriebswege sowie trotz ihres regional unterschiedlichen Auftretens als eine Wertegemeinschaft. Die Leidenschaft für den Erfolg der Gruppe fußt hierbei auf vier Leistungsebenen, die in ihrem Zusammenwirken die Stärke der Gruppe ausmachen:

· Leidenschaft für Kunden,
· Leidenschaft für Innovation,
· Leidenschaft für Nachhaltigkeit und
· Leidenschaft für gemeinsam integriertes
  Handeln der Mitarbeiter.

Neben einer überzeugenden Sortimentsgestaltung und umfangreichen Serviceleistungen hat Otto die Themen Umwelt- und Sozialverantwortung bereits seit Mitte der 8oer Jahre in seiner Geschäftspolitik verankert.

Alle Standorte der Einzelgesellschaft OTTO in Deutschland verfügen heute über ein zertifiziertes Umweltmanagementsystem. Außerdem achten die Unternehmen der Gruppe darauf, mit dem Import ihrer Produkte gleichzeitig ökologische und soziale Standards umzusetzen. Seit 1996 verfügt das Unternehmen über einen »Code of Coduct«, der die Einhaltung sozialer Mindeststandards bei seinen Lieferanten sicherstellt. Oberstes Ziel ist es, die

Lieferanten zu sensibilisieren und menschenwürdige Sozialstandards auch in jene Teile der Welt zu exportieren, in denen ihre Einhaltung vom Staat nicht immer gewährleistet ist. Bei der Überprüfung der sozialen Anforderungen beteiligt sich die Otto Group an der Gemeinschaftsinitiative »Business Social Compliance Initiative – BSCI«, die unter dem Dach des europäischen Außenhandelsverbandes FTA (Foreign Trade Association) entwickelt wurde. Ziel ist es, nachhaltiges Wirtschaften zu einem wichtigen Faktor im Wechselspiel von Angebot und Nachfrage zu machen – und damit zu einem mitbestimmenden Faktor im Marktgeschehen insgesamt.

Der Vorstand der Otto Group verabschiedete in diesem Kontext im Dezember 2007 eine Klimaschutzstrategie, die eine langfristige, kontinuierliche und nachhaltige Senkung der CO_2-Emissionen zum Ziel hat. Die Strategie verpflichtet alle Unternehmen der Otto Group mit mindestens 50 Millionen Euro Umsatz p.a., bei denen die Otto Group die (direkte oder indirekte) Mehrheit der Stimmrechtsanteile hält, zur Halbierung der transport-, mobilitäts- und standortbezogenen Emissionen bis 2020.

otto group

Otto GmbH & Co. KG
Wandsbeker Straße 3–7
22172 Hamburg

Gründungsjahr
1949

Website
www.ottogroup.com

Verantwortlicher
Jürgen Bock,
Bereichsleiter Unternehmens-
und Kulturentwicklung und
Otto Group Academy

Partneragenturen
Ernst Handl (handl.e pictures)
(Künstler & Ideengeber);
Mumme + Ziegfeld GmbH
(Ausführende Agentur)

DER »COTTON MADE IN AFRICA-WEBTAG« –
MITARBEITERAKTION UND SPENDENINITIATIVE

› DIE KAMPAGNE

Ausgangssituation

Das Zusammenwirken zwischen der Konzernzentrale und den Gesellschaften der Otto Group ist geprägt von verschiedenen individuellen Unternehmenskulturen. Ziel ist es deshalb, die übergeordneten Kernwerte des Konzerns – Leidenschaft für Kunden, Leidenschaft für Innovation, Leidenschaft für die Arbeit in Netzwerken und Leidenschaft für Nachhaltigkeit – kontinuierlich auf verschiedensten Kommunikationsebenen zu verbreiten.

Ziele

Mit der Mitarbeiteraktion »Flying Carpet« sollten die Kernwerte der Otto Group hierarchieübergreifend im Konzern erlebbar gemacht werden. Zusätzlich sollte die Idee eines neuartigen Ansatzes zu

Armutsbekämpfung und Umweltschutz in die Gesellschaften getragen werden: »Cotton made in Africa«. Die Initiative setzt sich für die Schaffung einer Nachfrageallianz unter Handelsunternehmen ein, um afrikanischen Baumwollfarmern in den Projektregionen Benin, Sambia und Burkina Faso eine sichere Abnahme der Ware sowie verlässliche Bezahlung garantieren zu können und praktiziert so unternehmerische Verantwortung für Menschen und Umwelt entlang der gesamten Wertschöpfungskette.

Idee

Als theoretische Grundlage für das Projekt diente der Lawineneffekt bzw. das »Tippingpoint Scenario«. Gezielt ausgewählte Multiplikatoren in den Unter-

› DIE JURY

Unternehmerische Verantwortung beginnt für die Otto Group bei ihren Mitarbeitern und dem direkten Unternehmensumfeld, das sich in der globalen Wirtschaft auch auf Kulturen und Branchen fernab des Ursprungsmarktes bezieht. Mit der »Flying Carpet«-Mitarbeiteraktion zeigt uns das Unternehmen, wie kreativ, bunt und involvierend soziales Engagement sein kann. Die Aktion zur Stärkung des Gemeinschaftsgefühls in der Handelsgruppe kommunizierte nicht nur auf originelle Weise die Werte der Otto Group, sondern präsentierte mit »Cotton made in Africa« einen konkreten praktischen Ansatz hinter der Unternehmensphilosophie. Die Otto Group bekennt sich zu ihrer Verantwortung gegenüber dem nachhaltigen Baumwollanbau in Afrika und setzt an diesem Punkt der Wertschöpfungskette mit ihrem Engagement an. So sollen durch eine mit anderen Handelspartnern geschlossene Nachfrageallianz die Bedingungen der Bauern in Afrika verbessert und der Klimaschutz in den Anbaugebieten gefördert werden. Der »Cotton made in Africa-Webtag« wurde weltweit für die

Information und Sensibilisierung der Mitarbeiter des Konzerns genutzt. Die Otto Group schaffte mit der Spendenankündigung für alle Angestellten einen Anreiz zur aktiven Teilnahme und führte durch die Demonstration der Wolle aus Afrika am »Webtag« anschaulich an das Thema heran. Die Umsetzung und Gestaltung der Kampagne ist überaus gelungen und einzigartig. Dennoch hätte durch die genauere Benennung der Maßnahmen und der Spendenverwendung innerhalb des Programms, aus Sicht der Jury, mehr Transparenz und Verständnis für das Projekt geschaffen werden können. Für die Gewinnung weiterer Projektpartner empfiehlt es sich zudem, die Kommunikation der Initiative zu Kunden wie auch zu anderen Stakeholdern intensiver und zielgerechter zu gestalten. Die Otto Group beweist, dass ihre Unternehmenswerte keine bloßen Versprechen sind. Für ein überzeugendes Konzept, das Unternehmenskultur und Verantwortung zu einem besonderen Erlebnis macht, gilt der Otto Group unsere besondere Anerkennung.

nehmen sollten durch spezifische Kommunikations-maßnahmen und Eigeninitiative vor Ort eine große Mitarbeiterbeteiligung erreichen. Die zentrale Botschaft lautete: »Durch Leidenschaft und Gemeinschaft können wir etwas bewegen«.

Umsetzung und Gestaltung

Als Kernelement der Aktion wurde ein weltweit bekanntes Symbol gewählt: das Tattoo – ein Symbol, das unter die Haut geht – als Bild für Leidenschaft. Übertragen auf die Werte der Otto Group konnte diese Leidenschaft hierdurch sichtbar gemacht werden. Alle Mitarbeiter wurden im Aktionszeitraum vom 1. bis 10. Oktober 2007 eingeladen, mit einem selbst gestalteten Stück Baumwollstoff (dem »Stoff-Tattoo«) zu den »Fliegenden Teppichen« beizutragen. Die sehr persönlichen Kunstwerke wurden Bestandteil der Herstellung von insgesamt 57 Teppich-Segmenten, die am »Cotton made in Africa«-Webtag am 10. Oktober 2007 gleichzeitig in allen teilnehmenden Firmen weltweit angefertigt wurden. Am Ende entstanden daraus vier gleich große Kreisteppiche (die »Flying Carpets«) als Sinnbilder für die vier Unternehmenswerte.

Für die direkte Ansprache der Mitarbeiter in jedem Unternehmen wurden Projektleiter in allen Einzelgesellschaften benannt. Die internationale Gruppe traf sich zu einer Kick-Off-Veranstaltung in Hamburg. Jeder Einzelne wurde dort zum Experten und Botschafter für die Aktion. Die Otto Group stellte Plakate und Broschüren im Corporate Design in den Sprachen Deutsch, Englisch, Französisch und Japanisch zur Verfügung sowie original afrikanische Rohbaumwolle aus der ersten »Cotton made in Africa«-Ernte zum Weben der Teppiche. Informationen zur Aktion wurden im jeweiligen Intranet und den einzelnen Mitarbeiterzeitungen veröffentlicht. Auf der global zugänglichen »ottotube«-Web-site im Internet wurde ein Bereich eingerichtet, in dem Stoff-Tattoo-Bilder hochgeladen und Kommentare eingefügt werden konnten. Individuelle Aktionen wie z. B. der Umbau ganzer Foyers und Kantinen zu Arbeitsstationen für die Anfertigung von Stoff-Tattoos ergänzten die Kommunikation weltweit.

Während des gesamten Aktionszeitraumes wurde zusätzlich in allen Unternehmen mit Filmen, Informationswänden, via Intranet und Broschüren über »Cotton made in Africa« informiert und die Otto Group kündigte eine Spende von 3,00 Euro für jedes eingereichte Stoff-Tattoo an.

Ergebnisse

· Rund 25 000 angesprochene Mitarbeiter in
  27 Firmen und 9 Ländern
· 8 582 eingereichte Stoff-Tattoos
· 2 425 Anmeldungen auf der Website »ottotube«
· 25 746,00 Euro generierte Spendensumme für
  »Cotton made in Africa«

Im Dezember 2007 wurden die vier Kreisteppiche feierlich in der Konzernzentrale enthüllt und seitdem dauerhaft ausgestellt. Alle weltweiten Projektleiter erhielten eine Ergebnispräsentation in verschiedenen Sprachen zur Kommunikation an alle Mitarbeiter.

Die Brücke zu den Unternehmenswerten wurde erfolgreich geschlagen: Leidenschaft wird durch jedes Bild auf jedem Stoff-Tattoo symbolisiert. Die gewebten und mit einzelnen Webrahmen verbundenen Teppiche stehen für die Netzwerke der Otto Group. Durch die Verbindung völlig unterschiedlicher Ansätze – Handwerk des Webens, Kunst und Tätowieren, nachhaltige Agrarwirtschaft in Afrika – wird dieses Projekt einmalig und steht für Innovation. Mit der Förderung von »Cotton made in Africa« demonstriert das Projekt Einsatz von und Einsatz für Nachhaltigkeit.

PHILIPS

› DAS UNTERNEHMEN

Royal Philips Electronics mit Hauptsitz in den
Niederlanden ist eines der weltweit führenden
Unternehmen für Healthcare, Lighting und Consumer Lifestyle. Das Markenversprechen »sense and
simplicity« verdeutlicht den Anspruch des Konzerns, Produkte, Dienstleistungen und Lösungen
zu liefern, die auf die Bedürfnisse der Konsumenten zugeschnitten sind. Philips beschäftigt 123 800
Mitarbeiter in über 60 Ländern und erzielte 2007
einen Umsatz von 27 Milliarden Euro. Das Unternehmen ist weltweit marktführend bei diagnos-
tischer Bildgebung, Patientenüberwachungssys-
temen, energieeffizienten Beleuchtungslösungen
und Lifestyle Produkten.

Philips richtet seine Innovationskraft auf Produkte,
die im Einklang mit der Umwelt stehen – sowohl
hinsichtlich der Produkteigenschaften als auch in
Bezug auf deren Herstellungsprozesse. Das Unternehmen hält eine nachhaltige, ökologisch vertret-
bare Entwicklung für eine der wichtigsten Aufgaben und arbeitet kontinuierlich daran, Lösungen
zu entwickeln, die Ökonomie und Ökologie erfolgreich miteinander in Einklang bringen. Dieses
Zusammenwirken ist wesentlicher Bestandteil aller
Aktivitäten des Konzerns und wird bereits seit 1970
regelmäßig vom Management anhand von Umwelt-
richtlinien überprüft und weiterentwickelt. Im
Jahr 2007 hat Philips mit umweltfreundlichen Produkten 5,3 Milliarden Euro Umsatz erwirtschaftet.
Der große Erfolg dieser Produkte ist das Ergebnis
langjähriger Bemühungen im Bereich Ökodesign
sowie umfangreicher Investitionen in umweltfreundliche Beleuchtungstechnologien. Allein in
den vergangenen fünf Jahren hat Philips mehr
als 400 Millionen Euro in die Entwicklung und
Vermarktung von ressourcenschonenden Beleuchtungslösungen investiert. Heute ist Philips führend
bei der Entwicklung energieeffizienter Lösungen
in der Beleuchtungsindustrie.

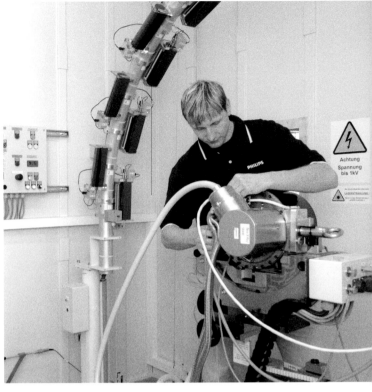

Die deutsche Philips GmbH ist eine der größten und umsatzstärksten Tochtergesellschaften des Konzerns mit rund 6900 Mitarbeitern. Sie erzielte 2007 einen Umsatz von 3,43 Mrd. Euro. 2007 ist Philips in Deutschland mit einer Wachstumsrate von fünf Prozent deutlich schneller als der Markt gewachsen. 1,770 Mrd. Euro wurden im deutschen Markt erzielt. Der Exportumsatz lag bei 1,67 Mrd. Euro. Ihren Hauptsitz hat die Philips GmbH in Hamburg, weitere große Standorte sind Böblingen und Aachen. In Deutschland sind wesentliche Kompetenzen für Forschung, Entwicklung und Fertigung angesiedelt.

In Hamburg sind neben der Deutschland-Zentrale die Vertriebszentralen der Sparten Healthcare, Lighting und Consumer Lifestyle, bedeutende industrielle Aktivitäten und die deutsche Medizinforschung zu Hause. Darüber hinaus entwickelt und produziert das Unternehmen in Hamburg Röntgensysteme, -röhren und -generatoren für den Weltmarkt. Diese Fertigung wird aktuell ausgebaut. Es entsteht eine neue Produktionslinie für Röntgenstrahler und Generator des neuen Philips 256-Zeilen Computertomografen Brilliance iCT.

Der Brilliance iCT wird derzeit in Deutschland eingeführt und ermöglicht gestochen scharfe Bilder innerer Organe bei einer deutlich geringeren Strahlenbelastung. Gleichzeitig wird das so genannte »Retouren & Recycling«-Zentrum erweitert, in dem gebrauchte Röntgen-Produkte aufgearbeitet werden. Mit dieser Investition wird der gesamte Energieverbrauch in der Röntgenröhrenfertigung um bis zu 30 Prozent gesenkt.

In Böblingen entwickelt und produziert Philips Patientenüberwachungssysteme für den weltweiten Markt, die vor allem in der Notfall- und Intensivmedizin, der Schwangerschafts- und Neugeborenenüberwachung, bei Operationen und in der Anästhesie eingesetzt werden. Mit mehreren hunderttausend Monitoren, die weltweit installiert sind, ist Philips in diesem Bereich marktführend.

Aachen steht bei Philips Deutschland vor allem für Beleuchtungs- und Forschungsaktivitäten. Die weltweiten Kompetenzzentren für Frontbeleuchtung am Auto und Niedervolt-Halogenlampen sitzen dort. In Aachen stellt Philips Xenon- und Halogenlampen für den weltweiten Markt her. Die Stadt ist zudem Sitz der deutschen Forschungszentrale mit den Schwerpunkten Medizin und Licht.

Im Rahmen des Wettbewerbs »Great Place to Work« wurde Philips in Deutschland das Gütesiegel »Deutschlands beste Arbeitgeber 2007« verliehen.

PHILIPS

Royal Philips Electronics

Deutschlandzentrale:
Philips GmbH
Lübeckertordamm 5
20099 Hamburg

Gründungsjahr

1891 in Eindhoven

Website

www.philips.de

Verantwortliche

Veronika Hucke, Leiterin
Unternehmenskommunikation
Philips GmbH

Partneragenturen

Tribal DDB GmbH, Hamburg;
CARAT Hamburg GmbH;
Publica PR Projects GmbH,
Hamburg

»KLEINER BEITRAG – GROSSE WIRKUNG«

› DIE KAMPAGNE

Anfang des Jahres 2007 entflammte eine neuerliche Diskussion über die Gefahren des Klimawandels. Experten sprachen sich für ein EU-weites Verbot von Glühbirnen aus, um den CO_2-Ausstoß zu reduzieren. Fast zwanzig Prozent des weltweiten Energieverbrauchs werden für Beleuchtung aufgewendet. Rund vierzig Prozent davon könnten eingespart werden, wenn neue energieeffiziente Lichttechnologien zum Einsatz kämen.

Mit der Klimaschutz-Aktion »Kleiner Beitrag – große Wirkung« wollte Philips die Öffentlichkeit darauf aufmerksam machen, wie einfach, schnell und effektiv jeder Einzelne etwas für den Umweltschutz tun kann.

Gleichzeitig sollte die Kampagne unterstreichen, dass der Erhalt unserer Umwelt nicht nur jeden Einzelnen angeht, sondern auch eine Verpflichtung gegenüber den nachfolgenden Generationen ist. Jeder Einzelne kann bereits mit kleinen Schritten gegen den Klimawandel angehen, indem man z. B. auf energieeffiziente Beleuchtung umsteigt.

Strategie und Umsetzung

Philips erklärte sich bereit, bis zu 1000 Klassenzimmer mit energiesparender Beleuchtung auszustatten. Um Eltern, Schüler, Lehrer, aber auch die Hamburger Öffentlichkeit zu veranlassen, sich mit dem Thema auseinanderzusetzen, mussten allerdings zwei Voraussetzungen erfüllt werden: Erstens mussten Schüler, Lehrer und Eltern bei der Installation der Beleuchtung mit anpacken. Zweitens mussten die Hamburger ihr persönliches Versprechen abgeben, auf energiesparende Beleuchtung umzusteigen. Um Aufmerksamkeit und Unterstützung für die Aktion zu gewinnen, wurde eine multimediale Kommunikationskampagne implementiert. Die Laufzeit der Aktion betrug drei Monate. Ein Versprechen gab Philips ab: »Es gibt keine Werbung in den Schulen.«

· Die erste Phase bildete die direkte Kommunikation mit den Hamburger Schulen. Sie wurden angeschrieben, über die Aktion informiert und aufgefordert, dabei zu sein. Die Registrierung erfolgte online: www.hamburgerklassenzimmer.de

· Parallel zu dem Registrierungsprozess der Klassen wurde das zentrale Element der Kommunikation, die Microsite www.grossewirkung.de, live geschaltet. Auf dieser Seite wurde die Aktion erklärt, die Möglichkeit zum Mitmachen gegeben und es gab natürlich auch etwas zu gewinnen. Jederzeit konnte von überall der aktuelle Stand der Hamburger Aktion eingesehen werden. Verbunden

über die Aktion und über regelmäßige Mitmach-aktionen wurde die Aufmerksamkeit weiter gesteigert. So konnten die Hamburger beispielsweise bei den »Stromsparmalern« Begriffe zum Thema Energiesparen erraten oder mit den Spielern der Hamburg Freezers – dem Erstliga-Eishockey-verein – in die Pedalen treten, um Lampen zum Glühen zu bringen. Weiteres Highlight war eine Kooperation mit der Hamburger Kunsthalle, im Rahmen derer Kinder Bilder zum Thema »Natur« malten, die dann auf der riesigen Videowand ausgestellt wurden.

Ergebnisse

Philips hat mit seinem Projekt eine breite Unterstützung durch Politik, Wirtschaft und Umweltorganisationen erfahren. Während der Aktion haben mehr als 77000 Hamburger einen aktiven Beitrag für den Umweltschutz geleistet und gaben ihr Versprechen ab, zu Hause auf Energiespar-lampen umzusteigen. Auf die Internetseite wurde 164270 Mal zugegriffen. Nach dem Aufstellen der Vidiwall stieg die Anzahl der Seitenbesuche noch einmal deutlich an und auch die Zahl der Bekenntnisse zum Lampentausch nahm noch einmal zu. 40432 Versprechen wurden allein an der Vidiwall abgegeben. Insgesamt wurden über Media und PR über 23 Millionen Kontakte erreicht. 773 Klassenzimmer konnten am Ende kostenlos mit energie-effizienter Beleuchtung von Philips ausgestattet werden. Insgesamt sparen die Schulen in der Hansestadt damit rund 62 Tonnen CO_2 jährlich ein. Dies entspricht dem CO_2-Ausstoß eines Mittelklasse-wagens bei einer 14-fachen Umrundung des Äquators. Einige Schulen nutzten den Lampenwechsel als Aufhänger für weitere Aktionen: Beispielsweise wurde der Lampentausch zum Anlass genommen, einen Umwelttag durchzuführen.

war die Microsite mit dem weltweiten Online-Auftritt www.asimpleswitch.com, auf dem der Konzern über die Bedeutung von energiesparender Beleuchtung informiert.

· Der Kampagnen-Start wurde durch PR-Aktivitäten und durch eine Medienpartnerschaft mit einem lokalen Radiosender begleitet. Print-Anzeigen, Online-Banner und U-Bahn-TV-Werbung informierten über den gesamten Zeitraum über die Aktion und forderten die Zielgruppen zum Mitmachen auf.

· Ein weiterer sehr aufmerksamkeitsstarker Teil der Kampagne war der Klima-Buzzer vor einer riesigen Videoleinwand in der Hamburger Innenstadt. An der Videowand informierten Promotoren

› DIE JURY

Mit der originellen Klimaschutz-Aktion »Kleiner Beitrag – große Wirkung« demonstriert Philips die Notwendigkeit des Bewusstseinswandels in der Gesellschaft zum Schutz der Umwelt. In einer beispielhaften Spenden- und Kommunikationskampagne zeigt Philips, dass jeder Einzelne mit geringem Einsatz zur Reduzierung der CO_2-Emissionen beitragen kann. Mit dem Ziel, auf die Energiespar-möglichkeiten in öffentlichen Gebäuden aufmerksam zu machen und die Verantwortung der öffentlichen Verwaltungen zu unterstreichen, stellte das Unternehmen die Spende von energieeffizienter Beleuchtung an Klassenzimmer in Hamburg unter die Bedingung eines Energiespar-Versprechens der Einwohner. Das Engagement zielt so über den Rahmen einer Spendenaktion hinaus und spricht das Bewusstsein der Hamburger, vor allem der jungen Generation von Schülern an. Die Kampagne beeindruckt durch ein integriertes Kommunikationskonzept, das das Ziel der aktiven Einbindung und Sensibilisierung der Zielgruppen zum Energie-sparen stringent verfolgt. Die Gestaltung der Initiative ist kreativ und ansprechend. Über interaktive Kommunikationselemente und hohe mediale Präsenz gelang es Philips, seine Botschaft der kleinen Beiträge aufmerksamkeitsstark an die Zielgruppe zu vermitteln. Es entstand auf geschickte Art und Weise ein viraler Effekt, der positiv zur Erreichung des Spendenvolumens beitrug. Begründet in der hohen Aufmerksamkeit, die dem Unternehmen und auch seinen Produkten zuteil wurde, wäre eine Ausdehnung des Spendenkreises wünschenswert gewesen. Zudem wurde das ursprüngliche Ziel der Kampagne, alle öffentlichen Verwaltungen und Behörden in die Energiespar-Aktion einzubinden, aus Sicht der Jury leider nicht vollständig verwirklicht. Dennoch: Für das erfolgreiche Konzept, die energieeffizienten Produkte des Unternehmens bereitzustellen, eine Stadt zu mobilisieren und auf den verantwortungsvollen Umgang mit der Umwelt aufmerksam zu machen, gilt Philips unsere besondere Anerkennung.

WESTFÄLISCHE PROVINZIAL

› DAS UNTERNEHMEN

Die Westfälische Provinzial Versicherung AG ist ein hundertprozentiges Tochterunternehmen der Provinzial NordWest Holding AG. Gegründet als Feuersozietät mit mehreren Keimzellen in Westfalen, versteht sie sich bereits seit 1722 als zuverlässiger Versicherer in Westfalen. Sie ist der zweitgrößte öffentliche Versicherungskonzern im Finanzverbund der Sparkassen. Mit 1,8 Millionen Privat- und Firmenkunden ist das Unternehmen heute Marktführer in seinem Geschäftsgebiet mit ca. 8 Millionen Einwohnern: Fast jedes zweite Haus und achtzig Prozent aller Bauernhöfe in Westfalen sind bei der Provinzial versichert.

Durch die enge Verbundenheit mit der Region kennt die Provinzial die Bedürfnisse ihrer Kunden sehr genau. Ein Garant für diese Kundennähe ist ein dichtes Vertriebsnetz: Rund 500 Provinzial-Geschäftsstellen mit über 2000 Mitarbeitern und 76 westfälische Sparkassen mit ihren mehr als 1500 Filialen und über 30000 Mitarbeitern sichern den Provinzial-Kunden eine individuelle Beratung vor Ort zu. Konkret heißt das: Die nächste Provinzial-Geschäftsstelle ist für jeden Kunden beispielsweise in maximal zehn Minuten zu erreichen.

Die Westfälische Provinzial bietet als Universalversicherer Privatkunden genauso wie Firmenkunden, Institutionen und Kommunen die komplette Palette von Versicherungsdienstleistungen an. So wird die Westfälische Provinzial im besten Sinne als »immer da, immer nah« erlebt und dies ist auch ihre Botschaft in der Marken-Kommunikation. Nicht nur durch dieses Versprechen hat es das Unternehmen geschafft, einen enorm hohen Markenwert zu erreichen. Ob über Print-Medien, im TV, auf großflächigen Plakaten oder im Internet: Die Westfälische Provinzial ist mit dem Key-Visual »Schutzengel« bei den Menschen in Wesfalen fest verankert.

Emotionale Nähe

Die emotionale Komponente der Marke wird geprägt von der persönlichen Beziehung zu den Kunden. Das besondere Engagement der Vertriebspartner im geschäftlichen und gesellschaftlichen Leben vor Ort, die zum Teil über Generationen bestehenden Geschäftsbeziehungen und ein ausgezeichneter effektiver Service im Schadenfall sorgen für ein nachhaltig positives Image der Provinzial.

Darüber hinaus spielt die Versicherung für ihr gesamtes Geschäftsgebiet eine bedeutende Rolle als Arbeitgeber. Vor allem begreift sie es als eine wichtige Investition in die Zukunft, jungen Menschen die Chance zu einer qualitativ hochwertigen Ausbildung zu geben: Pro Jahr starten rund 100 Auszubildende mit der Provinzial ins Berufsleben.

Getreu ihrem Selbstverständnis als »Schutzengel« für die Region legt die Westfälische Provinzial besonderen Wert auf eine aktive Schadenverhütung, die insbesondere in der täglichen Arbeit den schadenverhütenden Charakter von Maßnahmen mit gesellschaftlichem Engagement vernetzt: So unterstützt sie beispielsweise nicht nur westfalenweit rund 60 Nachtbusse zur Förderung der Verkehrssicherheit, sondern bietet ihren Kunden z.B. auch ein kostenloses Unwetterfrühwarnsystem an. Zahlreiche Sicherheits-Netzwerke, zum Beispiel eine aktive Kooperation mit den westfälischen Feuerwehren, sind ein weiterer Beleg für das schadenverhütende und gesellschaftliche Engagement der Provinzial in Westfalen.

Das Engagement in und für Westfalen geht jedoch noch weiter: So fördert die Provinzial im Rahmen ihrer Stiftung die Kultur in Westfalen – vom jährlichen Schülerzeitungswettbewerb bis hin zum ersten und bisher einzigen Picasso-Museum Deutschlands, dem Graphikmuseum Pablo Picasso Münster.

Rahmenbedingungen und Marktsituation

In der Versicherungswirtschaft scheinen die Angebote mehr oder weniger austauschbar und vergleichbar hinsichtlich ihrer Kernleistungen zu sein. Folglich steigt auch die Preissensibilität der Versicherungsnehmer. Zudem werden nur wenige relevante Bedürfnisse und Wünsche der Kunden erkannt, die kaufrelevant gestaltet werden. Dadurch positionieren sich zwangsläufig viele Versicherungsunternehmen – ca. 160 Anbieter existieren am deutschen Markt – mit ähnlichen Profilen am Markt. Wer sich Marktanteile nicht über den Preis erobern will, muss sich durch eine entsprechende Bekanntheit, eine klare Marke und ein besonderes Image bei seinen Kunden verankern.

Die Westfälische Provinzial ist als regionaler Marktführer gut aufgestellt. Mit einer spontanen Markenbekanntheit von über 40 Prozent ist die Marktstellung in Westfalen gefestigt. Für viele ist die Provinzial die erste Wahl, wenn es um Versicherungen geht.

Der Versicherungsmarkt wird zunehmend zu einem Verdrängungsmarkt. Damit steht die Provinzial als Marktführer zwangsläufig im Fokus konkurrierender Marktteilnehmer.

PROVINZIAL
Die Versicherung der Sparkassen

**Westfälische Provinzial
Versicherung AG**
Provinzial-Allee 1
46159 Münster

Gründungsjahr
1722

Website
www.provinzial-online.de

Verantwortlicher
Ralf Tornau

› DIE KAMPAGNE

Ausgangssituation

Seit vielen Generationen begleitet die Westfälische Provinzial Versicherung die Menschen und Unternehmen in Westfalen. Besonderen Wert legt sie dabei auf eine wirkungsvolle und erlebbare Schadenverhütung. Aufgrund der hohen Identifikation mit der Region und der kommunalen Verankerung gestaltet sie ihre Kernkompetenz »Sicherheit« sehr differenziert. Durch die Vernetzung mit Sicherheitspartnern wird zusätzliche Kompetenz einbezogen sowie die quantitative und qualitative Projektumsetzung gesteigert.

Ziele und Zielgruppen

Die Ziele der Schadenverhütung der Westfälischen Provinzial sind, den Sach- und Personenschutz zu verbessern, den Kommunen Hilfestellungen in der Brandschutzerziehung und -aufklärung zu geben und gezielte Schadenverhütungsaktivitäten und -projekte mit erfahrenen Netzwerkpartnern zu initiieren und umzusetzen. Insbesondere die Sicherheit von Kindern und Jugendlichen liegt der Westfälischen Provinzial am Herzen. Daher stellt sie in vielen Projekten PädagogInnen, BrandschutzerzieherInnen (Feuerwehr), Eltern, Vorschulkinder und Schüler in den Mittelpunkt.

Strategie

Für die erfolgreiche Umsetzung von Projekten ist eine gute Faktenplattform besonders wichtig. So wurden beispielsweise Workshops mit Lehrern, Schülern und Eltern durchgeführt, um Bedürfnisse zu erfassen, Ziele zu definieren und konkrete Maßnahmen umzusetzen. Die Westfälische Provinzial sieht einen wesentlichen Erfolgsschlüssel in dem kontinuierlichen und engen Dialog mit Netzwerkpartnern, den Kommunen sowie Partnern mit pädagogischem Know-how. Die vorgestellten Projekte sind grundsätzlich langfristig und auf Nachhaltigkeit angelegt.

Umsetzung

Die Schule und der Weg dorthin sollten sichere Orte sein, doch das ist nicht selbstverständlich. Vandalismus, körperliche Gewalt, aber auch Mobbing sind immer häufiger an der Tagesordnung. Mit dem Kooperationsprojekt »Stark im MiteinanderN« werden Kinder und Jugendliche mit ihren Gefühlen im Schulalltag ernst genommen. Es bietet mit vier verschiedenen Bausteinen Lösungsansätze zur Förderung einer konstruktiven Konfliktkultur. Pädagogische Leitfäden zur Durchführung von Gesprächskreisen (Magic Circle), ein ideenreicher Erlebnisparcours (Fair Mobil), theaterpädagogische Methoden (Spotlight-Theater gegen Mobbing) und viele Tipps und Anregungen zur Vandalismusprävention (Cool at School) gehören zu dem Angebot für Kinder und Jugendliche im Alter von 5 bis 16 Jahren.

Entlastung für die Schutzengel. Als regionaler Versicherungspartner verpflichtet sich die Westfälische Provinzial Versicherung AG mit ihrem Engagement weit über Versicherungsdienstleistungen hinaus und zeigt gesellschaftliche Verantwortung im Rahmen der Prävention von Sach- und Personenschäden. Mit den Projekten »Stark im MiteinanderN«, »Sinnsorium« und Brandschutzerziehung demonstriert die Versicherung in ihrer Region die Nähe und Sicherheit, die sie ihren Kunden auch im operativen Geschäft verspricht. Die Grundidee, das Bewusstsein und Handeln von Kindern und Jugendlichen in Westfalen im Sinne der Schadensvorbeugung zu fördern und zu beeinflussen, wurde innerhalb der drei Projekte zielgruppengerecht und kreativ umgesetzt. Dabei spiegelt sich ihre Strategie der »Sicherheit durch Kommunikation« sowohl in den gegründeten Kompetenznetzwerken als auch in den mit Partnern entwickelten Projekten deutlich wider. In alle Maßnahmen wird die Zielgruppe aktiv eingebunden und zur Auseinandersetzung mit dem Thema Sicherheit motiviert. Einzelne Elemente der Kampagnen wie Workshops, Info-Mobile und Erlebnis-Elemente an Schulen, aber auch die Unterstützung von Feuerwehren in Form von Sachsponsoring fügen sich zu einem gelungenen Ganzen. Besonders das umfassende Kommunikationskonzept der Initiative »Stark im MiteinanderN« sticht aus der Projektreihe hervor und bietet aus Sicht der Jury eine gute Grundlage dafür, zukünftig auch die Kommunikation in anderen Maßnahmen konzeptionell und visuell zu optimieren. Die Westfälische Provinzial betont mit ihren Initiativen zur Schadensprävention die gesellschaftliche Relevanz von Schutz und Sicherheit für jeden Einzelnen. Für ihren nachhaltigen und verbindlichen Einsatz für ihre Region gilt der Westfälischen Provinzial unsere besondere Anerkennung.

Paragraf 8 FSHG verpflichtet Kommunen zur Brandschutzerziehung und -aufklärung (BE/BA). Um dies zu unterstützen, hat die Westfälische Provinzial in Zusammenarbeit mit Pädagogen und dem Landesfeuerwehrverband NRW u. a. ein Feuer-Ideen-Mobil für Grund- und Sonderschulen entwickelt und alle westfälischen Schulen damit ausgerüstet. Ziel ist es, Kindern spielerisch den sicheren Umgang mit Feuer und das richtige Verhalten in Brandsituationen nahezubringen. Lehrerinnen und Lehrern gibt das Feuer-Ideen-Mobil konkrete Hilfe für die Vorbereitung und Durchführung des Unterrichts.

Verändertes Freizeitverhalten führt dazu, dass motorische Fähigkeiten und die Fähigkeit, alle Sinne konsequent zu nutzen, nachlassen. Die Westfälische Provinzial hat im Floriansdorf in Iserlohn ein ein so genanntes SINNSORIUM eingerichtet. Es bietet Kindern mit dem Sinneshaus, Forscherlabor und Sicherheitsparcours die Möglichkeit, ihre Sinne und Fähigkeiten zu entdecken und zu schärfen.

Ergebnisse
Dank des Kooperationsprojektes »Stark im MiteinanderN« hat seit 2001 in vielen Schulen eine konstruktive, auf Rücksichtnahme und Teamgeist basierende Konfliktkultur Einzug gehalten. Jährlich erreicht allein das »Fair Mobil« bei rund 120 Schuleinsätzen mehr als 6000 Schüler. Und die Materialien des Projektbausteins »Magic Circle« kommen mittlerweile in mehr als 3500 Klassenzimmern zum Einsatz.

Um die BE/BA-Arbeit transparenter zu gestalten, hat die Westfälische Provinzial neben dem Internetauftritt www.sicherheitserziehung-nrw.de eine Koordinierungsstelle eingerichtet. Mit Unterstützung der Internetplattform www.rauchzeichen-setzen.de wurde zudem im vergangenen Jahr eine Aktion zur Rauchmelderaufklärung gestartet. Mit kreativen Ideen und Maßnahmen engagierten sich hierbei 45 Feuerwehren sehr erfolgreich, um das Leben der Bürger in Westfalen sicherer zu machen.

Viele Schulklassen des dritten Grundschuljahrgangs haben mittlerweile das SINNSORIUM besucht und dabei durchweg positive Erfahrungen gesammelt. Um das Gesamtangebot für Pädagogen darzustellen, hat die Provinzial vor wenigen Monaten die Internet-Domain www.proschulen.de eingerichtet.

Dr. Horst Avenarius
Vorsitzender des Deutschen Rates für Public Relations

WER LÜGT, VERLIERT

Was ist PR? Was kann sie am besten? Man sollte meinen, dass diese Fragen geklärt sind. Aber mitnichten! Das PR MAGAZIN veröffentlicht bisweilen einen Fragenkatalog an Kommunikationschefs und die erste lautet stets: »Wie erklären Sie Ihren Freunden, was Sie tun?« Wenn die Gefragten dann nicht antworten, sie hätten es aufgegeben, das zu erklären, sondern versuchen, ihre Antwort in einen Satz zu fassen, geraten sie unweigerlich in Definitionsnöte.

Auch Wissenschaftler haben diese Schwierigkeiten mit der PR. Sie wiederholen dann die seltsame Begebenheit, dass der Amerikaner Rex Harlow 1976 476 PR-Definitionen gezählt und eine eigene hinzugefügt hat. Sicher waren das größtenteils emphatische oder sarkastische oder aphoristische Umschreibungen, wie man sie auch aus den Magazin-Antworten herauslesen könnte. Aber sie werden mit einem Brustton des Barmens über einen Berufsstand vorgetragen, der es nicht besser weiß.

Klaus Merten, ein bekannter Kommunikationswissenschaftler, hat 32 Jahre danach schon »mehr als 500 Definitionsversuche« gezählt und jetzt flugs einen weiteren hinzugefügt (»Zur Definition von Public Relations« in Medien & Kommunikationswissenschaft Heft 1/2008): »Public Relations sind das Differenzmanagement zwischen Fakt und Fiktion durch Kommunikation über Kommunikation in zeitlicher, sachlicher und sozialer Perspektive.«

Bevor Sie nicht weiterlesen, möchte ich schnell anmerken, dass in dieser neuesten Definition eine arge moralische Keule steckt und Merten sie vor allem gegen »einschlägige Ethik-Kommissionen« schwingt. Befassen wir uns daher kurz mit den Überlegungen hinter diesem Begriffsungetüm, bevor uns das nächste – die 503. Definition – vorgelegt wird.

Differenzmanagement zwischen Fakt und Fiktion, schreibt Merten, sei »eine Technik bedingt geduldeter öffentlicher Täuschung...« Er geißelt die Definitionen der PR-Praktiker, die durchweg den Aspekt der Konstruktion, der Manipulation oder der Täuschung ausblendeten. Merkwürdigerweise fährt er fort, dass die Wissenschaft selbst nicht mit diesen Begriffen hantieren dürfe, weil sie wertend wirken. Daher sei der von ihm vorgeschlagene Begriff Differenzmanagement »in jedem Falle vorteilhaft«.

Lassen wir es dahingestellt, ob die Wissenschaft sich wirklich dergestalt schlaumeierisch aus dem ethischen Dilemma der PR herauswinden kann. Es reicht, dass den PR-Praktikern ständig die öffentliche Täuschung wie eine Erbsünde vorgehalten wird – ihnen und den Diplomaten, wie Merten schon 2006 einmal schrieb. Anders als anderes partielles PR-Fehlverhalten – zum Beispiel die Bestechung, die Nötigung oder die Drohung – liegt für Merten nämlich das Täuschen in der Berufsrolle der PR-Leute selbst. Sie täuschen sozusagen per definitionem.

Unsere Frage: Steht PR mit der Wahrheit und der Wahrhaftigkeit auf Kriegsfuß? Dringlicher noch: Müssen wir das dulden?

Wahrheit bezieht sich auf Sachverhalte, Wahrhaftigkeit auf ein Verhalten (Verlogenheit wäre dazu das Gegenteil). In Krisensituationen sind PR-Leute gut beraten, die Wahrheit auszupacken. Was aber ist in ruhigeren Zeiten die »Wahrheit« über eine Person oder eine Organisation? Müsste auch dann die Devise gelten, die Klaus Kocks einmal von Nestle forderte: Hosen runter! Und wäre nur das die Wahrheit, was dann zu sehen ist?

Nach dieser rigorosen Anschauung wären nur solche Betriebe wahrhaftig, die sich als Brutstätten des Mobbing und der Heuchelei outen. Tun sie es nicht, betreiben sie »Schönfärberei«, »dehnen die Wahrheit«, »täuschen« die Öffentlichkeit. Aber gerade das mache sie erfolgreich, meint Merten. Schon vor zwei Jahren proklamierte er in der Überschrift eines Zeitschriftenartikels: »Nur wer lügen darf, kann kommunizieren!« (pressesprecher 1/06).

»Wer lügt, verliert«, überschrieb der Theologe Hans Küng einen SZ-Beitrag am 5. April 2008 und es wirkt wie eine Replik auf Merten, hier an die Diplomaten und Politiker gewandt, die eine Sondermoral reklamieren und damit so tun, als lebten wir noch im 19. Jahrhundert. »Niemand, wie hoch oder mächtig auch immer, darf lügen« lautet der Artikel 12 der von Küng mitverfassten »Allgemeinen Erklärung der Menschenpflichten« von 1997.

Merten hingegen hatte vor zwei Jahren geschrieben, den »verfügbaren Kommunikationsethiken und ihren Vertretern« sei ein differenzierter Umgang mit der Lüge »unnachsichtig abzufordern«. Erwartete er, dass der PR-Rat die Schleichwerber reinwäscht? Der Deutsche Rat für Public Relations, um hier einmal die einzige effiziente »Ethikkommission« zu nennen, die Merten gemeint haben kann, hat in den letzten beiden Jahren 22 Rügen gegen Schleichwerber ausgesprochen, darunter gegen einen der größten deutschen Finanzdienstleister. Begründung: Sie haben Fernsehzuschauer über den Absender ihrer platzierten Firmenbotschaften getäuscht.

Hingegen hat der Rat bislang keinen Fall von geheuchelter Political Correctness gerügt, die nach dem Stand der Philosophie den Höflichkeitslügen gleichzusetzen sind. Der Rat »differenziert« in puncto Wahrheit, wenn man Mertens Diktion folgen wollte.

Könnte es aber sein, dass Ratsfälle nur die Spitze eines Eisbergs sind? Vielleicht agiert PR definitionsgemäß tatsächlich in einem Sumpf von Unwahrheiten, Unwahrhaftigkeiten und Heucheleien? Dagegen lässt sich allerdings eine Überlegung vorbringen: Würden alle PR-Chefs in der Regel lügen, mithin der Gesellschaft eine schöne Welt vorgaukeln, lebten wir in völlig unaufgeklärten Verhältnissen. Das ist aber nicht der Fall.

Und weshalb nicht? Einerseits wegen einer vigilanten Presse, die immer mal wieder gravierende Missstände in der Gesellschaft aufdeckt, und das sogar gegen die Hintanhaltung von Information, die »in der PR geradezu als Maßstab für Professionalität gehandelt« wird (Merten). Andererseits bedarf es solcher Aufdeckungen so häufig nun gerade nicht. PR ist also an dem eher aufgeklärten Zustand der Gesellschaft durchaus mit Eigenleistungen beteiligt.

Kann darin sogar der gesellschaftliche Auftrag von PR liegen? Ihr gesellschaftlicher Nutzen besteht offensichtlich vor allem in der Transparenz, die sie ermöglicht: Sie hilft durch ihre Auskünfte und Informationen und Publikationen, so einseitig und eigennützig sie sein mögen, komplexe Sachverhalte verständlich zu machen. Gegen jede ihrer Einseitigkeiten gibt es in der Regel die Gegenstimme einer anderen PR-Organisation – und sei es die einer Bürgerinitiative. Publika nehmen dann beides wahr.

Voraussetzung ist, dass die Absender von PR-Botschaften identifizierbar sind. Daher steht es z.B. jeder PR-Agentur gut an, bei auftragsbezogenen Pressemitteilungen in einem Abspann hinzuzufügen, wer der Auftraggeber ist. Im Code of Conduct von Pleon, der größten deutschen PR-Agentur, heißt es lapidar: »Unsere Quellen sind jederzeit nachprüfbar und sind in den von uns aufbereiteten Informationen ausgewiesen.«

In der Gewährleistung von Transparenz gegenüber Öffentlichkeiten liegt der Grundauftrag der Profession PR, ihre Berufung. Gesellschaftspolitisch ist darin ihre Verantwortung zusammengefasst. Für alle PR Praktizierenden ist Transparenz eine große moralische Herausforderung. In die Form eines Postulats gegossen, ist sie in der ersten der *Sieben Selbstverpflichtungen einer PR-Fachkraft* enthalten. Die Sätze, die in ihrer Unbedingtheit irritieren mögen, lauten: »*Mit meiner Arbeit diene ich der Öffentlichkeit. Ich bin mir bewusst, dass ich nichts unternehmen darf, was die Öffentlichkeit zu irrigen Schlüssen und falschem Verhalten veranlasst. Ich habe wahrhaftig zu sein.*«

Auf dem Satz vom Dienst an der Öffentlichkeit beruht das Selbstverständnis des PR-Berufs. Es beinhaltet das oberste ethische Postulat der mit Öffentlichkeitsarbeit betrauten Personen unbeschadet aller wissenschaftlichen Befunde über abweichendes Verhalten. Im Code of Conduct der PR-Agentur Pleon folgt dem Satz: »*Wir vertreten die Interessen unserer Klienten in der Welt der Medien*« eine sinngemäße Festlegung: »*Gleichzeitig verpflichten wir uns, die Interessen der Öffentlichkeit zu wahren.*«

Die PR-Agentur betont hier die doppelte Loyalität des Berufsstandes PR: einerseits gegenüber partikularen Interessen ihrer Auftraggeber und andererseits gegenüber dem Gemeinwohl. Zwischen beiden Loyalitäten besteht ein Spannungsverhältnis. Konflikte sind häufig genug und daraus erwachsende Gewissensentscheidungen auch. Aber sie sind für Mittlerfunktionen typisch. Doppelte Loyalität liegt auch der viel beschworenen Ehrbarkeit des Kaufmannsstands zu Grunde.

Die Interessen der Öffentlichkeit zu wahren, heißt wahrhaftig zu sein. Öffentlichkeitsarbeiter sind der Wahrhaftigkeit verpflichtet wie die Juristen, auch die Konzernjuristen, dem Recht, wie die Ärzte, auch die Werksärzte, der menschlichen Gesundheit. Bei den Ärzten führte diese Verpflichtung zu dem berühmten sie alle bindenden Hippokratischen Eid.

Die Ingenieure nennen als ihre oberste Berufpflicht weder die Loyalität zu einem Arbeitgeber noch ein Kosten-Nutzen-Prinzip. Das »Bekenntnis des Ingenieurs im VDI« beginnt seit 1950 mit dem ehernen Satz: »*Der Ingenieur übe seinen Beruf aus in Ehrfurcht vor den Werten jenseits von Wissen und Erkennen und in Demut vor der Allmacht, die über seinem Erdendasein waltet.*«

Dr. Horst Avenarius ist seit 1992 Vorsitzender des Deutschen Rates für Public Relations. Von 1988 bis 1991 war er Vizepräsident der Deutschen Public Relations Gesellschaft und von 1973 bis 1989 Leiter der Unternehmenskommunikation und Politik des BMW-Konzerns. Von 1992 bis 1997 war er als Studienleiter des von ihm aufgebauten Fachstudiums PR an der Bayerischen Akademie für Werbung und Marketing tätig. 2002 wurde er zum »PR-Kopf des Jahres« gewählt und erhielt 2007 das Bundesverdienstkreuz am Band. Des Weiteren wurde ihm für sein Lebenswerk der »Preis des Kommunikationskongresses Berlin 2007« durch den Bundesverband deutscher Pressesprecher verliehen.

PHILIPS

› DAS UNTERNEHMEN

Royal Philips Electronics mit Hauptsitz in den
Niederlanden ist eines der weltweit führenden
Unternehmen für Healthcare, Lighting und Consumer Lifestyle. Das Markenversprechen »sense and
simplicity« verdeutlicht den Anspruch des Konzerns, Produkte, Dienstleistungen und Lösungen
zu liefern, die auf die Bedürfnisse der Konsumenten zugeschnitten sind. Philips beschäftigt 123 800
Mitarbeiter in über 60 Ländern und erzielte 2007
einen Umsatz von 27 Milliarden Euro. Das Unternehmen ist weltweit marktführend bei diagnos-
tischer Bildgebung, Patientenüberwachungssys-
temen, energieeffizienten Beleuchtungslösungen
und Lifestyle Produkten.

Philips richtet seine Innovationskraft auf Produkte,
die im Einklang mit der Umwelt stehen – sowohl
hinsichtlich der Produkteigenschaften als auch in
Bezug auf deren Herstellungsprozesse. Das Unternehmen hält eine nachhaltige, ökologisch vertret-
bare Entwicklung für eine der wichtigsten Aufgaben und arbeitet kontinuierlich daran, Lösungen
zu entwickeln, die Ökonomie und Ökologie erfolgreich miteinander in Einklang bringen. Dieses
Zusammenwirken ist wesentlicher Bestandteil aller
Aktivitäten des Konzerns und wird bereits seit 1970
regelmäßig vom Management anhand von Umwelt-
richtlinien überprüft und weiterentwickelt. Im
Jahr 2007 hat Philips mit umweltfreundlichen Produkten 5,3 Milliarden Euro Umsatz erwirtschaftet.
Der große Erfolg dieser Produkte ist das Ergebnis
langjähriger Bemühungen im Bereich Ökodesign
sowie umfangreicher Investitionen in umweltfreundliche Beleuchtungstechnologien. Allein in
den vergangenen fünf Jahren hat Philips mehr
als 400 Millionen Euro in die Entwicklung und
Vermarktung von ressourcenschonenden Beleuchtungslösungen investiert. Heute ist Philips führend
bei der Entwicklung energieeffizienter Lösungen
in der Beleuchtungsindustrie.

Die deutsche Philips GmbH ist eine der größten und umsatzstärksten Tochtergesellschaften des Konzerns mit rund 6900 Mitarbeitern. Sie erzielte 2007 einen Umsatz von 3,43 Mrd. Euro. 2007 ist Philips in Deutschland mit einer Wachstumsrate von fünf Prozent deutlich schneller als der Markt gewachsen. 1,770 Mrd. Euro wurden im deutschen Markt erzielt. Der Exportumsatz lag bei 1,67 Mrd. Euro. Ihren Hauptsitz hat die Philips GmbH in Hamburg, weitere große Standorte sind Böblingen und Aachen. In Deutschland sind wesentliche Kompetenzen für Forschung, Entwicklung und Fertigung angesiedelt.

In Hamburg sind neben der Deutschland-Zentrale die Vertriebszentralen der Sparten Healthcare, Lighting und Consumer Lifestyle, bedeutende industrielle Aktivitäten und die deutsche Medizinforschung zu Hause. Darüber hinaus entwickelt und produziert das Unternehmen in Hamburg Röntgensysteme, -röhren und -generatoren für den Weltmarkt. Diese Fertigung wird aktuell ausgebaut. Es entsteht eine neue Produktionslinie für Röntgenstrahler und Generator des neuen Philips 256-Zeilen Computertomografen Brilliance iCT.

Der Brilliance iCT wird derzeit in Deutschland eingeführt und ermöglicht gestochen scharfe Bilder innerer Organe bei einer deutlich geringeren Strahlenbelastung. Gleichzeitig wird das so genannte »Retouren & Recycling«-Zentrum erweitert, in dem gebrauchte Röntgen-Produkte aufgearbeitet werden. Mit dieser Investition wird der gesamte Energieverbrauch in der Röntgenröhrenfertigung um bis zu 30 Prozent gesenkt.

In Böblingen entwickelt und produziert Philips Patientenüberwachungssysteme für den weltweiten Markt, die vor allem in der Notfall- und Intensivmedizin, der Schwangerschafts- und Neugeborenenüberwachung, bei Operationen und in der Anästhesie eingesetzt werden. Mit mehreren hunderttausend Monitoren, die weltweit installiert sind, ist Philips in diesem Bereich marktführend.

Aachen steht bei Philips Deutschland vor allem für Beleuchtungs- und Forschungsaktivitäten. Die weltweiten Kompetenzzentren für Frontbeleuchtung am Auto und Niedervolt-Halogenlampen sitzen dort. In Aachen stellt Philips Xenon- und Halogenlampen für den weltweiten Markt her. Die Stadt ist zudem Sitz der deutschen Forschungszentrale mit den Schwerpunkten Medizin und Licht.

Im Rahmen des Wettbewerbs »Great Place to Work« wurde Philips in Deutschland das Gütesiegel »Deutschlands beste Arbeitgeber 2007« verliehen.

PHILIPS

Royal Philips Electronics
Deutschlandzentrale:
Philips GmbH
Lübeckertordamm 5
20099 Hamburg

Gründungsjahr
1891 in Eindhoven

Website
www.philips.de

Verantwortliche
Veronika Hucke, Leiterin
Unternehmenskommunikation
Philips GmbH

Partneragenturen
Tribal DDB GmbH, Hamburg;
CARAT Hamburg GmbH;
Publica PR Projects GmbH,
Hamburg

»KLEINER BEITRAG – GROSSE WIRKUNG«

› DIE KAMPAGNE

Anfang des Jahres 2007 entflammte eine neuerliche Diskussion über die Gefahren des Klimawandels. Experten sprachen sich für ein EU-weites Verbot von Glühbirnen aus, um den CO$_2$-Ausstoß zu reduzieren. Fast zwanzig Prozent des weltweiten Energieverbrauchs werden für Beleuchtung aufgewendet. Rund vierzig Prozent davon könnten eingespart werden, wenn neue energieeffiziente Lichttechnologien zum Einsatz kämen.

Mit der Klimaschutz-Aktion »Kleiner Beitrag – große Wirkung« wollte Philips die Öffentlichkeit darauf aufmerksam machen, wie einfach, schnell und effektiv jeder Einzelne etwas für den Umweltschutz tun kann.

Gleichzeitig sollte die Kampagne unterstreichen, dass der Erhalt unserer Umwelt nicht nur jeden Einzelnen angeht, sondern auch eine Verpflichtung gegenüber den nachfolgenden Generationen ist. Jeder Einzelne kann bereits mit kleinen Schritten gegen den Klimawandel angehen, indem man z.B. auf energieeffiziente Beleuchtung umsteigt.

Strategie und Umsetzung

Philips erklärte sich bereit, bis zu 1000 Klassenzimmer mit energiesparender Beleuchtung auszustatten. Um Eltern, Schüler, Lehrer, aber auch die Hamburger Öffentlichkeit zu veranlassen, sich mit dem Thema auseinanderzusetzen, mussten allerdings zwei Voraussetzungen erfüllt werden: Erstens mussten Schüler, Lehrer und Eltern bei der Installation der Beleuchtung mit anpacken. Zweitens mussten die Hamburger ihr persönliches Versprechen abgeben, auf energiesparende Beleuchtung umzusteigen. Um Aufmerksamkeit und Unterstützung für die Aktion zu gewinnen, wurde eine multimediale Kommunikationskampagne implementiert. Die Laufzeit der Aktion betrug drei Monate. Ein Versprechen gab Philips ab: »Es gibt keine Werbung in den Schulen.«

· Die erste Phase bildete die direkte Kommunikation mit den Hamburger Schulen. Sie wurden angeschrieben, über die Aktion informiert und aufgefordert, dabei zu sein. Die Registrierung erfolgte online: www.hamburgerklassenzimmer.de

· Parallel zu dem Registrierungsprozess der Klassen wurde das zentrale Element der Kommunikation, die Microsite www.grossewirkung.de, live geschaltet. Auf dieser Seite wurde die Aktion erklärt, die Möglichkeit zum Mitmachen gegeben und es gab natürlich auch etwas zu gewinnen. Jederzeit konnte von überall der aktuelle Stand der Hamburger Aktion eingesehen werden. Verbunden war die Microsite mit dem weltweiten Online-Auftritt www.asimpleswitch.com, auf dem der Konzern über die Bedeutung von energiesparender Beleuchtung informierte.

· Der Kampagnen-Start wurde durch PR-Aktivitäten und durch eine Medienpartnerschaft mit einem lokalen Radiosender begleitet. Print-Anzeigen, Online-Banner und U-Bahn-TV-Werbung informierten über den gesamten Zeitraum über die Aktion und forderten die Zielgruppen zum Mitmachen auf.

· Ein weiterer sehr aufmerksamkeitsstarker Teil der Kampagne war der Klima-Buzzer vor einer riesigen Videoleinwand in der Hamburger Innenstadt. An der Videowand informierten Promotoren über die Aktion und über regelmäßige Mitmachaktionen wurde die Aufmerksamkeit weiter gesteigert. So konnten die Hamburger beispielsweise bei den »Stromsparmalern« Begriffe zum Thema Energiesparen erraten oder mit den Spielern der Hamburg Freezers – dem Erstliga-Eishockeyverein – in die Pedalen treten, um Lampen zum Glühen zu bringen. Weiteres Highlight war eine Kooperation mit der Hamburger Kunsthalle, im Rahmen derer Kinder Bilder zum Thema »Natur« malten, die dann auf der riesigen Videowand ausgestellt wurden.

Ergebnisse

Philips hat mit seinem Projekt eine breite Unterstützung durch Politik, Wirtschaft und Umweltorganisationen erfahren. Während der Aktion haben mehr als 77 000 Hamburger einen aktiven Beitrag für den Umweltschutz geleistet und gaben ihr Versprechen ab, zu Hause auf Energiesparlampen umzusteigen. Auf die Internetseite wurde 164 270 Mal zugegriffen. Nach dem Aufstellen der Vidiwall stieg die Anzahl der Seitenbesuche noch einmal deutlich an und auch die Zahl der Bekenntnisse zum Lampentausch nahm noch einmal zu. 40 432 Versprechen wurden allein an der Vidiwall abgegeben. Insgesamt wurden über Media und PR über 23 Millionen Kontakte erreicht. 773 Klassenzimmer konnten am Ende kostenlos mit energieeffizienter Beleuchtung von Philips ausgestattet werden. Insgesamt sparen die Schulen in der Hansestadt damit rund 62 Tonnen CO_2 jährlich ein. Dies entspricht dem CO_2-Ausstoß eines Mittelklassewagens bei einer 14-fachen Umrundung des Äquators. Einige Schulen nutzten den Lampenwechsel als Aufhänger für weitere Aktionen: Beispielsweise wurde der Lampentausch zum Anlass genommen, einen Umwelttag durchzuführen.

› DIE JURY

Philips, als größter Anbieter von Beleuchtungstechnologien, tat im Zuge des gesellschaftlich relevanten Themas »Klimaschutz« mit einer kleinen Aktion etwas ganz Großes. Der Anfang aller Umstellungen und Lernprozesse liegt im Bewusstsein des Menschen. Gerade für die nachfolgenden Generationen ist es von erheblicher Wichtigkeit, den richtigen Umgang mit der Natur zu finden und sich darüber bewusst zu sein, wie kostbar die für uns doch so selbstverständliche Belieferung mit Ressourcen ist. Die parallele Integration von Hamburger Bürgern, Schülern und deren Eltern in die Kampagne setzt ein sehr tiefgründiges und gut durchdachtes PR-Konzept voraus, mit welchem Philips in auszeichnender Weise hervorsticht. Die Schüler standen im Fokus dieses Klimaschutzprojektes, Eltern und Bürger wurden über ihr Verantwortungsbewusstsein für die nachfolgenden Generationen als Erfolgsvoraussetzung der Kampagne zum Mitmachen motiviert. Je 100 Bekenntnisse von Hamburger Bürgern, ihren Haushalt auf Energiesparlampen umzustellen, führten zur Ausgestaltung je eines Klassenzimmers mit energieeffizienter Beleuchtung durch Philips, welche die Schüler mit ihren Eltern später gemeinsam durchführten. Als positiver Nebeneffekt des eigentlichen Zieles, das Bewusstsein für die Umwelt zu fördern, entstand zusätzlich ein Miteinander zwischen den Generationen. Die hervorragend gelungene Kombination des Einsatzes aus verschiedensten Werbemitteln, die zeitlich und inhaltlich geradezu perfekt aufeinander abgestimmt waren, machte die Kampagne zu einer aufmerksamkeitsstarken und öffentlichkeitswirksamen PR-Mitmach-Kampagne. Die Maßnahmen überzeugten durch ihre runde Ganzheitlichkeit. Deren Begleitung durch unterschiedlichste Medien brachte Philips einen hohen Pressespiegel sowie starkes Medieninteresse ein. Das Ziel, Philips als »grünes«, umweltbewusstes und nachhaltiges Unternehmen mit gesellschaftlicher Verantwortung im Markt zu positionieren, wurde erreicht. Herzlichen Glückwunsch dem Gewinner des Deutschen Preises für Wirtschaftskommunikation 2008 Philips in der Kategorie »Beste Public Relations Kommunikation«.

DB SCHENKER

› DAS UNTERNEHMEN

DB Schenker steht für sämtliche Transport- und Logistikaktivitäten der Deutschen Bahn AG – und damit für rund 79 000 Mitarbeiter an über 1 500 Standorten in den wichtigen Wirtschaftsregionen der Erde. Mit einem Umsatz von über 17 Milliarden Euro zählt DB Schenker zu den leistungsstärksten und führenden Logistikdienstleistern weltweit. Spitzenpositionen in der Luft- und Seefracht, das dichteste Landverkehrsnetz Europas und die Schienenkompetenz der ersten und größten europäischen Güterbahn sind die Trümpfe, mit denen DB Schenker mittlerweile rund 60 Prozent des DB-Konzern-Umsatzes erwirtschaftet. DB Schenker steht damit beispielhaft für die Wachstumsambitionen der Deutschen Bahn.

Markttrends

Hinter dem Schlagwort »Globalisierung« verbirgt sich vor allem eines: das Zusammenwachsen der Märkte weltweit und der zunehmende Bedarf an internationalen Transporten. Auch der Trend in Industrie und Handel, komplette Leistungspakete an spezialisierte Dienstleister zu vergeben, wird die Gütermengen steigen lassen. Gleichzeitig öffnen die EU-Mitgliedsstaaten ihren Schienengüterverkehrsmarkt für die Konkurrenz. Für das Logistikressort der Deutschen Bahn AG sind das enorme Chancen auf einem dynamisch wachsenden Markt und bedeutet, leistungsstarke Konzepte für die Vernetzung aller Verkehrsträger anzubieten und sich den Anforderungen der Kunden zu stellen, die international positionierte starke Partner und perfektes globales Supply-Chain-Management verlangen. »Längst reicht es nicht mehr aus, nur Transporteur zu sein«, sagt Dr. Norbert Bensel, Chef von DB Schenker. Daher kümmert sich DB Schenker neben dem Transport von Gütern auch um den Aufbau, die Organisation und die Steuerung des Supply-Chain-Managements, entlastet Unternehmen durch die Übernahme von Logistikdienstleistungen und optimiert Kooperationen und Kommunikation mit Kunden und Lieferanten.

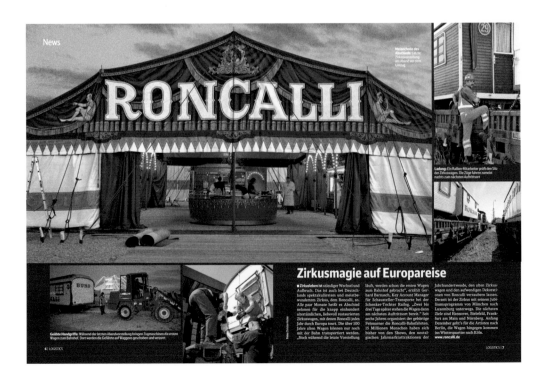

Markenpolitik

Die Leitung von DB Schenker erfolgt durch Division Board mit den Funktionen Vorstandsvorsitz, Finanzen/Controlling, Personal und E-Solutions & IT-Management. DB Schenker bietet mit seinen fünf Geschäftsfeldern logistische Kompetenz und Schienen-Know-how im Landverkehr und im globalen Supply-Chain-Management. Unter der eigenen Marke DB Intermodal bietet die DB AG Leistungen im kombinierten Verkehr an. Hier wird besonderes Augenmerk auf die wachsende Bedeutung der Hinterlandverkehre an den großen Überseehäfen Hamburg, Bremerhaven und Rotterdam gelegt. Diese Aufstellung macht DB Schenker weltweit einzigartig.

Die Geschäftsfelder »Landverkehr«, »Air- und Seafreight« sowie »Kontraktlogistik/Supply Chain Management (SCM)« treten ebenso wie das Geschäftsfeld »Schienengüterverkehr« unter der weltweiten Marke DB Schenker auf, die hervorragend positioniert ist. Leistungen von DB Schenker sollen global einheitlich mit der DB verknüpft und auf einen gleich hohen Qualitätsstandard verpflichtet werden. Die Konzentration auf eine Marke unter DB Schenker trägt gleichzeitig dazu bei, den Bekanntheitsgrad dieser Marke weiter zu steigern und sie zu einer wiedererkennbaren Größe im europäischen und weltweiten Logistikgeschäft zu machen.

Externe Kommunikation

Als einer der Marktführer weltweit will DB Schenker nicht nur die Entwicklung am Markt beobachten, sondern auch publizistisch begleiten. Mit »Logistics« will das Unternehmen nicht nur seine einmalige Aufstellung und Angebotspalette weltweit präsentieren, sondern auch in der Branche international als hochkompetenter Akteur bei Konzeption und Umsetzung komplexer logistischer Prozesse wahrgenommen werden.

Interne Kommunikation

Die DB Schenker-Mitarbeiter arbeiten weltweit an rund 1 500 Standorten in mehr als 150 Ländern. Die interne Kommunikation erfolgt in der Regel dezentral, soweit Themen der einzelnen Geschäftsfelder und Aktivitäten in einzelnen Ländern und Regionen kommuniziert werden. Geschäftsfeldübergreifend kommuniziert DB Schenker aus den Zentralen der Geschäftsfelder über elektronische Medien wie Intranet oder Newsletter, über Printmedien wie Mitarbeiterbriefe und über zahlreiche Veranstaltungen mit den Mitarbeitern. Dabei liegt einer der Schwerpunkte in der internen Kommunikation von DB Schenker darin, Kollegen neu erworbener Unternehmen zu integrieren, wie zum Beispiel des US-Logistikers BAX Global oder der britischen English, Welsh & Scottish Railway. Ressortübergreifende Themen werden aus der Zentrale der DB Schenker in Berlin weltweit über die Führungskräfte kommuniziert.

Deutsche Bahn AG

Kommunikation

Ressort Transport und Logistik

Leipziger Platz 9

10117 Berlin

Tel.: (030) 297-0

Fax: (030) 297-540 29

Website

www.dbschenker.com

Verantwortliche

Dr. Antje Lüssenhop,

Kommunikation, Ressort

Transport und Logistik

Partneragentur

KircherBurkhardt

Editorial & Corporate

Communication GmbH

Oranienburger Straße 66

10117 Berlin

Tel.: (030) 440 32-0

Fax: (030) 440 32-20

› DIE KAMPAGNE

Ausgangssituation

Das Kundenmagazin »Logistics« ist erstmals 2004 erschienen. Der Kauf der Stinnes AG mit ihrer Logistiktochter Schenker durch die Deutsche Bahn, die vor allem im Schienengüterverkehr als Logistiker hervortrat, bedurfte in der Branche einer Erklärung. Vorläuferpublikationen im Unternehmen sollten nicht mehr fortgesetzt werden, sondern mit ihren Themen und ihrer Fachkompetenz mit Entstehen des neuen DB-Logistikressorts in einem neuen Logistik-Magazin aufgehen.

Die größte Herausforderung für die neue »Logistics« lag in der Beschreibung der integrierten Angebote von DB Schenker. Es galt von Anfang an, den ständigen Beweis zu liefern, dass das internationale Logistiknetzwerk von Schenker zusammen mit dem Schienen-Know-how der DB den Kunden und dem Unternehmen unschätzbare Vorteile bringt und bei DB Schenker ein Alleinstellungsmerkmal begründet.

› DIE JURY

Im Hinblick auf die Wachstumsaktivität der Deutschen Bahn AG und die Tatsache, dass das DB Schenker Ressort 60 Prozent des Gesamtumsatzes der Deutschen Bahn gewichtet, war es Zielvorgabe des Unternehmens, die Integrationsaufgabe von DB Schenker und das damit verbundene Alleinstellungsmerkmal darzustellen: das Zusammenwirken eines eng geknüpften Logistiknetzes von DB Schenker mit der Schienenkompetenz der Deutschen Bahn. Das Unternehmen hat es sich zur Aufgabe gemacht, die Geschäftsfelder der Logistikbranche in einem umfassenden Printmedium, im Sinne der externen und internen Kommunikation, zu publizieren. DB Schenker gelingt es, Souveränität, Wissen und Kompetenz zu bündeln und in einem komplexen Kundenmagazin der Zielgruppe seiner Branche näher zu bringen. Mit einer Auflage von 25 000 Exemplaren gehört das DB Schenker Kundenmagazin »Logistics« zu einem der erfolgreichsten Kundenmagazine der Logistikbranche. Das Magazin zeichnet sich besonders durch eine inhaltliche und gestalterische Struktur aus. Ausführliche Berichterstattungen und journalistische Beiträge lassen einen seriösen und glaubwürdigen Einblick in die Branche zu. Eine klare Zielgruppensegmentierung in Kunden, Meinungsbildner und Mitarbeiter ermöglicht eine bessere Konzentration und Bündelung der Inhalte. Ganzheitlichkeit und Wiedererkennbarkeit zeigen sich in der Aufteilung der Rubriken »Power«, »Solution« und »Vision« als Basis jeder Ausgabe. Mit einer verstärkten Präsenz auf Messen und Kundenveranstaltungen findet das Printmedium eine breite Abnehmerschaft und stößt auf reges Interesse. Weitere Distributionen ermöglicht das Unternehmen durch einen persönlichen Kontakt zur Zielgruppe oder die direkte Anforderung des Kundenmagazins. Dem Unternehmen gelingt es mit dem Kundenmagazin »Logistics«, das Feld der Logistik mit Informationen abzudecken und in den direkten Vergleich mit einer Fachzeitschrift vorzudringen. Dafür spricht die Jury dem Unternehmen eine ganz besondere Anerkennung aus.

Strategie

Seit Beginn stellt das neue Magazin den Kunden
und der Fachöffentlichkeit das Transport- und
Logistikressort der DB vor und erklärt die Unterschiede zu Wettbewerbern. Gleichzeitig übt das
neue Magazin eine Integrationsfunktion über die
Führungskräfte nach innen aus. Langfristig hat
sich »Logistics« als anspruchsvolles Medium für die
Transport- und Logistikbranche etabliert. Dabei
will DB Schenker Markttrends nicht nur zur
Kenntnis nehmen, sondern aktiv publizistisch
und konzeptionell begleiten. Mit »Logistics« präsentiert das Unternehmen seine Aufstellung und
Angebotspalette weltweit und wird weltweit als
hochkompetenter Akteur bei der Gestaltung
komplexer logistischer Prozesse wahrgenommen.
Schließlich ging es darum, DB Schenker im DB-Kon-
text darzustellen als Symbol für Wachstum und
als Treiber der Kapitalmarktfähigkeit der Deutschen Bahn AG.

Zielgruppe

Kunden:
Das Magazin ist als hochwertige Publikation konzipiert und wird beim persönlichen Kontakt mit dem
Kundenbetreuer, auf Messen und Kundenveranstaltungen, und natürlich auf Anforderung verteilt.

Meinungsbildner:
Politische Entscheidungsträger, Mitglieder der Ver-
kehrsausschüsse in Bund und Ländern, die öffentliche Verwaltung, Hochschulen, Verbände in
Deutschland und den Nachbarländern, besonders
die einschlägigen EU-Einrichtungen, erhalten
das Magazin zugesandt.

Mitarbeiter:
Führungskräfte des Ressorts sind wegen ihrer
Motivationsfunktion und als Multiplikatoren für
Themen und Inhalte Zielgruppe des Magazins und
erhalten es über die internen Vertriebswege.

Leistungen

Das Kundenmagazin »Logistics« berichtet über die
gesamte Branche, über Visionen für die kommenden Jahre, über anspruchsvolle Lösungen für heute
und morgen, über Beispiele, die über einzelne
Regionen hinaus Aufsehen erregt haben. DB Schenker mit allen Geschäftsfeldern und der DB-Konzern
kommen im Magazin vor, wo es objektiv gerecht-
fertigt ist und zur Information wesentlich beiträgt.
Ausgewählte Beispiele stammen auch aus der
DB-Welt, aber nicht ausschließlich.

Die Rubriken »Power«, »Solution« und »Vision«
bilden das Gerüst jeder Ausgabe. Die Rubriken
»News«, »People«, »Update« und ein Essay runden
das Heft ab. Eine Vorschau macht neugierig auf das,
worüber in der nächsten Ausgabe berichtet wird.

Diese Strategie erforderte Mut und Stehvermögen
in der internen Durchsetzung, wird aber heute
konzernweit anerkannt. Das Magazin zeigt so
die Souveränität eines großen, kompetenten und
erfolgreichen Players. Die Leser haben diese Botschaft schnell verstanden.

Themen

Bis heute, nach 14 Ausgaben, ist jeder Titel unver-
wechselbar eigenständig gestaltet worden. Der
Start erfolgte mit einer Titelgeschichte über die
Logistik der Automobilindustrie. Das »Solution«-
Thema – die Papierversorgung deutscher Zeitungs-
druckereien – orientierte sich an Leistungen von
DB Schenker. »Vision«-Themen – Mode-Logistik,
der Nachschub für die Raumfähre ISS – bewegten
sich eher außerhalb des Erfahrungsbereichs der DB.
Folgende Titelthemen – Luftfracht, RFID-Chips,
Logistik in China, Halbleiterindustrie oder Boom-
markt Indien – stellen Branchentrends dar und
platzierten zugleich die DB Schenker-Leistungen.

Je 5000 Exemplare deutsch und englisch gingen
zum Start an die Außendienste zur Weitergabe
an ihre Kunden. Mailings an Meinungsbildner
erbrachten sofort Nachfrage, die Vorstellung von
»Logistics« auf der Website der DB löste ebenso wie
die Streuung von Pressemitteilungen über Fachzeitschriften weitere Nachfrage aus. Die Start-
auflage ist inzwischen auf insgesamt 25000 Exemplare in Deutsch und Englisch gestiegen.

DEUTSCHE POST WORLD NET

› DAS UNTERNEHMEN

Mit der gebündelten Logistik-Kompetenz ihrer Marken Deutsche Post, DHL und Postbank bietet die Deutsche Post World Net integrierte Dienstleistungen und maßgeschneiderte, kundenbezogene Lösungen für das Management und den Transport von Waren, Informationen und Zahlungsströmen durch ihr multinationales und multi-lokales Knowhow und Netzwerk. Die Deutsche Post World Net ist zugleich führender Anbieter für Dialog Marketing sowie effiziente Outsourcing- und Systemlösungen für das Briefgeschäft. 2007 wurde ein Konzernumsatz von mehr als 63 Milliarden Euro erwirtschaftet. Die Gruppe beschäftigt mehr als 500 000 Mitarbeiter in über 220 Ländern und Territorien und ist damit einer der sechs größten Arbeitgeber der Welt.

Als Europas größtes Postunternehmen ist die Deutsche Post führend in Automatisierung und Qualität. Die Zahlen sprechen dabei für sich: Rund 80 000 Zusteller, über 100 000 Briefkästen und mehr als 13 500 Filialen stehen für umfassenden Service in jeder Hinsicht. Über 95 Prozent aller Briefe erreichen ihren Empfänger am nächsten Tag.

Die Deutsche Post World Net ist nicht nur der größte Logistikkonzern, sondern zählt auch zu den innovativsten Anbietern weltweit. Seine innovativen Aktivitäten bündelt der Konzern im DHL Innovation Center, das im Jahr 2007 in Troisdorf eröffnet wurde.

Soziale und gesellschaftliche Verantwortung zu übernehmen, gehört für den Konzern zu den sieben Unternehmenswerten. Im Januar 2005 kürte das manager magazin die Deutsche Post World Net in seinem »Good Company«-Ranking zum sozialsten deutschen Unternehmen. In der europäischen Gesamtwertung belegte der Konzern Platz 3. Die Zeitschrift analysierte 80 europäische Firmen, darunter alle DAX-30-Unternehmen. Kriterien waren zum Beispiel Mitarbeiterförderung, gesellschaftliches Engagement, Umweltschutz, Finanzleistung und Transparenz. Herausragend ist das Gesundheitsmanagement der Deutschen Post: Wiederholt erzielte es Platz 1 im Vergleich der großen Unternehmen in Deutschland.

Umwelt, Mensch und Gesellschaft sowie wirtschaftlicher Erfolg: Diese Faktoren bilden den Nachhaltigkeitsansatz der Deutschen Post World Net. Auf Basis der Konzernwerte hat die Deutsche Post World Net einen Verhaltenskodex erarbeitet, der seit Mitte 2006 in allen Regionen und Unternehmensbereichen gültig ist. Als »ethischer

Kompass« sind in diesem Code of Conduct die Leitlinien für das tägliche Verhalten im Arbeitsalltag
der mehr als 500 000 Mitarbeiter festgeschrieben.

Respekt, Toleranz, Ehrlichkeit und Offenheit sowie
Integrität gegenüber Mitarbeitern und Kunden
sowie die Bereitschaft zur Übernahme von gesellschaftlicher Verantwortung sind die Grundpfeiler
des Verhaltenskodex. Die Leitlinien gelten unabhängig von Hierarchiestufen für alle Beschäftigten
und alle Unternehmensbereiche.

Nachhaltigkeit ist ein zentrales Element der Konzernstrategie. Das Unternehmen hat den Klimawandel als zentralen Umweltaspekt seiner Aktivitäten identifiziert und eine Reihe von Initiativen
eingeleitet, um den Ausstoß von CO_2 zu reduzieren – nicht nur bei den Fahrzeugen.

Seit dem Jahr 2005 bietet DHL Geschäfts- und
Privatkunden mit dem GoGreen-Service den
CO_2-neutralen Paketversand. Dabei gleichen wir
alle während des Transports und Handlings an-
fallenden CO_2-Emissionen durch Klimaschutzprojekte aus. Kein anderes Logistikunternehmen
bietet bisher vergleichbare Dienstleistungen an.

Das Programm GoGreen fungiert dabei als eine
Art Gütesiegel für Nachhaltigkeit. Der Konzern
lebt das »green-feeling« und hat sich messbare Ziele
gesetzt: Bis zum Jahr 2020 soll der Kohlendioxid-
Ausstoß um 30 Prozent gesenkt werden.

Einen großen Teil des Klimaschutzbeitrages leisten
unternehmensinterne Projekte. DHL setzt dafür
Fahrzeuge mit alternativen Antrieben oder Kraftstoffen ein. Darüber hinaus fördern DHL und Deutsche Post World Net externe Klimaschutzprojekte.
In Deutschland finanziert der Konzern ein Projekt
zur Minderung von Methangas-Emissionen. In
Südost-Asien fördert er dezentrale Solarenergie-
projekte, in Lateinamerika werden Regenwälder
wieder aufgeforstet. Diese Klimaschutzprojekte
werden jährlich von einer unabhängigen Zertifi-
zierungsgesellschaft auf Basis der Richtlinien des
Kyoto-Protokolls verifiziert.

MAIL EXPRESS LOGISTICS FINANCE

Deutsche Post World Net
Zentrale
Externe Kommunikation
Charles-de-Gaulle-Str. 20
53113 Bonn
Tel.: (02 28) 182-99 44
Fax: (02 28) 182-70 99

Gründungsjahr
1995

Website
www.dpwn.de

Partneragentur
medienfabrik Gütersloh GmbH

IMAGEKAMPAGNE
»DEUTSCHE POST. DIE POST FÜR DEUTSCHLAND.«

› DIE KAMPAGNE

Anlass für die Imagekampagne »Deutsche Post.
Die Post für Deutschland.« war die Öffnung des
deutschen Briefmarktes und der Wegfall des
Briefmonopols zum 1. Januar 2008.

Die Aufgabe bestand darin, die Sympathiewerte
der Deutschen Post zu steigern. Neben der Marketingstrategie spielte die PR eine sehr entscheidende
Rolle innerhalb des Konzeptes. Das »PR-Element«
der Kampagne war ein achtseitiges Zeitungs-Supplement – es lag den Tageszeitungen »Frankfurter
Allgemeine Zeitung«, »Süddeutsche Zeitung« und
»Der Tagesspiegel« sowie der Wochenzeitung »Die
Zeit« bei. Das Bonner Büro der Agentur medienfabrik Gütersloh GmbH sollte ein Image kreieren
und vermitteln, das die Post aus einer anderen,
ungewohnten Perspektive und mit anderem Mate-
rial als üblich darstellt. Gleichzeitig sollten die
Vorteile, die die Deutsche Post ihren Kunden gegen-
über dem Wettbewerb bietet, verdeutlicht werden.
Die medienfabrik entwickelte für dieses Medium
den Claim »Zuverlässig, lebensnah, überall«, der
Ziel, Aufgabe und Mission des Unternehmens
Deutsche Post zusammenfasst. Entstanden ist eine
Zeitungsbeilage, die eine deutliche und stimmige
Bildsprache spricht. Die Motive stammen aus der
Lebenswirklichkeit der Kunden und Mitarbeiter
der Deutschen Post. Die Bilder wurden zum Teil
exklusiv von der Agentur kreiert und fotografiert.
Die Optik ist großzügig, locker und leicht gehalten
und unterscheidet sich deutlich von der üblichen
Stil-Linie des Unternehmens.

Dazu nutzte dieses PR-Instrument typischerweise
Texte, deren Anspruch journalistisch und nicht
werblich war. Es wurden unterschiedliche Stil-
mittel verwendet: Interview, Feature, Bericht,
Faktenkästen.

Der Hintergrund der Kampagne: Die Deutsche Post
war davon ausgegangen, dass ihre Wettbewerber im
deutschen Briefmarkt im Vorfeld der vollständigen
Liberalisierung einen überproportionalen »Share
of voice« generieren würden. Um dem quantitativ,
besonders aber auch qualitativ etwas entgegenzu-
halten, war die entscheidende Aufgabenstellung
für den Erfolg der Kampagne, die gültige Tatsache

Die Öffnung des deutschen Briefmarktes und der Wegfall des Briefmonopols 2008 geben dem Unternehmen Deutsche Post AG den Startschuss für die Entwicklung einer Imagekampagne. Die neue Wettbewerbssituation sieht das Unternehmen als Herausforderung. Mit der Aufgabenstellung, ein neues Image zu kreieren und das Unternehmen aus einer anderen Perspektive zu zeigen, setzt sich die Deutsche Post eine klare Zielvorgabe. Die von der Agentur medienfabrik Gütersloh entwickelte Imagekampagne »Deutsche Post. Die Post für Deutschland.« mit dem Ziel, den Sympathiewert des Unternehmens zu steigern, startete im Sommer 2007. Mit Erfolg wurde die Botschaft über die verschiedensten Kommunikationskanäle vermittelt. Eine umfangreiche Kommunikations- und Marketing-Kampagne zeigt das Unternehmen Deutsche Post als bundesweit tätigen Anbieter mit breitem Produktportfolio. Das achtseitige Zeitungs-Supplement, als PR-Segment der Kampagne, war Beilage in Tageszeitungen und präsentiert das Unternehmen in seiner Tradition, seinem Service und seiner Leistungsfähigkeit. Damit hebt sich die Deutsche Post gegenüber der stärker werdenden Konkurrenz erfolgreich ab. Mit einer ganzheitlichen Gestaltung, die mit den Elementen des Corporate Designs und der Corporate Identity spielt, sie aber nicht in den Vordergrund stellt, gelingt es dem Unternehmen, sich auf die Botschaft, das Kerngeschäft rund um den Brief, zu konzentrieren und wesentliche Aspekte zu kommunizieren. Die Zeitungsbeilage besticht durch journalistische Beiträge und eine gut strukturierte Anordnung von Bild und Text. Der Claim »Zuverlässig, lebensnah, überall« gibt in nur wenigen Worten die Unternehmensphilosophie wieder. Durch die Integration und den Versuch des Zusammenführens von Mitarbeitern und Kunden schafft es das Unternehmen, Vertrauen und Nähe aufzubauen und zeigt sich somit auch von seiner verantwortungsbewussten Seite. Der zielgerichtete Blick in die Zukunft, die strategische Herangehensweise und eine klare Positionierung des Unternehmens haben die Jury überzeugt.

zu kommunizieren, dass weiterhin einzig und allein die Deutsche Post als bundesweit tätiger Anbieter mit breitem Produktportfolio aktiv sein wird.

Die Zeitungsbeilage sollte sich bewusst von den »üblichen« Kommunikationsmitteln des Unternehmens unterscheiden, das heißt, nicht mit der Sprache aus Flyern oder den konventionellen Imagebroschüren und nicht mit CI- und CD-Vorgaben überfrachtet werden. Gleichzeitig sollte die Publikation aber auch nicht verleugnen, aus welchem Haus sie stammt.

Die Zielgruppe für das PR-Supplement war sehr weit gefasst: Durch das Medium sollten sowohl Entscheider in Politik und Wirtschaft als auch die gesamte Bevölkerung – die Kunden – angesprochen werden. Vor allem den Verbrauchern sollte die Botschaft vermittelt werden, dass der ihnen seit vielen Jahrzehnten vertraute Dienstleister weiterhin zuverlässig alle seine Services anbieten wird.

Die Basis der Initiative war die größtmögliche Reichweite. Denn: Mit ihrer breit angelegten Imagekampagne bewarb die Deutsche Post im Sommer 2007 ihre Kompetenz und ihr Know-how in ihrem Kerngeschäft rund um den Brief auf ganz unterschiedlichen Kanälen. Das Zeitungs-Supplement war eine Komponente dieser umfassenden Kommunikations- und Marketingkampagne. So wurden zum Beispiel rund 35 Millionen Imagebroschüren als Postwurfsendung an die deutschen Haushalte verteilt. Das war eine einzigartige Aktion, die auch für die beteiligten Druckereien eine echte Herausforderung darstellte – Papier und gelbe Druckfarbe wurden auf dem Markt zur Mangelware.

Das Zeitungs-Supplement bediente als PR-Maßnahme ein Segment, nämlich die Kommunikation über die Tageszeitung (bzw. eine Wochenzeitung). In der Umsetzung war aber wichtig, dieses Element deutlich erkennbar als Teil einer integrierten Kommunikationskampagne zu nutzen, die in allen Medien individuelle Produkte einsetzte. Unter dem Motto »Deutsche Post. Die Post für Deutschland.« zeigte das Unternehmen in Print-Anzeigen und TV-Spots, auf Plakaten und mit Mailings, welcher logistische Aufwand hinter der Zustellung von Karten und Briefen an fünf Tagen in der Woche in alle Teile der Republik steht. Mit der Imageoffensive wollte das Unternehmen den Kunden die einzigartige Leistungsfähigkeit der Deutschen Post im nationalen Briefmarkt aufzeigen.

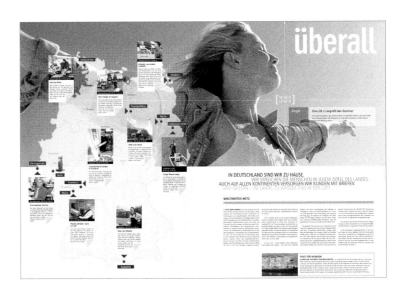

GOOGLE GERMANY

› DAS UNTERNEHMEN

Google wurde 1998 in Menlo Park, Kalifornien, USA gegründet. Firmengründer Larry Page und Sergey Brin, promovierte Absolventen der Stanford University, haben Google binnen weniger Jahre zu einem der bekanntesten Technologieunternehmen in den global vernetzten Märkten der Internet- und Online-Werbebranche gemacht. Neben dem Hauptsitz in Mountain View im kalifornischen Silicon Valley ist Google auch mit Büros und Niederlassungen in Amerika, Europa und Asien vertreten. Neben den beiden Gründern Page und Brin leitet Eric Schmidt das Unternehmen als CEO. Google hat zahlreiche Internet-Produkte, die auf dem unternehmerischen Credo basieren, die Informationen der Welt für jedermann verfügbar zu machen. Unter dem Dach seines philanthropischen Arms, Google.org, hat das Unternehmen zudem eine Vielzahl an weltweiten Initiativen gestartetet. Diese Aktivitäten zielen in erster Linie auf Klimaschutz, Armuts- und Seuchenbekämpfung, Krisenprävention und die Förderung von kleinen und mittleren Unter-

nehmen in Entwicklungsländern. Ein Prozent des Firmenkapitals sowie ein Prozent des jährlichen Gewinns fließen in diese gemeinnützige Stiftung.

Googles innovative Suchtechnologien bringen jeden Tag Millionen von Menschen auf der ganzen Welt miteinander in Kontakt. Wer etwas im Internet finden will, der nutzt eine Suchmaschine wie Google zum Auffinden von Informationen. Doch das Unternehmen bietet neben der Suchmaschine noch einiges mehr. Mit dem Ziel, die Informationen der Welt für jedermann in geordneter Art und Weise zugänglich zu machen, arbeiten hoch qualifizierte und kreative Spezialisten an immer neuen Möglichkeiten, die das Leben für den Nutzer noch einfacher machen sollen. Google Maps, Google Earth, Picasa und Google Mail sind nur einige dieser Produkte. Auch für Unternehmen arbeitet Google an immer neuen Lösungen, zum Beispiel für die erfolgreiche unternehmensinterne Suche mit der Google Search Appliance. Der Suchmaschinenspezialist bietet webbasierte Anwendungen (SaaS-Programme) – unter anderem zur Tabellenkalkulation oder Textverarbeitung – und gibt Unternehmen die Möglichkeit, online zu werben. Das Werbesystem Google AdWords ermöglicht Unternehmen unabhängig von ihrer Größe mittels eines transparenten Systems auf effiziente Weise messbare Werbeerfolge zu erzielen.

Ein weiteres sehr erfolgreiches Produkt ist die im Jahr 2006 erworbene Video-Plattform YouTube. Als Tochterunternehmen von Google mit Sitz in San Bruno, Kalifornien, bietet die Plattform Usern die Möglichkeit, Videos online hochzuladen, anzusehen, sie mit anderen Nutzern zu teilen, zu bewerten und zu diskutieren. Auf ihren Seiten befindet sich in erster Linie »User Generated

Die Firmengründer
Larry Page und Sergey Brin

Kreative Atmosphäre: Google achtet bei
der Einrichtung seiner Büros auf modernes
Design, Funktionalität und ausreichend
Wohlfühloasen für seine Mitarbeiter

Content«, also selbst gedrehte Filme. »Video-Feeds«
können in Blogs eingetragen oder auch einfach
über eine Programmierschnittstelle (API) in
andere Webseiten eingebunden werden. YouTube
bietet somit ein Forum, über das seine Nutzer
weltweit Kontakte knüpfen und andere Menschen
informieren und inspirieren können. Das US-Maga-
zin »Time« kürte die Plattform zur Innovation
des Jahres 2006.

Am 8. November 2007 startete YouTube unter der
Adresse www.youtube.de auch in Deutschland
mit einer deutschen Nutzeroberfläche. Durch
lokalisierte Funktionen wie besonders hervorge-
hobene Videos, Empfehlungen und Top-Favoriten
sowie eine angepasste Suchfunktion ermöglicht
die deutsche YouTube-Seite der riesigen Community, die für sie besonders interessanten Inhalte
schneller und leichter zu finden. Das Angebot
auf YouTube Deutschland wird zudem von über
90 deutschen so genannten Content-Partnern mit

eigens eingerichteten Kanälen ergänzt. Zu den
Betreibern dieser »Branded Channels« gehören
beispielsweise Rundfunkanstalten, Sportvereine,
Verlage, Musiklabels, Parteien, Filmvertriebe und
Künstler. Ungeachtet dessen bietet www.youtube.de
Zugriff auf das weltweite Content-Verzeichnis und
hat eine globale Reichweite.

In den Fokus der deutschen Öffentlichkeit rückte
YouTube erstmals im Oktober 2006, als Google das
Unternehmen für 1,65 Milliarden US-Dollar in
Aktien übernahm. Im Zuge immer schneller
werdender Internetzugänge und des Preisverfalls
bei digitalen Foto- und Videokameras begann die
Nachfrage nach Online-Videos und -Videoportalen
bereits zu dieser Zeit zu boomen. Online-Videoplatt-
formen waren jedoch kein neuartiges Phänomen
mehr. Unter den neueren Anbietern von Videoportalen waren auch Medienkonzerne, die das
Marktpotenzial erkannt hatten und ähnliche
Dienste wie YouTube starteten, um ihr bestehendes
Programmangebot um nutzergenerierte Inhalte
zu ergänzen. Bereits seit 2006 konkurriert
YouTube mit den deutschen Video-Communities.
Nach Angaben von Nielsen NetRatings griffen
vor Einführung der deutschen Version im Oktober
2007 rund 6,5 Millionen Nutzer aus Deutschland
auf YouTube.com zu. Dahinter folgten MyVideo
mit rund 3,6 Millionen und Clipfish mit rund
1,8 Millionen Nutzern.

Google™

Google Germany GmbH

ABC-Straße 19
20354 Hamburg

Gründungsjahr

1998

Websites

www.google.de
www.youtube.de

Verantwortliche

Kay Oberbeck, Leiter
Kommunikation und
Öffentlichkeitsarbeit;
Stefan Keuchel, Manager
Kommunikation und
Öffentlichkeitsarbeit

Partneragenturen

a+o Gesellschaft für
Kommunikationsberatung (PR);
Gyro International GmbH
(Event/Promotion);
KolleRebbe Werbeagentur
GmbH (Werbung/Design);
Mhoch4 GmbH & Co. KG
(TV-Vermarktung/-Produktion);
MainPicture Mario Prein
(TV-Produktion)

»YOUTUBE SECRET TALENTS AWARD« – KOMMUNIKATIONSKONZEPT ZUM YOUTUBE DEUTSCHLAND LAUNCH

Ein YouTube-Team filmt
Secret Talents-Anwärter
direkt vor Ort

› DIE KAMPAGNE

Die kommunikative Herausforderung zur Einführung der deutschen YouTube-Seite lag nicht allein darin, die Aufmerksamkeit der deutschen Öffentlichkeit auf den Deutschlandstart zu lenken. Schließlich war die englischsprachige Mutterplattform bereits als Marktführer in der deutschen Online-Community etabliert. Vielmehr ging es darum, die Akzeptanz für YouTube als deutsche Marke zu erhöhen und als Plattform mit trendsetzenden und meinungsbildenden Inhalten in den Köpfen und Herzen der Nutzer zu verankern. Im Wettbewerb mit den deutschen Alternativen sollten die Nutzer www.youtube.de präferieren.

Als konkret messbare und übergeordnete Ziele wurden deshalb eine umfangreiche und mehrheitlich positive Berichterstattung in den relevanten Zielmedien sowie eine Steigerung der deutschen Nutzerzahlen von 6,5 Mio. »Unique User« (bislang auf YouTube.com) innerhalb von drei Monaten auf 7,5 Mio. definiert.

› DIE JURY

Nachdem YouTube.com erstmals im Oktober 2006, nach Übernahme durch Google, in den Fokus der deutschen Öffentlichkeit rückte, bestand die Problematik darin, dass die deutsche Plattform, bis auf die Erweiterung der Inhalte durch landesspezifische Themen, im Gegensatz zu ihrer englischen Mutterseite nichts fundamental Neues bieten konnte. Neben dieser internen Konkurrenz stand das Unternehmen vor der Herausforderung, sich gegen weitere Anbieter wie Clipfish und MyVideo, die ins Netz strömten, durchzusetzen. So überzeugte der »YouTube Secret Talents Award« die Jury durch eine besonders schlüssige Operationalisierung der Ziele sowie durch eine nachvollziehbare Zielgruppensegmentierung, die neben Internetnutzern und Special Interest Groups (Nachwuchskünstler, NGOs) auch grundsätzlich an der Medien- und Onlinewirtschaft Interessierte umfasst. Darüber hinaus zeigte sich innerhalb der Maßnahme, dass die sich anbietenden Kommunikationskanäle optimal den Zielgruppen entsprechend ausgeschöpft wurden. Des Weiteren verdeutlichte die Umsetzung der Jury, dass die Strategie besonders langfristig angelegt wurde. Die verschiedenen Launch-Phasen mit ihrem medialen Höhepunkt, dem »YouTube Secret Talents Award«, beinhalteten eine Dramaturgie, die sich als sehr zielführend und zielorientiert erweist. Damit gelingt dem Unternehmen die Weiterentwicklung und Verknüpfung einer virtuellen Seite mit einem spürbaren Erlebnis. Empfehlenswert wäre in Zukunft, bei einer Weiterführung dieser oder einer ähnlichen Maßnahme die Mitarbeiter des Unternehmens mit ihren Ideen stärker einzubeziehen, um daraus weitere Potenziale schöpfen zu können. Die Jury gratuliert dem Unternehmen zur erfolgreichen Etablierung der deutschen Community-Plattform www.youtube.de, denn die Aufrufe der Webseite innerhalb der letzten fünf Monate beweisen, dass die erstrebten Ziele nicht nur erreicht, sondern übertroffen wurden.

Um YouTube noch stärker als »deutsche Plattform« zu etablieren und ihre Akzeptanz unter den deutschen Online-Nutzern zu steigern, galt es, Themen rund um das »Phänomen YouTube« zu kreieren sowie Partner, Testimonials und besonders engagierte YouTube-Nutzer als Fürsprecher zu gewinnen. Für die deutschen Dialoggruppen sollten relevante Inhalte kommuniziert werden.

Die Dialoggruppen für die Kommunikation des YouTube Deutschlandstarts umfassten neben den Internetnutzern im Alter zwischen 14 und 39 Jahren auch sämtliche Videoportal-Nutzer im deutschsprachigen Raum. Um die Dialoggruppen zu erreichen, wurden Online-Medien (auch und insbesondere YouTube selbst), die Tages- und Wirtschaftspresse sowie Lifestyle-, Jugend-, Musik- und Entertainmentmagazine und entsprechende TV- und Radio-Formate als Kommunikationskanäle ausgewählt.

Einen Tag vor dem Start der deutschen YouTube-Seite wurden Einzelgespräche mit den wichtigsten deutschen Medien in Hamburg geführt. Hierzu kam der YouTube-Europaverantwortliche Patrick Walker nach Hamburg. Angekündigt wurde dabei auch ein eigens für die deutschen User konzipierter Talentwettbewerb: die »YouTube Secret Talents«.

Die Nutzer wurden aufgerufen, an dem Wettbewerb teilzunehmen und ein Video, das ihre verborgenen oder besonderen Talente zeigt, hochzuladen. Eine Promotion-Tour von »YouTube Secret Talents« in Hamburg und Berlin ermöglichte es Interessierten, ihr individuelles Talent direkt vor Ort von einem YouTube-Kamerateam filmen und hochladen zu lassen. Als »Botschafter« des Secret Talents Wettbewerbs wurden prominente Persönlichkeiten geworben und in Szene gesetzt. Wladimir Klitschko offenbarte sein Talent als Zauberkünstler, und Hip-Hop-Star Samy Deluxe brillierte im Rückwärtssprechen.

Auf der frisch gestarteten Domain YouTube.de wurden die »YouTube Secret Talents« als so genannten Branded Channel eingerichtet, auf dem alle eingereichten Wettbewerbs-Videos veröffentlicht wurden. Die deutschen YouTube-Nutzer konnten anschließend für ihr Lieblingsvideo stimmen. Die Gewinner der ersten drei Plätze der Community-Abstimmung wurden am 6. Dezember 2007 während der »Secret Talents Show« in Berlin bekannt gegeben und medienwirksam gefeiert. Die in der Hauptdialoggruppe beliebten Moderatoren Sarah Kuttner und Ole Tillmann führten durch den exklusiven Abend mit Live-Auftritten von US-Internet-Stars und vielen weiteren YouTube-Künstlern vor mehr als 500 Gästen. Der erste Preis wurde von YouTube-Gründer Chad Hurley persönlich überreicht. Neben Tänzern hatten sich Sänger, Comedians, Fußball-Akrobaten und Künstler unterschiedlicher Stilrichtungen bei dem weltweit erstmals veranstalteten Talentwettbewerb beworben.

Um die Aufmerksamkeit der Medien auch in den Wochen nach dem offiziellen Launch weiter auf den YouTube-Deutschlandstart und den YouTube

YouTube Secret Talents
Gewinnerin Anna Coralee

Secret Talents Wettbewerb zu fokussieren, wurden im wöchentlichen Rhythmus Pressemitteilungen und -texte verschickt, die aktuelle Teilnehmerzahlen bekannt gaben, Talente und Kandidaten vorstellten und dabei die Kernbotschaften der Marke verbreiteten. Um die jungen und musikaffinen Dialoggruppen auch über das Radio zu erreichen, wurde eine zweiwöchige Medienkooperation mit Radio Energy eingegangen.

Der Secret Talents Event mit seinen Themen und Inhalten sowie mit seiner glamourösen Inszenierung fand vielfach Verwendung in den Medien. Da auch YouTube-Gründer Chad Hurley zu dem Event nach Berlin kam und über die Zukunft von Videoportalen im Allgemeinen und die strategischen Ziele von YouTube im Speziellen sprach, gelang es, die Veranstaltung auch in der Wirtschafts- und Tagespresse zu platzieren. Seine Einzelinterviews mit Redakteuren von beispielsweise Die Welt, FAZ, dpa und Vanity Fair halfen, die eigenen Themen und Botschaften – und zumindest als aktuellen Aufhänger auch den Event – sogar in jenen Mediengruppen zu platzieren, die über die bloße Abendveranstaltung nicht berichtet hätten. In den Wochen nach dem Event wurden die Siegerin sowie der Zweit- und Drittplatzierte erfolgreich in den regionalen Print-, Hörfunk-, TV- und Online-Medien des Herkunftsortes der jeweiligen Sieger platziert – und im Falle der Erstplatzierten ebenso in nationalen Medien.

Die gesteckten Ziele wurden durch die getroffenen Maßnahmen vollständig erreicht, in Teilen sogar weit übertroffen. Das Minimalziel von 7,5 Mio. »Unique Visitors« nach dreieinhalb Monaten wurde schon nach zwei Monaten erreicht. Mit insgesamt 7,9 Mio. »Unique Visitors« hatte YouTube Deutschland bis zum Ende der Kampagne sogar 400 000 zusätzliche Nutzer über dem anvisierten Zielwert gewonnen. Die Berichterstattung in den Zielmedien, insbesondere in den Online-Medien, war umfangreich und mit überwiegend positivem Tenor. Allein in deutschen Printmedien erreichte die Berichterstattung über die YouTube Secret Talents eine Gesamtauflage im hohen zweistelligen Millionen-Bereich.

YouTube-Gründer Chad Hurley
überreicht die Trophäe an die
Erstplatzierte

KRAFT FOODS

› DAS UNTERNEHMEN

Kraft Foods ist einer der weltweit führenden Lebensmittelhersteller. Mit einer vielfältigen Produktpalette und starken Marken wie Jacobs Kaffee, Kaffee HAG, Onko, TASSIMO, Milka, Côte d'Or, Toblerone, Mirácoli, Miracel Whip oder Philadelphia erfüllt das Unternehmen seit über 100 Jahren Konsumentenwünsche. Hinter dem Namen Kraft Foods stehen rund 104 000 Mitarbeiter auf der ganzen Welt. 191 Produktionsstätten in 72 Ländern sorgen dafür, dass die Produkte in bester Qualität auf den Markt kommen. Der Jahresumsatz des Konzerns beträgt 34 Milliarden Euro. In Deutschland unterhält das Unternehmen neben der zentralen Verwaltung in Bremen Produktionsstätten in Bremen (Entkoffeinierung, Instantkaffee), Elmshorn (Instantkaffee), Berlin (Röstkaffee), Fallingbostel (Kraft Nahrungsmittel) und Lörrach (Schokoladenprodukte) und beschäftigt insgesamt mehr als 3 500 Mitarbeiter.

Nach Bekanntheit, Absatz und Umsatz gehört Milka nicht nur zu einer der wichtigsten Marken im Kraft Foods-Portfolio, sondern auch im gesamten Schokoladenmarkt. 98 Prozent der Deutschen kennen die Marke Milka und statistisch gesehen verzehrt jeder Bundesbürger im Jahr mehr als fünf Tafeln Milka Schokolade. In fast jedem Haushalt fand sich 2007 entweder ein Milka Weihnachtsmann oder ein Milka Schmunzelhase.

Milka, die zarteste Versuchung seit 1901
Offizieller Geburtstag von Milka ist der 24. April 1901, der Tag, an dem Name und Produkt in die Warenzeichnungsrolle des Kaiserlichen Patentamtes in Berlin eingetragen und damit zur ersten geschützten Marke der gesamten Schokoladenbranche wurde. Nahezu zeitgleich erwarb man das Patent auch für Österreich, die Schweiz und Frankreich. Von Anfang an hatte die Vermarktung der neuen Marke große Bedeutung, lange bevor sich der englische Begriff »Marketing« etablierte. Bereits die erste Verpackung und der werbliche Auftritt für Milka wurden minutiös erarbeitet und getestet. Das Ergebnis: Die Hauptbestandteile MILch und KAkao wurden zum Markennamen und die Kuh, zunächst schwarz-weiß, zum Symbol für die Alpenwelt und die Herkunft der Alpenmilch. Besonders innovativ und herausragend war der Entschluss, bereits 1901 als Markenfarbe Lila, eine der Lieblingsfarben des Jugendstils, zu wählen. Damit wurde das neue Produkt zum plakativen »Eyecatcher«, da der Verbraucher bisher kein anderes Genussmittel mit dieser Farbe verband.

Milka Schokolade – ein Genuss, den sich jeder leisten können soll

Seit Beginn der Marke Milka war es immer Ziel der Gründer gewesen, aus Schokolade ein Genussmittel für breite Bevölkerungskreise zu machen, denn Anfang des 20. Jahrhunderts galt »Chocolade« noch als absoluter Luxusartikel, der nur wenigen Privilegierten vorbehalten war. Dieser Anspruch ist bis heute geblieben.

Die Zielgruppe der Milka-Verwender umfasst die ganze Familie, als Käufer insbesondere die Haushaltsführenden, zumeist Frauen, Mütter und Großmütter. In der Regel beweisen die Milka-Fans jahrelange Treue und konsumieren von den Kinderschuhen bis ins hohe Alter immer wieder ihre Lieblingsmarke. Die Milka-Verwender sind großteils mit der Marke aufgewachsen und haben eine sehr emotionale Bindung an die Marke. Sie kennen alle Details der Produkte und der Marke. Außerdem registriert Milka die Konsumentenwünsche regelmäßig durch ein kontinuierliches GfK-Verbraucherpanel.

Kontinuierlich hohe Investitionen in die Produktqualität, die Entwicklung neuer zeitgemäßer Rezepturen, umfangreiche Sortimentserweiterungen sowie limitierte Themen-Editionen haben deshalb bei der Markenführung einen besonders hohen Stellenwert ebenso wie ein ausgeklügelter Kommunikations-Mix aus TV-Spots, Aktionen im Handel, Sport-Sponsoringaktivitäten und kontinuierlichen PR-Aktivitäten. Unter der Führung von Urs-Peter Schmidt engagierten sich im Milka Marketing-Team insgesamt elf Mitarbeiter für die nachfolgende Kampagne.

Kraft Foods Deutschland GmbH
Langemarckstraße 4–20
28199 Bremen
Tel.: (0421) 599 - 01
Fax: (0421) 599 - 36 75

Gründungsjahr
1901 (Gründungsjahr der
Marke Milka)
2000 (Umfirmierung von
Kraft Jacobs Suchard)

Website
www.kraftfoods.de

Verantwortliche
Silke Trösch,
Director Corporate &
Government Affairs

Partneragentur
Euro RSCG ABC Hamburg
Agentur für Kommunikation
GmbH (GPRA)
Rödingsmarkt 9
20459 Hamburg
Tel.: (040) 43175 - 0
Fax: (040) 43175 - 110

WIEDER VERSCHLIESSEN. LÄNGER GENIESSEN.
DIE ZARTESTE VERSUCHUNG NEU UMHÜLLT

› DIE KAMPAGNE

Seit mehr als hundert Jahren führte der Weg zu
zart schmelzendem Schokoladengenuss durch eine
lila bedruckte Papierschicht und Aluminiumfolie.
Dieser nicht mehr wirklich zeitgemäße Prozess
sollte sich im August 2007 grundlegend verändern.
Mit einem glänzenden und multifunktionalen Outfit, einer wiederverschließbaren Folienverpackung
und für den Handel völlig neuen Warenpräsentati-
onssystemen setzte Milka neue, einzigartige Standards in der Welt der Tafelschokoladen. Ziel der
Verpackungsumstellung war, Verbraucher, Handel
und Medien von der Innovationskraft des Markt-
führers im Tafelbereich zu überzeugen, die neue
Verpackung als einzigartig zu begreifen und sie in
ihrem Vertrauen in die Marke zu bestätigen.

Die rationalen Vorteile der neuen Verpackung lagen
klar auf der Hand: Der Produktschutz wurde optimiert, die Milka Icons – Schriftzug, Milka Kuh und
die Farbe Lila – konnten noch farbbrillanter umgesetzt werden und das einfach zu handhabende
Verschluss-System machte Milka-Genuss auch por-
tionsweise möglich. Die Herausforderung für den
Erfolg der neuen Verpackung bestand auf der emotionalen Ebene. Die Milka-Zielgruppe, leicht kon-
servativ oder besser traditionsbewusst und von
Kindesbeinen an die Zweikomponentenverpackung
gewöhnt, sollte die neue Verpackung nicht nur
annehmen, sondern auch lieben.

Der Weg ist das Ziel

Um das Ziel zu erreichen, wurden die unterschiedlichsten Instrumente der Public Relations mit allen
an der Einführung beteiligten Kommunikationsdisziplinen wie klassischer Werbung, Handelskommunikation und Eventmarketing vernetzt. Die
Kommunikationsstrategie war darauf ausgerichtet,
den Nutzen der neuen Milka Verpackung nicht nur
glaubwürdig zu erklären, sondern durch nachvollziehbare Themen auch erlebbar zu machen. Konkret bedeutet dies – ausgehend von einer gemeinsamen Leitidee –, die unterschiedlichen Stärken
der einzelnen Kommunikationsdisziplinen perfekt
zu nutzen, zum Handelsstart der neuen Verpackung
in allen Kommunikationskanälen der Zielgruppe
konzertiert präsent zu sein und die Einführung
mit einem feierlichen Event mit Einbeziehung der
Zielgruppe ausklingen zu lassen.

Fast ein Jahr vor dem Launch begann die gemeinsame Arbeit aller Agenturen, um Themen, Instrumente und Maßnahmen zu entwickeln. Der erste
Schritt, die Milka Studie »Genussmomente mit der
ganzen Familie«, eine repräsentative Befragung von
1055 Familienmitgliedern, lieferte wichtige Denk-
anstöße sowohl für zielgruppenrelevante Themenfelder wie erste Veröffentlichungen zur Sensibilisierung auf die neue Verpackung. Die Ergebnisse
der Studie wurden sowohl in die Unterlagen für
die Vertriebs-Mannschaft als auch für die Presse
integriert und später auch auf die Website von
Milka verlängert. Weit im Vorfeld zur Einführung
lernten die wichtigsten Redaktionen die neue
Verpackung – noch via Dummy – kennen. Im
Rahmen dieser Besuche wurden zudem Koopera-
tionsideen entwickelt, um zum Start konzentriert
in den Titeln der Fach- und Publikumspresse
präsent zu sein.

Als glanzvollen Abschluss der Einführung der
neuen Verpackung brachte Milka im November
2007 die Alpen in die Hauptstadt. Berlin und seine
Gäste konnten auf über 2000 m² alles über die
Heimat von Milka erfahren. Als zusätzliches Highlight präsentierte Milka am letzten Tag der drei-
tägigen Veranstaltung die größte Kuh der Welt,
handsigniert von allen Besuchern der Milka
Alpenwelt sowie den Mitgliedern der neuen Band
Room2012 und schaffte mit diesem Kraft-Akt den

Eine auch noch so kleine Veränderung an einem Markenprodukt vorzunehmen und diese gegenüber den jahrelang treuen Kunden adäquat zu kommunizieren, um sie glaubwürdig von den Vorteilen der Umstellung zu überzeugen, ist eine der herausforderndsten Aufgaben für ein Unternehmen. Es braucht Geschick und ein hohes Maß an Sensibilität, um die an ein mit Traditionen verknüpftes Produkt gewöhnten Konsumenten mit einer Produktvariation vertraut zu machen und deren Loyalität aufrechtzuerhalten. Vor solch einer Herausforderung befand sich Kraft Foods mit der Verpackungsumstellung der bekanntesten deutschen Schokoladenmarke Milka. Mit einer im Vorfeld ausgiebig vorbereiteten PR-Kampagne ist es Kraft Foods gelungen, seine Milka-Fans von dem USP der innovativen Folienverpackung zu überzeugen. Die Kampagne »Wieder verschließen. Länger genießen.« baute auf einem Mix verschiedenster Kommunikationsinstrumente auf. Die Ergebnisse einer zuvor durchgeführten Studie wurden individuell in diese Instrumente integriert, womit unter anderem die Basis der PR-Arbeit geschaffen wurde und worauf sich die Umsetzung der darauffolgenden PR-Schritte bezog. Neben der visuellen Umsetzung und Integration der Ergebnisse in verschiedene Kommunikationsmittel wiesen vor allem die ausgemachten Medienkooperationen einen engen Bezug zu den Ergebnissen der Studie auf. Somit arbeitete Kraft Foods nahe an den Bedürfnissen seiner Milka-Kunden und konnte diese auf die PR-Maßnahmen übertragen, was zum Gewinn des Vertrauens der Kunden beigetragen hat. Redaktionsbesuche mit ersten Exemplaren brachten Kraft Foods Aufmerksamkeit für die neue Verpackung ein und trugen als ein Teil zur Sensibilisierung einer Änderung am Markenprodukt Milka bei. Durch eine Exklusivkooperation mit dem Radiosender RS2 konnte öffentlichkeitswirksam auf den Milka-Alpenwelt-Event in Berlin aufmerksam gemacht werden, welcher als Abrundung der Kampagne agierte. Kraft Foods hat es geschafft, Tradition und Moderne glaubwürdig miteinander verschmelzen zu lassen.

Eintrag ins Buch der Guinness World Records™. Trotz Sturm, Regen und dem ersten Schnee des Jahres ließen es sich weit über 10 000 Besucher nicht nehmen, mit Milka die neue Verpackung zu feiern.

Am Ziel

Das Marketingziel, als Marktführer mit der neuen wiederverschließbaren Verpackung neue Standards zu setzen, wurde erreicht. Die Milka-Fans akzeptierten nicht nur die neue Verpackung, sie bewerteten sie als genau das, was sie sich gewünscht und von Milka erwartet hatten. Auch im Handel war die Umstellung ein voller Erfolg – selten konnten so viele attraktive Zweitplatzierungen erreicht werden, die auf die neue Verpackung aufmerksam machten und zu Impulskäufen anregten. Anders als das klassische Marketing kämpft Public Relations oft mit der Legitimierung der eingesetzten Mittel, da sich der Erfolg schwerer messen lässt. Um diesen bewerten zu können, wurde von Kraft Foods als Evaluationsgrundlage der so genannte »PR-Wert« entwickelt, der den Nutzen der PR-Aktivitäten in finanziellen Dimensionen angibt. Stellt man ihn dem eingesetzten Budget gegenüber, sollte er mindestens dreimal höher sein – und dies war bei der Kampagne »Wieder verschließen. Länger genießen.« eindeutig der Fall.

Die Verpackungsumstellung der Milka Tafeln hat alle Beteiligten viel Zeit und Engagement »gekostet«. Durch die Zusammenarbeit mit den Agenturen Ogilvy & Mather (Klassik), G.V.K. (POS), Drewes & Keretic (Events) und Euro RSCG ABC Hamburg (Public Relations) ist die Begeisterung für die neue Verpackung stetig gewachsen und auch die Sicherheit, dass sie ein voller Erfolg werden würde.

METRO GROUP

› DAS UNTERNEHMEN

METRO Group – Ideen für den Handel von morgen
Die METRO Group zählt zu den bedeutendsten
internationalen Handelsunternehmen: Sie erzielte
im Jahr 2007 einen Umsatz von 64,3 Mrd. Euro.
Das Unternehmen ist an 2221 Standorten in 31
Ländern Europas, Afrikas und Asiens tätig und
beschäftigt rund 280000 Mitarbeiter aus 150
Nationen. Die Leistungsfähigkeit der METRO
Group basiert auf der Stärke ihrer Vertriebs-
marken, die selbstständig am Markt agieren:
Metro/Makro Cash & Carry – Weltmarktführer
im Bereich Selbstbedienungsgroßhandel –, Real
SB-Warenhäuser, Media Markt und Saturn –
europäischer Marktführer im Bereich Elektrofach-
märkte – sowie Galeria Kaufhof-Warenhäuser.
Sämtliche Vertriebsmarken der METRO Group
belegen in ihrem jeweiligen Segment führende
Marktpositionen.

Erfolgsfaktor Innovation
Verantwortung gegenüber Kunden, Kapitalgebern
und der Öffentlichkeit prägt das unternehmerische
Denken und Handeln der METRO Group. Zu den
wesentlichen Erfolgsfaktoren des Konzerns gehören
eine hohe Innovationsfähigkeit und die unternehmerische Verpflichtung, einen Beitrag zum Fortschritt des Handels zu leisten – sowohl auf nationaler als auch auf internationaler Ebene. Das gilt
insbesondere im Hinblick auf die Entwicklung und
den Einsatz neuer Technologien. Diese versetzen
die METRO Group in die Lage, die Wünsche ihrer
Kunden in Zukunft noch besser zu erfüllen, die
Effizienz der Geschäftsprozesse zu steigern und
gleichzeitig die Kosten zu senken.

Die METRO Group Future Store Initiative
Um den Modernisierungsprozess der Handelsbranche voranzutreiben, hat die METRO Group
im Jahr 2002 die Future Store Initiative ins Leben
gerufen – ein Zusammenschluss von rund 80 Unternehmen aus der IT- und Konsumgüterindustrie
sowie der Dienstleistungsbranche. Zu den prominenten Mitgliedern zählen unter anderem SAP,
Intel, IBM, T-Systems und Cisco. Gemeinsam entwickeln die Kooperationspartner praxistaugliche
Konzepte für den Handel von morgen. Ein zentrales
Element der Initiative ist das Future-Store-Konzept.
In einem Verbrauchermarkt der Zukunft wird das
Zusammenspiel verschiedener Technologien und
Anwendungen in der Praxis erprobt. Im Fokus steht
der Nutzen für die Kunden: Selbstzahlerkassen
reduzieren beispielsweise die Wartezeiten, intelligente Waagen erleichtern den Gemüse- und Obst-
kauf, Info-Terminals liefern zusätzliche Produktinformationen. Viele der im Future Store erstmals
getesteten Anwendungen kommen inzwischen in
den Märkten und Filialen der METRO Group zum
Einsatz.

Schlüsseltechnologie RFID

Ein weiteres Anliegen der METRO Group Future Store Initiative ist es, die Geschäftsabläufe der beteiligten Partner effizienter und transparenter zu gestalten. Die Radiofrequenz-Identifikation (RFID) spielt dabei eine wichtige Rolle. Sie ermöglicht es, Produktdaten berührungslos per Funk zu übertragen. Ihr Herzstück ist der Transponder, ein winziger Computerchip mit Antenne. In ein Klebeetikett eingebettet, lässt er sich auf Paletten und Handelseinheiten anbringen. So vereinfacht RFID beispielsweise das Lagermanagement: Der Hersteller kann seine Warensendungen automatisch mit der Bestellung des Händlers abgleichen und für den Transport freigeben. Auch die Warenannahme lässt sich erheblich beschleunigen, da alle relevanten Daten automatisch und sekundenschnell erfasst werden. Darüber hinaus ist das Warenwirtschaftssystem des Händlers stets aktuell.

Austausch unter Partnern

Die Zukunftsthemen des Handels präsentiert die METRO Group Future Store Initiative auch auf internationalen Messen und Fachkongressen, beispielsweise der CeBIT in Hannover oder dem Deutschen Logistik-Kongress. Darüber hinaus richtet der Handelskonzern eigene Veranstaltungen aus, beispielsweise den Fachkongress RFID. Hier informieren die Mitglieder der METRO Group Future Store Initiative interessierte Konsumgüterunternehmen über das Potenzial der Radiofrequenz-Identifikation und zeigen, in welchen Bereichen sich die Technologie einsetzen lässt. Die Kooperationspartner engagieren sich außerdem in verschiedenen internationalen Gremien wie EPCglobal. Ihre Erfahrungen tragen unter anderem dazu bei, weltweit einheitliche Standards für RFID zu entwickeln.

METRO Group
The Spirit of Commerce

METRO AG
Schlüterstraße 1
40235 Düsseldorf

Gründungsjahr
1996

Website
www.metrogroup.de

Verantwortliche
Petra Rob und Antonia Voerste,
Unternehmenskommunikation

Partneragentur
Pleon GmbH

MORGENMACHER AUF DER SUCHE NACH DEM GLÜCK

› DIE KAMPAGNE

»Morgenmacher – das Magazin der METRO Group Future Store Initiative« ist einzigartig in der Handelsbranche. Die vierte Ausgabe mit dem Monothema »Gut für Dich« nimmt Bezug auf die gleichnamige von der METRO Group ins Leben gerufene Initiative. Diese soll Menschen zu einem gesünderen Lebensstil motivieren.

Der »Morgenmacher« fächert das Thema weiter auf, um sich aus einer übergeordneten Perspektive mit der Frage zu beschäftigen, was der Mensch zum Leben braucht – und was ihn glücklich macht. In journalistisch anspruchsvollen und abwechslungsreichen Darstellungsformen beantworten Menschen mit unterschiedlichem Hintergrund und aus unterschiedlichen Kulturen diese Fragen auf sehr individuelle Weise. Die vierte Ausgabe des Magazins ermuntert den Leser dazu, innezuhalten, die eigene Position zu bestimmen und Bedürfnisse bewusst wahrzunehmen.

Die Ausgangsposition

Der Handel – eine verschlafene Branche? Mit diesem Vorurteil hat die METRO Group längst aufgeräumt. Als erstes Handelsunternehmen präsentierte sich der Konzern 2006 auf der weltgrößten IT-Messe CeBIT. Der »Morgenmacher« wurde speziell für diese Premiere konzipiert. Insbesondere das Engagement der METRO Group im Bereich der innovativen Technologien stand dabei im Mittelpunkt. Aus der erfolgreichen Sonderpublikation entwickelte sich ein halbjährlich erscheinendes Magazin, das den Anspruch hat, die Welt des Handels und angrenzende Themenfelder auf interessante und anregende Weise vorzustellen.

Die Ziele

Im Dezember 2007 erschien der vierte »Morgenmacher« – zu einer Zeit, in der die Themen Übergewicht und Fehlernährung durch den Nationalen Aktionsplan der Bundesregierung stärker ins öffentliche Licht rückten. Mit dem Fokus auf das Thema »Gut für Dich« hat die METRO Group erneut ihr Gespür für gesellschaftsrelevante Trends bewiesen und ihre Rolle als Innovationsführer der Branche unterstrichen. Zugleich informiert sie die Leser über den technologischen Wandel in der Branche.

Darüber hinaus bietet der »Morgenmacher« den Partnern der METRO Group Future Store Initiative ein Forum, um sich mit anspruchsvollen Themen in der Öffentlichkeit zu positionieren. Die Publikation stärkt bestehende Geschäftsbeziehungen und trägt dazu bei, potenzielle Partner auf die Future Store Initiative aufmerksam zu machen.

Die Zielgruppe

Der »Morgenmacher« richtet sich an Meinungsbildner aus Wirtschaft und Gesellschaft, an politische Entscheidungsträger, interessierte Verbraucher, Journalisten, Analysten und Aktionäre, potenzielle Mitarbeiter und Führungsnachwuchskräfte sowie Bildungs- und Wissenschaftseinrichtungen. Weitere externe Zielgruppen sind Premium-Kunden der Vertriebsmarken (Metro/Makro Cash & Carry, Real, Media Markt und Saturn, Galeria Kaufhof). Intern

richtet sich die Publikation an Führungskräfte der
METRO AG, Geschäftsführer der Vertriebsmarken
und Mitarbeiter des Unternehmens.

Umsetzung

Der Titel des Magazins weist auf die Themen »Innovation«, »Fortschritt« und »Zukunft« hin, ohne diese
explizit zu nennen. Mit seinen journalistischen
Inhalten und Lifestyle-Themen vermittelt das rund
130 Seiten starke Magazin einer anspruchsvollen
Zielgruppe den Aktionsradius des Handelsunter-
nehmens. Emotionale Bildstrecken, überraschende
Gestaltungselemente und das ungewöhnliche Format (250 mm x 280 mm) erzeugen Aufmerksamkeit
und bilden einen angemessenen Rahmen für die
Präsentation der innovativen Themen.

Mit dem »Morgenmacher« positioniert sich die
METRO Group bewusst über Themen und verzichtet
weitgehend auf selbstdarstellende Formen wie
beispielsweise Unternehmensporträts. Diesem
Schema folgt auch die vierte Ausgabe. Das Engagement des Konzerns im Rahmen der Initiative »Gut
für Dich« ist nur eines von vielen Themen. Es wird
in einem neunseitigen Dossier vorgestellt, das
aus mehreren Einzeltexten in unterschiedlichen
journalistischen Darstellungsformen besteht.

Ergebnisse

Die überaus positiven Reaktionen von Politikern,
Journalisten und Unternehmern bestätigen das
Konzept des »Morgenmachers«. Über die Website
www.morgenmacher.eu wurden zahlreiche Exemplare des Magazins angefordert. Persönliche Briefe
an den Herausgeber loben die innovative Gestaltung und die journalistische Umsetzung des Magazins. Die zweite Ausgabe des »Morgenmachers«
wurde beim BCP Award 2007 in der Kategorie
»Sonderpublikationen Corporate Magazine« mit
Silber ausgezeichnet.

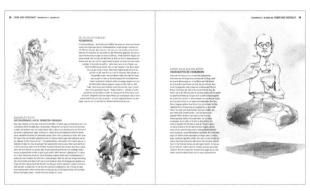

› DIE JURY

Um das Image des Unternehmens auszubauen
und neue Partner zu gewinnen, wurde zur Cebit
2006 von der METRO Group erstmals eine magazin-
artige Sonderpublikation entwickelt, die seither
halbjährlich als festes Magazin »Morgenmacher«
des Unternehmens erscheint. Aus Sicht der Jury
ist diese Publikation mehr als eine sonst übliche
Kundenzeitschrift. Sie ist ein eigenständiges Life-
style-Magazin für Entscheider, Meinungsführer,
Multiplikatoren und Mitarbeiter. Mit aktuellen und
innovativen Themen rund um Handel, Fortschritt
und Logistik positioniert sich das Unternehmen
als Trendsetter und gibt Impulse für die Branche.
Ein klares redaktionelles Konzept greift je Ausgabe
ein übergeordnetes gesellschaftlich aktuelles
Thema auf und informiert aus unterschiedlichen
Blickwinkeln mittels verschiedener journalistischer
Formen. Die Texte sind anspruchsvoll, verständlich
und leserfreundlich geschrieben. Die Inhalte sind
qualitativ hochwertig, sehr informativ und anschaulich vermittelt. Die auffällig moderne und hochwertige Gestaltung mit vielen eindrucksvollen Bildmotiven steigert den Unterhaltungswert. Die in
jeder Ausgabe gleich bleibenden Rubriken geben
dem »Morgenmacher« eine feste Struktur und
Übersichtlichkeit. Da sich das Unternehmen ausschließlich über Themen und nicht über sonst übliche Unternehmensdarstellungen positioniert, baut
es Vertrauen bei den Zielgruppen auf, wirkt glaubwürdig und nachhaltig. Durch die schlüssige und
stimmige Formulierung der Ziele, der Zielgruppen,
der Strategie und der daraus resultierenden Umsetzung konnte eine ganzheitliche und langfristige
Maßnahme geschaffen werden, die sehr aufmerksamkeitsstark und ansprechend ist. Durch die
originelle Aufmachung, die sich von anderen Han-
delszeitschriften überaus stark unterscheidet, stößt
der »Morgenmacher« auf viel positive Resonanz.

WEIDMÜLLER

› DAS UNTERNEHMEN

Weidmüller – Spitzenleistung und Differenzierung durch Technologie, Innovation und Service
Weidmüller ist der führende Anbieter von Lösungen für die elektrische Verbindung, Übertragung, Konditionierung und Verarbeitung von Energie, Signalen und Daten im industriellen Umfeld.

Das Unternehmen entwickelt, produziert und vertreibt Produkte aus dem Bereich der elektrischen Verbindungstechnik sowie der Funktions- und Kommunikationselektronik. Das gesamte Produkt- und Leistungsspektrum von Weidmüller dient der Wertsteigerung der Produkte und damit des Geschäftes seiner Kunden.

Als Unternehmensgruppe ist Weidmüller stark international ausgerichtet und verfügt über eigene Produktionsstätten, Vertriebsgesellschaften und Vertretungen in mehr als 70 Ländern. Im Geschäftsjahr 2007 erzielte Weidmüller erstmalig einen Umsatz von mehr als 500 Mio. Euro. Das Unternehmen beschäftigt derzeit weltweit 3 500 Mitarbeiter.

Elektrische Verbindungstechnik
Das Geschäftsfeld Elektrische Verbindungstechnik als traditionelles und erfolgreiches Kerngeschäft steht für ein umfangreiches Portfolio von »Komponenten mit System«, mit denen sich die passive Netzwerkinfrastruktur als Komplettlösung für die Automation vollständig aufbauen lässt, d. h. für Energie, Signale und Daten. Angefangen bei der reinen komponentenbasierten Verbindungstechnik (Reihenklemmen, Industriesteckverbinder für Energie, Signale, Daten oder den Leiterplattenanschluss) integrieren wir uns schrittweise über Kabelkonfektionierungen, bereits im Werk vormontierte DIN-Schienen mit Reihenklemmen oder vollständig mit Verbindungstechnik und Elektronik bestückte kundenspezifische Edelstahlboxen in die Wertschöpfungskette unserer Kunden.

Aufgrund der vorhandenen Anwendungskompetenz, die zu den besonderen Stärken von Weidmüller zählt, können wir unsere Produkte in ihrer jeweils für den Kunden sinnvollsten Kombination anbieten. So realisieren wir eine für den individuellen Bedarf des Kunden effektive und kostengünstige Lösung. Gleichzeitig dienen uns Kundennähe und Anwendungskompetenz als Quelle für die marktnahe Produkt- und Technologieentwicklung. Damit flankieren wir unsere Markt- und Technologieführerschaft innerhalb dieses Geschäftsfeldes.

Funktionselektronik
Das Geschäftsfeld Funktionselektronik verfolgt das strategische Ziel, die bisher im Schaltschrank verfügbare Funktionalität zukünftig auch dort anzubieten, wo sie an der Maschine oder in der Anlage tatsächlich benötigt wird, d. h. sowohl im Schaltschrank als auch direkt in der Feldebene der Automation. Damit sind in der Regel eine höhere Schutzklasse (IP20 – IP6X) und eine andere Gehäuseanschlusstechnik verbunden. Die Gehäuseanschlusstechnik gehört zu unseren Kernkompetenzen, die wir hier mit der Weiterentwicklung von Elektronikfunktionen zu neuen innovativen Produkten kombinieren.

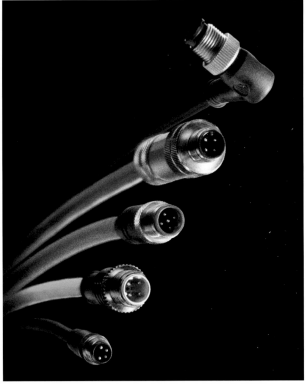

Die Geräte der Weidmüller Funktionselektronik
bieten eine mechanisch einfache Installation,
eine optimierte Handhabung der elektrischen
Anschlüsse und einen sicheren Leitungsanschluss.
Die einzelnen Baugruppen der Funktionselektronik
zeichnen sich darüber hinaus durch ihre robuste
Industrietauglichkeit aus. Sie sind für sehr große
Einsatztemperaturbereiche geeignet und ausgesprochen resistent gegen elektromagnetische Stör-
einstrahlung. Spezielle Elektronikkomponenten
und -lösungen, die dem Konvertieren, Verarbeiten,
Überwachen, Schalten, Isolieren oder Schützen
von Signalen und Daten dienen, ergänzen das Leis-
tungsangebot der elektrischen Verbindungstechnik
um die wichtigen aktiven Bausteine, die für eine
industrielle Energie- und Signal-Netzwerkinfra-
struktur unerlässlich sind.

Kommunikationselektronik

Den Schwerpunkt des Weidmüller Geschäftsfeldes
Kommunikationselektronik bildet ein breites
Produktportfolio für Industrial-Ethernet-Anwen-
dungen in der Fabrikautomation und im Schiffbau,
das durch eine ebenfalls technologisch hervorra-
gende Palette von Sensor-Aktor-Interface-Produkten
sinnvoll ergänzt wird.

Mit unserem Angebot an industrieller Kommunikationselektronik stellen wir aus Markt- und Kunden-
sicht die richtige Ergänzung zu unserem Leistungs-
paket der elektrischen Verbindungstechnik und der
Funktionselektronik zur Verfügung. Insbesondere
die Kombination der einzelnen Produktportfolios
erlaubt es uns, Lösungen für solche Kundenanwen-
dungen zu liefern, die einen ganzheitlichen Ansatz
verlangen und kein reines Komponentengeschäft.

Innovationen vorantreiben:
Produkt- und Technologieentwicklung

Die Produktentwicklung arbeitet sehr eng mit dem
Produktmanagement einerseits und den Fertigungs-
bereichen andererseits zusammen. So werden die
Marktseite, die Entwicklung und die Produktion
bereits in einem sehr frühen Stadium der Entwick-
lungsprojekte berücksichtigt.

Das Ziel der zentralen Technologieentwicklung
bei Weidmüller besteht darin, neue Technologien
zu erkennen, zu erschließen und in Form von Innovationen nutzbar zu machen. Dabei stehen Markt-
orientierung und Kundennutzen im Vordergrund.
Die langfristige Technologieentwicklung stellt die
Grundlage für die Technologieführerschaft in unseren Kerngeschäften sicher und treibt die Innovationsdynamik an.

Gerade für ein mittelständisches Unternehmen
heißt Technologieführerschaft auch enge Zusammenarbeit mit Hochschulen, Instituten und industriellen Partnern. Diese Zusammenarbeit ist von
strategischer Bedeutung und wird dementsprechend gesucht, gefördert und gepflegt.

Weidmüller 3Σ

**Weidmüller Interface
GmbH & Co. KG**
Klingenbergstraße 16
32758 Detmold
Tel.: (05231) 14-0
Fax: (05231) 14-2083
Mail: info@weidmueller.com

Gründungsjahr
1948

Website
www.weidmueller.com

Verantwortliche
Nina Kaschani,
Leitung Internationales
Printmedien-Management

Partneragentur
medienfabrik Gütersloh GmbH
Carl-Bertelsmann-Straße 33
33332 Gütersloh
Tel.: (05241) 23480-50
Fax: (05241) 23480-61
Mail: kontakt@medienfabrik.de
www.medienfabrik.de

»WIN! – WEIDMÜLLER INFORMATION & NEWS«: ERFOLGREICHER RELAUNCH EINER KUNDENZEITSCHRIFT

› DIE KAMPAGNE

Als Premium-Hersteller ist Weidmüller in seinen Kommunikationsaktivitäten immer wieder gefordert, über geeignete Maßnahmen die Marke hochwertig zu positionieren, gegenüber den Wettbewerbern sowohl mit technischem wie auch mit emotionalem Mehrwert aufzuladen und dabei mit begrenzten Kommunikationsbudgets einen ausreichenden Werbedruck zur Erlangung eines relevanten *share of voice* im Markt sowie *share of mind* in der Zielgruppe erzielen zu müssen. Gesucht war vor diesem Hintergrund ein neues Kommunikationskonzept, das es mit überschaubarem budgetärem Aufwand erlauben würde, die Produkte des Unternehmens in einen nicht nur rational, sondern auch emotional fassbaren Kontext zu setzen, um auf diese Weise ihren Nutzen spontan nachvollziehbar zu machen und gleichzeitig die Technologieführerschaft von Weidmüller unter Beweis zu stellen.

Die Idee
Vor dem Hintergrund begrenzter Budgets einerseits und komplexer inhaltlicher Anforderungen ande-

rerseits fiel die Wahl bewusst auf ein Medium außerhalb der »klassischen« Werbung mit ihren vergleichsweise hohen Produktions- und Mediakosten. Was sich stattdessen anbot, war ein von Grund auf vorgenommener Relaunch der bereits vorhandenen, bis dato aber rein technisch ausgerichteten Kundenzeitschrift »Innovations«.

Dieser Ansatz bot zum einen die nötige Kapazität, um als Transportmedium auch für technisch komplexe Themen dienen zu können, und gleichzeitig die nötige Flexibilität, um nicht nur aktuelle, sondern auch zukünftig relevante Inhalte reibungslos und ohne inhaltliche oder konzeptionelle Brüche in ein bestehendes Basis-Tool einbinden zu können.

Die Umsetzung
Im ersten Schritt wurde ein neues Inhaltskonzept entwickelt, das sich mit seiner Gliederung in Themenrubriken gezielt an der Leserführung in klassischen Nachrichtenmedien orientiert und sowohl dem Leser ein schnelles Zurechtfinden wie auch der Redaktion ein gezieltes Anteasern von Themen erlaubt.

Die parallel dazu von Grund auf überarbeitete Optik des Magazins bewegt sich zwar weiterhin im Rahmen des Weidmüller Corporate Designs, tut dies aber auf eine deutlich zeitgemäßere und freundlichere Art als bisher. Look & feel des Layouts orientieren sich dabei mit großen attraktiven Bildern, als Gestaltungselement eingesetzten Überschriften und einer über Info-Kästen zusätzlich eingezogenen Schnellinformations-Ebene bewusst an »klassischen« Publikumszeitschriften.

Technik- und produktorientierte Inhalte wurden in Rahmenstories mit konkretem, belegbarem und auch für Nicht-Fachleute spontan nachvollziehbarem Anwendungsbezug eingebettet. Diesem geänderten inhaltlichen Konzept trägt auch der neue Titel Rechnung: Ging es in der alten Weidmüller-Kundenzeitschrift vormals nur um die Präsentation von »Innovations«, bietet die »WIN!« dem Leser jetzt das ganze Spektrum an »Weidmüller Information & News«.

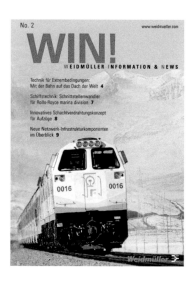

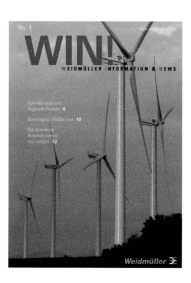

Um sich im hart umkämpften internationalen Business-to-Business-Markt als hochwertige Marke zu positionieren, musste das Unternehmen ein Kommunikationskonzept erarbeiten, das es erlaubte, die spezifischen Produkte des Unternehmens in einen emotional erlebbaren Kontext zu stellen, auf diese Weise ihren Nutzen spontan nachvollziehbar zu machen und gleichzeitig die Technologieführerschaft des Unternehmens unter Beweis zu stellen. Mit dem Relaunch der Kundenzeitschrift »WIN!« ist es dem Unternehmen gelungen, ein Medium zu entwickeln, das die technisch komplexen Themen informativ, unterhaltsam, verständlich und anschaulich vermittelt. Die Magazingestaltung mit journalistischen Elementen und vielen Bildmotiven hebt sich stark von den technisch gestalteten Zeitschriften der Konkurrenz ab. Auf geschickte Art und Weise werden das Unternehmen und seine Produkte in Beiträgen präsentiert, wobei der Leser durch die spannende Mischung von Inhalten sein Wissen erweitert. Die relaunchte Zeitschrift steigert die Bekanntheit Weidmüllers und seiner Produkte, baut das Image des Unternehmens positiv aus und erzielte eine nachhaltige Wirkung. Die »WIN!« ist informativ, seriös und glaubwürdig gestaltet und baut so Vertrauen bei den Zielgruppen auf. Da die Zeitschrift sich noch in ihren Anfängen befindet und einer stetigen Verbesserung unterliegt, sollten für die zukünftigen Ausgaben die Anzahl der Beiträge und Seiten noch mehr erhöht werden, um der »WIN!« eine noch stärkere Magazinstruktur zu verleihen und den Informationsgehalt für den Leser auszubauen. Insgesamt hat es Weidmüller mit dieser Maßnahme geschafft, mit wenig Budget ein Kommunikationsmedium zu etablieren, welches den technischen, aber auch emotionalen Mehrwert des Unternehmens erfolgreich vermittelt.

Bereits in der ursprünglichen Konzeption der »WIN!« war außerdem angedacht, die Zeitschrift auch als e-Paper zu veröffentlichen, um den positiven Abstrahleffekt dieses relativ neuen und derzeit bei der Zielgruppe wachsende Bedeutung erlangenden Medientyps für die Marke Weidmüller zu nutzen. Seit der zweiten Ausgabe erscheint die »WIN!« daher auf der Corporate Website www.weidmueller.com auch in einer deutsch- und einer englischsprachigen Online-Ausgabe – gegenüber der Printversion ergänzt um zusätzliche Inhalte und Funktionalitäten, wie sie das Medium »Online« erlaubt. Mit dieser e-Paper-Version der »WIN!« nimmt Weidmüller unter seinen Wettbewerbern derzeit eine Alleinstellung ein und positioniert sich auch hier als Innovations-Vorreiter der Branche.

Die Ergebnisse

Nach inzwischen vier erschienenen Ausgaben hat sich die »WIN!« international erfolgreich als Weidmüller-Kundenmagazin etabliert. Zahlenmäßige Belege dafür sind zum einen der von anfangs 12 Seiten schrittweise über 16 und dann 20 auf jetzt 24 Seiten ausgeweitete Umfang des Magazins sowie die von ursprünglich 10 000 auf derzeit rund 25 000 verteilte Exemplare gestiegene Auflage.

Gleichzeitig leistet die »WIN!« im Vergleich zu ihrem Vorgänger nachweisbar und signifikant mehr zur Positionierung von Weidmüller als Technologie- und Innovationsführer. Eine aktuelle (Februar 2008) Befragung in der Zielgruppe ergab für die relevanten Statements »Dieses Unternehmen ist führend in seiner Branche«, »Dieses Unternehmen ist innovativ«, »Dieses Unternehmen ist mir sympathisch« und »Ich würde gerne mehr über dieses Unternehmen erfahren« eine Steigerung der Zustimmungswerte um bis zu zehn Prozentpunkte gegenüber der »Innovations«.

Dabei erwies und erweist sich das Basiskonzept der »WIN!« als flexibel genug, um Erkenntnisse und Erfahrungen aus dem »laufenden Betrieb« jederzeit aufnehmen und in der nächsten Ausgabe berücksichtigen zu können. Auch zukünftige »WIN!s« werden somit Ausgabe für Ausgabe eine Weiterentwicklung ihrer Vorgänger darstellen und – wenn die Zeichen nicht trügen – die bisherige Erfolgsgeschichte des neuen Weidmüller-Kundenmagazins fortschreiben.

Dr. Christian Bachem
Strategieberatung .companion

ONLINE – DIE ZUKUNFT DES MARKETING?

Betrachtet man die Entwicklung der Online-Werbung in den vergangenen zwölf Jahren, so scheint es auf den ersten Blick keine fundamentalen Veränderungen gegeben zu haben. Die um die Jahrtausendwende vielfach totgesagten Banner gehören immer noch zum Standard-Repertoire für Kampagnen im Internet. Auf den zweiten Blick wird deutlich, dass diese Urform der Online-Werbemittel abgelöst wird durch großflächigere Formate. Zudem – der gestiegenen Bandbreite sei Dank – werden immer häufiger Werbefilme in Form von Webclips eingesetzt. Es bleibt jedoch bei Display-Werbung mit neuen multimedialeren Mitteln. Erst ein weiterer Blick offenbart, wo die relevanten Veränderungen und Potenziale der Online-Werbung liegen.

Dabei fällt eine Werbeform ins Auge, die 1996 noch nicht existierte und die inzwischen bald die Hälfte der Online-Werbeausgaben verbucht: Keyword Advertising. Im Gegensatz zu Bannern, Rectangles oder Webclips bezieht Keyword Advertising den Nutzer und seine Interessen unmittelbar ein – und zwar bereits vor der Einblendung der Werbebotschaft. Nur Botschaften, die auf Basis einer Suchanfrage für den Nutzer bedeutsam sind, werden angezeigt. Die Präzision und Attraktivität des Keyword Advertising beruht somit auf der Beteiligung des Nutzers.

Auch wenn diese Form der Online-Werbung nicht in den USA erfunden wurde (1997 bot die deutsche Suchmaschine Fireball entsprechende Werbebuchungen an; vgl. Abb. 1), so bildete sie doch die Basis für den durchschlagenden Erfolg von Google.

Google war es als erstem Unternehmen gelungen, ein originäres Internet-Geschäftsmodell zu entwickeln, das hoch profitabel ist.

Vergleicht man die wesentlichen Geschäftskennzahlen der drei Internet-Giganten Amazon, eBay und Google, so wird dieser Zusammenhang besonders deutlich (vgl. Abb. 2).

Letztlich belegt dieser Kennzahlenvergleich, dass man bestehende Geschäftsmodelle durchaus erfolgreich ins Internet verlagern kann. Allerdings lassen sich auf diese Weise die wesentlichen Limitationen dieser Modelle nicht überwinden. Mit anderen Worten: Der Internethändler Amazon ist auch im Internet nur ein Händler. Und als solcher muss er mit den im Handel üblichen niedrigen Margen rechnen. Einem Plattformanbieter wie eBay, der von Händlerprovisionen lebt, ohne das Sortiment selber vorhalten zu müssen, ergeht es hier besser. Doch zugleich bewegen sich seine Margen ebenfalls auf dem Niveau eines klassischen Maklers. Google hingegen spielt in einer eigenen neuen Liga, die den Regeln der Nutzerbeteiligung folgt.

Die positiven Zahlen von Google erklären auch, warum ein rein auf Nutzerbeteiligung aufgebautes Unternehmen wie die Social

Abb. 1 › Keyword Advertising »Made in Germany« anno 1997

Abb. 2 › Kennzahlenvergleich der drei Internet-Giganten

	amazon.com Händler	eBaY Plattformanbieter	Google Vermittler
Umsatz Quartal 4/07	5,7 Mrd. $	2,2 Mrd. $	4,8 Mrd. $
Gewinn Quartal 4/07	271 Mio $	531 Mio $	1,44 Mrd. $
Marge	4,7 %	24,3 %	30 %
Gewinn/Aktie	0,48 $	0,39 $	3,79 $
Börsenwert (Stand 22.02.08)	30,04 Mrd. $	37,50 Mrd. $	159,14 Mrd. $

Dr. Christian Bachem arbeitete nach Abschluss des Studiums der Publizistik, Soziologie, Cognitive Science und VWL in Mainz, Bloomington und Berlin von 1991 bis 1994 als Mediaplaner und Berater bei Werbeagenturen in Berlin und New York. Parallel promovierte er über Fernsehwerbung in den USA. 1995 wechselte er zu Pixelpark, wo er die Bereiche Strategic Planning, Marketing Services und Online Advertising aufbaute und als Managing Director leitete. Er gründete 1998 .companion, eine Strategieberatung für international tätige Unternehmen. Neben einer Vertretungsprofessur an der FHTW Berlin ist er auch als Dozent (MBA-Programme) tätig. Seit 2005 ist Christian Bachem zusätzlich Vorsitzender des Web Excellence Forum (WebXF), einer Initiative zur Verbreitung von Standards zur Bewertung und Steuerung von Online-Kommunikation.

Community Facebook so immens hohe Bewertungen an den Kapitalmärkten erhält. Bei einem geschätzten Umsatz von ca. 100 Mio. Dollar wird der Unternehmenswert von Facebook auf über 15 Mrd. Dollar taxiert.

Reich ist, wer es versteht, die Aktivität seiner Nutzer zu kapitalisieren.

Das Prinzip der Nutzerbeteiligung macht sich auch das so genannte Behavioral Targeting (oft auch als Behavioral Advertising bezeichnet) zu eigen. Bei dieser Form der verhaltensbezogenen Darreichung von Online-Werbung werden nur Werbemittel ausgeliefert, die dem Nutzungsprofil und den darin manifestierten Interessen des Umworbenen am nächsten kommen. Im Gegensatz zum Keyword Advertising ist dem Nutzer jedoch nicht bewusst, dass die Werbung durch sein Zutun, seine Beteiligung ausgewählt wird. Auch wenn sich Behavioral Targeting und Keyword Advertising nicht für alle Kampagnenzielsetzungen eignen mögen, sie beschreiben doch einen grundsätzlichen Umbruch in der Online-Werbung, ja, in der Werbung überhaupt.

An die Stelle der Aufmerksamkeitsökonomie mit ihrem Credo der Kontaktmaximierung (»War for eyeballs«) tritt die Beteiligungsökonomie (vgl. Abb. 3). Nun geht es nicht mehr alleine darum, Nutzer möglichst zielgenau zu erreichen, sondern sie aktiv einzubeziehen und sie zum Teil des Angebotes werden zu lassen, bewusst oder unbewusst. Im E-Commerce ist dies bereits gang und gäbe; wir kennen verschiedene Formen der Nutzerbeteiligung: die von Lesern verfasste Buchrezension bei Amazon oder die Bewertung des Verkäufers durch den Käufer bei eBay. Beiden gemein ist, dass sie den aktiven Nutzer emotional an die E-Commerce-Plattform binden und zugleich dazu beitragen, der Masse der Shopper ein verbessertes Einkaufserlebnis zu bieten. Kombiniert man das etablierte Konzept der Produkt- oder Händlerbewertung mit den inzwischen florierenden Communities, so wird deutlich, dass die Abbildung sozialer Beziehungen im Internet eine enorme Kraft entfaltet, mit der sich Marketing und Werbung zukünftig auseinandersetzen müssen. Dort, wo früher Marken Kaufentscheidungen erleichtern sollten, agieren heute Kontaktnetze im Internet als Vertrauensfilter. Erst wenn es einem Produkt oder einer Marke gelingt, das Vertrauen meiner Netzkontakte zu gewinnen, dringt sie in meinen Dunstkreis vor und ist es wert, in Erwägung gezogen zu werden.

Die neue Beteiligungsökonomie beruht auf derartigen Beteiligungsarchitekturen. Für die Online-Werbung heißen sie Keyword Advertising und Behavioral Targeting. Die neuen Möglichkeiten und Herausforderungen, die die Beteiligungsökonomie für Werbung und Marketing bereithält, sind dabei keinesfalls auf das Internet oder gar das Web beschränkt. Im Zuge der Digitalisierung und Vernetzung ergreifen sie nach und nach die klassischen Medien, zuvorderst das Fernsehen. Wenn heute »Web 2.0« in aller Munde ist, so wird man in nicht allzu ferner Zukunft von »Internet 2.0« als einem Netz digitaler Medien sprechen können. Ob dann noch von »Online-Werbung« die Rede ist?

Abb. 3 › Von der Aufmerksamkeits- zur Beteiligungsökonomie

»Internet 2.0«

Web 2.0

Wahrgenommener Mehrwert des Internets

Altes Paradigma:
Aufmerksamkeitsökonomie
(Massenmedien)

Neues Paradigma:
Beteiligungsökonomie
(Digitale Medien)

1997 1998 1999 2000 2001 2002 2003 2004 2005 2006

SPARKASSEN-FINANZPORTAL GMBH

Unsere Philosophie

Als zentrales Kompetenz-Center für Neue Medien steht für die Sparkassen-Finanzportal GmbH die Unterstützung von online-basierten Vertriebsstrategien in der Sparkassen-Finanzgruppe im Mittelpunkt ihrer Aktivitäten. Dabei orientiert sich die Gesellschaft an dem Leitgedanken, ihren Kunden exzellente Dienstleistungen und Produkte zu bieten und damit einen wichtigen Beitrag zum Vertriebserfolg der Sparkassen im Internet zu leisten. Unser Anspruch ist es dabei, mit Flexibilität, Qualität und Effizienz als Innovator für Online-Medien in der Sparkassen-Finanzgruppe zu wirken.

Unser unternehmerisches Umfeld:
Die Sparkassen-Finanzgruppe

Die Sparkassen-Finanzgruppe ist mit 650 Unternehmen die größte Finanzgruppe in Deutschland und Europa. Zu ihr gehören 446 rechtlich eigenständige Sparkassen, 11 Landesbanken, 11 Landesbausparkassen, 12 öffentliche regionale Erstversicherungsgruppen, die Deutsche Leasing, die DekaBank sowie zahlreiche Kapitalbeteiligungsgesellschaften und Spezialkreditinstitute. Mit der flächendeckenden Präsenz ihrer Filialen sichern die Institute der Sparkassen-Finanzgruppe den kreditwirtschaftlichen Wettbewerb, sorgen für verbraucherfreundliche Preise für Finanzdienstleistungen in Deutschland und bilden die wichtigste finanzwirtschaftliche Stütze des Mittelstandes in Deutschland.

Ein Schlüsselprodukt der Sparkassen-Finanzgruppe ist der Konsumentenkredit. Dieser Markt umfasst in Deutschland geschätzt gut 130 Milliarden Euro. Der Autokredit ist der meistgefragte Konsumentenkredit überhaupt: Über 60 Prozent aller Konsumentenkredite werden für den Kauf eines neuen oder gebrauchten Autos aufgenommen. Jährlich werden 1,8 Millionen Gebrauchtfahrzeuge finanziert. Der Markt für Automobilfinanzierungen in Deutschland umfasst 47 Milliarden Euro, wobei allein die Gebrauchtwagenfinanzierungen 11 Milliarden Euro ausmachen.

› DAS UNTERNEHMEN

Die Sparkassen-Finanzportal GmbH ist der zentrale Internetdienstleister der Sparkassen-Finanzgruppe. Als hundertprozentige Tochter des Deutschen Sparkassen- und Giroverbandes (DSGV) bieten wir den Sparkassen vor Ort alle Serviceleistungen rund ums Internet. Zudem betreiben wir die reichweitenstarken Portale Sparkasse.de, Sparkassen-Immobilien.de und seit Neuestem auch die Online-Autobörse Gebrauchtwagen.de.

Gebrauchtwagen.de ist am 12. Dezember 2007 im Auftrag der Sparkassen-Finanzgruppe an den Start gegangen. Hier findet der Kunde schnell und ohne Umwege sein Wunschauto und bekommt zusätzlich eine attraktive Finanzierung seiner örtlichen Sparkasse angeboten. Die Sparkassen wiederum erwarten von dieser Online-Autobörse deutliche Impulse für ihr Kreditgeschäft.

Unser Fokus: Autos im Internet

Ziel der Sparkassen-Finanzgruppe ist es, ihren Marktanteil an den Konsumentenkrediten substanziell zu steigern. Daher fokussiert sie den größten Teilmarkt: die PKW-Finanzierung. Für die Sparkassen ist der Gebrauchtwagenmarkt mit seinen monatlich rund 600 000 Transaktionen besonders bedeutend, weil die Neuwagenfinanzierung heute von den Herstellerbanken dominiert wird.

Das Internet als inzwischen wichtigster Autoumschlagplatz wird täglich von vielen potenziellen Käufern und Verkäufern aufgesucht. Rund zwei Drittel aller Endkunden, die über die Anschaffung eines neuen Autos nachdenken, informieren sich heute im Internet. Das Internet ist daher der wichtigste Point of Interest für unsere Kreditkunden im Fahrzeugbereich.

Derzeit gibt es auf dem Online-Automarkt verschiedene Portale, die dem Nutzer viele Klicks und auszufüllende Textfelder abverlangen und dazu eine eher langsame und unübersichtliche Ergebnisanzeige bieten. Diese Portale sind werbefinanziert und generieren daher möglichst viele Page Impressions, die nicht an den eigentlichen Nutzerbedürfnissen ausgerichtet sind. Für manche Funktionen oder Leistungen erheben diese Portale zudem Gebühren.

Gebrauchtwagen.de unterscheidet sich von diesen Portalen durch völlige Gebührenfreiheit für alle Nutzer sowie durch eine deutlich bessere Usability. Diese Vorteile bilden die Basis für den zusätzlichen Geschäftserfolg der Sparkassen in der PKW-Finanzierung.

Unsere Ziele und Perspektiven

Die Zielgruppe von Gebrauchtwagen.de sind Käuferinnen und Käufer von Gebrauchtwagen, die Interesse an günstigen Finanzierungsangeboten zum Autokauf haben. Das sind in erster Linie eher jüngere Autokäufer beiderlei Geschlechts zwischen 18 und 45 Jahren. Hier werden insbesondere Autokäufer angesprochen, die weniger technikaffin sind und sich stärker intuitiv mit einem Autokauf beschäftigen.

Für die Attraktivität des Online-Angebotes müssen außerdem Autohändler in großer Zahl erreicht werden, um ein vielfältiges PKW-Angebot in allen Regionen Deutschlands sicherzustellen.

Bis zum Ende des Jahres 2008 wollen wir die Plattform Gebrauchtwagen.de, die uneingeschränkt kostenlose und innovativste Autobörse im deutschen Internet, als Nummer 3 unter den deutschen Online-Autobörsen platzieren.

 Finanzgruppe
Sparkassen-Finanzportal GmbH

Sparkassen-Finanzportal GmbH
Friedrichstraße 50
10117 Berlin
Tel.: (030) 246 36 - 711
Fax: (030) 246 36 - 701

Gründungsdatum
12. Dezember 2007

Website
www.gebrauchtwagen.de

Verantwortliche
Thorsten Herold, Chefredakteur,
Leiter Online-Redaktion
Sparkassen-Finanzportal GmbH;
Florian Krüper,
Leiter Gebrauchtwagen.de

Partneragenturen
Publicgarden (Design);
Pixelpark AG
(Technische Realisierung)

gebrauchtwagen.de

Autos zum Verlieben.

Eine einzigartige Server-Logistik macht es möglich, dass zu jedem ausgesuchten Autoangebot ein individuell zugeschnittenes Ratenkreditangebot live eingespielt wird. Das Angebot stammt von der örtlichen Sparkasse des Kaufinteressenten. Damit erhält der Kunde genau das, was ihn interessiert: eine Information, welche monatliche Finanzierungsrate mit dem jeweiligen Fahrzeug verbunden wäre. Aufdringliche Werbebanner hingegen gibt es nicht. Die örtlichen Sparkassen wirken zudem mit ihrem Filialnetz als wichtiger Multiplikator für Gebrauchtwagen.de.

Umsetzung

Die Konzeption von Gebrauchtwagen.de ist uneingeschränkt und konsequent auf die Attraktivität für den Nutzer ausgerichtet:

Der Nutzer kann einfach über eine schlagwortartige Klassifizierung seiner Lebenssituation oder der präferierten Fahrzeugstilistik einsteigen. Damit ist Gebrauchtwagen.de die erste Adresse für jene Autokäufer, die nicht über detailliertes, technisch ausdifferenziertes Automobil-Know-how verfügen – eine große, bisher von anderen Automobilportalen vernachlässigte Kundenzielgruppe.

Die Fahrzeugsuche erfolgt intuitiv und wird von intelligenten Navigationssystemen wie Schiebereglern und userfreundlichen Suchtools unterstützt, die Änderungen der Suchkriterien ohne Klicks unmittelbar in eine geänderte Angebotsauswahl umsetzen. Der Autokäufer gelangt so schneller als anderswo zu seinem Wunschauto, er bekommt in kurzer Zeit regelrecht ein Gefühl für das Autoangebot.

Ist ein geeignetes Fahrzeug gefunden, kann es einfach per Drag & Drop in eine »Favoritengarage« gezogen werden. Passwortgestützte komplizierte Speichervorgänge entfallen.

› DIE KAMPAGNE

Strategie

Die Bewerbung von Konsumentenkrediten auf eigenen bundeseinheitlichen Websites oder durch Bannerwerbung verbietet sich wegen der Konditionenvielfalt in der Sparkassen-Finanzgruppe. Daher hat sie als erster deutscher Finanzdienstleister beschlossen, eine eigene Fahrzeugbörse zu entwickeln. Nur dieser Weg gewährleistet eine optimale Ausrichtung an den Kundenbedürfnissen.

Gebrauchtwagen.de kann seiner strategischen Funktion nur gerecht werden, wenn auf dieser Plattform viele Verkäufe vermittelt werden. Eine gegenüber anderen Plattformen spürbar bessere Usability schafft in Verbindung mit dem Preismodell (uneingeschränkt kostenfrei für alle Nutzertypen) die Voraussetzung, schnell das erforderliche Volumen an Kontakten und Kontrakten aufzubauen.

› DIE JURY

Für ihr Ziel, das Kreditgeschäft zu beleben, hatte die Sparkassen-Finanzportal GmbH eine einzigartige Idee: Als erster Finanzdienstleister sollten Kredite für ein einzelnes Produkt in Form einer intuitiven Autobörse geboten werden. Über »Gebrauchtwagen.de« vermittelt die Sparkassen-Finanzgruppe Autos und erleichtert den Kauf durch individuelle Finanzierungsangebote, was die Nähe zum Kunden und zu seinen Bedürfnissen verdeutlicht, denn Darlehen für PKW erweisen sich als die meistgefragten Konsumentenkredite. Der ansprechend moderne Online-Auftritt ist logisch und klar aufgebaut. Der strategische Ansatz des Point-of-Interest wird gezielt angesteuert. Die Darstellung ist schlüssig, was durch die visuelle Umsetzung der Seiten im Hinblick auf die Zielsetzung deutlich zum Ausdruck kommt. Die verspielte und trotzdem seriöse Seite spricht besonders junges Publikum an, welches der angestrebten Zielgruppe entspricht: junge Menschen, die mit wenig Aufwand und trotz finanzieller Ein-

schränkungen ein Auto kaufen wollen. »Gebrauchtwagen.de« geht mit seiner Benutzerfreundlichkeit auf das Bedürfnis der Unkompliziertheit ein: Die Seiten bieten einen situativen Such-Einstieg und ermöglichen eine intuitive und schnelle Suche. Weiterhin ermöglicht eine einzigartige Serverlogistik, dem User ein individuelles, auf sein Wunschauto ausgerichtetes Finanzierungsangebot zu unterbreiten und ihn direkt an die zuständige Filiale in seiner Nähe zu vermitteln. Auch wird die Kundenfreundlichkeit unterstützt, indem die Nutzung komplett kostenlos für Einsteller und Sucher ist. Die Zahlen belegen den Erfolg: Innerhalb kürzester Zeit wurden 300 000 Fahrzeuge online gestellt und die Zahl der Finanzierungsangebote stieg um 62 Prozent. Der durchweg gelungene Onlineauftritt setzt Maßstäbe in der Finanzierungs- und Gebrauchtwagenbranche. Die Jury freut sich, somit der Sparkassen-Finanzportal GmbH den Deutschen Preis für Wirtschaftskommunikation 2008 in der Kategorie »Beste Online Kommunikation« zu verleihen.

Diese nutzerfreundliche Suche ermöglicht ein zusätzlicher Suchmaschinenserver, der vor der eigentlichen Angebotsdatenbank geschaltet ist und so die Performance des Gesamtsystems nicht belastet. Die intelligente Suchfunktion basiert dabei auf der Web 2.0-Technologie Ajax. Ajax ermöglicht eine asynchrone Datenübertragung zwischen einem Server, auf dem die Daten liegen, und dem Browser, in dem die Daten angesehen werden. Dabei kann innerhalb einer HTML-Seite eine neue Anfrage durchgeführt werden, ohne die Seite komplett neu laden zu müssen.

Den Nutzer interessieren Finanzierungsangebote vor allem dann, wenn sie individuell auf sein ausgewähltes Fahrzeugangebot ausgerichtet sind und von seiner örtlichen Sparkasse stammen. Dies wird möglich durch die Live-Verbindung mit dem Sparkassen-Rechenzentrum. Eine örtliche Sparkasse kann entweder eigene Kreditkonditionen einspeisen oder Ratenkredite des Schwesterinstituts Deutsche Leasing einspielen lassen. Diese Flexibilität spiegelt die föderale Struktur der Sparkassen-Finanzgruppe wider, ohne irgendwelche Einschränkungen der Funktionalität für die Kundenzielgruppe nach sich zu ziehen.

Ein schnell wachsendes Angebot an PKWs steigert die Attraktivität für die Nutzer. Ein Großteil der Angebote auf Online-PKW-Plattformen stammt von Händlern. Daher bietet Gebrauchtwagen.de eine sehr einfache Händlerregistrierung und eine automatisierte Importfunktion für Autoangebote, die bereits für andere Online-Plattformen konfiguriert wurden. Die uneingeschränkte Gebührenfreiheit stellt daneben ein ganz wesentliches Attraktivitätsmerkmal für den Handel dar.

Ergebnisse, Aussichten
Seit dem Relaunch zum Jahreswechsel 2007/2008 konnte die Zahl der angebotenen Fahrzeuge nahezu verdoppelt werden. In der Folge hat sich auch die Anzahl der Nutzer vervielfacht. Damit wird das Ziel greifbar, Gebrauchtwagen.de bis zum Ende des Jahres 2008 unter den Top 3 der deutschen Automobil-Onlinebörsen zu etablieren.

BERLINER STADTREINIGUNG (BSR)

› DAS UNTERNEHMEN

Die Berliner Stadtreinigung (BSR) ist als traditionelles Berliner Unternehmen fester Bestandteil der Hauptstadt. Seit 1994 in der Rechtsform einer Anstalt öffentlichen Rechts ist die BSR vom Land Berlin beauftragt, die öffentlichen Aufgaben der Abfallentsorgung und Straßenreinigung wahrzunehmen. Damit leistet die BSR zuverlässig einen wesentlichen Beitrag zur urbanen Infrastruktur.

Auf Wirtschaftlichkeit ausgerichtetes Denken und Handeln, nachhaltige Umweltorientierung und soziale und gesellschaftspolitische Verantwortung bestimmen die Unternehmensziele. Messgrößen dafür sind die hohe Qualität der Dienstleistungen und die niedrigsten Gebühren unter den deutschen Großstädten.

Dabei beweist das Unternehmen in seiner täglichen Praxis, dass Ökologie und Wirtschaftlichkeit kein Widerspruch sind: Bereits heute gilt die BSR in Sachen Reduzierung von Treibhausgasen als Schrittmacher und hat das von der Bundesrepublik angestrebte Ziel, die CO_2-Emissionen von 1990 bis 2012 um 21 Prozent zu senken, weit übertroffen. Allein von 1999 bis 2005 reduzierte das Unternehmen die CO_2-Emissionen um 69 Prozent auf 207000 Jahrestonnen.

Im Rahmen des Berliner Landesenergieprogramms unterzeichnete die BSR im Frühjahr 2007 als erstes öffentliches Unternehmen eine Kooperationsvereinbarung mit der Senatsverwaltung mit ehrgeizigen Zielen: In zehn Jahren – von 1999 bis 2010 – soll das Klimagas CO_2 um 87 Prozent reduziert sein. Erreicht wird das mit einer intelligenten Mischung aus großen und kleinen Schritten.

Dazu gehören beispielsweise eine neue Aufbereitungsanlage für Sperrmüll, zwei Vergärungsanlagen für Bioabfälle und ein Fuhrpark, der bis zum Jahr 2010 komplett mit lärm- und schadstoffarmen Fahrzeugen ausgestattet sein wird. Auch systematische Fahrertrainings zur Senkung des Kraftstoffverbrauchs, ein Anteil von sechs Prozent an Kraftstoffen aus regenerativen Quellen sowie der ressourcenschonende Umgang mit den eigenen Immobilien gehören zum Klimaschutzprogramm.

Als kommunales Unternehmen nimmt die BSR ihre soziale Verantwortung innerhalb und außerhalb des Unternehmens sehr ernst. Ein wichtiger Aspekt ist hier beispielsweise die Zukunft junger Menschen. Mit rund 200 Auszubildenden bildet die Berliner Stadtreinigung weit über den eigenen Bedarf aus und gibt jungen Menschen damit eine grundlegende berufliche Perspektive. Aber auch außerhalb des Unternehmens engagiert sich das Unternehmen intensiv. Das gilt vor allem für die langfristige Unterstützung von Kinder- und Jugendprojekten und von gemeinnützigen Vereinen und Organisationen. Zudem integriert die BSR leistungsgeminderte Menschen in ihre Arbeitsprozesse, ein Engagement, das bereits mit mehreren Integrationspreisen ausgezeichnet wurde.

Die Ausgangssituation

Das kommunale Unternehmen BSR ist in der Hauptstadt Garant für wichtige öffentliche Aufgaben der Daseinsvorsorge: für die Entsorgungssicherheit, für saubere Straßen und für die Verkehrssicherheit im Winter. Auch die Förderung von Abfallvermeidung und -verwertung gehört zum Anspruch und zu den Aufgaben der Berliner Stadtreinigung. Eine weitere Besonderheit des kommunalen Unternehmens: Bei den öffentlichen Aufgaben gibt es keinerlei Gewinnorientierung, nur die tatsächlich entstehenden Kosten werden in Form von Gebühren von den Berlinerinnen und Berlinern bezahlt. Und diese Gebühren sind immerhin die niedrigsten unter den deutschen Großstädten.

Strategisches Ziel ist es, die BSR als *kommunales* Unternehmen zum Wohl der Berlinerinnen und Berliner zu erhalten. Dieser Zielsetzung unterliegt auch die externe Kommunikation für die öffentlichen Aufgaben, also auch die Bereiche »werbliche Kommunikation« und »Online Kommunikation«. Diese Bausteine sollen zunächst den Nutzen und die Vorteile des »kommunalen Modells BSR« für die Berlinerinnen und Berliner deutlich machen, die ja Kunden und Eigentümer des Unternehmens in einem sind. Darüber hinaus sollen sie dazu beitragen, die BSR als kommunales Vorzeigeunternehmen zu positionieren.

Und letztlich geht es darum, zu zeigen, dass es die Verbundenheit und die Einheit mit Berlin ist, die das Unternehmen und seine Mitarbeiterinnen und Mitarbeiter motiviert, tagtäglich an der Attraktivität der Hauptstadt zu arbeiten – mit innovativen Ideen und herausragendem Engagement. Das ist Dienst an der Stadt und am Kunden pur. Und erst wenn die zufrieden sind, ist es die BSR es auch.

Berliner Stadtreinigung (BSR)
Ringbahnstraße 96
12103 Berlin
Tel.: (030) 7592-4900
Fax: (030) 7592-2262

Gründungsjahr
1951

Website
www.BSR.de

Verantwortliche
Sabine Thümler,
Leiterin Vorstandsbüro
Kommunikation

Partneragentur
Leonhardt Multimedia
www.leonhardt.de

› DIE KAMPAGNE

Strategisches Ziel ist es, die BSR als *kommunales* Unternehmen zum Wohl der Berlinerinnen und Berliner zu erhalten. Mit dem Ausbau des ökologischen Profils, hoher Leistungsqualität, sozialer Verantwortung und der Gewährleistung von niedrigen Gebühren und Tarifstetigkeit, will sich die BSR als kommunales Vorzeigeunternehmen dauerhaft den Leistungsauftrag sichern.

Dieses Ziel verfolgt auch der Baustein »Online-Kommunikation«. Es gilt, den Nutzen des »kommunalen Modells BSR« für die Berlinerinnen und Berliner – die gleichzeitig Kunden und Eigentümer des Unternehmens sind – deutlich zu machen, das breite Dienstleistungsspektrum zu vermitteln und die BSR als kommunales Vorzeigeunternehmen zu positionieren.

Auch ein grundständiges Traditionsunternehmen muss sich hier kommunikativ unaufhörlich weiterentwickeln. Die Ansprüche an eine moderne und umfassende Unternehmenskommunikation wachsen und verändern sich rasant. Ziel eines Onlineauftritts muss es daher ebenso sein, die Ansprüche der Stakeholder optimal zu befriedigen und gleichzeitig die Unternehmenswerte und Ziele klar zu übermitteln. Schwerpunktmäßig sind dies die klare Serviceorientierung, der kommunale Charakter und die daraus resultierende Identifikation mit den Interessen der Bürger sowie die nachhaltige Umweltorientierung. Rasche Wiedererkennung, Übersichtlichkeit, einfache Navigation und die ansprechende Bereitstellung sämtlicher Online-Inhalte sind dabei eine Selbstverständlichkeit. Das ist der konzeptionelle Grundstock, auf dem die »Dienstleistung aus Leidenschaft« aufbaut.

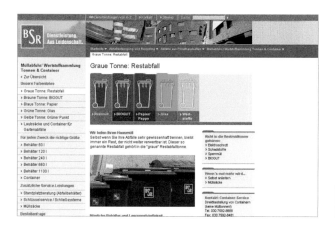

› DIE JURY

Die Nutzung und Fähigkeit des Internets nehmen auf allen Gebieten stark zu. So sind Downloads, LogIn-Bereiche oder Animationen mittlerweile alltäglicher Bestandteil dessen geworden. Mit einfachen Informationen, die online gestellt werden, präsentiert sich ein Unternehmen, unabhängig von der Branche, nicht mehr zeitgemäß. Das hat auch die Berliner Stadtreinigung (BSR) erkannt und setzte sich als Ziel, das Bedürfnis der Kunden nach mehr Interaktionsfähigkeit, Usability und Zeitunabhängigkeit auf ihrer Webseite aufzugreifen. So wurde ein passwortgeschützter Bereich für Kunden entwickelt, in dem der BSR-Kunde nun alle relevanten Kunden- und Rechnungsdaten rund um die Uhr einsehen oder ändern kann. Weiterhin wurde eine klare und einfache Struktur aufgebaut und inhaltlich bewusst auf den Nutzwert der Bürger gesetzt. Durch eine Gliederung nach Zielgruppen

wird die Suchfunktion auf eine direkte Ansprache ausgerichtet und ermöglicht so eine schnelle, intuitive und optimale Benutzerführung. Auch wird dies durch den logischen und stringenten Aufbau der Navigation unterstützt. Das Corporate Design der BSR wird bei der gesamten Umsetzung strikt eingehalten und unterstreicht somit das Fremdbild und die Verbundenheit der BSR positiv. Die Jury ist der Auffassung, dass etwas mehr Originalität und Unterhaltsamkeit die Webseite noch positiver erscheinen lassen würde. Denkbar wären beispielsweise der Einbau von Animationen bzw. eine musikalische Untermalung. Die Jury spricht zum Erreichen der Ziele durch den Relaunch der Webseite ihren Glückwunsch aus, da nun dem Kunden oder interessierten Besucher mehr Eigeninitiative, Unabhängigkeit und Usability geboten werden.

Onlinebesucher sollen sich schnell, einfach und umfassend über die Dienstleistungen und das Unternehmen informieren können. Gleichzeitig steht den Nutzern ein umfassendes Serviceportal zur Verfügung, das es erlaubt, Anfragen und Bestellungen in eigener Zeitregie 24 Stunden am Tag, sieben Tage in der Woche, unkompliziert und bequem auszulösen.

Aber der Onlinebesucher soll auch gerne auf die Seiten der Berliner Stadtreinigung kommen und dort Interessantes und Weiterführendes finden. Das eigentliche Anliegen des Besuches soll mit wenigen Klicks erledigt sein, damit Zeit bleibt, sich über Aktuelles in der Stadt sowie das Engagement der BSR zu informieren.

Das Kommunikationsinstrument der Online-Kommunikation fügt sich gestalterisch wie inhaltlich optimal in den Kommunikations-Mix ein. Der Onlineauftritt identifiziert sich klar mit der Stadt Berlin und dem allgemein bekannten Außenbild der BSR. Sämtliche Dienstleistungen und Informationen sind klar gegliedert und über mehrere Wege schnell aufzufinden. Die Zielgruppe wird über eine sachliche Textsprache mit vertrauter Bildsprache und Symbolik geführt. Es gibt Wetterinformationen (Winterdienst), Downloads und allgemeine Ratgeber zu ökologischen und entsorgungsrelevanten Themen. Über den integrierten »Tausch- und Verschenkmarkt Berlin« werden weitere attraktive und dynamische Inhalte angeboten und damit zusätzliche Zugriffe generiert. Dabei wird der nachhaltig ökologische Anspruch der BSR (Abfallvermeidung durch Zweitnutzung) höchst sinnfällig untermauert.

Zugleich wird die Bürgernähe verstärkt und die soziale Verantwortung des Unternehmens dargestellt. Ausführliche Abfall- und Umweltratgeber helfen dem Kunden, seinen persönlichen Anteil zum Schutz der Umwelt beizutragen. Das Unternehmen zeigt seinerseits die eigenen Anstrengungen in den Bereichen Technik, Qualität und Umweltschutz detailliert auf, bis hin zu erworbenen Zertifizierungsnachweisen. Diese Informationstiefe spiegelt die Offenheit der Berliner Stadtreinigung wider und ist so nur im Online-Bereich realisierbar.

Die technische Umsetzung des umfassenden und flexiblen Onlineauftritts der Berliner Stadtreinigung ist eine zukunftsfähige Basis für die moderne Kommunikation mit den Kunden. Klassische Kommunikationsaktivitäten wie Presse- und Medieninformationen oder Kampagnen werden hier ergänzt und verstärkt, vertriebsorientierte Bereiche durch Bestell- und Auftragsmöglichkeiten kostengünstig entlastet.

Der rasante Fortschritt in der Informationstechnik und der unumkehrbare Wandel der Kommunikationsgewohnheiten der Kunden lässt eine immer stärkere Benutzung der Onlineangebote erwarten, worauf die BSR bestens vorbereitet ist.

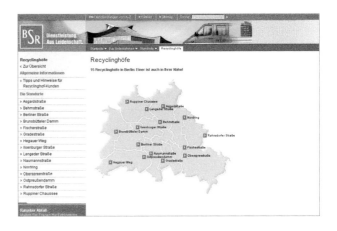

CIRC CORPORATE EXPERIENCE

Konzerntagung der E.ON Energie
AG in Varna (Bulgarien): konzipiert
und realisiert von circ

> DAS UNTERNEHMEN

Erlebnisse, die inspirieren und verändern
»Wir glauben, Erfahrungen zu machen, aber die
Erfahrungen machen uns«, schrieb der französi-
sche Dramatiker Eugène Ionesco. Erfahrungen inspirieren und verändern Menschen – ihr Fühlen
und Denken, ihre Einstellungen, ihr Verhalten.
Erfahrungen entstehen im Erleben außergewöhnlicher Ereignisse – Erlebnisse, die so intensiv sind,
dass sie sich nachhaltig ins Bewusstsein einprägen.
circ corporate experience schafft Momente intensiven Erlebens. Aus den Impulsen und Botschaften
der Auftraggeber entstehen bewegende Ereignisse
für Kunden und Partner ebenso wie für Mitarbeiter
und Management, für Aktionäre ebenso wie für
Medien und Öffentlichkeit.

Ganzheitliche Beratung und Begleitung
circ corporate experience berät und begleitet Unternehmen seit fast 15 Jahren rund um den Einsatz
von Ereignisketten und Events zur Erreichung der
verschiedenen Unternehmensziele. Dazu zählt die
klassische Vertriebs- und Marketingunterstützung
(*experience marketing*) ebenso wie die Unterstützung
von unternehmensinternen Veränderungspro-
zessen (*change experience*) sowie die ganzheitliche
Betreuung von Unternehmen in der Gestaltung
und Weiterentwicklung ihrer Unternehmenskultur
(*development experience*).

Konzeption und Realisation der
Messeshow für Caterpillar auf
der bauma

Der Kundenschwerpunkt von circ corporate experience liegt auf international tätigen DAX 30-Unternehmen verschiedenster Branchen, wie zum Beispiel adidas AG, BASF SE, E.ON AG und Volkswagen AG. Mit rund 25 festangestellten Mitarbeiterrinnen und Mitarbeitern sowie einem weit verzweigten Netzwerk aus Experten unterschiedlicher Fachbereiche deckt circ corporate experience das komplette Leistungsspektrum von der Beratung über die Konzeption, Organisation und Umsetzung geeigneter Veranstaltungsformate ab.

Für Marken und Strategien begeistern

Ob exklusive Erlebnisse für einige wenige Topkunden oder begeisternde Events für viele tausend Menschen, ob Messeauftritt oder Produkt-Launch, Medien-Event oder Händler-Präsentation: *experience marketing* macht die Botschaft eines Unternehmens, die Welt seiner Marke mit allen Sinnen erfahrbar – die vielleicht wirkungsvollste, sicher aber intensivste Form der Kommunikation mit den relevanten Zielgruppen.

Die Welt wandelt sich in immer kürzeren Zyklen – entsprechend hoch ist der Veränderungsdruck auf Unternehmen. *change experience* sorgt dafür, dass Management, Mitarbeiter und Partner den notwendigen Wandel im Unternehmen mittragen und Innovationen aktiv mitgestalten. Entsprechende Impulse setzen beispielsweise Mitarbeiter- und Führungskräfte-Events, die nicht nur Orientierung in der Sache geben, sondern für neue Ziele und Strategien begeistern.

Was macht ein Unternehmen besonders und unverwechselbar? Wo liegen seine Möglichkeiten? *development experience* hilft, die Potenziale eines Unternehmens zu entdecken und zugleich erlebbar zu machen – im Sinne der Entwicklung und Stärkung einer Unternehmenskultur, die ihre sinnstiftende Kraft nach innen wie nach außen entfaltet.

circ corporate experience

circ corporate experience gmbh & co. kg
Gebäude f/officio III
Unter den Eichen 5
65195 Wiesbaden
Tel.: (0611) 9 86 82 - 0
Fax: (0611) 9 86 82 - 57
Mail: info@circ.de

Gründungsjahr
1994

Websites
www.circ.de
www.corporate-lexikon.de

Verantwortlicher
Hans Reitz

CIRC CORPORATE WEBSITE – WWW.CIRC.DE

› DIE KAMPAGNE

Emotionaler Zugang und klare Struktur

Wie präsentiert sich ein Unternehmen, dessen »Produkte« temporäre Ereignisse, Erlebnisse in flüchtigen Augenblicken sind? Indem die Präsentationsform selbst ein wenig zum Erlebnis wird. Für circ corporate experience war es deshalb eine ebenso naheliegende wie konsequente Entscheidung, die Webpräsenz der Agentur als wesentliche Informations- und Kommunikationsplattform für Kunden und Interessenten, für die (Fach-)Öffentlichkeit, aber auch für potenzielle Mitarbeiter und Kooperationspartner zu gestalten. www.circ.de nutzt die vielfältigen Möglichkeiten des Mediums, um die Agentur und ihre Arbeit nicht nur vorzustellen, sondern für die Zielgruppen erlebbar zu machen: Emotionaler Zugang ergänzt sich mit einer klaren und logischen Struktur, multimediale Impressionen mit knappen Fakten, Interaktion mit Information.

Sofort mitten im Geschehen

Wer auf die circ homepage kommt, ist denn auch sofort »mittendrin« im Geschehen – ein Mausklick genügt, um von der prominent auf der Seite platzierten Animation direkt zu verschiedenen Projektbeispielen der Agentur zu gelangen, die sowohl das breite Kunden- und Branchenspektrum als auch die Vielfalt der Veranstaltungsformate im circ-Portfolio zeigen. Die Projekte, deren Auswahl regelmäßig aktualisiert wird, erschließen sich dem Besucher sowohl emotional über visuelle Eindrücke der Events als auch rational über eine exakte Beschreibung der jeweiligen Aufgabenstellung, des konzeptionellen Ansatzes und der konkreten Umsetzung der Idee.

Ohne Umwege erfährt der Besucher auch die jeweils aktuellen News aus der Agentur und ihrer
Arbeit; ebenfalls nur einen Mausklick braucht es,
um einen ersten Überblick zu gewinnen, welche
Projekte für welche Kunden bereits realisiert
wurden. Eine Besonderheit der circ corporate website, deren optische Anmutung regelmäßig wechselt
und damit die Wandlungsfähigkeit der Agentur
symbolisiert, ist nicht zuletzt auch die Vorstellung
aller Mitarbeiter – als navigierbares Netzwerk
dargestellt, kann man sich virtuell durch das
circ-Team bewegen.

Website mit hoher Akzeptanz
Die circ corporate website hat sich als wichtige
Informations- und Kommunikationsplattform
etabliert. Bestehende Kunden, das wird vor allem
im persönlichen Gespräch deutlich, informieren
sich hier regelmäßig über aktuelle Arbeiten der
Agentur; zahlreiche neue Kontakte und Anfragen
wurden durch eine erste Begegnung mit circ auf
der corporate website inspiriert. Nicht zuletzt
ist die Webpräsenz das erfolgreichste Instrument
im Personalrecruiting.

› DIE JURY

Die Webseite ist das wichtigste Online-Instrument.
Sie fungiert als Visitenkarte eines Unternehmens
und spiegelt in den meisten Fällen die Identität
und Werte eines Unternehmens wider. Für eine
Eventagentur wie die circ corporate experience
stellt es sich als besondere Herausforderung dar,
ihre Angebotspalette, die selbst aus Ereignissen
sowie Erlebnissen besteht, so zu präsentieren,
dass die Webseite selbst zum aufregenden Erlebnis
wird. Es gelang der circ corporate experience,
diese Aufgabe mit Bravour zu lösen, indem sie
eine Informations- und Kommunikationsplattform
erschaffen hat, in der neben Kreativität, Visualität,
Eleganz und Einzigartigkeit in der grafischen Darstellung auch eine besondere Übersichtlichkeit
zum Ausdruck kommt. Schon auf der Startseite
gelangt der Besucher durch eine besonders gut
platzierte Animation direkt auf die aktuellen Projekte der Agentur und hat somit die Möglichkeit,
sich einen Eindruck über die Arbeit von circ zu

verschaffen. Dabei werden die Events sowohl emotional über visuelle Impressionen als auch rational
über eine exakte Beschreibung des Events dargestellt. Auch die Vorstellung der einzelnen Mitarbeiter über ein navigierbares animiertes Netzwerk ist sehr ansprechend umgesetzt. Besonders
positiv bewertet die Jury die optische Anmutung
der Webseite, die in regelmäßigen Abständen
wechselt. Dies symbolisiert besonders gelungen
die Wandlungsfähigkeit der Agentur. Leider vermisst die Jury bei der Darstellung der Strategie
ein wenig die treffende Schlüssigkeit, was viel
Raum für Fantasie lässt und den Besucher unter
Umständen zu offenen Fragen bringt. Zusammen-
fassend lobt die Jury die Leistung der circ corporate
experience und freut sich, der Agentur eine besondere Anerkennung auszusprechen, da die gelie-
ferten Ergebnisse zeigen, dass sich zahlreiche
neue Kontakte und Anfragen auf die Website
beziehen.

GASAG, BERLIN

> DAS UNTERNEHMEN

Die GASAG Berliner Gaswerke Aktiengesellschaft gehört seit mehr als 160 Jahren zur Stadtgeschichte Berlins. Am 1. Januar 1847 erhellten die ersten von ihr errichteten Gaslaternen die Innenstadt. Schnell trat Gas in Haushalten, Handwerk und Industrie einen Siegeszug ohnegleichen an.

Von den ehemals 33 Gaswerken in den Grenzen Berlins besteht keines mehr. Das wiedervereinigte Berlin und die wiedervereinigte GASAG nutzen heute das umweltschonende Erdgas zum Vorteil von Mensch und Natur.

Aufgrund der Insellage Westberlins begann das Erdgaszeitalter hier erst 1991. In der Rekordzeit von fünf Jahren wurden 425000 stadtgasversorgte

Kunden auf Erdgas umgestellt. Im Ostteil der Stadt war diese Umstellung bereits 1990 abgeschlossen. Dort mussten jedoch über 600 km alte Gussrohr-leitungen saniert werden. Erheblich investiert wurde auch in die Beseitigung der Abhängigkeit von russischem Erdgas durch leistungsstarke An-bindungen an das westeuropäische Verbundsystem und in den Ausbau des Erdgasuntertagespeichers am nördlichen Rand des Grunewaldes.

Nach der Umwandlung der GASAG 1992 in eine Aktiengesellschaft wurde ein Jahr später die Fusion mit dem Ostberliner Gasunternehmen Berliner Erdgas AG vollzogen. Damit entstand das größte kommunale Gasversorgungsunternehmen West-europas. Mit dem Verkauf der Aktienanteile des Landes Berlin an das Konsortium Gaz de France/ Bewag erfolgte 1998 die vollständige Umwandlung in ein privatwirtschaftliches und damit markt-wirtschaftlich geführtes Unternehmen. Anteils-eigner der GASAG sind heute: Gaz de France Inter-national S.A.S. (31,575 %), Vattenfall Europe AG (31,575 %) und Thüga Aktiengesellschaft (36,85 %).

Die Berliner Gaswerke AG versorgt ca. 620000 Kun-den. Über 600000 Wohnungen werden mit umwelt-schonendem und preiswertem Erdgas beheizt. Über das Berliner Rohrnetz von mehr als 6800 Kilome-tern Länge, das von der Konzern-Tochter NBB Netz-gesellschaft Berlin-Brandenburg mbH & Co. KG betrieben wird, gelangen über 18 Mrd. Kilowatt-stunden Erdgas pro Jahr zu den Kunden.

Das Unternehmen steht heute in Berlin als Syno-nym für eine sichere Erdgasversorgung und für den Einsatz energiesparender, umweltschonender und innovativer Technologien. Die GASAG fördert mit verschiedenen Pilotprojekten die Marktein-führung innovativer Umwelttechnologien auf Erd-gasbasis. Dazu gehören der Bau von Biogasanlagen, Feldtests mit Brennstoffzellen, mit Wärmepumpen, mit Mikro-KWK-Anlagen sowie die weitere Förde-rung des Einsatzes von Erdgas als Kraftstoff.

Außerdem hat die GASAG im 160. Jahr ihres Bestehens neben dem mit dem Berliner Senat bereits verabredeten Förderprogramm »Klimaschutz und Luftreinhaltung« das darüber hinausgehende Programm »Berlin verpflichtet – dezentrale Energieversorgung als Chance« aufgelegt. Mit diesem Programm soll der CO_2-Ausstoß in Berlin bis 2015 um jährlich mehr als eine Million Tonnen verringert und so ein Beitrag zum Klimaschutz geleistet werden. Das Programm »Berlin verpflichtet« sieht im Kern eine dezentrale Energieversorgung vor. Zudem sollen regenerative und energieeffiziente Technologien gefördert und Heizungsanlagen modernisiert werden.

Der künftige Wettbewerbsmarkt verlangt neben attraktiven Dienstleistungen natürlich in erster Linie attraktive Preise. Durch die Optimierung der Unternehmensstrukturen, durch die Gründung von Tochter- und Beteiligungsgesellschaften, durch den Erwerb von Beteiligungen sowie durch moderne Marketingstrategien ist das Unternehmen auf den verstärkten Gas-zu-Gas-Wettbewerb gut vorbereitet. Als marktwirtschaftliches Unternehmen sieht die GASAG die Liberalisierung der Energiemärkte als Chance und Impuls, um ihre Marktanteile zu erweitern und sich nachhaltig im Energiemarkt zu behaupten.

In Berlin ist die GASAG nicht nur Garant für eine sichere Energieversorgung, sondern auch ein wichtiger Wirtschaftsfaktor für die Hauptstadt-

region. Die GASAG hat sich als Unternehmensgruppe neu aufgestellt und wächst in neuen Geschäftsfeldern. Damit hat sich das Unternehmen nicht nur zu einem potenten Steuer- und Abgabenzahler für das Land Berlin entwickelt, sondern kann gleichzeitig eine wachsende Zahl von Arbeits- und Ausbildungsplätzen anbieten. Die gesunde wirtschaftliche Basis der GASAG garantiert durch eine regional orientierte Auftragsvergabe eine Vielzahl von Arbeitsplätzen in Handwerk und Gewerbe.

Durch konstantes und langfristiges Sponsoring fördert das Unternehmen Kunst, Kultur, Sport und Soziales in Berlin. Für ihr sozial-kulturelles Projekt »Academy« wurde die GASAG 2007 mit dem »Deutschen Kulturförderpreis« der deutschen Wirtschaft ausgezeichnet und für 2008 gehört sie mit diesem Projekt zum »Land der Ideen«. Anlässlich ihres 160. Geburtstages weitete die GASAG ihr Engagement für die Stadt mit verschiedenen neuen Projekten aus. Das reicht von der Unterstützung der derzeit im Bau befindlichen multifunktionalen Veranstaltungshalle der Anschutz Entertainment Group (AEG) – der O_2 World – als Gründungs- und exklusiver Energiepartner bis hin zum Engagement in verschiedenen neuen sozialen, kulturellen und sportlichen Projekten, wie z.B. dem Berliner Gedenktafel-Programm und der Schulkampagne »Fit for Future«.

GASAG
Berliner Gaswerke
Aktiengesellschaft
Voßstraße 20
10117 Berlin

Gründungsjahr
1847

Websites
www.gasag.de
www.gasag-city.de
www.da-bist-du-ja.de
www.energiesparen-in-berlin.de

Verantwortlicher
Murat Kretschmer,
Dialogmanager

Partneragenturen
upside relationship
marketing GmbH (GASAG-City);
Etwas Neues entsteht
Marketing GmbH (Vermarktung)

Schatz, komm
nach Hause.

WWW.DA-BIST-DU-JA.DE

› DIE KAMPAGNE

Die GASAG steht seit langer Zeit im Energieträger-
wettbewerb gegen Kohle, Heizöl und Fernwärme.
Hinzu kam im Jahr 2006 der direkte Gas-zu-Gas-
Wettbewerb. Aktuell können die Berlinerinnen
und Berliner bereits zwischen fünf Erdgasanbie-
tern wählen. Zur Festigung ihrer Marktpositionierung entschied die GASAG, sich dem Gaswettbewerb
durch deutliche Mehrwerte für ihre Kunden und
die breite Öffentlichkeit zu stellen. Dazu zählen
vor allem guter Kundenservice auf allen Ebenen
und Kanälen sowie regionales Engagement, zum
Beispiel durch Sponsoring und Unterstützung
lokaler Initiativen.

»GASAG-City« soll in diesem Maßnahmen-Mix eine
bedeutende Rolle in der Online-Kommunikation
übernehmen.

Die vordergründige Zielstellung ist daher neben
Kundenbindung und Imagepflege – auch über den
reinen Kreis der Bestandskunden hinaus – ein
positives Aufladen der Marke sowie die Verjüngung
des kommunikativen Auftritts und die Erschließung jüngerer Zielgruppen.

Im Wesentlichen möchten wir – neben allen GASAG-
Kunden – junge Bauherren und Interessierte bezüglich der Themen Energiesparen, Mobilität, ökologischer Ressourceneinsatz sowie Bauen und
Sanieren erreichen. Weiterhin sollen Zielgruppen,
die uns ansonsten eher abweisend oder indifferent
gegenüberstehen, motiviert werden, sich mit den
Themen Erdgas- und Energieversorgung zu beschäftigen.

Unsere Strategie lässt sich folgendermaßen
darstellen:

Der »Best of GASAG«-Gedanke
Mit »GASAG-City« verfolgen wir den Ansatz »Best
of GASAG«. Alle energierelevanten Themen werden
anschaulich und visuell ansprechend dargestellt.
Die Energieanwendungen werden in Lebensberei-
chen, die jeder User kennt, integriert. So startet
»GASAG-City« mit den Locations »Erdgasvollver-
sorgtes Haus« und »Erdgas-Tankstelle«.

Der »Sendung mit der Maus«-Gedanke
In Ergänzung zu dem oben genannten Ansatz
möchten wir mit »GASAG-City« komplizierte Zusammenhänge einfach und transparent kommunizieren. Alle Aspekte rund um die Erdgas- und Wärme-
versorgung komplett darzustellen, kann aufgrund
der Vielzahl der Aspekte schnell zu einem un-
überschaubaren Wust an Informationen führen.
»GASAG-City« bietet einen einfachen Einstieg in
die verschiedenen Themen und Anwendungen.
Dabei halten wir erklärende Texte so kurz wie
möglich, bieten an entsprechenden Stellen jedoch
per Verlinkung weitere Detailebenen an. So kann
jeder User sich individuell so viele Informationen
abholen, wie er es persönlich für sich wünscht.

Der »Explorative Ansatz«
Mit der dreidimensionalen Umsetzung in Com-
puterspieloptik entdeckt der User spielerisch
viel Neues und Spannendes zum Thema Energie.
Er kann dabei ganz intuitiv vorgehen und hat
völlige Bewegungsfreiheit. Durch die ansprechende
optische Umsetzung erhoffen wir uns einen hohen
Unterhaltungswert mit entsprechender Verweildauer der User. Zusätzlich haben wir an einigen
Stellen »Easter-Eggs« gesetzt, um über den Über-
raschungsmoment hinaus Anreize zum Weiter-
stöbern und Weitersagen zu setzen.

Wie verkauft man ein »low-interest«-Produkt wie Erdgas, das man weder sehen noch anfassen kann? Vor dieser Herausforderung stand das Einsparten-Unternehmen GASAG im vergangenen Jahr und schuf zu diesem Zweck eine neue emotional aufgeladene Service- und Informationsplattform mit Erlebnischarakter – die »GASAG-City«. Ziel war es, sich bewusst von der Konkurrenz, die insbesondere in klassischen Mehrsparten-Stadtwerken besteht, abzuheben, um damit ihre Position zu stärken und die Marke neu zu beleben. Ebenso sollte eine starke Kundenbindung und Imagepflege generiert werden. Was 1999 mit dem orange leuchtenden Eisbären begann, wird seit diesem Jahr in der sehr gelungenen und aufwendig animierten 3D-Welt »GASAG-City« fortgeführt. Der User findet auf den Seiten energierelevante Themen, die anschaulich, einfach, transparent und visuell ansprechend dargestellt sind. Der Besucher wird in alltägliche Lebensbereiche entführt und entdeckt dort spielerisch neue,

für ihn relevante Informationen, die schnellstens anwendbar sind. Verschiedene Melodien fungieren als gelungene Untermalungen des Auftritts. Die Texte sind kurz und knapp gehalten, doch bieten sie an entsprechenden Stellen eine Verlinkung in Detailebenen an, was besonders die Übersichtlichkeit und Benutzerfreundlichkeit der Webseite unterstützt. Als anwenderfreundlich erachtet die Jury auch die angebotene Auswahl zwischen einer Basis- und einer Breitbandversion, so kann jeder User entsprechend seines Internetzugangs die Erlebniswelt der GASAG genießen. Allerdings vermisst die Jury ein wenig die Rückbindung ins wirtschaftliche Geschäft, was sich durch die Fokussierung auf die kreative Leistung erklären lässt. Mit dieser Webseite gelingt es der GASAG, sich ein besonders individuelles Gesicht zu verleihen. Sie geht damit in der Gas- und Wärmeversorgerbranche einen neuen Weg, wozu ihr die Jury eine besondere Anerkennung aussprechen möchte.

Der Bär lebt!

Das wahrscheinlich bedeutendste Ereignis in »GASAG-City« ist aber der animierte Eisbär. Durch die konsequente Nutzung digitaler Möglichkeiten kann dieser nun interagieren und wird durch die Charakterzeichnung zu einer echten Identifikationsfigur und noch deutlicher zum Sympathieträger zwischen Unternehmen und Öffentlichkeit.

»GASAG-City« lebt!

»GASAG-City« entwickelt sich weiter. Bereits zu Beginn stellen wir in der begrüßenden Stadtansicht zwei Locations vor, die in Kürze folgen werden. Die Dialogfunktionen werden schrittweise ausgebaut. Bauaktivitäten zu neuen Locations werden mit Baustellen auf der Startseite und natürlich per Mailings angekündigt.

Auch bezüglich der Kommunikation geht die GASAG konsequent neue Wege. Über Gratis-Postkarten in der Gastronomie, Stopperanzeigen, Online-Banner und mehr wurde provokativ »Schatz, komm nach Hause!« kommuniziert. Absender ist immer »www.da-bist-du-ja.de«.

Dies ist darin begründet, dass die Adressaten mit dem Absender GASAG(-City) mehrheitlich nur Informationen oder Werbebotschaften der GASAG vermutet hätten. Durch den »low-interest-Hintergrund« wäre hier sicher nur wenig Response zu erwarten gewesen (zumindest solange die Vorteile von »GASAG-City« mehrheitlich unbekannt sind). Zudem geht es in »GASAG-City« um die Darstellung des »perfekten Zuhauses«, für viele Deutsche ein innig gehegter Traum. Daher rufen wir »Schatz, komm nach Hause!«, um nach Aufruf der oben genannten Landingpage den Besucher zu begrüßen und das Rätsel mit einem einladenden Bären aufzulösen.

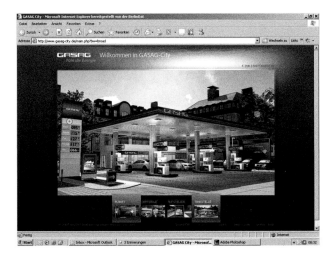

GEA GROUP

› DAS UNTERNEHMEN

Weltweit wird etwa ein Drittel des Instantkaffees in Anlagen der GEA Group hergestellt. Ungefähr jeder vierte Liter Milch wird mit Equipment des Unternehmens gemolken oder weiterverarbeitet. Jeder zweite Liter Bier dürfte zumindest durch eine GEA-Komponente geflossen sein. Tag für Tag nutzen Menschen überall auf der Welt Produkte, bei denen »Engineering Excellence« von GEA zum Einsatz kommt.

Die GEA Group mit Hauptsitz in Bochum, Deutschland, ist ein weltweit erfolgreicher Technologiekonzern mit mehr als 250 Unternehmen in 50 Ländern. Als Ingenieurunternehmen konzentriert sich der Konzern auf den Spezialmaschinenbau mit den Schwerpunkten Prozesstechnik und Komponenten. Der Fokus liegt hierbei im Bereich der beiden verfahrenstechnischen Grundprozesse Wärme- und Stoffaustausch. In 90 Prozent der Geschäftsfelder zählt die GEA Group zu den Markt- und Technologieführern.

Die operativen Einheiten der GEA Group konzentrieren sich auf ihre jeweiligen Kerntechnologien und nehmen in ihren Absatzmärkten weltweit Position 1 oder 2 ein – mit Ausnahme der Division Lufttechnik, die auf Europa fokussiert ist. Im Geschäftsjahr 2007 erwirtschafteten die 19 500 Mitarbeiter des Unternehmens einen Konzernumsatz von rund 5,2 Milliarden Euro. Die GEA Group Aktiengesellschaft ist im MDAX gelistet.

GEA bedeutet heute »Global Engineering Alliance« und verdeutlicht damit den Anspruch des Unternehmens, weltweit für »Engineering Excellence« zu stehen. Die Kunden der GEA Group profitieren von einer ausgeprägten Innovationskultur.

Die GEA Group Aktiengesellschaft firmiert seit 2005 unter diesem Namen. Ihre Wurzeln reichen über hundert Jahre zurück. Die »neue GEA« ist 2005 durch eine Umbenennung der »mg technologies ag« entstanden. Historische Vorgänger sind die 1881 gegründete Metallgesellschaft AG (MG) und die 1920 gegründete Gesellschaft für Entstaubungsanlagen (GEA).

Die Maschinen und Prozesse der GEA Group er-
wärmen, kühlen, gefrieren, separieren, trocknen,
dosieren und agglomerieren die unterschiedlichsten Stoffe und Stoffkombinationen. Die Technologien kommen in der Nahrungsmittelwirtschaft,
der chemischen und petrochemischen Industrie,
der Energiewirtschaft, in der Lufttechnik, dem
Schiffbau sowie in den Bereichen Pharma und
Kosmetik zum Einsatz.

Markt und Strategie

»Engineering Excellence« verlangt nach permanen-
ter Innovation. Dadurch unterscheidet sich die GEA
Group Aktiengesellschaft von ihren Mitbewerbern
und bietet ihren Kunden stets modernste Lösungen.
Die Strategie der GEA Group zielt auf eine führende
Position in allen relevanten Märkten. Durch die
Konzentration auf Kernkompetenzen und -techno-
logien zählt die GEA Group in 90 Prozent ihrer
Geschäftsfelder zu den Markt- und Technologie-
führern.

Durch konsequentes Kostenmanagement strebt GEA
stets die Kostenführerschaft an. Die dezentralisier-
te Organisationsstruktur mit globaler Verantwortung in jedem Unternehmensbereich sorgt für eine
starke Ergebnisorientierung. Die Unternehmen
der GEA Group verstehen sich als Wertschöpfungs-
partner ihrer Kunden.

Durch die Diversifikation innerhalb der Kerngeschäfte über Sektoren und Regionen hinweg schafft
die GEA Group Stabilität. Zusammen mit einer
gründlichen Risikoprüfung aller Projekte sorgt
dies für kalkulierte Risiken zum Wohle von Kunden, Mitarbeitern und dem Unternehmen.

Die konsequente Fokussierung auf die Kernkompetenzen zahlt sich aus: 2007 konnte das
Ergebnis über alle Segmente hinweg deutlich verbessert werden. Auch Auftragseingang, Umsatz
und Mitarbeiterzahlen der GEA Group sind
gestiegen.

Verantwortung

Die GEA Group Unternehmenskultur entspringt
der Überzeugung, dass Technologie den Menschen
Lösungen anbieten soll und dabei die negativen
Konsequenzen für unser Leben so gering wie
möglich halten muss.

Als weltweit operierender Technologiekonzern
wächst für die GEA Group daraus eine besondere
Verpflichtung: durch Engineering Expertise umweltfreundliche und ressourcenschonende Innovationen zu ermöglichen mit dem Ziel, die Grenzen
des technisch Möglichen immer wieder zu überwinden.

Dank ihres Einfallsreichtums werden Menschen
immer nach Lösungen für globale und lokale
Herausforderungen suchen. Heute engagieren sich
dafür bei GEA weltweit 19 500 Mitarbeiter, davon
nicht ganz die Hälfte in Deutschland. Die Personal-
arbeit des Unternehmens zielt darauf, überall
Menschen mit außergewöhnlichen Talenten zu
finden und zu fördern, die außergewöhnliche
Lösungen für ihre Kunden ermöglichen.

Darüber hinaus fördert GEA internationale und
regionale Künstler, die unter dem Motto »Kunst
in der Rotunde« im GEA Corporate Center in
Bochum eine Plattform finden.

GEA Group Aktiengesellschaft
Dorstener Straße 484
44809 Bochum

Gründungsjahr
1920, seit 2005:
GEA Group Aktiengesellschaft

Website
www.geagroup.de

Verantwortlicher
Marc Pönitz,
Konzernkommunikation
Tel.: (0234) 980-1495
Mail: marc.poenitz@geagroup.com

Partneragenturen
MT Mediendesign, Münster;
wbpr Public Relations, München

ENGINEERING EXCELLENCE ERLEBEN:
»SO WIRD'S GEMACHT«

› DIE KAMPAGNE

Ausgangssituation

Die »neue GEA« ist das Ergebnis einer Neupositionierung und Umstrukturierung von 2005 bis 2007. Wirtschaftlich war das Unternehmen damit dank Fokussierung auf die Kernkompetenzen gut aufgestellt, doch kommunikativ stand die GEA Group noch vor einer Herausforderung. Denn die Dialogpartner des Unternehmens – also Kunden, Investoren, Mitarbeiter und Bewerber sowie die breite Öffentlichkeit – verbanden mit GEA kein klares Bild.

Die GEA Group entwickelte daher 2007 eine neue Corporate Story. Die gemeinsamen Werte und Ziele stiften eine einheitliche Identität, der Claim »Engineering Excellence« fasst den übergreifenden Anspruch prägnant zusammen. Nun galt es, die neue Marke GEA und die Corporate Story gegenüber den Dialoggruppen zu kommunizieren und mit Leben zu füllen.

Kommunikationsziele und Zielgruppen

Den Start für die Online-Kommunikation der neuen Corporate Story der GEA Group markiert ein »Leuchtturmprojekt«, das GEA als Gruppe und innovatives Unternehmen bekannter macht. Parallel zur neuen Corporate Story wird der einheitliche Gruppengedanke gestärkt.

Öffentlichkeit, Kunden und potenzielle Bewerber bilden die Zielgruppe, die mit einer Web-Anwendung angesprochen werden. Sie führt den Nutzer interaktiv durch die Kompetenzen der GEA und vermittelt dabei Technikbegeisterung und den Claim »Engineering Excellence«.

Idee und Strategie

Jeden Tag kommen Menschen auf der ganzen Welt mit Produkten in Berührung, die mindestens in einem Verfahrensschritt durch eine GEA-Komponente weiterverarbeitet wurden. Dabei ist vielen gar nicht bewusst, wie viel »Engineering Excellence« von GEA in alltäglichen Produkten wie Bier oder Kaffee steckt. Als neues zentrales Prinzip der Kommunikation wird die Marke GEA gegenüber der Öffentlichkeit daher über die Endprodukte erklärt.

Das neue »Leuchtturmprojekt« setzt diesen Gedanken online um: Unter dem Titel »So wird's gemacht« zeigt die GEA Group, wo und wie sie am Herstellungsprozess beteiligt ist. Die Anwendung ist interaktiv und sympathisch und orientiert sich streng an der neuen Corporate Story.

Umsetzung

Für die Online-Kommunikation greift GEA auf gesetzte Leitlinien zurück. Diese gewährleisten eine zielführende und mediengerechte Umsetzung. Kommunikativ dient die neue Corporate Story als Grundlage für die Zielgruppenansprache und die kommunizierten Markenwerte. Aus diesen beiden Koordinaten leiten sich die Eckpunkte für die Anwendungsentwicklung ab, welche die Basis für die inhaltliche, strukturelle und grafische Umsetzung bilden.

Ein Ergebnis dieser Überlegungen ist das gewählte Produkt für die erste »So wird's gemacht«-Geschichte: Das bekannte und beliebte Produkt Bier interessiert ein breites Publikum, erweckt positive Assoziationen und erleichtert damit den Zugang. Und im Bereich des Bierbrauens sind viele Unternehmen der GEA Group maßgeblich am Produktionsprozess beteiligt – so wird die »Engineering Excellence« von GEA anschaulich erlebbar.

Gestaltung

Auf der bestehenden Website führte GEA ein neues Format ein, das sich deutlich von dem in weiten Teilen statischen Auftritt unterscheidet. Damit wird der Neuanfang verdeutlicht, den die GEA Group mit der Corporate Story macht. Das Ergebnis ist eine interaktive, dynamische Animation mit kurzen, allgemein verständlichen Texten.

Schritt für Schritt erklärt die Anwendung, wie Bier gebraut wird – vom Anbau des Getreides bis zum Zapfhahn. Dabei klickt sich der Nutzer selbstständig durch den Prozess und erlebt direkt, wo »Engineering Excellence« von GEA zum Einsatz kommt. Die beteiligten Tochterunternehmen der GEA Group sind in die Anwendung integriert, der Nutzer gelangt aus dem Herstellungsprozess heraus zu deren Websites und kann sich weitergehend informieren.

Ergebnisse und Aussichten

Die Anwendung erfreut sich bei den Nutzern großer Beliebtheit. Von der Startseite der GEA Corporate Website gingen nach der Freischaltung fast 25 Prozent des Traffics direkt auf die Anwendung. Die Nutzer beschäftigen sich intensiv mit den Inhalten und erfahren »Engineering Excellence«.

Sowohl die Kommunikationsabteilung als auch der HR-Bereich der GEA Group erhielten konkrete Anfragen und Feedback zur Anwendung. In den Unternehmen der GEA Group fand die Anwendung ebenfalls Anklang bei den Fachleuten.

Auch die Corporate Story selbst ist mittlerweile als Online-Anwendung nach dem gleichen Funktionsprinzip umgesetzt. Aktuell sind weitere »So wird's gemacht«-Episoden in Arbeit.

› DIE JURY

Die GEA Group ist ein weltweit agierender erfolgreicher Technologiekonzern, unter dem als Dachmarke zahlreiche Tochterunternehmen im Bereich der Industrietechnik operieren. Um das Unternehmen und seine Tätigkeitsfelder der breiten Öffentlichkeit näherzubringen, versucht die GEA Group mit der Anwendungsidee »So wird's gemacht«, verschiedene technische Zusammenhänge anhand alltäglicher Produkte zu veranschaulichen. Die Wahl des Produktes »Bier« als erste Episode der Maßnahme überzeugte die Jury, da das Unternehmen einerseits mit mehreren Gruppen an der Produktion beteiligt ist und andererseits das gewählte Produkt bekannt, positiv besetzt sowie der Ansprache eines breiten Publikums fähig ist. So wird auf anschauliche Weise mit übersichtlichen Abbildungen und kurzen, eingängigen Texten dem Besucher der Herstellungsprozess erläutert. Der Jury wurde bewusst, dass durch diese intelligente Maßnahme die besondere Leistung der »Engineering Excellence« der GEA Group dem interessierten Besucher verdeutlicht werden kann. Gleichzeitig wird aus der Anwendung heraus auf die beteiligten Unternehmen innerhalb der GEA Group verlinkt. Was die technischen Belange betrifft, überzeugte das Unternehmen die Jury durch eine interaktive und dynamische Animation. Für den Benutzer entsteht eine Interaktionsmöglichkeit, wodurch er in den Herstellungsprozess aktiv und spielerisch mit einbezogen wird. Um die Seite noch attraktiver zu gestalten, mehr Spannung zu erzeugen und ein besonderes Erlebnis für den Benutzer zu schaffen, wäre das Einbeziehen eines Sounds als Begleitung zu den Schaubildern eine denkbare Erweiterung. Weiterhin rät die Jury, den Zugriff auf die Maßnahme zu vereinfachen, indem der Besucher gleich auf der Startseite einen Hinweis wie eine Verlinkung zu der Anwendung bekommt. Die Jury gratuliert der GEA Group zur erfolgreichen Maßnahme, da die Ansprache einer breiten Öffentlichkeit sowie die Stärkung des Gruppengedankens gelang.

HACKER-PSCHORR

› DAS UNTERNEHMEN

Hacker-Pschorr – Tradition im Trend
»Auf unsere jahrhundertealte Biertradition sind wir stolz. Für uns ist sie ein Stück Heimat, ein kostbares Gut, das es zu pflegen und zu bewahren gilt.«

Eine der großen Münchner Traditionsbrauereien ist die Hacker-Pschorr Brauerei. Schon seit dem 15. Jahrhundert steht der Name »Hacker« für reinen Biergenuss, für das Ursprüngliche, das Lebens- und Liebenswerte an Bayern. 1417 wird bereits eine »Preustatt an der Hagkagasse« in München erwähnt, genau dort, wo man immer noch im »Alten Hackerhaus« Hacker-Pschorr Biere ausschenkt. Knapp hundert Jahre später, nämlich am 23. April 1516, erlässt Herzog Wilhelm IV. das bayerische Reinheitsgebot und bis heute werden die Hacker-Pschorr Biere streng nach diesem Gebot gebraut.

1738 erwirbt der Brauer Simon Hacker diese Braustätte. Gut sechzig Jahre später begründet die Heirat des Bauernsohnes und Brauknechts Joseph Pschorr und der Brauerstochter Therese Hacker den Beginn der Braudynastie. In mühsamer Arbeit und mit viel kaufmännischem Talent führt Joseph die vom Schwiegervater übernommene Hacker-Brauerei an die Spitze der etwa 50 Münchner Brauereien. Er kauft eine weitere dazu und nennt diese Pschorr-Brauerei. Stets ist er allen Innovationen gegenüber aufgeschlossen und ein Vordenker seiner Branche. So baut er ab 1813 in zehn Jahren eine 400 000 Gulden teure »Bierfestung«, mit Platz für 35 000 Hektoliter damals der größte Lagerkeller Deutschlands. Joseph Pschorr ist der einzige Brauer, dessen Büste noch heute in der Ruhmeshalle an der Bavaria steht. Nach seinem Tod führen zwei seiner Söhne die Brauereien getrennt weiter.

Bis zu Beginn des 20. Jahrhunderts werden beide Brauereien weiter ausgebaut. Innovationen, kaufmännisches Geschick und die Liebe zum Bier sorgen dafür, dass sich beide an der Spitze der Münchener Brauwirtschaft halten.

In der Zeit nach den Weltkriegen, der Zerstörung und Inflation werden beide Braustätten unter einem Dach weitergeführt. 1972 vereinigen sie sich zur Hacker-Pschorr Bräu AG, an der Josef Schörghuber 1979 die Kapitalmehrheit übernimmt.

Heute gehört Hacker-Pschorr zur Paulaner Brauerei Gruppe, eine Tochter der Schörghuber Unternehmensgruppe, unter deren Dach fünf Marken eigenständig geführt werden: Paulaner, Hacker-Pschorr, Thurn und Taxis, AuerBräu und die Weißbierbrauerei Hopf. Insgesamt erreichte die Paulaner Brauerei Gruppe mit rund 800 Beschäftigten 2007 einen Bierausstoß von 2,7 Mio. Hektolitern. Das Erfolgskonzept der Brauereigruppe liegt darin, in sich starke, traditionsreiche und bekannte Biermarken zu vereinen, die sich in ihren Profilen sowie in ihren Vertriebsgebieten eindeutig differenzieren. Für die einzelnen Marken bedeutet dies sowohl die Sicherung der Eigenständigkeit und Wettbewerbsfähigkeit auf dem Markt als auch den Erhalt der Sortenvielfalt der jeweiligen Traditionsbrauereien mit dem damit verbundenen Erhalt der Markenheimat.

Jahrhundertealte Brautradition, ein großer Familienname, Bodenständigkeit und Verlässlichkeit sind die Markenwerte, auf denen Hacker-Pschorr steht. »Der Himmel der Bayern« verspricht die Schleife über dem Logo. Himmel steht hier für das typische bayerische Lebensgefühl, Lebenslust und Lust am Genießen. Tradition bedeutet Echtheit und Unverfälschtheit und nicht touristische Attitüde. Das Bier steht bei einer Brauerei natürlich im Vordergrund, aber Bewusstsein für die Heimat bedeutet auch Engagement. Als regionale Marke in Südbayern präsentiert sich Hacker-Pschorr in München und im bayerischen Oberland als Partner der örtlichen Vereine – ob sportlich oder kulturell. Die Straubing Tigers, die LA Cannibals und die Tölzer Löwen im Eishockey und der TSV München von 1860 sind die wichtigsten Sponsoringpartner.

Hier ist die Heimat typischer und unverfälschter Gasthöfe und hier genießt man auch am besten ein frisch gezapftes Hacker-Pschorr zu einer deftigen Brotzeit. Hacker-Pschorr – Himmel der Bayern.

Als klassische Sortimentsbrauerei bietet Hacker-Pschorr 13 Biersorten für jede Gelegenheit und jede hat ihren ganz eigenen »Charakter«. Ob ein süffiges Helles oder ein frisches Weißbier, ein feines Pils oder die Bierspezialitäten »ANNO 1417 – naturtrübes Kellerbier« und »STERNWEISSE«: Der Bierkenner findet immer seine Lieblingssorte. Seit April 2007 werden alle Biere im Handel und der Gastronomie mit dem traditionellen Bügelverschluss angeboten. Als erste Münchner Brauerei stellte Hacker-Pschorr das komplette Sortiment auf den wieder neu entdeckten Verschluss um. Zweistellige Zuwachsraten im Handel bestätigen diese Erfolgsstrategie. Der Bügelverschluss mit echtem Keramikverschluss auf der traditionell geformten Flasche verbindet Tradition mit Moderne und damit Werte, für die die Marke Hacker-Pschorr steht.

Hacker-Pschorr Bräu GmbH
Hochstraße 75
81541 München

Gründungsjahr
1417

Website
www.hacker-pschorr.de

Verantwortliche
Birgit Zacher

Partneragentur
Datenwerk GmbH
Mauerkircherstr. 8
81679 München

HACKER-PSCHORR.DE –
DAS FREIZEITPORTAL

› DIE KAMPAGNE

»Das Internet ermöglicht weltweiten Zugriff auf Informationen, die wir anbieten – wir sind eine Münchener Brauerei mit einem sehr begrenzten Verkaufsgebiet. Brauchen wir eine Website und was müssen die Inhalte sein, um sie aktuell zu halten?«

Hacker-Pschorr hatte bereits seit 1997 eine Website, die Informationen über das Unternehmen, das Sortiment und die Geschichte der Marke bot. Die Inhalte wurden selten aktualisiert, es gab keine interaktiven Elemente. Die Besucherzahlen gingen kontinuierlich zurück. Wettbewerber waren innovativer und nutzten die Möglichkeiten des Mediums besser.

Um Hacker-Pschorr in der Gruppe der Paulaner Brauerei ein klares Markenbild zu verschaffen und damit auch die Differenzierung zum Wettbewerb zu schaffen, wurde 2002 eine umfangreiche Markenstudie durchgeführt. Auf den Ergebnissen basiert die Marken- und Kommunikationsstrategie:

· Hacker-Pschorr ist die lebendige Münchner Traditionsbrauerei mit der echten bayerischen Bierqualität.

· Die Bedeutung von Hacker-Pschorr liegt in der bayerischen Biertradition, die lebensbejahende Geselligkeit auf junge und moderne Art – locker, lässig, selbstbewusst und augenzwinkernd – kommuniziert.

· Hacker-Pschorr steht für Traditionen, die im ländlichen Kontext stehen, aber auch in der Stadt geschätzt werden. Tradition, die aus dem Bewusstsein gelebt wird, aber nicht zur Attitüde, zu bayerischem Kitsch erstarrt, die nicht »touristisch« betrachtet wird. Tradition wird bei Hacker-Pschorr im Sinne von »Bewahrung von traditionellen Werten und Ereignissen« mit starkem menschlichem Bezug verstanden.

› DIE JURY

Die Traditionsbrauerei Hacker-Pschorr mit Sitz in München hat sich mit dem Relaunch der Homepage zur Aufgabe gemacht, den Internetauftritt des Produktes deutlich zu verbessern und attraktiver zu gestalten. Dabei versucht sie, die Markenwerte »Geselligkeit«, »Dazugehören« sowie »Bayern und München« in ihrer Internetpräsenz widerzuspiegeln, um eine Identifizierung mit den bayerischen Werten und Traditionen zu erlangen, und besinnt sich damit auf die über 500-jährige Firmengeschichte. Was auf den ersten Blick einleuchtend erscheint, kann aber möglicherweise die Erschließung der jüngeren Zielgruppe und neuer Märkte verhindern. Um dieses Manko auszugleichen, entwickelte das Unternehmen ein, nach Ansicht der Jury, attraktives Freizeitportal. Tools wie Ausflugtipps, ein Gastroguide, Gewinnspiele und weitere Extras bieten dem User einen Mehrwert. Auch die für Handelskunden angebotene Plattform mit wertvollen Informationen für Gastronomiekunden wurde von der Jury sehr positiv aufgenommen. Was die Internetpräsenz und die technischen Belange betrifft, möchte die Jury positiv hervorheben, dass der Aufbau der Seite klar und übersichtlich gestaltet ist, was einen barrierefreien und benutzerfreundlichen Zugang ermöglicht. Der Online-Auftritt wurde im Zuge des Relaunches kontinuierlich überarbeitet und aktualisiert. Bei der farblichen Abstimmung in der gesamten Umsetzung wurden die Corporate-Design-Richtlinien eingehalten. Weitere Potenziale könnten sich durch eine originellere Gestaltung ergeben, welche sich in Form multimedialer Elemente wie Sound, Flashanimationen oder Features verwirklichen ließe. Somit könnte der Relaunch die angestrebte neue Zielgruppe noch stärker ansprechen. Die Jury gratuliert zur erfolgreichen Weiterentwicklung und zum deutlichen Fortschritt im Hinblick auf die alte Plattform und rät weiterhin zur kontinuierlichen Ausarbeitung der Gestaltung.

· Hacker-Pschorr verbindet, schlägt Brücken und
beweist damit, dass es wichtig ist, Wurzeln zu
haben, um sich in einer jungen trendorientierten
Welt zurechtzufinden. Die Tradition ist der Trend.

In der klassischen Kampagne setzt diese Vorgaben
die Thematisierung des Oktoberfests um – Himmel
der Bayern als Lebensgefühl und das an einem Ort,
wo alle dabei sein und dazugehören möchten.

Für die Neuausrichtung der Website 2006 bedeutete
das die Aufgabenstellung, einen Internetauftritt
zu erarbeiten, der neben den üblichen und erfor-
derlichen Informationen zum Unternehmen und
Produkt einen echten Mehrwert für den User
bietet. Look und Tonalität folgen der Marken- und
Kommunikationsstrategie, übernehmen aber keine
statischen Vorgaben aus der klassischen Werbung,
sondern nutzen alle Möglichkeiten des Mediums.
Die Website trägt zur Aktualisierung der Marke
bei und zahlt vor allem auf die Werte »lebendig«,
»aktiv«, »dynamisch« und »Bayern« ein.

Die Agentur datenwerk präsentierte den besten
Lösungsansatz, der auch so realisiert wurde. Die
Website der Hacker-Pschorr Bräu GmbH ist einerseits als Freizeitportal konzipiert, das Endkunden
eine Vielzahl an attraktiven Informationen zu den
Themen Freizeitgestaltung, Lifestyle und Kultur
präsentiert und diese mit tagesaktuellen Informationen wie Veranstaltungsterminen aus der Region
verknüpft. Durch eine permanente, redaktionelle
Betreuung wird die wöchentliche Aktualisierung
gewährleistet und so der Kunde und Interessent
zum regelmäßigen Besuch des Portals animiert.

Darüber hinaus bietet die Plattform einen umfangreichen Partnerbereich mit wertvollen Informationen für Gastronomiekunden. Ein Kernelement
des Partnerbereichs ist der auf einer zentralen
Kundendatenbank basierende »Gastroguide«, der es
Wirten ermöglicht, ihre »Visitenkarte« auf Hacker-
Pschorr.de eigenständig zu pflegen und so stets
»Up-to-date« zu halten. Das innovative Herzstück
der B2B-Plattform ist der dynamische Anzeigen-
generator, der den Gastronomiepartnern von
Hacker-Pschorr als Tool zur professionellen und
kostengünstigen Erstellung von Werbemitteln
(Plakate, Flyer, Tischaufsteller und Kunden-
mailings) zur Verfügung steht.

Seit dem Start der neuen Website im Juli 2006
steigen die Besucherzahlen kontinuierlich an, im
dritten Quartal 2007 im Vergleich zum Vorjahr um
über 60 Prozent. Sowohl für das Freizeitportal als
auch für den Partnerbereich gilt: »Wir entwickeln
uns ständig weiter.« Neue Inhalte, kreative Zusatz-
funktionen und hilfreiche Marketingwerkzeuge
sorgen für ständige Bewegung auf der Website
Hacker-Pschorr.de. Aktuell wurde ein Löwen-Blog
installiert, das aus dem Sponsoring des Fußball-
vereins TSV München von 1860 resultiert. Im nächsten Schritt wird der B2B-Bereich für Handelskunden erweitert und eine Medienlounge geschaffen.

Stephan Schäfer-Mehdi
Chief Creative Officer VOK DAMS GRUPPE

EVENT-MARKETING 2.0
ODER: DIE EMANZIPATION EINER KOMMUNIKATIONSDISZIPLIN

Wo war die Alice Schwarzer der Eventbranche? Nein, sie hat es nicht gegeben. Wir haben uns alle bemühen müssen – und das nicht vergeblich. Marketing-Events sind aus der seriösen Wirtschaftskommunikation nicht mehr wegzudenken. Das hat viel Blut, Schweiß und Tränen gekostet. Gebetsmühlenartige Rhetorik, chronische Überzeugungstäterschaft und nicht zuletzt das Versagen der zweidimensionalen Werbung angesichts der anhaltenden Informationsüberflutung und des immer unberechenbareren Konsumentenverhaltens hat die Live-Kommunikation vom Katzentisch immer näher an die Konferenztische der Kommunikationsentscheider gebracht.

Event-Marketing ist eine komplexe Disziplin. Genauso vielfältig wie Werbung und PR. Die Hochglanz- und Primetimespitze vom Werbe-Eisberg nagelgespickter Kampagnen täuscht darüber hinweg, dass unter der Oberfläche nicht nur die Masse der Schweinebauchreklame lauert, sondern auch die sprödere B2B-Kommunikation. Bei der Öffentlichkeitsarbeit sieht es ähnlich aus. Promi-triefende Glamourstorys in Gala & Explosiv sind nur ein Tropfen im Meer der alltäglichen PR-Arbeit.

Die Eventbranche steht an einem Scheideweg. Natürlich gibt es auch die »Schweinebauchevents«. Alibihaft werden Inhalte und Konzepte gestrickt, um dann bei kollektiven Besäufnissen die Sau rauszulassen. Das ist aber weder ein Problem noch die Zukunft. Lassen wir die Metzger ihre Mettigelbeileger verbreiten oder die Partymacher Partys machen.

Die Herausforderung liegt an einer ganz anderen Stelle. Das ist die Qualifikation der Akteure auf allen Seiten. In der Pionierzeit war die eierlegende Wollmilchsau gefordert. Die schrieben als Eventmanager Konzepte und setzten sie auch selber um. Die Kommunikationsziele waren genauso wichtig wie das rechtzeitige Hereintragen des Fleischgangs. Dem entspricht immer noch die Ausbildungslandschaft: ob Veranstaltungskaufleute oder Eventmanagement-Studiengänge. Aber es fehlen massiv sowohl die strategischen Denker als auch die wissenden und erfahrenen Kreativen. Psychologie und Soziologie, Dramaturgie und Inszenierung lernt man aber nicht an einem Wochenende. Da muss etwas passieren.

Auf Kundeseite gibt es natürlich auch Defizite, die den Paradigmenwechsel in der Eventbranche verzögern. Wenn der Erfolg eines Events mehr an der richtigen Position des Bestecks bemessen wird als an der Vermittlung der Inhalte, dann läuft etwas schief. In vielen Unternehmen hat die Eventkommunikation aber schon einen deutlich höheren Stellenwert als noch vor einigen Jahren.

Deshalb ist das parallele Wachsen einer kritischen Öffentlichkeit produktiv. Ob Wissenschaftler, Journalisten oder Juroren, ihr unabhängiger Blick auf die Live-Kommunikation, auf deren Projekte und Protagonisten kann nicht nur die eigene Branche, sondern die ganze Marketing-Kommunikation weiterbringen.

Die Diskussion um »integrierte oder ganzheitliche« Kommunikation war erstaunlicherweise nicht so förderlich wie gedacht: weder von Seite der Unternehmen, der Beratungen, der Klassikagenturen oder der Live-Marketer. Beschwörende Appelle und wohlklingende Attribute wie »360°« oder »Orchestrierung« reichen nicht. Aber disziplinübergreifende Awards wie der Deutsche Preis für Wirtschaftskommunikation oder die sich anderen Dimensionen öffnenden Ehrungen wie ADC-Nägel oder Cannes-Lions, sind im Augenblick einige der raren Orte, wo tatsächlich neue Erkenntnisse gewonnen werden können. Die Heterogenität der eingereichten Projekte, die Schwierigkeit der Kategoriezuordnung und die heftigen oder intensiven Jury-Diskussionen zeigen nur zu deutlich, dass wir die Schwelle zu Event-Marketing 2.0 überschritten haben.

Event kann so viel sein: internes Kommunikationstool für die Mitarbeiter, aufmerksamkeits-generierendes Informationstool für Journalisten, Motivationsmaßnahme für Vertriebler, Produkterlebnis für Endkunden oder Infotainment fürs B2B-Publikum. Es kann verkaufen, motivieren, informieren, bewegen oder aktivieren. Meistens in einer Kombination.

Die leider gängigen bis ins Unendliche geklonten Konzepte mit Fastfood-Dramaturgie und Überinszenierungsgeilheit mit vollkommen vorhersehbarem, ritualisiertem Programm werden immer öfter ins Leere laufen. Denn die Zeit der saturierten Eventzielgruppen ist zu wertvoll. Sie erwarten einen respektvollen Umgang mit ihrer knappsten Ressource. Entertainment reicht da nicht mehr.

Deshalb hat die Kreation die Schlüsselrolle. Eine gelungene Umsetzung muss nicht mehr diskutiert werden, sondern selbstverständlich gewährleistet sein. Aber nur die Kreation kann die Diskussion und Entwicklung treiben. Zum kreativen Prozess gehört nicht nur die große Idee, sondern immer auch ihre Verifikation und Ausarbeitung. Das sollte in Arbeitsteilung mit Beratern, Kontaktern oder Strategischen Planern geschehen, die es allerdings in der Live-Kommunikationsbranche fast nicht gibt.

Gerade in der internen Kommunikation wird man dann auf die »eine« Idee zugunsten einer authentischen Botschaftsvermittlung verzichten. »Chaka« ist tot! Allerdings haben es diese Projekte in der Wahrnehmung bei Kunden, Journalisten und Juroren deutlich schwerer gegenüber aufwendig inszenierten Produktlaunches und auffälligen Markenevents.

Wir leben schon in der Ära des Event-Marketings 2.0. Deshalb ist es angesichts eines Paradigmenwechsels auch verständlich, dass neue Begriffe auftauchen, miteinander konkurrieren, geschärft und abgegrenzt werden und vielleicht Bestand haben. Ist eine 1-zu-1-Live-Kommunikation, bei der ein ferngesteuertes Megafon auf Rädern Passanten anmacht, noch ein Event? Oder ist eine komplexe und intelligente Kampagne im Automobilbereich, bei der am Ende auch Probefahrten stattfinden, noch eine Promotion? Ist das Generieren eines response-starken Fotomotivs ein Public-Event?

Schön, dass es Wettbewerbe gibt, in denen die Jury sich mit solchen Fragestellungen auseinandersetzt.

Stephan Schäfer-Mehdi ist seit 2006 Chief Creative Officer der VOK DAMS GRUPPE, einer der international führenden Agenturen für Events und Live-Marketing, sowie in gleicher Position im Think-Tank des VOK DAMS : ILM Instituts für Live-Marketing tätig. Er studierte Germanistik und Philosophie und stieg nach Stationen im Kunst- und Kulturmanagement quer als Kreativer und freier Projektleiter in die Eventbranche ein. Er setzt sich bei VOK DAMS und als Dozent für eine Qualitätsverbesserung der Event-Konzeption ein. Seine Projekte gewannen nationale und internationale Awards; außerdem ist er Mitglied im ADC.

Wichtigste Veröffentlichung:
Stephan Schäfer-Mehdi, Event Marketing, Berlin, 2004.

VOK DAMS.

LEXUS

› DAS UNTERNEHMEN

1987 verkündete der Toyota-Konzern erstmals offiziell die Absicht, eine neue Luxussparte im internationalen Automobilmarkt zu etablieren. Ein Jahr später wurde das erste Fahrzeug der Premium-Marke LEXUS, in Form des LS 400, auf der Los Angeles Motorshow vorgestellt. In die Entwicklung des LS 400 waren 60 Designer, 24 Konstrukteur-Teams, 1400 Ingenieure, 2300 Techniker und 220 Arbeiter involviert. In den USA zeigte sich der Erfolg für LEXUS unmittelbar nach Lancierung des LS 400. So gelang es LEXUS mit nur einem einzigen Modell im US-Markt, in einem Jahr 2,7 Mal so viele Autos zu verkaufen wie Mercedes mit den drei damals verfügbaren S-Klasse-Modellen zusammen. 1990 präsentierte sich die Luxusmarke LEXUS dann auch in Europa.

Als die Marke LEXUS vor rund 20 Jahren aus der Taufe gehoben wurde, standen insbesondere die Interieur-Designer vor der Aufgabe, einen eigenen unverwechselbaren Stil zu finden. Der LEXUS sollte sich klar von den sachlichen Cockpits der deutschen Premium-Fahrzeuge abheben, aber auch nicht die plüschig-verspielten Interieurs der amerikanischen Wettbewerber kopieren. LEXUS brach Traditionen und die Ingenieure, die bisher nur die konservative Marke Toyota kannten, arbeiteten plötzlich an innovativen, neuen und anspruchsvollen Projekten.

Die grundlegende Zielsetzung von LEXUS ist es, das vollkommene Automobil herzustellen. Das Marken-Versprechen »Streben nach Vollendung« äußert sich im Streben nach dem perfekten Fahrerlebnis, innovativer Technologie, hochwertigem Stil, elegantem Design, bester Qualität und außergewöhnlichem Service. So stellt sich LEXUS der Herausforderung, selbst anspruchsvolle Kundenerwartungen noch zu übertreffen. Jeder Handgriff wird auf Effizienz geprüft und hinterfragt. Prozesse werden so lange optimiert, bis ein fehlerfreier Ablauf bei der Entwicklung und Produktion aller LEXUS-Automobile garantiert ist. Jede Technologie, jede Erkenntnis und jedes Wissen wird genutzt, um anders zu denken, besser zu werden und um die Grenzen des Möglichen neu zu definieren. So wird aus jedem LEXUS ein Meisterwerk an Präzision.

Die LEXUS-Philosophie »Streben nach Vollendung«
gilt auch in Umweltfragen und zieht sich wie ein
roter Faden durch den gesamten Lebenszyklus der
Automobile – vom Design über die Herstellung bis
hin zur Entsorgung von Altfahrzeugen. Innovatives
Denken der LEXUS-Ingenieure hat eine Verbindung
von Benzintriebwerk und Elektromotor entstehen
lassen, deren Ergebnis fulminante Leistung in Kombination mit niedrigen Emissionen und verbesserten Verbrauchswerten ist. So verfügt LEXUS über
die weltweit größte Hybrid-Modellreihe, bestehend
aus dem Luxus-SUV RX 400h, der Hochleistungs-
limousine GS 450h und der Luxuslimousine LS 600h.
Als einer der weltweit führenden Hersteller hochwertiger Automobile hat LEXUS eine besondere Verantwortung für die Umwelt. Diese Verantwortung
verkörpert sich in einer übergeordneten Vision:
eines Tages das emissionsfreie Auto zu bauen.

LEXUS erreicht nachhaltig die höchste Stufe der
Kundenzufriedenheit. Ein Kriterium dafür ist die
Langzeit-Qualität der Automobile. Ein anderes und
nicht weniger wichtiges Element ist der außergewöhnliche Service, der bei LEXUS großgeschrieben
wird. Verankert ist die besondere Gastfreundschaft
im Heimatland von LEXUS. In Japan wird Gastfreundschaft zelebriert wie in sonst kaum einem
Land. LEXUS schafft persönliche Betreuung in an-
genehmer Atmosphäre. Den Kunden zu behandeln,
als wäre er Gast im eigenen Haus, heißt die Maxime
bei LEXUS. Denn die vollständige Zufriedenheit
der Kunden hat bei LEXUS oberste Priorität.

LEXUS ist heute in mehr als 60 Ländern präsent.
Seit 1989 wurden ca. 4 Millionen LEXUS-Automobile
verkauft. Deutschland ist nach Großbritannien und
Russland der drittstärkste Markt für die japanische
Premium-Marke in Europa.

Der neue LS ist die vierte Generation des LEXUS-
Flaggschiffs. Das Modell LS 460 bietet, ganz nach
dem Marken-Versprechen, modernste Technik,
elegantes Design und ein perfektes Fahrerlebnis.
Die Perfektion des LS 460 wurde im Jahr 2007 mit
der Auszeichnung »World car of the year 2007«
bestätigt. Das L-finesse-Design, die fortschrittliche
Sicherheitstechnik, das automatische Einparksys-
tem und das weltweit erste Achtstufen-Automatikgetriebe sprechen eine sehr anspruchsvolle Zielgruppe an, der Perfektion gerade gut genug ist.

»L-finesse« ist eine Wortschöpfung, die sich aus
den Begriffen »Leading Edge« und »Finesse« zusam-
mensetzt. Sie verkörpert die Grundsätze, nach denen LEXUS-Automobile gestaltet werden. Sie verkörpert zugleich die Philosophie, die LEXUS in der
Automobil-Konzeption verfolgt: Mit »Leading Edge«
meint LEXUS die Entwicklung und Nutzung neuer
Spitzentechnologien, die Fahrer und Passagieren
gleichermaßen zugute kommen. »Finesse« betont
den Feinschliff jedes einzelnen Details, bevor es in
einem LEXUS eingesetzt wird. »L-finesse« geht also
über die reine Formgebung hinaus und offenbart
sich in der gesamten Konzeption des Fahrzeugs.

LEXUS versteht das Streben nach Vollendung als eine
endlose Reise. Jede Modelleinführung bringt neue
Erkenntnisse. Weltneuheiten und technische Innovationen können nur im ständigen Streben nach
Vollendung erreicht und weiter verbessert werden.

Streben nach Vollendung

Toyota Deutschland GmbH
LEXUS Division
Toyota-Allee 2
50420 Köln
Tel.: (0 22 34) 102 - 0
Fax: (0 22 34) 102 - 72 12

Gründungsjahr
1983

Website
www.lexus.de

Verantwortlicher
Georg Esterhues,
LEXUS Deutschland,
Leiter Marketing

Partneragentur
HAGEN INVENT GmbH & Co. KG
Adone Kheirallah,
Geschäftsleitung
Plange Mühle 1
40221 Düsseldorf
Tel.: (0211) 6 79 35 - 0
Fax: (0211) 6 79 35 - 19

LEXUS »NACHT DER FINESSE«

› DIE KAMPAGNE

Der LEXUS LS ist in vierter Generation das Flagg-
schiff der LEXUS-Modellpalette. Der aktuelle LS 460
bietet modernste Technik, elegantes Design und ein
perfektes Fahrerlebnis. Das L-finesse-Design, ein
neuer Achtzylindermotor und das weltweit erste
Achtstufen-Automatikgetriebe sprechen eine besonders anspruchsvolle Zielgruppe an.

Die Düsseldorfer Agentur für Live Communication
HAGEN INVENT wurde von LEXUS Deutschland beauftragt, für den Launch dieses außergewöhnlichen
Automobils ein nationales Veranstaltungskonzept
und dessen Umsetzung zu erarbeiten. In 36 nationalen LEXUS-Foren sollte das neue Modell ca. 3500
Bestands- und potenziellen Neukunden präsentiert
werden. Die Erlebbarkeit der Markenwerte und
den Anspruch von LEXUS, der sich durch den Claim
»Streben nach Vollendung« ausdrückt, galt es in
jedem Detail zu berücksichtigen.

Aufgabe war es, prägnante Features des LS 460
elegant und in außergewöhnlicher Form zu vermitteln. Ziel war vor allem, den LS 460 sowie die
Marke LEXUS rational und emotional innerhalb
der anspruchsvollen Zielgruppe zu verankern und
neue Kundenpotenziale zu erschließen. Die
Marke LEXUS und der LS 460 sollten sich konsequent wiederfinden. Die potenziellen Käufer

des LEXUS LS 460 mussten einerseits über alle
Features informiert werden. Andererseits stand
die emotionale Erlebbarkeit im Fokus. Dabei zu
berücksichtigen war, dass Deutschland, als Heimat-
markt des automobilen Erfinders, immer noch zu
96 Prozent von deutschen Herstellern beherrscht
wird. LEXUS hat den Eroberungs-Prozess bereits
erfolgreich begonnen. Nun sollten einzelne Zielgruppen fokussiert angesprochen werden.

Die konkreten Ziele
· Etablierung der Marke LEXUS im Premiumsegment
· Maximierung der Verkaufszahlen
· Intensivierung der qualitativen Kundenkontakte
  und langfristigen Kundenbindungen
· Einbindung aller nationalen LEXUS-Foren

Wichtig war es darüber hinaus, im Rahmen der
Einführungsveranstaltungen individuelle Profile
der Gäste zu generieren, was ihre persönlichen
Interessen und ihre Lebensart betrifft. Denn die
Launch-Events für den LS 460 sollten auch Impulse
für den intensiveren Kundendialog setzen.

Die Strategie
Welches Event-Format wird der anspruchsvollen
Zielgruppe gerecht, vermittelt Emotionen und
detaillierte Informationen zu LEXUS und dem

neuen Produkt, erzielt eine nachhaltige Wirkung und bindet gleichzeitig 36 LEXUS-Foren ein?

»Nacht der Finesse«

Unter diesem Motto leitete HAGEN INVENT aus Marke, Produkt, Zielgruppe und Zielsetzung ein Konzept für ein neuzeitliches Gala-Format ab. Außergewöhnlich und eine logistische Herausforderung war die Struktur einer Roadshow. 36 Gala-Veranstaltungen auf höchstem Niveau wurden in Form einer Roadshow in den LEXUS-Foren umgesetzt. Ein ungewöhnlicher Rahmen für ein außergewöhnliches Event-Format.

Der LS 460 steht für technische Innovation, Antizipation und vorausschauende Technologien. Elemente, die perfekt in den Ablauf jeder einzelnen Gala integriert wurden. Hinzu kommen Markenwerte wie L-finesse-Design und herausragende Kundenzufriedenheit, die sich im Gesamtbild widerspiegelten und den Gästen die Abgrenzung zur klassischen Gala verdeutlichten.

Die vorausschauende Technik, ein wichtiges Feature des LS 460, wurde schon mit dem Einladungsprozedere aufgegriffen. Ein RFID-Chip in Form einer LS 460-KeyCard fungierte als personalisierte Eintrittskarte. Schon vor dem Check-in wurde jeder Gast beim Betreten der Location mit Namen per Plasma-Screen begrüßt. Auch das Personal war bereits vor dem ersten Wortwechsel über die Anwesenheit der Gäste informiert und begrüßte diese mit Namen: Antizipation dank RFID-Technik.

In den verwandelten Showrooms wurde jedes Detail auf den LS 460 abgestimmt. Die Tische, mit elegantem schwarzem Leder bezogen, wurden dem Anspruch an höchstes Design gerecht. Das eigens entwickelte und konsequent eingesetzte Event-Corporate-Design mit den primären Farben Schwarz, Silber und Weiß vermittelte optisch Exklusivität und Luxus. Das Acht-Gänge-Menü übersetzte eindeutig das weltweit erste Acht-Gang-Automatikgetriebe. Der Service während der Gala war, wie bei LEXUS, auf höchstem Niveau und bestach durch überproportionalen Einsatz. Der Conferencier des Abends: Sky du Mont! Elegant und stilvoll moderierte er in Lebensgröße über einen Plasma-Screen. Faszinierend: nicht live und doch mit genau dieser Anmutung.

Das künstlerische Rahmenprogramm zeigte eigens produzierte und hochästhetische Filmbeiträge. So standen Marke und Produkt fortwährend als »Gala-Stars« im Rampenlicht des Abends und genossen die volle Aufmerksamkeit der Gäste. Spontaner Applaus während und nach den Filmeinspielungen bestätigte die emotionale Wirkung eindeutig. Dies setzte sich bis zur Enthüllung des neuen Lexus LS 460 fort. Zum Ende des Abends wurde die kommunikative Klammer vom Check-in wieder geschlossen: Denn fast alle Gäste stellten sich an Infoterminals individuelle CDs zusammen.

Die RFID-KeyCard machte wieder die persönliche Begrüßung möglich sowie die direkte Weiterleitung gewünschter Produktinformationen an die Brennstation. Innerhalb von nur zwei Minuten erhielt jeder Gast zusammen mit einem Abschiedsgeschenk seine personalisierte CD mit individuellen Inhalten zu Marke und Produkt – ganz nach Wunsch. Die CD als maßgeschneiderte Information, Erinnerung und Visitenkarte des jeweiligen LEXUS-Hauses. Dies initiierte eine vertriebliche Follow-up-Maßnahme, die im Nachklang der Veranstaltung durch das jeweilige LEXUS-Forum umgesetzt wurde. Denn die bei der CD-Erstellung erfassten Daten lieferten den LEXUS-Verkaufsberatern detaillierte Informationen über die Interessen jedes einzelnen Gastes. Eine gute Basis für einen zielführenden Kundendialog.

Evaluierungsergebnisse

Eine Evaluierung durch ein unabhängiges Marktforschungsunternehmen ergab mittels einer schriftlichen Befragung von mehr als 500 Gästen folgende Werte:
quantitativ: 152 % Zielerreichung bei Generierung von Probefahrten.
qualitativ: 82 % der Gäste bewerteten den Gesamteindruck der Gala mit »sehr gut« und 17 % mit »gut«.

In internen Projektbewertungen wurde das Projekt zur Europa-Benchmark erklärt. HAGEN INVENT übererfüllte mit dem ungewöhnlichen Konzept einer Gala-Roadshow alle angestrebten Ziele und machte den Launch des LS 460 zum unvergesslichen Erlebnis für Kunden und interne LEXUS-Mitarbeiter. Die »Nacht der Finesse« übertrug alle Werte des luxuriösen Automobils auf eine nachhaltige emotionale Ebene – ganz im Sinne des Markenclaims »Streben nach Vollendung«.

› DIE JURY

Die Etablierung der Marke LEXUS im Premiumbereich startete Toyota mit einer außergewöhnlichen Gala-Roadshow, die mit ihrem Titel »Nacht der Finesse« nicht zu viel versprach. Angesichts dieser für die Branche üblichen Veranstaltungen und eines zudem stattlichen Budgets erscheint dies zunächst als eine relativ einfache Aufgabe. Dennoch gelang es, mit der LEXUS-Roadshow ein völlig neues Eventerlebnis zu schaffen. Der Event war passgenau auf das Produkt abgestimmt und auf die Zielgruppe ausgerichtet. LEXUS kreierte ein perfektes (Fahr-) Erlebnis, in dessen Mittelpunkt innovative Technologien gepaart mit hochwertigem Stil und bester Qualität standen. Der gelungene Zieltransfer vom Auto auf das Event und die Liebe zum Detail wurden in geschickt inszenierten Elementen deutlich. Durch das besonders stark vertretene Personal schuf der Gastgeber ein Gefühl des Willkommenseins, die Basis für einen an das Event anschließenden Kundendialog. Idee, Umsetzung und Ergebnisse der Kampagne sprechen für sich und begeistern die Jury. Für das originelle Konzept der Extra-Klasse gewinnt LEXUS den Deutschen Preis für Wirtschaftskommunikation 2008 in der Kategorie »Beste Kommunikation im Event Marketing«.

»CULTURE ON THE MOVE«

› DAS UNTERNEHMEN

A.T. Kearney gestaltet weltweit die Zukunft von
Unternehmen. Als eines der größten Top-Manage-
ment-Beratungs-Unternehmen verbinden wir
strategische Weitsicht mit operativer Erfahrung,
um nachhaltige Vorteile für unsere Klienten zu
erzielen. Entscheider in Großkonzernen ebenso
wie in mittelständischen Unternehmen aller
Wirtschaftszweige sowie im öffentlichen Sektor
nutzen unsere internationalen Beraterteams, um
gemeinsam mit uns ihre Wettbewerbsfähigkeit
zu steigern.

Gemeinsam mit unseren Klienten erarbeiten wir
zukunftsfähige Lösungen für ihre komplexen
Herausforderungen im globalen Wettbewerb. In
unserem Global Business Policy Council analysieren
wir die globalen Treiber des Wandels und ihre
Chancen und Risiken für Unternehmen aller
Industrien.

Unsere besondere Aufmerksamkeit gilt dem Thema
Nachhaltigkeit, zu der wir uns selbst verpflichtet
haben. Im Rahmen unserer weltweiten Sustaina-
bility-Initiative unterstützen wir Unternehmen
dabei, sich ökonomisch, ökologisch und sozial über
alle Bereiche der Wertschöpfungskette optimal
zu positionieren.

A.T. Kearney wurde 1926 in Chicago gegründet
und beschäftigt heute mehr als 2 300 Mitarbeiter
in über 33 Ländern der Welt. Seit 2006 sind wir
nach einem Management-Buy-Out von unserer
ehemaligen Muttergesellschaft EDS wieder vollständig im Besitz unserer Partner.

Service-Kompetenz
Als eine der weltweit größten Top-Management-
Beratungen bietet A.T. Kearney seinen Klienten
das gesamte Spektrum strategischer und operativer
Beratung. Dabei verfolgen wir ein klares Ziel:
Wir wollen den maximalen Erfolgsbeitrag aller
Unternehmensbereiche und den Gesamtwert der
Unternehmen unserer Klienten nachweisbar
steigern.

Um dieses ehrgeizige Ziel zu erreichen, kombinieren wir in einzigartiger Weise High-Value
Management Consulting und bewährte Lösungen,
die unsere Erfahrung aus einer über 80-jährigen
Tradition als Management-Beratung widerspiegeln:

· Wertsteigerndes Wachstum
· Mergers & Acquisition
· Organisation und Transformation
· Private Equity
· Innovation und Komplexitätsmanagement
· Produktion und Logistik
· Strategisches Beschaffungsmanagement
· Strategische IT
· Nachhaltigkeit

Industrie-Kompetenz

A.T. Kearneys weltweite Industrie-Practices verbinden globale Kompetenz mit der detaillierten Kenntnis lokaler Märkte. Im alltäglichen Beratungsgeschäft hat dies sowohl für unsere Klienten als auch für uns ganz wesentliche Konsequenzen. Für jede Aufgabenstellung bringen wir die besten Berater aus dem weltweiten Netzwerk zusammen. Im Verlauf eines Beratungsprojekts greifen wir zusätzlich auf internationale A.T. Kearney-Experten zurück, die relevante Erfahrung in die Projektarbeit einfließen lassen. So können wir in engem Zeitrahmen höchste Qualität liefern, ohne die regionale »Bodenhaftung« zu verlieren.

Intellectual Capital-Bausteine werden bei A.T. Kearney auf globaler Ebene zu einem einzigartigen Wissenspool zusammengeführt. Dank des weltweiten Roll outs kreativer Ideen können wir unseren Klienten aktuelle, relevante und fundierte Beratungsprodukte anbieten. Deshalb wird A.T. Kearney in Fachkreisen zahlreicher Industrien als wegweisender Meinungsführer angesehen. Die globalen Industrie-Practices von A.T. Kearney verbinden globale Kompetenz mit der detaillierten Kenntnis lokaler Märkte:

· Automobil- und Zulieferindustrie
· Banken und Versicherungen
· Energie- und Versorgungswirtschaft
· Konsumgüterindustrie und Handel
· Luft- und Raumfahrt/Verteidigung
· Pharmaindustrie und Gesundheitswesen
· Prozessindustrien (Chemie, Öl, Stahl etc.)
· Transport und Touristik

Qualität und messbare Ergebnisse

Der Name A.T. Kearney steht seit fast 80 Jahren für Qualität und Ergebnisorientierung. Die beeindruckenden Erfolge, die wir gemeinsam mit unseren Klienten für ihre Unternehmen erzielen, verdanken wir der Kombination dreier Faktoren:

· A.T. Kearney-Berater überzeugen durch exzellente Ausbildung, ihre Industrie-Erfahrung und ihre hohe Sozialkompetenz vom ersten Tag eines Beratungsprojektes an.

· Unser globales Knowledge-Management-Programm stellt den Beratungsprozess auf ein solides und praxiserprobtes Fundament.

· Unsere langjährigen Klientenbeziehungen verdanken wir der intensiven Zusammenarbeit mit den Klienten in gemischten Berater-Klienten-Teams und unseren überzeugenden Projektergebnissen.

ATKEARNEY

A.T. Kearney GmbH
Kaistraße 16A
40221 Düsseldorf
Tel.: (0211) 1377-0

Gründungsjahr
1926

Website
www.atkearney.de

Verantwortliche
Ulrike Dräger-Linßen,
Director of Operations

Partneragentur
HAGEN INVENT GmbH & Co. KG
Adone Kheirallah,
Geschäftsleitung
Plange Mühle 1
40221 Düsseldorf
Tel.: (0211) 67935-0
Fax: (0211) 67935-19

› DIE KAMPAGNE

Seit dem Management-Buy-Out durch die eigenen Führungskräfte im Januar 2006 beschäftigt sich A.T. Kearney intensiv mit der Entwicklung seiner eigenen Identität. Dabei stehen die eigenen Mitarbeiter im Mittelpunkt. Jeder Einzelne soll sich mit den Werten und Zielen des Unternehmens identifizieren können. Doch wie konzipiert und kommuniziert man eine Unternehmenskultur, die von so vielen unterschiedlichen Menschen mit verschiedenen Kulturhintergründen verstanden, getragen und gelebt werden kann?

Im Rahmen der angestrebten kulturellen Unternehmensentwicklung galt es für die Düsseldorfer Agentur für Live Communication HAGEN INVENT, ein strategisches Konzept zu entwickeln. Kern des Konzeptes war die aktive Einbindung der A.T. Kearney-Mitarbeiter in die Weiterentwicklung des Unternehmens. Dabei sollten die Interessengebiete der Mitarbeiter, unter anderem durch Bewegungsfreiheit und einen außergewöhnlichen Veranstaltungsrahmen für maximale Kreativität und maximales Wohlbefinden, berücksichtigt werden.

Erster Impuls war ein dreitägiger Kick-off-Event im Winter 2006 in Budapest. Open Space als Meeting-Methode, die das volle Potenzial und die Energie der Beteiligten freisetzt. Auf klaren Prinzipien und Werten basierend, schaffte die erste Open Space-Konferenz ein Umfeld für Innovation, Problemlösung, Kreativität, Teamarbeit und Wandel. Begleitet wurde die Konferenz durch ein attraktives Freizeit- und Abendprogramm für die Initialzündung in Richtung unternehmerischer Kulturwandel. Aus der kreativen Zusammenarbeit der Teil-

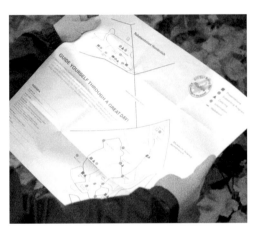

› DIE JURY

Die wertvollste Ressource eines Beratungsunternehmens sind die eigenen Mitarbeiter. A.T. Kearney ist sich dessen bewusst und stellte im »Unit Staff Meeting 2007« genau diese in den Mittelpunkt ihres Events. Die Identifikation der Mitarbeiter mit dem Unternehmen und die Anerkennung seiner Ziele und Werte erklärt A.T. Kearney zum Schlüssel seines Erfolges. Dieser Grundsatz verbunden mit der Schaffung einer sich stetig weiterentwickelnden Unternehmenskultur war das Ziel des »Unit Staff Meetings 2007«. Mit dem Event »A.T. Kearney Culture – on the move« gelingt es dem Unternehmen, eben diesen Vorsatz außergewöhnlich umzusetzen. Die offene Tagesgestaltung ermöglichte den Mitarbeitern individuell und aktiv ihre eigene Agenda zu setzen. Als Orientierung diente der eigens entwickelte »Kultur-Guide«. Die Abschlussveranstaltung rundete den erlebnisreichen Tag ab und stellte die gemeinsame Leistung aller heraus. Sehr authentisch war der besondere Veranstaltungsort. Die ehemalige Raketenstation wie auch die Insel Hombroich stehen stellvertretend für das Konzept ständigen Wandels und stetiger Weiterentwicklung. A.T. Kearney beweist, dass Unternehmenskultur erlebbar ist. Das Event vermittelt die Wertschätzung der Mitarbeiter durch das Unternehmen und gibt jedem Einzelnen das Gefühl, ein Teil des Ganzen zu sein. Die Ausweitung des Konzepts auf das gesamte Unternehmen stellt eine Herausforderung für die Zukunft dar. »A.T. Kearney Culture – on the move« setzt dabei hohe Maßstäbe für den geplanten Follow-up-Event 2008 und verdient sich die besondere Anerkennung der Jury.

nehmer resultierten erste Themenansätze, die für
das ganze Unternehmen sowie für die Gesamtheit
der Mitarbeiter relevant waren. Die Themengebiete, die seitdem von unterschiedlichen Projektteams
erarbeitet wurden, waren Grundlage für eine
Weiterführung in den folgenden Monaten. Die Aussicht auf eine kontinuierliche Fortsetzung und die
Möglichkeit, die definierten Themen konsequent
zu vertiefen, erzeugten große Motivation und viel
Engagement bei allen Teilnehmern.

Für die Folgeveranstaltung im Sommer 2007 kre-
ierte und realisierte HAGEN INVENT ein darauf
aufbauendes Konzept, das die Fortschritte der Kul-
turentwicklung emotional erlebbar machen sollte.
Ziel war es, 400 Mitarbeiter aus acht verschiedenen
Nationen in direkter Ansprache zu erreichen.
Aber wie und wo inszeniert man den Wandel von
Unternehmenskultur wirklich nachhaltig?

Grundlage der konzeptionellen Idee:
Ein Ort – nicht virtuell, sondern real –, der die
Transformation von Kultur auf allen Ebenen und
in jedem Detail erlebbar macht. Der Kulturraum
Hombroich bei Neuss bietet genau diese Voraus-
setzung. Die ehemalige Raketenstation und die
Insel Hombroich stehen eindrucksvoll für ständi-
gen Wandel durch Natur, Architektur, Kunst und
Mensch. Die atemberaubende Landschaft ist heute
Arbeitsraum für internationale Kunstschaffende.
Die architektonisch herausragenden Gebäude
bilden das Fundament für Sammlungen, Ausstel-
lungen und Kulturveranstaltungen. Stetige Weiter-
entwicklung prägt den Kulturraum Hombroich.
Also der ideale Ort für das A.T. Kearney Unit
Staff Meeting 2007.

Die Konzeptumsetzung verlangte die spürbare
Freiheit eines jeden Teilnehmers und hatte zugleich das Ziel, den Aktionismus der Mitarbeiter
sowie den Gedankenaustausch im gesamten Unternehmen noch intensiver zu fördern und über den
Status quo der Projektarbeiten zu informieren.
Nach einer Begrüßung bewegten sich die 400 Mitarbeiter ohne feste Programm- und Zeitvorgaben
den ganzen Tag über das weitläufige Gelände. Jeder
Einzelne war gefordert, sein Programm individuell
selbst zu gestalten.

Die Projekte und Work-out-Sessions wurden auf
dem 33 Hektar großen Areal in die bestehenden
Ausstellungen integriert. Die Präsentationen wurden nach sechs Monaten intensiver Projektarbeit
von den Projektteams selbst entwickelt und vorgestellt. So entstanden inspirierende Räume für den
Gedankenaustausch über die eigene Unternehmensidentität. Darüber hinaus konnten die Mitarbeiter
an Aktivitäten wie Kunst- und Architekturführun-
gen, Tai Chi und Kalligrafie teilnehmen. Ein eindeutiges Statement, was das persönliche Wohlbefinden jedes Einzelnen dem Unternehmen bedeutet.

Zur Orientierung dienten ein Kultur-Guide sowie
eine Gebietskarte. Der Guide im Kartenfächer-
Format informierte im Detail über Gebäude, Pro-
jektstandorte, Ausstellungen, Aktionen, Catering-
und Service-Standorte.

Am Abend wurden die Erkenntnisse aus den Pro-
jektpräsentationen sowie die gesammelten Eindrücke zusammengefasst und der offizielle Part
des Unit Staff Meetings wurde beendet. Exklusives
Catering im Rahmen einer außergewöhnlichen
Location rundete den Tag perfekt ab. Die Langen
Foundation, eigentlich eine Ausstellungshalle für
zeitgenössische Kunst, errichtet nach den Plänen
des japanischen Star-Architekten Tadao Ando,
war optimale Plattform für den Ausklang eines
einmaligen Tages.

A.T. Kearney vertraute bei der Entwicklung und
Realisation dieses außergewöhnlichen Projektes
auf die Kreativität und weitreichende Umsetzungs-
erfahrung der Agentur HAGEN INVENT. So gelang
es den Düsseldorfer Experten für Live Communication von HAGEN INVENT, ein Konzept zu realisieren, das inspirierte, motivierte und vor allem bei
jedem einzelnen A.T. Kearney-Mitarbeiter neue
Kräfte freisetzte, den Wandlungsprozess im eigenen
Unternehmen weiterhin aktiv mitzugestalten.
Ganz im Sinne der Zielformulierung »A.T. Kearney
Culture – on the move«.

FIEGE

› DAS UNTERNEHMEN

Die FIEGE Holding Stiftung & Co. KG ist einer der führenden Dienstleister der Logistikbranche in Europa – und auf weltweiten Märkten unterwegs. Als Joan-Joseph Fiege im Jahre 1873 im münsterländischen Greven ein Fuhrparkunternehmen aus der Taufe hob, konnte niemand die Entwicklung bis heute vorhersehen. Mit der Erschließung neuer Leistungsbereiche, Logistikdisziplinen und wegweisender Kooperationen – angefangen beim Transport über die Spedition bis hin zur komplexen Logistik – ist FIEGE heute in der vierten Generation inhabergeführt. Und die fünfte Generation ist bereits im Unternehmen.

Pionier der Kontraktlogistik
Vor gut 30 Jahren wurde der für die Entwicklung des Unternehmens entscheidende Schritt vom Transport- zum Logistikdienstleister vollzogen. Damals beschlossen die Inhaber Heinz Fiege und Dr. Hugo Fiege zusammen mit einem der größten Reifenhersteller, ihre Warenströme zentral zu bündeln. Die Kontraktlogistik war geboren. Sie markiert den Schritt zum One-Stop-Shopping und gleichzeitig zum konsequenten Logistics Engineering und

Management. Markenzeichen des Pioniergeistes der Kontraktlogistik sind die FIEGE Mega Center. Diese bis zu 200 000 Quadratmeter großen Logistikzentren werden von FIEGE in Kooperation mit einem oder mehreren Kunden geplant, gebaut und betrieben.

Global Player – lokal engagiert
Heute beschäftigt die FIEGE Gruppe an ihren 222 Standorten über 21 000 Mitarbeiter. Insgesamt werden weltweit die Warenströme von gut 2 500 Kunden optimiert.

FIEGE ist sich seiner unternehmerischen und regionalen Verantwortung bewusst – und nimmt sie im gesellschaftlichen und politischen Dialog wahr. Die Inhaber der FIEGE Gruppe sind u. a. Vorsitzende des Beirats der Bundesvereinigung Logistik (BVL), Mitglied im Vorstand der Vereinigung Deutscher Kraftwagenspediteure und im Präsidium des Wirtschaftsrates Deutschland, Vorsitzender des Vorstands der wissenschaftlichen Gesellschaft für Marketing und Unternehmensführung in Münster sowie Vorsitzender des Vorstands des Vereins der Kaufmannschaft zu Münster von 1835.

Josef-Fiege-Stiftung

Aushängeschild des nachhaltigen Engagements des Unternehmens ist die Josef-Fiege-Stiftung. Ihr Ziel ist es, Spenden für ökologische, soziale und medizinische Zwecke zu ermitteln und zu vergeben. Das 2007 verfügbare Spendenvolumen von 150000 Euro wurde zu je 40 Prozent für Projekte des Umweltschutzes und aus dem sozialen Bereich sowie zu 20 Prozent für Medizin und Gesundheit vergeben.

Künftig plant die Stiftung außerdem, Studien mit ökologischer oder sozialer Zielrichtung voranzutreiben. Auch in der Bildung engagiert sich die Stiftung mit einem Stiftungslehrstuhl an der FH Münster im Bereich Logistik.

FIEGE setzt den Weg fort, der 1996 mit der Auszeichnung als »Ökomanager des Jahres« eingeschlagen wurde. Heinz Fiege und Dr. Hugo Fiege nahmen damals den vom WWF Deutschland und der Zeitschrift »Capital« vergebenen Preis für ihr Konzept der Ökologistik entgegen. Die wirtschaftlich wie ökologisch ausgezeichnete Nutzung alternativer Verkehrsträger auf kurzen Wegen belegt das nachhaltige Handeln und den unternehmerischen Pioniergeist von FIEGE.

Mission verpflichtet

Warenversorgung in einer globalisierten Welt setzt vernetzte Märkte voraus. Mit einem integrierten Netzwerk weltweiter Standorte leistet FIEGE einen nachhaltigen Beitrag zum globalen Warenaustausch. Vor allem im Kernmarkt Europa erfüllt FIEGE höchste Anforderungen an logistische Qualität. Als Inhaber des Familienunternehmens definieren Heinz Fiege und Dr. Hugo Fiege langfristige, dauerhafte Erfolge als Ziel ihres unternehmerischen Handelns. Im Ranking der europäischen Kontraktlogistikdienstleister als einziges inhaber-

geführtes Unternehmen die jetzige Top-Position gegen börsennotierte Konzerne zu halten und auszubauen, ist erklärtes Ziel. Hohe Sozialverantwortung, Verbundenheit mit dem Standort Münsterland sowie ein kontinuierliches Wachstum stehen den Inhabern als Ziele klar vor Augen.

Mit konsequenter Fokussierung auf Kunden- und Branchenbedürfnisse kommt FIEGE den Zielen – zweistellige Wachstumsraten und Top of Mind als Premium-Logistikdienstleister – jeden Tag ein Stück näher.

Marktsituation

Als Nummer eins der privaten Kontraktlogistiker Europas und als Nummer fünf insgesamt stellt sich FIEGE in einem umkämpften Markt den Herausforderungen der Globalisierung.

Dem Fachkräftemangel in der gesamten Branche stellt sich FIEGE mit alljährlicher Ausbildungsoffensive sowie der Gründung des FIEGE Training Centers oder der eigenen FIEGE-Fahrschule für LKW-Fahrer entgegen.

Im Wettbewerbsumfeld weniger Großkonzerne und eines breiten Mittelstands positioniert sich FIEGE weiter als inhabergeführtes Familienunternehmen mit Weltruf.

In Zeiten steigender Komplexität ist und bleibt Fokussierung die Kernkompetenz von FIEGE.

Durch konsequentes Logistics Engineering und Management ist und bleibt FIEGE der Spezialist der Kontraktlogistik auf den Wachstumsmärkten in Europa und Asien.

The World of Logistics

FIEGE Holding Stiftung & Co. KG
Joan-Joseph-Fiege-Straße 1
48268 Greven
Tel.: (02571) 999-402
Fax: (02571) 999-888

Gründungsjahr
1873

Website
www.fiege.de

Verantwortlicher
Dr. Rembert Horstmann, Group
Director Corporate Development,
Marketing & Communications
Mail: rembert.horstmann@fiege.com

Partneragenturen
RTS Rieger Team Düsseldorf
Hohenzollernstraße 11–13
40211 Düsseldorf
Tel.: (0211) 94487-0
Fax: (0211) 94487-87
Mail: agentur@rts-riegerteam.de
Michael Frank, GF;
Yvonne Wicht,
Beratung/Projektleitung;
Daniela Schäfer, Art Director;
Francisco Navarro y Gomes,
Text/Konzept

Jung Produktion GmbH,
Düsseldorf (Produktion);
Andreas Herkenrath, Produktioner

FIEGE MESSEMAILING & MESSEKONZEPT

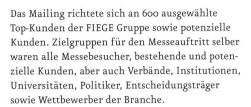

Das Mailing richtete sich an 600 ausgewählte Top-Kunden der FIEGE Gruppe sowie potenzielle Kunden. Zielgruppen für den Messeauftritt selber waren alle Messebesucher, bestehende und potenzielle Kunden, aber auch Verbände, Institutionen, Universitäten, Politiker, Entscheidungsträger sowie Wettbewerber der Branche.

Die Messeeinladung wurde besonders hochwertig konzipiert, um die Adressaten auf den FIEGE-Stand zu führen und zugleich, im Sinne einer integrierten Kampagne, die Branchenkompetenz der Pioniere der Kontraktlogistik zu vermitteln. Unter diesem Motto stand auch der gesamte Messeauftritt, der sich – trotz relativ geringem Budget und ebenso wenig Standfläche – deutlich vom konkurrierenden Umfeld abheben sollte.

Mit einem in der Gestaltung und der Mechanik ungewöhnlichen Mailing wurde das Interesse und die Interaktion von Kunden gesteigert. Die produkt- und branchennah geweckte Neugierde lockte die Adressaten dann auf den nicht weniger ungewöhnlichen, differenzierenden und auffallenden Messestand, in dem die Besucher die FIEGE »World of Logistics« entdecken konnten.

Die Umsetzung
Mailing
Unter dem Motto »Acht Branchen, eine Welt« wurde ein ungewöhnliches Mailing konzipiert. Die Umverpackung wurde in Form einer Wechselbrücke gestaltet, die stellvertretend für die Logistikbranche ist. Das Mailing enthält u. a. ein personalisiertes Anschreiben, das auch als Response-Element fungiert.

Messestand
Der als roter Kubus gestaltete FIEGE-Messestand hob sich auf den ersten Blick in Form und Farbe von denen der Wettbewerber ab. Entgegen der Schulmeinung, wonach ein Messestand offen und kommunikativ zu sein hat, setzte FIEGE auf eine geschlossene quadratische Form mit drei Eingängen. Nach dem Eintauchen in FIEGES »World of Logistics« erwartete die Besucher ein im Loungestil eingerichteter Raum, der zu Fachgesprächen in entspanntem Ambiente einlud.

Die Gestaltung
Mailing
Ausdruck des Kundeninsights und der gestalterischen Originalität sind die acht Kästchen in der »Wechselbrücken-Box«, die jeweils ein branchenspezifisches Give-Away und eine Leistungsbeschreibung beinhalteten. So wurden die relevanten Botschaften auf allen Ebenen kommuniziert: inhaltlich, optisch und haptisch.

Messestand
Hier konnte der Gast anhand von Installationen, so genannten Living Surfaces, interaktiv und

› DIE KAMPAGNE

Auf der »transport logistic München«, der größten europäischen Logistikmesse, war die FIEGE Gruppe bislang mit einem eher unauffälligen Stand vertreten, der nicht mit der gewünschten Markenwahrnehmung übereinstimmte und darum auch keinen Wiedererkennungswert besaß. Der Messeauftritt entsprach nicht dem qualitativen Anspruch der Gruppe. Bislang gab es kein koordiniertes Einladungsmanagement. Einladungen zu Messen wurden bislang den Managern überlassen, so dass Besuche von interessierten Gästen nur aus Eigeninitiative erfolgten bzw. dem Zufall überlassen blieben.

Die FIEGE Gruppe sollte als Premiumanbieter mit einem frischen und modernen Auftritt erscheinen. Durch ein gezieltes Mailing sollte den 600 größten Kunden der FIEGE Gruppe der neue Auftritt und Qualitätsanspruch vermittelt werden.

hautnah die acht Branchen erleben. Als Erfolg erwiesen sich auch die roten FIEGE-Trolleys, die, an die Standbesucher verteilt, als deutlich sichtbare mobile Werbeplattform übers Messegelände rollten.

Die Ergebnisse

Mehr Besucher: Die Besucherzahl auf dieser Messe wurde um rund 20 Prozent gesteigert. Auch erhöhte sich die Verweildauer der Besucher am Stand – durch die durchdachte Lounge, wo inmitten des Messetrubels fundierte Gespräche geführt werden konnten.

Mehr Marke: Rund 1000 Trolleys wurden an vier Messetagen von Fachbesuchern mitgenommen und präsentierten so die Marke FIEGE auf zuvor ungesehene Weise.

Mehr Gesprächsbedarf: Mit der Messeeinladung und dem Messeauftritt wurde FIEGE zum »talk of the fair«. Neben interessanten (Neu-)Kundengesprächen erntete man viel Lob von »Branchengurus«, insbesondere von der wichtigsten Bundesvereinigung Logistik (BVL).

Eine ähnlich gezielte Mailing-Aktion soll auch auf folgenden Messen zu vertiefenden Gesprächen mit Kunden und Managern der FIEGE Gruppe, zahlreichen Neukundenanfragen und stärkerer Bindung von bestehenden Kunden führen.

Je nach Größe und Umfang zukünftiger Messen oder Kongresse setzt FIEGE seit der Messe in München ein modulares System ein. Das garantiert überall hohe Wiedererkennung durch Farbwelten, Loungecharakter und Slogans.

› DIE JURY

Auf der »transport logistic« in München konnte die FIEGE Gruppe mit einem bemerkenswerten Event zum Thema »Acht Branchen, eine Welt« glänzen. Der Wiedererkennungswert des Unternehmens wurde durch die ausgefallene Messegestaltung nachhaltig gesteigert. Durch den im Corporate Design gestalteten Messestand konnte sich das Unternehmen als Premiumanbieter mit einem neuen, frischen Image gegenüber seinen Wettbewerbern positionieren. Der rote Kubus erregte nicht nur die Aufmerksamkeit bei den Messebesuchern, sondern lud auch zur Interaktion mit bestehenden und potenziellen Kunden in der im Inneren angelegten Lounge ein. In einem angenehmen Ambiente hatte jeder interessierte Fachbesucher die Möglichkeit, in die FIEGE-World einzutauchen und sich über aktuelle Trends der 8 unterschiedlichen Branchen zu informieren. Die FIEGE-World wurde durch Living Surfaces erlebbar gemacht und so optisch wie haptisch bei der Zielgruppe verinnerlicht. Eine weitere effektvolle Idee der ausführenden Agentur waren die eigens im FIEGE-Design gestalteten Trolleys, die als mobile Werbeplattformen auf der Messe dienten und von den Messebesuchern als Erinnerung mit nach Hause genommen werden konnten. Die Ansprache der Zielgruppe wurde originell mit Hilfe eines außergewöhnlichen Direct-Mailings umgesetzt und so gezielt das Interesse bei potenziellen und bestehenden Kunden geweckt. FIEGE präsentiert sich professionell, weltgewandt und sympathisch. Der Erfolg des neuen Auftrittes spricht dafür, den »Acht Branchen, eine Welt«-Ansatz zukünftig ganzheitlich in die Unternehmenskommunikation zu integrieren. Das Konzept positioniert sich als Zugpferd der Branche und setzt neue Maßstäbe für kommende Logistikmessen. Das rundum gelungene Konzept macht FIEGE aus Sicht der Jury zum verdienten Finalisten.

OTTO BOCK HEALTHCARE

› DAS UNTERNEHMEN

Innovative Produkte, höchste Qualität und direkter
Kundenkontakt durch globale Präsenz sind die
Wachstumstreiber der Otto Bock HealthCare GmbH.
Der Umsatz des Medizintechnik-Unternehmens
mit Hauptsitz im südniedersächsischen Duderstadt
betrug 2005 – im bisher erfolgreichsten Geschäftsjahr der Firmengeschichte – gut 434 Millionen Euro
(bei einem Wachstum von 16,9 Prozent gegenüber
dem Vorjahr) und steigerte sich 2006 auf 447,3
Millionen Euro. 2007 stieg der Umsatz nach vor-
läufigen Zahlen währungsbereinigt auf 461 Millionen Euro. Ende 2007 waren weltweit 3722 Mitarbeiter für die Otto Bock HealthCare tätig, davon
1123 in Deutschland.

Fortschritt hat Tradition

Das Unternehmen Otto Bock zeichnet sich durch
Innovation und Fortschritt aus, gleichzeitig aber
auch durch seine langjährige Tradition: Der Orthopädiemechaniker Otto Bock gründete das Unternehmen 1919 in Berlin, um tausende Kriegsversehr-
te mit Prothesen und orthopädischen Hilfsmitteln
zu versorgen. Mit seiner Idee, Prothesenpassteile in
Serienproduktion zu fertigen und diese direkt an
die Orthopädiemechaniker vor Ort zu liefern, legte
er den Grundstein für die Orthopädische Industrie.
1920 zog das Unternehmen von Berlin nach Königs-
see (Thüringen) um. Nach dem Zweiten Weltkrieg
und der entschädigungslosen Enteignung durch die
russische Besatzungsmacht baute Dr.-Ing. E.h. Max
Näder, Schwiegersohn und Nachfolger von Otto
Bock, in Duderstadt eine neue Fertigungsstätte auf.
Heute ist Duderstadt Sitz der Firmenzentrale
und größter Produktionsstandort der Otto Bock
HealthCare. Der Global Player Otto Bock besitzt
eigene Vertriebs- und Servicegesellschaften in 40
Ländern der Erde und exportiert seine Produkte

in mehr als 140 Länder in aller Welt. Wichtigste Produktionsstandorte sind Duderstadt, Königsee, Wien, Peking und Salt Lake City. Zur Firmengruppe gehören ferner die Otto Bock Kunststoff GmbH, ein führender Anbieter von Vorprodukten unter anderem für die Automobil- und Möbelindustrie, sowie der IT-Dienstleister Sycor GmbH. Seit 1990 ist Professor Hans Georg Näder Geschäftsführender Gesellschafter der Firmengruppe Otto Bock. Der Enkel des Firmengründers übernahm die Unternehmensleitung im Alter von 28 Jahren von seinem Vater Dr. Max Näder. 2003 wurde er für seine unternehmerische Leistung als Entrepreneur des Jahres in der Königsdisziplin Industrie ausgezeichnet.

Rückkehr zu den Wurzeln

Mit der Aufnahme der Rollstuhlfertigung 1992 in Königsee und der Eröffnung des Hauptstadtbüros 2006 in Berlin hat Otto Bock Brücken zu den Anfängen der Unternehmensgeschichte geschlagen. Nun kehrt der Weltmarktführer im Bereich Prothetik zu seinen Wurzeln zurück: 2009 eröffnet das Unternehmen im Herzen Berlins das Kompetenzzentrum Medizintechnik – ein einzigartiges Technologieschaufenster zwischen Potsdamer Platz und Brandenburger Tor. Die interaktiven Ausstellungen zu Themen wie »Leben nach Amputation« machen den Besuchern die Faszination ihrer eigenen Mobilität bewusst und präsentieren Medizintechnik als spannendes und sinnliches Erlebnis für jedermann.

Technologie für Menschen

Das Ziel, dem Menschen Mobilität zurückzugeben und erhaltene Funktionen zu schützen, steht hinter der gesamten Produktwelt der Otto Bock HealthCare. Zu unterscheiden sind die Orthobionic®, aus der Lösungen in der Prothetik und Orthetik

hervorgehen, und die Bionicmobility®. Diese umfasst zum einen die Mobility Solutions mit einer breiten Palette elektrisch und manuell betriebener Rollstühle, zum anderen den Bereich Neurostimulation. Damit ist Otto Bock der einzige Systemanbieter, der über ein derart breites Leistungsspektrum verfügt. Die Produkte von Otto Bock haben immer wieder Standards in der Versorgung von Menschen mit Handicap gesetzt. So auch der über Muskelsignale gesteuerte DynamicArm®, die derzeit höchstentwickelte myoelektrische Armprothese. Das weltweit erste komplett mikroprozessorgesteuerte Beinprothesensystem C-Leg® erlaubt eine größtmögliche Annäherung an das natürliche Gangbild und bietet dem Anwender ein Höchstmaß an Sicherheit und Dynamik. Weltweit wurden bereits mehr als 20 000 Menschen mit einem C-Leg® versorgt. Mit dem Neuroimplantat ActiGait®, einer neuartigen Therapieoption für Schlaganfallpatienten mit Fußheberschwäche, und dem gedankengesteuerten Arm, der über dieselben Nerven angesteuert wird, die ursprünglich auch für die Bewegung des natürlichen Arms zuständig waren, hat Otto Bock die Tür zur Zukunft der Medizintechnik weit geöffnet.

Engagement und Verantwortung

Seit 1988 in Seoul engagiert sich Otto Bock bei den Paralympics. Auch bei den Sommerspielen 2008 in Peking stellen die Techniker von Otto Bock den Athleten ihr Know-how und ihre technische Kompetenz zur Verfügung und tragen als Service Provider zum Erfolg der zweitgrößten Sportveranstaltung der Welt bei.

QUALITY FOR LIFE

Otto Bock HealthCare GmbH

Max-Näder-Straße 15

37115 Duderstadt

Tel.: (0 55 27) 848 - 1239

Fax: (0 55 27) 848 - 3360

Gründungsjahr

1919 in Berlin

Website

www.ottobock.de

Verantwortlicher

Joachim F. Hamacher, Leiter Unternehmenskommunikation

DER OTTO BOCK ZUKUNFTSTAG

› DIE KAMPAGNE

Unter der Schirmherrschaft von Bundespräsident Horst Köhler wurde 2006 das einzigartige Projekt »365 Orte im Land der Ideen« initiiert. Die größte Veranstaltungsreihe Deutschlands ist Teil der gemeinsamen Standortinitiative »Deutschland – Land der Ideen« von Bundesregierung und Wirtschaft und zeigt, wie viel Potenzial und Kreativität in Deutschland steckt. Aus 1500 Bewerbern wurde die Otto Bock HealthCare als »Ort im Land der Ideen« ausgewählt. Im Januar 2007 begannen in der Abteilung Unternehmenskommunikation die Vorbereitungen für den Event. Unter anderem galt es, den Einsatz von mehr als 600 Mitarbeitern zu koordinieren. Zudem wurden im Vorfeld 2000 persönliche Einladungen an Prominente aus Wirtschaft und Politik sowie an Medienvertreter verschickt. Das Konzept wurde Ende Februar vorgelegt und von da an ständig aktualisiert. Die drei Themenkreise Mensch, Technologie und Umwelt steckten den Rahmen ab,

› DIE JURY

Im Rahmen der nationalen Kampagne »365 Orte im Land der Ideen« wurde die Otto Bock HealthCare GmbH als »Ort im Land der Ideen« ausgewählt. Das Unternehmen Otto Bock zählt damit zu den innovativsten und fortschrittlichsten Unternehmen Deutschlands und zeichnet sich durch sein großartiges Engagement bei der Versorgung von Menschen mit Handicaps aus. Die offizielle Auszeichnung wurde im Rahmen des Zukunftstages 2007 verliehen. Unter dem Motto »Anfassen, Staunen und Mitmachen« wollte das Unternehmen sich und seine Produkte der regionalen Öffentlichkeit näher bringen und erlebbar machen. Die drei Schwerpunkte Mensch, Technologie und Umwelt standen im Vordergrund des Events. Anhand von zahlreichen Informationsflächen, Führungen durch das Firmengelände sowie der aktiven Einbindung der Besucher jeden Alters wurde ein Dialog von Mensch zu Mensch geschaffen, komplexe Arbeitsabläufe erklärt und an Sympathie gewonnen. Das ganzheit-

liche Konzept des Events wurde auf eine themen- und erlebnisorientierte Außenwirkung in der Region abgestimmt und mit vollem Erfolg umgesetzt. Mit dem Zukunftstag 2007, dem anschließenden Familientag und weiteren zielgruppengerechten Aktionen konnte das Unternehmen Transparenz schaffen und den Menschen der Region sein Know-how und seine Technologie vorstellen. Vertrauen und Image, aber auch das Interesse an Otto Bock HealthCare als Arbeitgeber konnten verstärkt werden. Die Resonanz zeigt, dass Otto Bock mit seinem Event besonderen Anklang in der Region gefunden hat und diese Form der Unternehmenskommunikation zu einem regelmäßigen Ereignis werden sollte. Als »Ort im Land der Ideen« präsentierte sich das Unternehmen vielseitig, ansprechend und zu Recht stolz. Dem Otto Bock Zukunftstag, der mit Einblicken in die großartigen Ideen unseres Landes inspiriert und motiviert, gilt unsere besondere Anerkennung.

der sukzessive durch Ideen und Beiträge der Mitarbeiter sowie durch Präsentationen regionaler Netzwerkpartner mit Leben gefüllt wurde. Die offizielle Auszeichnung als »Ort im Land der Ideen« sollte im Rahmen einer öffentlichen Veranstaltung stattfinden: dem Zukunftstag am Freitag, dem 13. Juli 2007, auf dem Firmengelände in Duderstadt. Ziel war es, das Unternehmen und seine Produkte einer noch breiteren Öffentlichkeit bekannt zu machen. Der Mensch stand dabei klar im Mittelpunkt – sowohl bei der Auswahl der Exponate und Aktionen als auch bei der Ansprache der Besucher. Unter dem Motto »Anfassen, Staunen und Mitmachen« sollten selbst komplexe technische Zusammenhänge für jedermann verständlich und ansprechend präsentiert werden. Informations- und Aktionsflächen auf dem gesamten Firmengelände sollten Themen wie Demografie, Social Responsibility und Energiemanagement veranschaulichen und Otto Bock für die Besucher erlebbar machen. Angesprochen werden sollten vor allem interessierte Laien, aber auch potenzielle Mitarbeiter, Kunden und Medienvertreter. Aufgrund der heterogenen Zielgruppen musste der Schwerpunkt auf Information liegen, die unterschiedlichen Interessen und Vorkenntnissen gerecht wird. Statt der üblichen Firmenführungen sollten Aktions- und Erlebnisflächen die Unternehmensgeschichte, die Vielfalt der Produkte und das soziale Engagement von Otto Bock veranschaulichen. Soweit möglich, sollten die Besucher selbst einbezogen und zum »Anfassen, Staunen und Mitmachen« animiert werden.

Der Zukunftstag begann um 14 Uhr. Nach der offiziellen Auszeichnung waren die Besucher eingeladen, den »Ort im Land der Ideen« zu erkunden. Ende der Veranstaltung war um 18 Uhr, anschließend klang der Zukunftstag mit einem Open-Air-Konzert von Peter Maffay in der Duderstädter Innenstadt aus.

Beim Familientag am darauffolgenden Tag wurden die Mitarbeiter von Otto Bock und ihre Familien dazu eingeladen, das Unternehmen einmal aus einer ganz neuen Perspektive zu entdecken. Die Programmelemente des Zukunftstages wurden größtenteils übernommen und durch weitere ergänzt. Dabei wurden auch Einblicke in Unternehmensbereiche wie die Fertigung und Produktion gewährt, die normalerweise nicht öffentlich zugänglich sind. Die Resonanz auf die Veranstaltungen war überwältigend. Angesichts der 10 000 Besucher, verbunden mit einer äußerst positiven Berichterstattung in den Medien, war die für das Unternehmen erzielte öffentliche Aufmerksamkeit äußerst zufriedenstellend. Auch qualitativ ist das Ergebnis bemerkenswert. Das Konzept zielte ausdrücklich auf eine themen- und erlebnisorientierte Außenwirkung und die beteiligten Mitarbeiter berichteten von einem ausgeprägten Sachinteresse der Besucher. Die interaktiven Exponate erwiesen sich als bestens geeignet, eine Brücke zwischen MedTech-Unternehmen und medizintechnischen Laien zu schlagen. Die Anwesenheit zahlreicher Anwender schaffte die besten Voraussetzungen für ein harmonisches und selbstverständliches Miteinander von Menschen mit und ohne Handicap. Zudem wurde eine enge Korrespondenz sichtbar zwischen der starken Außenwirkung einerseits mit positiven Effekten für die Corporate Identity andererseits. Denn auch für die beteiligten Mitarbeiter wurde das Projekt zu einem nachhaltigen persönlichen Erlebnis. Ihr Sondereinsatz am Zukunftstag war von einer hohen Identifikation mit dem Unternehmen getragen und hat vom Einlass der Besucher an eine Eigendynamik entwickelt, die auf alle Beteiligten eine ansteckende Wirkung entfaltete.

S.OLIVER

› DAS UNTERNEHMEN

Die Erfolgsgeschichte der s.Oliver Bernd Freier GmbH & Co. KG begann 1969 mit der Eröffnung des ersten Einzelhandelsgeschäftes in Würzburg durch Gründer und Inhaber Bernd Freier.

Innerhalb weniger Jahrzehnte entwickelte sich das Unternehmen mit mittlerweile 3 350 Mitarbeitern zu einem der führenden Modehersteller in Deutschland sowie in Europa und bietet Fashion- und Lifestyle-Produkte für die ganze Familie. Der Gesamtmarkenumsatz inklusive Lizenzen der in über 30 Ländern tätigen Unternehmensgruppe liegt mittlerweile bei 1,05 Milliarden Euro (in 2007) und konnte sich so seit 1995 mehr als verdreifachen. Insgesamt führt das Unternehmen aktuell 80 Stores in Eigenregie, 330 Stores zusammen mit Partnern und ist in 2600 Shops und auf 1700 Flächen vertreten.

s.Oliver steht in erster Linie für Mode und Lifestyle. Zur s.Oliver Group gehören neben den neun Produktsegmenten von s.Oliver Junior bis hin zu den Premiumlinien s.Oliver Selection women und s.Oliver Selection men sowie den dazugehörigen Accessoires elf Lifestylelinien, die zusammen mit Lizenzpartnern entstehen. In 2006 wurde in Kooperation mit der Sängerin Anastacia die Linie »Anastacia by s.Oliver« ins Leben gerufen und erfolgreich im Markt etabliert. Darüber hinaus gehört das eigenständige und erfolgreiche Tochterunternehmen comma zur Unternehmensgruppe.

Was sind die Erfolgsfaktoren? Neben der stringenten Markenführung anhand ausgeprägter Imagepositionierung – der Garant für hohe Bekanntheits- und Sympathiewerte – ist es die Fähigkeit, aktuelle Trends zu erkennen und in kürzester Zeit in kommerzielle Produkte umzusetzen. Es sind die Schnelligkeit und Professionalität, mit der pro Marke und Segment mehr als zwölf Kollektionen im Jahr in perfekter Passform, sehr guter Qualität und mit einem unschlagbaren Preis-Leistungs-Verhältnis angeboten werden. Hinzu kommt die Möglichkeit, pro Tag bis zu 350 000 Teile in einem der modernsten Logistikzentren Europas am Unternehmensstandort Rottendorf zu kommissionieren. Nicht zuletzt sind es der Teamgeist der insgesamt 3 350 Mitarbeiter und die unkonventionelle Unternehmenskultur, die den Erfolg der s.Oliver Group ausmachen.

Die drei Lifestylewelten von s.Oliver
s.Oliver Selection
Die Premiumline s.Oliver Selection bietet elegante Business-Outfits und gepflegte Freizeitmode in überragender Qualität und optimaler Passform. Mit zwölf Kollektionen im Jahr reagiert s.Oliver auf die schnell wechselnden Ansprüche des Marktes.

s.Oliver Casual

Vor allem junge und trendbewusste Menschen mit hohem Qualitätsanspruch tragen s.Oliver Casual. Eine urbane Kollektion, die hohen Tragekomfort mit guter Verarbeitung verbindet – jung, sportiv und voll im Zeitgeist. s.Oliver Casual ist modisch hochaktuell, international und anspruchsvoll. Eine Marke, die durch einen zusätzlichen Faktor besticht: Sie ist bezahlbar. Mit jährlich zwölf Kollektionen und attraktiven Sonderprogrammen findet man bei s.Oliver Casual stets das passende Outfit.

QS by s.Oliver

QS by s.Oliver steht für topaktuelle Mode, die vor allem junge Trendsetter anspricht. Typisch für die Kollektion ist die schnelle und kreative Umsetzung aktueller Trends in hochwertigen Qualitäten mit attraktiven Farbkombinationen und besonders modischen Passformen. So prägt QS by s.Oliver einen individuellen Look voller überraschender und spannender Details. Der Kollektionsrhythmus mit zwölf Kollektionen pro Jahr sorgt für eine schnelle Umsetzung der Trends.

Weitere Kollektionen von s.Oliver

s.Oliver Bodywear

s.Oliver Bodywear bietet Tag- und Nachtwäsche sowie Beachwear für Damen und Herren. Eine modische Aussage ist dabei ebenso wichtig wie eine gute Passform und hoher Tragekomfort.

s.Oliver Junior

s.Oliver Boys und Girls

Kinder im Alter zwischen 6 und 14 Jahren orientieren sich bereits am Stil der Älteren und deren Mode. Wichtig vor allem ist jedoch, dass das Outfit strapazierfähig und bequem ist. s.Oliver Boys und Girls vereint diese Ansprüche in zwölf Kollektionen pro Jahr.

s.Oliver Kids

Im Alter zwischen 2 und 7 Jahren ist das Bedürfnis groß, lässig und unkompliziert angezogen zu sein. Kinder wollen entdecken, spielen und toben. Dabei muss das Outfit natürlich mitspielen. s.Oliver Kids steht für Qualitäts-Kleidung, die nicht einengt und durch fröhliches und buntes Design auffällt.

s.Oliver Baby

Frischgebackene Eltern wollen nur das Beste für ihr Baby. Deswegen verwendet s.Oliver Baby ausschließlich weiche Materialien, die absolut schadstofffrei sind.

s.Oliver Accessoires

Die Taschen und Kleinlederwaren von s.Oliver bieten ein breites Spektrum für jeden Geschmack: von klassisch über sportiv bis hin zu topmodisch ist für jeden etwas dabei.

s.Oliver Bernd Freier GmbH & Co. KG

Ostring
97228 Rottendorf
Tel.: (0 93 02) 309-0
Mail: info@de.soliver.com

Gründungsjahr

1969

Websites

www.realpeoplesfashion.com
www.campus-contest.com

Verantwortliche

Christian Blanck, Leitung
Brand Marketing;
Axel Steuck, Leitung Marketing;
Michael Stoll, Geschäftsführer
Marketing

Partneragentur

KemperTrautmann, Hamburg

QS BY S.OLIVER CAMPUS CONTEST

› DIE KAMPAGNE

Macht eure Hochschule zur Arena of Sound
Von Studenten für Studenten – wer kann seine
Zielgruppe besser erreichen als die Zielgruppe
selbst?

Der QS by s.Oliver Campus Contest stellt eine sehr
berufsnahe und praxisbezogene Pitch-Situation dar.
Planen statt pauken, konzipieren statt repetieren,
selbermachen statt zuhören: Für Studenten aus
ganz Deutschland und Österreich konnte der häufig
strapazierte Begriff vom »praxisnahen Lernen« eine
ganz neue und eigene Dimension erhalten. Jedes
Studententeam des QS by s.Oliver Campus Contest
2007 entwickelte sein eigenes Event-Konzept inklusive aller Mittel und Maßnahmen, die zur Vermarktung notwendig waren, und arbeitete dabei als
eigenständige Full-Service-Agentur, die in Wettbewerb zu Teams anderer Hochschulen trat. Spaß
und Kreativität standen im Vordergrund. Vier tolle
Events waren das Ergebnis. Den ersten Campus
Contest Award sicherte sich schließlich das Team
»einszunull« aus Hamburg (Macromedia Akademie
der Medien).

s.Oliver hatte vor allem ein Ziel: Studenten in-
dividueller als bisher auf dem klassischen Weg
anzusprechen. Keine leichte Aufgabe, doch mit
dem hauseigenen Label QS by s.Oliver bietet sich
eine passende Kommunikationsfläche an. QS by
s.Oliver darf schrill sein, trendig, anders.

Studenten sind sehr wachsame und kritische Endverbraucher, legen großen Wert auf authentische
Kommunikationsformen. QS by s.Oliver spricht
fokussiert sowie glaubwürdig Studenten an. Die
Bekanntmachung sowie der Imageaufbau von QS
by s.Oliver galt als erste wichtige Maßnahme.

Von der Zielgruppe für die Zielgruppe
Der QS by s.Oliver Campus Contest dient dazu,
fokussiert die Zielgruppe der Studenten emotional
anzusprechen. Studenten lösen selbst im Rahmen
des Wettbewerbs die Aufgabe, sich und ihr Produkt –
das Konzertevent – authentisch im Namen von
QS by s.Oliver zu kommunizieren. Von der Zielgruppe für die Zielgruppe ist die Erfolgsformel –
kurz gesagt: Aus BtoC wird CtoC. Wer kann schließlich emotionaler und authentischer von der
Marke berichten als der Endverbraucher selbst?

Erfolgreiche Kommunikationsideen aus dem Kreis
der Studenten förderten vor allem die ersten Ziele,
Bekanntheit und Imageaufbau, des Modelabels.
Vier Studententeams aus Würzburg (Leitcouture),
Köln (Klamottenrockerei), Berlin (MTP) sowie der
späteren Siegerstadt Hamburg (einszunull) wurden
von einer Jury ausgewählt, den QS by s.Oliver Campus Contest durchzuführen. Die Herausforderung
der vier hochmotivierten Teams war es, crossmedial
auf allen Plattformen Studenten erfolgreich anzusprechen: lebende Schaufensterpuppen, Schau-
fensterkonzerte, interaktive Onlineseiten in allen
Städten, virale Clips, Kooperationen mit lokalen
und überregionalen Marken sowie Medien, Guerilla-
maßnahmen an Hochschulen sowie in den Innen-
städten, Lichtershows an historischen Gebäuden,
Fashionshows, neun Bands in vier Städten am
selben Tag on stage. Der Marketing-Mix wurde
rund um den Wettbewerb von A bis Z kreativ aus-
gereizt.

Studenten als Kreative, QS by s.Oliver als Berater im Hintergrund

Authentischer kann eine Marke kaum inszeniert werden. Alle Aktivitäten stammten aus dem Ideenpool der Teams – Studenten als Kreative, die Marke QS by s.Oliver steht als Berater im Hintergrund. Herausgekommen sind vier aufregende Konzertevents, in denen Musik, Fashion und Bildung eng miteinander verknüpft werden.

Das Konzept geht auf: Vier Teams machten ihre Events zur emotionalen Bühne. Die Begehrlichkeit, zu den Auserwählten zu gehören, stieg bereits im zweiten Jahr deutlich an. Waren es 2007 knapp 30 Bewerberteams, die um die vier hochdotierten Plätze in den Studentenwettbewerb eintraten, bewarben sich im zweiten Anlauf des QS by s.Oliver Campus Contest schon rund 70 Teams beim Rottendorfer Fashionunternehmen. Der Etat von 20 000 Euro je Team sowie reizvolle Sachpreise machen den Contest zu einem der höchstdotierten Studentenpreise in Deutschland und Österreich. Die Teams sind heiß auf Ruhm, Ehre und den Preis.

2008 haben Emden, Frankfurt, Saarbrücken und Kufstein aus Österreich das Rennen gemacht: Die Band Deichkind in der Kirche on stage, Parkourläufer in Kufstein an den Hörsaalwänden, Klee auf dem Fashionevent Saarbrücken und der Bandcontest an der Küste von Emden – unvergleichbar und doch im Sinne der Markenstrategie von QS by s.Oliver. 2009 wird kommen, Teams aus Deutschland und Österreich dürfen dann wieder durchstarten, wenn es heißt: Macht eure Hochschule zur Arena of Sound beim QS by s.Oliver Campus Contest.

Mehr Informationen gibt es unter
www.campus-contest.com

› DIE JURY

Events sollten für die Zielgruppe Unterhaltungswert haben. Das ist so weit bekannt. Bei s.Oliver erhalten die Teilnehmer am Event zusätzlich wertvolle Erfahrungen und Lerneffekte gratis obendrein. Das Ziel der Bekanntheitssteigerung und eine Emotionalisierung der Marke QS by s.Oliver bei der Zielgruppe wurde überzeugend durch den Campus Contest erreicht. Studenten, die am Wettbewerb teilnahmen, wurden selbst nicht nur zum aktiven Part des Events. Vielmehr erhielten die Studenten eine Multiplikatorfunktion zwischen Unternehmen und Zielgruppe, indem sie ein Event für viele weitere potenzielle Neukunden organisierten. Für die Gäste standen Spaß und Partygenuss an erster Stelle. Die teilnehmenden Studenten konnten darüber hinaus erlerntes theoretisches Wissen umsetzen und hatten die Chance auf verlockende Gewinne und wertvolle soziale Netzwerke. In allen Kommunikationsmaßnahmen wurde eines besonders deutlich: Hier waren Profis in Sachen »Fashion« am Werk. Die originelle und stylische Umsetzung traf bei der jungen Zielgruppe voll ins Schwarze. Knapp und präzise wurde die schlüssige Strategie »von Studenten für Studenten« auf den Punkt gebracht und funktionierte in der Umsetzung hervorragend. Wer könnte besser wissen, was die Zielgruppe möchte, als die Zielgruppe selbst. QS by s.Oliver hat hier eine ausführliche Vorstellung des Kundenprofils. Die Passgenauigkeit der primären Zielgruppe des Wettbewerbs, nämlich die teilnehmenden Studenten, zu den Kunden von QS by s.Oliver kann hier noch weiter verschärft werden. Gleichwohl, QS by s.Oliver präsentiert ein beeindruckendes Konzept zwischen Party, Event Marketing, Mode und origineller Gestaltung.

UNIPLAN

› DAS UNTERNEHMEN

Die Begegnung mit der Marke zum nachhaltigen Erlebnis machen

Messen und Events haben sich längst einen festen Platz im Marketingmix erobert. Seit über vier Jahrzehnten ist Uniplan in diesem Geschäft tätig und setzt Marken perfekt in Szene. Mit 500 Mitarbeitern in Europa und Asien ist die Agentur heute mit Standorten in Köln, München, Stuttgart und Basel sowie Beijing, Hongkong, Shanghai und Taipeh eine der führenden Agenturen für Live Communication. Das Angebot umfasst die Gestaltung von Markenauftritten bei Messen und Events, auf Roadshows und in Showrooms. Im Geschäftsjahr 2006/2007 erwirtschaftete Uniplan einen Umsatz von 71 Millionen Euro.

Wie alles begann

Unter dem Namen »Werbebau Brühe« begann der Firmengründer Hans Brühe 1960 in Köln, Bühnenbilder und Aufbauten für Fernsehübertragungen zu errichten.

Das junge Unternehmen expandierte schnell und baute sich in den 60er und 70er Jahren einen Kundenstamm im In- und Ausland auf. Die 80er Jahre standen im Zeichen der Internationalisierung. Uniplan installierte als erster der Branche ein internationales Agentur-Netzwerk und gründete Tochtergesellschaften in Basel, Hongkong, Taipeh und Peking. Als visionärer Unternehmer sah Hans Brühe schon damals das Wachstumspotenzial der asiatischen Märkte. Bereits 1986 richtete Uniplan eine Niederlassung in Hongkong ein. Ein Jahr später folgte der Standort in Taipeh. Seit 1995 ist die Agentur auch in Peking präsent. 2002 kam noch eine Niederlassung in Shanghai hinzu. Heute erwirtschaftet Uniplan mehr als ein Drittel seines Umsatzes in Asien und die Präsenz wird noch weiter verstärkt.

Im August 1990 trat Christian Brühe, der nach seinem Studium seine Karriere als Berater bei Roland Berger Strategy Consultants begann, in die Geschäftsführung von Uniplan ein und machte das Unternehmen zu einem der Marktführer im europäischen Messe- und Eventgeschäft. Im Vordergrund des Leistungsangebots steht die gesamte Bandbreite der Live Commmunication, die in die übergeordneten Marketing- und Kommunikationskonzepte der Kunden eingepasst wird.

Uniplan ist mit acht Offices in
Europa und Asien vertreten.

Kreativität und Strategie – Pflicht statt Kür

»Erfolgreiche Live Communication muss die Werte
einer Marke überzeugend darstellen. Sie muss
einzigartig und darf keinesfalls austauschbar sein«,
lautet das Credo von Christian Brühe. Ziel ist deshalb stets, aus der Begegnung zwischen den Zielgruppen und der Marke ein unverwechselbares und
nachhaltiges Erlebnis zu machen. Messlatte für den
Erfolg sind dabei die ökonomischen Zielvorgaben
der Kunden wie auch eine angestrebte Einstellungs-
änderung bei den Zielgruppen im Hinblick auf
Produkte und Unternehmen.

Um den Kunden professionelle Live Communication
und Beratung anbieten zu können, setzt Brühe auf
erfahrene und professionelle Teams. Neben Messe-
und Eventexperten beschäftigt Uniplan Marken-
strategen und Kreative mit langjähriger Erfahrung
in der strategischen Markenberatung und klassischen Werbung. Dass die Konzepte von Uniplan
höchsten Ansprüchen genügen, beweist nicht zuletzt die Tatsache, dass die Agentur 2008 mit der
Konzeption und Umsetzung des Messeauftritts von
Sony PlayStation auf der Games Convention den
Edge Award beim international renommierten
Exhibit Design Award gewann, 2007 für die VIP-
Lounge der Deutschen Bank auf der Art Cologne
mit dem Sonderpreis beim Adam-Award und 2006
mit dem Galaxy Award in Silber für die Toshiba
Truck-Tour und dem Galaxy Award in Bronze für
den Launch der Mercedes-Benz S-Klasse in Hong-
kong ausgezeichnet wurde.

Oberstes Ziel: die Professionalisierung der Branche

Auch in Zukunft bilden die »Werkzeuge« der Live
Communication einen viel versprechenden Ansatz,
Markenbotschaften im direkten Dialog mit dem
Kunden zu kommunizieren. Das belegt die Studie
»LiveTrends«, die Uniplan jährlich in Kooperation
mit der HHL-Leipzig Graduate School of Management durchführt. In der repräsentativen Untersuchung werden rund 400 Kommunikations-
manager zu Trends und Entwicklungen, aber auch
zur Wirksamkeit von Live Communication-Instru-
menten befragt. Gemeinsam mit der HHL-Leipzig
gründete Uniplan außerdem eine Forschungsstelle
für Live Communication: Am Lehrstuhl Marketing-
management von Prof. Dr. Manfred Kirchgeorg
werden Fragestellungen aus diesem zukunfts-
orientierten Aufgabengebiet in verschiedenen
Forschungs-, Dissertations- und Diplomarbeits-
projekten bearbeitet.

Neben den Uniplan LiveTrends und der Veranstaltungsreihe LiveTalk führt die Agentur den Bran-
chendiskurs auf vielfältige Weise, um Erfahrungen
auszutauschen und über Trends und Entwicklungen
in der Live Communication zu diskutieren.

UNIPLAN
live communication

**Uniplan International
GmbH & Co. KG**
Zeiss-Straße 12–14
50171 Kerpen/Köln
Tel.: (02237) 509-0
Fax: (02237) 509-114

Gründungsjahr
1960

Website
www.uniplan.com

Verantwortlicher
Christian Brühe, CEO

UNIPLAN LIVETALK –
SPORTEVENTS: DAS SPIEL UM EMOTIONEN

› DIE KAMPAGNE

Der LiveTalk – was dahintersteckt
In einem zunehmend wettbewerbsorientierten
Umfeld wird es für Agenturen immer schwieriger,
sich vom Wettbewerb zu differenzieren. Für
Uniplan stand daher im Vordergrund, ein innovatives Kommunikationsinstrument zu entwickeln,
das innovative und für die Branche relevante
Themen aufgreift und einen kontinuierlichen
Dialog mit der Zielgruppe der Marketing- und Kommunikationsverantwortlichen bietet. Was liegt
da näher, als eine eigene Veranstaltungsreihe zu
initiieren?

Gesagt, getan. Der Uniplan LiveTalk existiert bereits seit mehr als vier Jahren und dient dem Austausch zwischen Praxis und Wissenschaft. Bei der
Themenfindung hat die Agentur stets »das Ohr
am Markt«. So wurde z. B. bereits über die Herausforderungen des Automobilmarkts diskutiert sowie
das Thema Sensory Branding ausführlich beleuchtet. Das Themensetting ergibt sich dabei aus
Kundenbefragungen und -gesprächen sowie
Pressescreenings.

Die Kommunikation erfolgt in einem mehrstufigen
Prozess. So wird die Veranstaltung mit einem
E-Mail-Teaser zunächst angekündigt. Die schrift-
liche Einladung mit einer Einladungskarte, Pro-
grammablauf und Antwortfax folgt wenige Wochen
später. Zusätzlich wird auf der Uniplan-Website
ein eigener Bereich eingerichtet, der neben weiter-
führenden Informationen auch die Möglichkeit
einer Online-Anmeldung bietet. Im Nachgang erhalten alle Teilnehmer eine ausführliche Broschüre
zum LiveTalk und haben die Möglichkeit, sich
untereinander auszutauschen sowie sich den Film
zum Event auf der Uniplan-Website anzusehen. Auf
diese Weise wird eine Art »LiveTalk-Community«
gebildet.

Willkommen in der Hochburg der Emotionen
Da 2008 das Jahr der großen Sportevents ist, wurde
der letzte LiveTalk eben diesen emotionalen Ereignissen gewidmet, sind sie doch Steilvorlagen für
die Positionierung von Unternehmen und Marken.
Die Allianz Arena als Hochburg der sportlichen
Emotionen war die ideale Plattform für eine der-
artige Veranstaltung. In ihre Ränge wurde eine
Bühne gebaut, die den Zuschauern neben dem
Blick auf die Referenten auch die Aussicht in die
gesamte Arena ermöglichte.

Rund 90 Marketing- und Kommuni-
kationsverantwortliche nahmen am
LiveTalk teil.

Ein origineller Event für eine spezielle Zielgruppe in einer besonders ansprechenden Location zu einem aktuellen Thema. Ganz schön raffiniert. Denn Uniplan hat eine wunderbar konsequente Strategie verfolgt und umgesetzt. »LiveTalk«, die bestehende Gesprächsreihe von Uniplan, zu der jedes Jahr eingeladen wird, wurde 2007 vom neuen Unternehmensstandort München initiiert. Zum einen eine gute Gelegenheit, die Tradition der Veranstaltung fortzuführen, und zum anderen, sich den bestehenden und potenziellen Kunden vorzustellen. Dies war somit auch die perfekte Voraussetzung, die Location zu buchen, die am besten zum derzeitigen Diskussionsthema »Sportevents: Das Spiel um Emotionen« passt: die Allianz Arena in München-Nord. Referenten hielten Vorträge u. a. über die Einbindung des Publikums, über Sponsoring bei Sportevents und darüber, wie realistisch und messbar die Ziele des Sponsorings sein sollten. Ein Event, um sein Know-how zu präsentieren und kreative Anreize zu geben. Den Tag haben überdies kleine Details abgerundet: Catering á la »Sportsfood«, eine thematische Modenschau und das besondere Gimmick: Live-Kicker mit seinen Arbeitskollegen zu spielen. Ein erweiterbarer Ansatz, den Besuchern »Sport« erlebbar zu machen, insbesondere bei so einem emotionalen Thema, wenn der Besucher sich »mitgerissen« fühlen will. Gleichwohl wird nicht nur die Jury, sondern jeder, dem »LiveTalk« den Horizont erweitert, von der Qualität dessen, was Uniplan ausmacht, überzeugt sein – Erfahrung, integrierte Kommunikation und kreative Köpfe.

Verschiedene Fragestellungen standen beim LiveTalk im Vordergrund: Wie kann man durch Sportevents nachhaltig emotionale Erinnerungen auf eine Marke übertragen? Und wie werden die Live Communication-Instrumente sinnvoll in eine Sponsoringstrategie integriert? Um diesen und weiteren Fragen gerecht zu werden, beleuchteten Experten das Thema aus unterschiedlichen Perspektiven.

Den Auftakt bildete Prof. Gunter Gebauer, Professor für Philosophie und Sportsoziologie an der FU Berlin, der einen Blick hinter die »Faszination des Sports« warf. Dabei zeigte er die gesellschaftlichen Veränderungen auf, beginnend mit den 60er Jahren bis heute. Frank Busemann, Gewinner der Silbermedaille bei den Olympischen Spielen 1996, und Dr. Andrea Vossen, Group Director Marketing & Sales bei Uniplan, standen Pate für die Helden des Sports. Der eine ist Medaillenträger im Zehnkampf, die andere lernte 1988 in Seoul als Judoka den olympischen Spirit kennen. Gemeinsam erörterten sie die Möglichkeiten der Unternehmen, ein Sponsoring-Engagement mithilfe von Eventmarketing emotional aufzuladen sowie den Sportler in sämtliche begleitende Kommunikationsmaßnahmen sinnvoll einzubinden. Anhand der Marketingaktivitäten zur Fußball-WM 2006 belegte Bettina Wolff, Marketing Manager Strategic Business Development bei Toshiba Europe, wie man sich als Sponsor realistische Ziele setzt und diese in ein integriertes Kommunikationskonzept überträgt. Moderiert wurde die Veranstaltung von Birte Karalus, TV-Moderatorin und Sport-Journalistin.

Ein Blick zurück und auch nach vorn

Die Responsequote war gut: Insgesamt waren 90 Bestands- und potenzielle Neukunden vor Ort. Im Anschluss an den LiveTalk wurde eine Befragung unter den Teilnehmern durchgeführt. 91 Prozent gaben an, die Veranstaltung habe ihnen sehr gut gefallen, 72 Prozent sagten, der LiveTalk habe ihnen neue Erkenntnisse gebracht, die sie in der beruflichen Praxis anwenden könnten. Uniplan ist es damit gelungen, sich als Agentur mit umfassendem Know-how rund um Sport-Events und Sportsponsoring, als strategisch ausgerichtetes und sympathisches Unternehmen mit Weitblick zu positionieren. Ein voller Erfolg, an dem die Agentur weiter anknüpfen wird. In diesem Jahr findet der nächste LiveTalk zum Thema »Brand Lands« im Mercedes-Benz Museum in Stuttgart statt.

Im Anschluss hatten die Gäste bei einem Get-Together Gelegenheit, sich zu den Themen des Abends auszutauschen.

NEUE SCHULE
HAMBURG

› DIE INITIATIVE

Kaum eine zweite Initiative hat so deutlich ein Zeichen gesetzt wie die Neue Schule Hamburg. Die Gründer Nena, Philipp Palm, Silke Steinfadt und Thomas Simmerl bieten ein komplett anderes Schulsystem an, als es in Deutschland üblich ist.

Dafür erwarben sie eine alte Gründerzeit-Villa in Hamburg-Rahlstedt, die seit März 2007 zur Schule umgebaut wurde. Auf vier Etagen stehen den Schülerinnen und Schülern nun insgesamt 500 Quadratmeter zur Verfügung: Multifunktions- und Musikräume, Sprach- und Wissenschaftslabore, Lese- und Ruheräume sowie eine Küche mit angrenzendem Speiseraum. Das Schulgebäude steht auf 1700 Quadratmetern parkähnlichem Gelände.

In Hamburg entstand so eine Schule, die eine Antwort auf die Erfordernisse der Wissensgesellschaft für das Lernen im 21. Jahrhundert gibt. Denn Lernen ist ein eigenaktiver, konstruktiver Prozess in sozialen Kontexten und Lehrerinnen und Lehrer fördern diesen Prozess, indem sie Lernsituationen gestalten, die Kinder zum Lernen herausfordern. Der Weg, wie Lernziele und -inhalte erreicht werden, weist einen grundlegenden Unterschied zu bestehenden Schulen auf: Den Schülerinnen und Schülern der Neuen Schule Hamburg werden keine Antworten gegeben, nach denen sie nicht gefragt haben.

Das Schulgebäude in
Hamburg-Rahlstedt

An der Neuen Schule Hamburg geht man davon aus, dass Kinder und Jugendliche am effektivsten lernen, wenn sie über ihr Lernen selbst bestimmen können. Das ermöglicht den Schülerinnen und Schülern, ihre Persönlichkeit frei zu entfalten und die Verantwortung für ihr eigenes Handeln zu übernehmen. Lesen, Schreiben und Rechnen sind Voraussetzung für die aktive Teilnahme an unserer Gesellschaft. Da jeder Mensch ein Grundbedürfnis hat, Teil der Gesellschaft zu sein, entsteht automatisch irgendwann ein Impuls, diese Kompetenzen erlernen zu wollen. Aber darüber hinaus lernen die Kinder weit mehr als diese Grundfertigkeiten. Sie lernen, Verantwortung für ihr eigenes Leben zu übernehmen und sich den Herausforderungen einer sich immer schneller verändernden Welt zu stellen.

Lernen findet als natürlicher Prozess mitten im Leben statt. Wenn Menschen begierig darauf sind, eine Sache zu lernen, vollbringen sie Höchstleistungen, um ihr Ziel zu erreichen. Die mit solch tiefgründiger Beschäftigung verbundene Konzentration, Hartnäckigkeit und Ausdauer offenbart eine hohe Leistungsbereitschaft bei Interessengebieten, die für einen persönlich von Bedeutung sind. Die Erfahrung zeigt, dass so Lerninhalte in kürzester Zeit aufgenommen und umgesetzt werden.

Jeder Schüler lernt unterschiedlich und benötigt andere Zeiträume, um Neues zu erlernen. In der Praxis heißt das, dass die Schüler der Neuen Schule Hamburg alle ihre Aktivitäten selbst initiieren und sich ihre eigene Lernumgebung schaffen. Ergeben sich gemeinsame Lernthemen, vernetzen sich die Schüler untereinander. Die Lehrerinnen und Lehrer begleiten und unterstützen die Schüler während des ganzen Tages. Jeder Lehrer oder Mitarbeiter bindet sich in die unterschiedlichen Lehr- und Lernformen aktiv (erlebnisorientiert, referierend) oder passiv (als Unterstützer, Moderator, Coach, Prozessbegleiter, Antwortgeber etc.) ein.

Bei den unterschiedlichen Lernprozessen ist das oberste Gebot: Freiheit für den Einzelnen, das Ganze eingebunden in eine große Gemeinschaft, wo alle miteinander auskommen müssen. Kein anderes Projekt spiegelt so klar die Zielsetzung der Wirtschaftskommunikation wider. Auch hier geht es darum, Individualität zu zeigen, um sich am Markt gegen Konkurrenten behaupten zu können, aber sich dennoch überlegt in Gemeinschaft und Gesellschaft zu etablieren.

Das alles kann nur funktionieren, wenn die Gemeinschaft demokratisch organisiert ist. Um jeder einzelnen individuellen Meinung gerecht zu werden, wurde an der Neuen Schule Hamburg die Schulversammlung eingeführt. Die alltäglichen Angelegenheiten werden auf der wöchentlichen Schulversammlung geregelt, bei der jeder Schüler, jeder Lehrer und Mitarbeiter eine Stimme hat. Zudem berät die Schulversammlung u. a. über Verhaltensregeln, finanzielle Ausgaben und die Einstellung von Lehrern und Mitarbeitern.

Neue Schule Hamburg e. V.
Schimmelreiterweg 11
22149 Hamburg
Mail: info@neue-schule-hamburg.org

INDIVIDUALITÄT UND DEMOKRATIE – EIN WEG MACHT SCHULE

› DIE KAMPAGNE

Am 12. März 2007 erteilte die Hamburger Behörde für Bildung und Sport die Genehmigung für die Neue Schule Hamburg. Vertrauen in die Kinder sowie konsequente Demokratie sind die Basis dieses Schulmodells. Voraus ging zunächst ein Traum, der dann eine konkrete Vision wurde: Im Jahr 2004 erwähnte die Künstlerin, Mutter und Mitbegründerin der Neuen Schule Hamburg Nena erstmals in einem öffentlichen Interview mit der Wochenzeitung »Die Zeit«: »Mein Traum ist es, eine Schule zu gründen«, und der daraufhin entstandene Kontakt zu Kennern des Sudbury Modells wurde zur Initialzündung.

Finanzielle Mittel aus Spenden und eigenen Aktivitäten

Die Neue Schule Hamburg erhält als staatlich anerkannte Ersatzschule, wie alle Privatschulen in Deutschland, in den ersten 3,5 Jahren keine direkte finanzielle Unterstützung durch den Staat. Sie benötigt in dieser Zeit eine Betriebsmittelsumme in Höhe von circa 900 000 Euro, die von der GLS Bank finanziert wird. Der Kredit wird zum einen durch Kleinbürgschaften von Personen und Unternehmen, die sich der Schule verbunden fühlen, und zum anderen durch die Bürgschaftsbank für Sozialwirtschaft besichert. Nach Ablauf der 3,5 Jahre stehen privaten Schulen dann 85 Prozent der landesspezifisch festgesetzten Schülerjahreskosten zu.

Aus dem kleinen dann zu erwartenden Überschuss wird der Kredit zurückbezahlt. Das Gebäude ist von Nena in die zur Unterstützung der Schule gegründete Stiftung »Anstiftung Nächstenliebe« eingebracht worden, die es an den Trägerverein der Schule vermietet. Für Sanierung und Umbau des Gebäudes sowie Anschaffungen und Instandhaltung sind weitere Spender und Sponsoren unerlässlich. Hierfür werden Fördermitgliedschaften und Spenden akquiriert.

Unter dem von Kindern entwickelten Slogan »Gib was Kleines für was Großes« sammeln ehrenamtliche Helfer deutschlandweit Spenden.

Klassische PR statt Werbekampagne

Im Hinblick auf den Charakter der Initiative und auch auf das knapp bemessene Budget wurde bewusst auf eine kostenintensive Werbekampagne verzichtet. Neben der Einrichtung einer Homepage unter www.neue-schule-hamburg.org kamen die Werkzeuge der klassischen Öffentlichkeitsarbeit intensiv zum Einsatz. Zum Zeitpunkt der Genehmigung der Schule wurde das Modell erstmals ausführlich den Medien und damit einer breiten Öffentlichkeit vorgestellt. Den Ablauf des ersten Schulhalbjahres nahm man erneut zum Anlass, die Medien zu einem ersten Bilanzgespräch zu laden. Flankierende Presseerklärungen, Interviews sowie der Besuch der SchulgründerInnen in einigen ausgewählten Fernsehsendungen verstärkten die Kommunikation. Neben der Pilotstellung des Modells war auch die prominente Protagonistin Nena hier maßgeblich für das gewaltige Medieninteresse verantwortlich. Ziel dieser PR-Kampagne war und ist es stets, neben der Information über den aktuellen Status der Neuen Schule Hamburg auch den gesellschaftlich relevanten Aspekt über den Umgang mit Kindern sowie den wirtschaftlichen Aspekt, wie Wissen und soziale Kompetenz in unserer Gesellschaft erlernt werden können (ohne erhobenen Zeigefinger), zu kommunizieren und zur Diskussion zu stellen.

Als Selbstdarstellungsinstrumente produzierte die Schule eine eigene Informationsbroschüre sowie eine erste filmische Dokumentation.

Netzwerke nutzen

Der Kontakt zu Kommunikatoren und Gleichge-
sinnten erweist sich seit Schulgründung als erheb-
liches Synergie-Potenzial. So steht man u.a. mit
der Amerikanerin und Gründerin der »Sudbury
Valley School« Mimsy Sadofsky in regelmäßigem
Erfahrungsaustausch. Mimsy Sadofsky referierte
gemeinsam mit den SchulgründerInnen und Lehrern der Neuen Schule Hamburg sowie der unabhängigen Erziehungswissenschaftlerin Dr. Tanja
Pütz auf einem Informationsabend, zu dem die
renommierte Körber Stiftung eingeladen hatte,
erfolgreich vor Entscheidungsträgern aus Wirtschaft, Wissenschaft und Bildung sowie vor
nationalen Medienvertretern.

Auch der Kontakt zu anderen vergleichbaren
Initiativen in Deutschland und im Ausland wird
intensiv gepflegt.

**Innere und äußere Wahrnehmung, Objektivität
durch Langzeitstudie**

Im Rahmen einer unabhängigen Studie »Kinder
leben Schule« begleitet Dr. Tanja Pütz die Neue
Schule Hamburg über mehrere Jahre und erstellt
ein mehrperspektivisches Schulportrait. Hierin
werden theoretische Grundlagen des Sudbury-
Konzepts entfaltet, die Praxis reflektiert sowie
empirische Befunde im Kontext schulpädagogi-
scher Diskussionen besprochen. Es entsteht eine
wissenschaftliche Untersuchung, die Einblicke in
und Ausblicke auf eine neue Form des Lernens in
Schulen liefern wird. Aktuelle Erkenntnisse über
den Lernprozess werden in Zwischenberichten veröffentlicht. Dr. Tanja Pütz kommt vom Institut für
Allgemeine Didaktik und Schulpädagogik der Universität Dortmund. Ihre Arbeitsschwerpunkte sind
reformpädagogische Schul- und Unterrichtskon-
zepte sowie empirische Lehr- und Lernforschung.

› DIE JURY

Maßgebend für die Vergabe des Sonderpreises des
Deutschen Preises für Wirtschaftskommunikation
sind nicht unternehmerische Zielsetzungen, sondern das vorbildliche Engagement für gesellschaftlich, wissenschaftlich, politisch oder kulturell
wichtige Themen. Kaum eine zweite Initiative hat
in Deutschland so deutlich ein Zeichen gesetzt
und spiegelt damit unser diesjähriges Motto besser
wider als die Neue Schule Hamburg. Die Gründer
Nena, geb. als Gabriele Susanne Kerner, Philipp
Palm, Silke Steinfadt und Thomas Simmerl bieten
seit dem Frühjahr 2007 ein besonderes Schulsystem an. Die Schülerinnen und Schüler initiieren
ihre Aktivitäten selbst und gestalten ihre eigene
Lernumgebung. Die Basis hierfür sind Individualität
und Demokratie – zwei Begriffe, die unsere Gesellschaft entscheidend bestimmen und gestalten.
Dieses Projekt gibt eine mögliche Antwort auf die
neuen Erfordernisse der Bildungsgesellschaft
des 21. Jahrhunderts und wagt so einen Vorstoß
als Alternative zum bestehenden Schulsystem in
der Bundesrepublik Deutschland. Der Start dieses
wichtigen Projektes und die damit verbundene
Medienresonanz machen deutlich, wie hoch das
Interesse der Öffentlichkeit an diesem Thema ist.
In der Kommunikation verzichtete man bewusst
auf kostenintensive Werbekampagnen und kon-
zentrierte sich auf klassische Public-Relations-
Maßnahmen. Neben der Internetseite und eigenen
Informationsbroschüren zur Selbstdarstellung
setzte vor allem Mitgründerin Nena ihre Medien-
popularität ein, um das Projekt der breiten Öffentlichkeit vorzustellen und es auch in schwierigen
Situationen zu unterstützen. Erhebliche Synergie-
Effekte schufen die Gründer durch ein breit gefä-
chertes Netzwerk aus Erziehungswissenschaftlern
und Gründern der Sudbury-Schulen, die als Vorbild
des Schulkonzeptes dienen. Durch die gezielte
Auswahl der Kommunikationskanäle wird trotz
eines knappen Budgets der Charakter des Projektes hervorragend kommuniziert. Die Jury
freut sich besonders, eine so innovative und für
zukünftige Generationen wichtige Initiative mit
dem Sonderpreis des DPWK 2008 zu ehren.

GRUSSWORT

Zum achten Mal wird 2008 der Deutsche Preis für Wirtschaftskommunikation verliehen. Same procedure as every year ist es freilich nicht – von matter Routine keine Spur, weder auf Seiten der Wirtschaft noch auf Seiten der Studierenden der Fachhochschule für Technik und Wirtschaft (FHTW). Das Interesse der Unternehmen an der inzwischen renommierten Auszeichnung ist ungebrochen, das Engagement der angehenden Kommunikationsexpertinnen und -experten ebenso. Nur die Professionalität und der Ideenreichtum, welche die Studiengänge Wirtschaftskommunikation, Kommunikationsdesign und Internationale Medieninformatik bei der Realisierung des interdisziplinären Projekts an den Tag legen, nehmen stetig zu. Übrigens keine Selbstverständlichkeit angesichts der Tatsache, dass die studentischen Teams von Jahr zu Jahr neu zusammenfinden und Erfahrungsgewinn deshalb nicht über personelle Kontinuität herstellbar ist. Deshalb möchte ich an dieser Stelle ganz herzlich den Professorinnen und Professoren danken, die den DPWK seit vielen Jahren begleiten.

Prof. Dr. Michael Heine absolvierte ein Studium der Volkswirtschaftslehre, Wirtschaftspädagogik und Politologie an der Freien Universität (FU) Berlin. Dem Studienabschluss folgten 1985 die Tätigkeit als wissenschaftlicher Mitarbeiter und die Promotion im Bereich Volkswirtschaftslehre ebenfalls an der FU. Danach war Michael Heine im Referat Grundsatzangelegenheiten der Berliner Senatsverwaltung für Wirtschaft und Technologie tätig. 1994 wurde er als Hochschullehrer in den Studiengang Betriebswirtschaftslehre der FHTW Berlin berufen. Dort hatte Michael Heine auch verschiedene Funktionen in der Akademischen Selbstverwaltung inne, zuletzt das Amt des Dekans im Fachbereich Wirtschaftswissenschaften I. Seit 1. Oktober 2006 ist Prof. Dr. Michael Heine Präsident der FHTW Berlin.

»Zeichensetzer« lautet das DPWK-Motto in diesem Jahr – und Zeichen werden wahrlich gesetzt. Zahlreiche große und kleinere Unternehmen haben den Studierenden erneut ihre Kommunikationsstrategien und -konzepte vorgestellt. Mit der Vergabe der Auszeichnung stellen die angehenden Kommunikationsexpertinnen und -experten eindrucksvoll unter Beweis, dass sie schon während des Studiums in der Lage sind, wissenschaftliche Theorie und berufliche Praxis auf hohem Niveau miteinander zu verbinden. Und Menschen dafür zu begeistern – auch dies eine wichtige Fähigkeit und elementare Voraussetzung für den beruflichen Erfolg.

Der Deutsche Preis für Wirtschaftskommunikation macht aber auch deutlich, dass das Interesse an einem Dialog zwischen Hochschule und Wirtschaft groß ist. Die FHTW fühlt sich diesem Dialog als Fachhochschule naturgemäß besonders verpflichtet. Die Zahl unserer Drittmittelprojekte wächst stetig; viele werden in enger Kooperation mit Unternehmen realisiert. Mit einem Auditorium Maximum, das zum multifunktionalen Veranstaltungsraum umgebaut, und einem neuen Projektzentrum, das mit hochwertiger Technologie für Tagungen und Konferenzen ausgestattet wurde, konnten zu Beginn des Jahres 2008 noch einmal Zeichen gesetzt werden.

Was macht eine überzeugende Kommunikation aus und welches Unternehmen versteht sich am besten darauf? Die Antwort auf diese Frage ist nicht einfach und sie fällt vor allen Dingen nicht immer gleich aus. Auch die FHTW, die selbst mehrfach ausgezeichnet wurde, schenkt dem Thema verstärkt Aufmerksamkeit und hat begonnen, eine integrierte Kommunikationsstrategie zu entwickeln.

Im Namen der Hochschule danke ich den Organisatorinnen und Organisatoren des DPWK sowie den Autorinnen und Autoren des Buches und beglückwünsche die diesjährigen Preisträger zu ihrem Erfolg. Auf die Preisverleihung freue ich mich schon heute. Denn dass der feierliche Event seine Gäste zu immer neuen attraktiven Berliner Veranstaltungsorten führt, ist sicher nicht nur für mich persönlich ein echtes Vergnügen.

Michael Heine

Prof. Dr. Reinhold Roski
Studiengang Wirtschaftskommunikation

PREISWÜRDIGE WIRTSCHAFTKOMMUNIKATION: COMMUNICATION RULES!

Ist das nicht unverschämt? Wie kommen Studentinnen und Studenten dazu, die Kommunikation von Unternehmen zu beurteilen, die von gestandenen Praktikern verantwortet wird? Ist das Überheblichkeit und Chuzpe? Nein, eher eine logische Konsequenz aus der wissenschaftlichen Beschäftigung mit Wirtschaftskommunikation. Die Unabhängigkeit von allen geschäftlichen oder persönlichen Interessen und die klare Orientierung am State-of-the-Art des Faches machen die Überzeugungskraft des Deutschen Preises für Wirtschaftskommunikation aus.

Im Studiengang Wirtschaftskommunikation der FHTW Berlin steht die Kommunikation im Mittelpunkt. Zum einen im Zentrum des Managements. Auch in Unternehmen kann man nicht »nicht kommunizieren«. Und zum anderen in der Kommunikationspolitik, dem Instrument des Marketings. Die Betriebswirtschaftslehre als angewandte Wissenschaft und die Fachhochschule als besonders praxisorientierte Hochschule kommen dabei natürlich ohne das reale Geschehen in der Wirtschaft nicht aus.

Hier einen verlässlichen Überblick zu gewinnen, ist für die Studentinnen und Studenten ein Muss! Deshalb scannen sie in jedem Jahr die Kommunikationsmaßnahmen von 1500 Unternehmen und beurteilen sie nach einem einheitlichen Raster, das sie auf der Basis der aktuellen wissenschaftlichen Literatur erarbeitet haben. Das Ergebnis ist in diesem Jahr nach sorgfältigem Studium der eingereichten, meist sehr umfangreichen Unterlagen eine Long List von 50 Unternehmen, die durch außergewöhnlich gute Kommunikation aufgefallen sind, mit 65 Bewerbungen in den Kategorien.

Im nächsten Schritt wird daraus in langen Diskussionen eine Short List von 49 Finalisten, die in diesem Jahr die ganz besonders guten Kommunikationsstrategien und -maßnahmen auf den Markt gebracht haben. Die Besten der Besten sind dann in sieben Kategorien die Gewinner des Preises; ergänzt um einen Sonderpreis, der die Kommunikation einer Non-Profit-Organisation auszeichnet. Dieses Konzept hat sich in nunmehr acht Jahren bewährt. Der Höhepunkt ist jeweils die große abendliche Gala mit der Preisverleihung, eine Fachtagung zu einem aktuellen Thema und als bleibendes Dokument dieses Buch. Dies ist die fachliche, konzeptionell-intellektuelle Seite des Projektes.

Aber wer so ein großes Vorhaben schon einmal bewältigt hat, weiß auch, mit wie viel sorgfältiger Organisation, großem Einsatz und einfach sehr viel Arbeit so eine Aufgabe verbunden ist. Dieser Aufgabe stellen sich während zwei Semestern 40 Studentinnen und Studenten des Faches Wirtschaftskommunikation und arbeiten dabei interdisziplinär eng mit den Studiengängen Kommunikationsdesign und Internationale Medieninformatik zusammen. Diese Interdisziplinarität erfordert große Fähigkeiten im Schnittstellen-Management. Insgesamt stellen sich hier die typischen Aufgaben eines echten Groß-Projekts. Hier erfahren, erfühlen und erleiden die Studierenden die typischen praktischen Probleme, Wege und Umwege, mit denen man sich bei den Aufgaben der Unternehmenskommunikation in der Wirtschaftspraxis konfrontiert sieht.

Wie werden die Studierenden damit fertig? Als Professor, der dieses Projekt seit sechs Jahren betreut, kann ich auch in diesem Jahr feststellen: ausgezeichnet. Zum einen werden Wissen und wissenschaftliche Arbeitsmethoden des Faches Wirtschaftskommunikation an den besten praktischen Fällen des Jahres geschult. Hier gilt es, Konzepte zu prüfen, Strategien zu evaluieren, Urteile zu begründen und gemeinsam zu diskutieren. Echte Praxis-Lösungen dienen als Fallstudien mit vielfältigsten ansonsten nur betriebsintern zur Verfügung stehenden Informationen. Hier wird das Studium durch die Beurteilung lebendiger, hochaktueller Fälle bereichert, wie das sonst gar nicht möglich ist.

Zum Zweiten werden die so genannten Soft Skills und Führungsfähigkeiten trainiert: Disziplin, Umgangsformen, Höflichkeit, Freundlichkeit, Motivation, sprachliche Kompetenz, Selbstständigkeit, Teamfähigkeit, Übernahme von Verantwortung, Mut, die Initiative zu ergreifen, Durchsetzungsvermögen und Fähigkeit zur Konfliktlösung. All diese durch Erfahrung trainierbaren, aber nicht theoretisch erlernbaren sozialen Fähigkeiten werden bei der Konzeption, Planung und Durchführung des Deutschen Preises für Wirtschaftskommunikation ein Jahr lang in einer Ernstfall-Situation geübt, getestet und durch eine Fülle unterschiedlichster Erfahrungen bereichert. Jeder, der schon einmal mit über 50 Kollegen und einer Vielzahl von Partnern zusammengearbeitet hat, kann ermessen, wie komplex, vielfältig und intensiv dieses Praxis-Projekt abläuft und welchen Erfahrungsschatz die Studierenden am Ende angesammelt haben. Und übrigens stellt sich dabei auch hier immer wieder heraus, dass Kommunikation der entscheidende Faktor ist: Communication rules!

Die Studierenden dieses Jahres zeichnen sich insbesondere durch ihre ruhig-beharrliche und systematische Vorgehensweise sowie ihre große soziale Kompetenz aus. Man erkennt das ja immer besonders gut in kritischen Situationen, von denen es natürlich auch in diesem Jahr einige gegeben hat. Wie hier ohne die beliebten Schuldzuweisungen, die man aus Unternehmen so gut kennt, gemeinsam diskutiert und um Ergebnisse gerungen wurde, davon können sich manche langjährigen Kommunikationspraktiker eine Scheibe abschneiden. Und auch darum ist es eben nicht unverschämt, wenn diese Studierenden die Arbeit von Kommunikationspraktikern kritisch bewerten. Sie wissen, worum es geht.

Prof. Dr. Reinhold Roski studierte Mathematik wirtschaftswissenschaftlicher Richtung (Hauptfach Statistik) und promovierte in Betriebswirtschaftslehre. Von 1987 bis 1999 war er im Gabler Verlag tätig. Er leitete den Programmbereich Wissenschaft, war für eines der renommiertesten deutschsprachigen Fachverlagsprogramme verantwortlich und verlegte jährlich ca. 500 Lehrbücher, Monografien und Herausgeber-Werke sowie fünf Fachzeitschriften. Seit 2002 ist er Professor für Wirtschaftskommunikation mit den Schwerpunkten Medienmanagement und Marketing an der FHTW Berlin, wo er den Deutschen Preis für Wirtschaftskommunikation als Projekt betreut. Er leitet den postgradualen Studiengang Master of Business Administration (MBA) mit den Fokussierungen Diversity Management, Health Communication Management und Public Communication Management. Außerdem engagiert er sich für das Fachgebiet Gesundheitskommunikation und ist Herausgeber der Zeitschrift »Monitor Versorgungsforschung«.

Prof. Katrin Hinz
Studiengang Kommunikationsdesign

DESIGN – VOM BERUFSBILD ZUM WIRTSCHAFTSZWEIG

Studentinnen und Studenten aus dem Studiengang Kommunikationsdesign sind schon seit dem zweiten Deutschen Preis für Wirtschaftskommunikation wichtiger Teil des interdisziplinären Teams. Sie suchen mit ihren Kommilitonen und Kommilitoninnen das jeweilige Motto des Jahres und stehen für die Visualisierung der Ideen, Botschaften und Ideale des Projektes. In der Zusammenarbeit mit den Studierenden aus den Studiengängen Wirtschaftskommunikation und Internationale Medieninformatik begegnen sie damit schon sehr früh in ihrer beruflichen Entwicklung dem Kommunikationsalltag zwischen den Disziplinen. Sie durchleben alle auch später in der Berufspraxis existierenden Vorbehalte, Klischeevorstellungen über die Rolle des Designers, Missverständnisse in der Kommunikation, die manchmal verschiedene Sprache, die sich differenzierenden Arbeitsweisen, die diversen und sich oft widersprechenden Erwartungen an die Leistungspotenziale von Design und sie sind gezwungen, sich aktiv, konstruktiv und fachlich mit ihren Team-Partnern auseinanderzusetzen. Alle Beteiligten haben dadurch die Chance, in der späteren Berufspraxis offener, innovativer und mutiger und vor allem strategischer und reflektierter diese notwendigen Partnerschaften zu suchen, zu pflegen und erfolgreich zu leben.

Design ist als Berufsfeld eine junge Disziplin. Nimmt man die Gründung des Werkbundes und das erste Corporate Design der AEG durch Peter Behrens als die Geburtsstunde des deutschen Designs, sind es gerade einmal 100 Jahre. Stellt man die industrielle und wirtschaftliche Komponente noch mehr in den Fokus der Betrachtung, ist die Zeit des modernen Designers, egal, welcher Spezialisierung folgend, erst in den letzten fünfzig Jahren vom Kunsthandwerk zum modernen Designbegriff geworden. Geht man davon aus, dass in der Wirtschaft die Bedeutung des Designs für den wirtschaftlichen Erfolg von Unternehmen eine nicht mehr

Katrin Hinz ist Architektin und seit 1994 Professorin im Studiengang Kommunikationsdesign, den sie als Gründungsprofessorin an der FHTW Berlin mit aufbaute. Seit dem Diplom an der Kunsthochschule Berlin arbeitete sie als Architektin, Bühnenbildnerin und Designerin in den Bereichen Corporate Design, Ausstellung, Verpackung, Orientierung und Designmanagement, in denen sie auch lehrt, forscht und publiziert.

wegzudenkende Rolle spielt, ist man immer noch ein Optimist. Das Verständnis des Designs als dekorative Ergänzung von abgeschlossenen Konzepten, Entwicklungen und Strategien ist leider noch sehr weit verbreitet. Zu diesem eingeschränkten Verständnis tragen die Designer meist selbst bei. Zu oft verstehen sie sich eben eher als die Kreativen und weniger als die Strategen. Aber das Berufsbild und die Branche ändern sich. In einer globalisierten Welt ist Deutschland als Exportland angewiesen auf strategisches Design. Der Designer oder die Designerin muss immer stärker die Rolle initiativer Infragesteller oder Impulsgeber übernehmen. Mit dem branchenspezifischen Blick über den Tellerrand, der Angstlosigkeit, scheinbar Unverrückbares zu hinterfragen, wird Design in Wandlungsprozessen zum Impulsgeber und Lenker. »Designers bring energy to strategy« (Francis, Strategy and design, 2002, S. 61). Doch schon längst ist Design nicht mehr nur eine Berufsbranche, Design ist eine stark wachsende Wirtschaftsbranche. Die Politik hat das nach langer Zeit erkannt. Man sieht es an Veröffentlichungen des Deutschen Bundestages, der sich im Jahr 2007 verstärkt mit den Themen der Kultur- und Kreativwirtschaft befasst hat. In der Drucksache 16/7000 wird u. a. folgendes Fazit zur wirtschafts- und beschäftigungspolitischen Bedeutung dieses Wirtschaftszweiges gezogen:

»Kultur- und Kreativwirtschaft sind ein bedeutender Wirtschaftsfaktor. Sie haben ein großes wirtschaftliches und kreatives Potenzial. Insbesondere mit der Erweiterung um den Kreativwirtschaftsbereich kann die Branche als eine wissensintensive Zukunftsbranche mit deutlichen Innovations-, Wachstums- und Beschäftigungspotenzialen angesehen werden. Darüber hinaus ist die Kulturwirtschaft wichtiger Impulsgeber für Innovationen in anderen Wirtschaftsbranchen.«

Erstmalig hat das »Büro für Kulturwirtschaftsforschung Köln« für die Bundesregierung die Designwirtschaft als eigenständigen Wirtschaftsbereich untersucht. Grundlage waren Daten aus den Finanzämtern, von Designunternehmen, die wirtschaftlich eigenständig waren. Nicht betrachtet wurden Designabteilungen von Unternehmen aus anderen Wirtschaftsbereichen. Dabei ergab sich, laut Michael Södermann vom Büro für Kulturwirtschaftsforschung, dass 2005 in der Designwirtschaft 117 000 Beschäftigte gemeldet waren und diese erwirtschafteten einen Kernumsatz von 14,9 Milliarden € im Jahr 2006. Die »creative industries« stehen in der europäischen Wirtschaft an vierter Stelle hinter Wirtschaftszweigen wie Ernährungsgewerbe, Automobilindustrie und Chemische Industrie, vor der Energie- und Maschinenbauindustrie. Mit einem Zuwachs von 14,3 % pro Jahr – und das schon seit 2003 – zählt die Designwirtschaft zu den zuwachsstärksten Wirtschaftszweigen.

Macht man sich diese Zusammenhänge klar, bekommt man eine Vorstellung von der Bedeutung und Zukunftsfähigkeit dieser Berufsfelder und der aus ihr entstehenden Wirtschaftskraft. Dies bedeutet aber eben auch, dass die Ausbildung sich ändern muss und wir eine selbstbewusste, intelligente, wagemutige und zukunftsorientierte Studierendenschaft brauchen, die sich ihrer strategischen und innovativen Kraft bewusst ist und sie als eine ihr Leben begleitende Herausforderung akzeptiert und gestalterisch annimmt.

Der DPWK ist ein Projekt, welches diese Herausforderungen schon im Studium anbietet und interdisziplinär denkende, selbstbewusst agierende und Fragen stellende Hoffnungsträger für die deutsche Wirtschaft ausbildet. Unser modernes Bachelorstudium im Kommunikationsdesign hat in seinem Ausbildungskonzept die Anforderungen für veränderte Berufsbilder und Wirtschaftszweige offensiv aufgegriffen. Dies wurde in der aktuellen Akkreditierung des Programms auch sehr positiv bewertet. Die Welt bewegt sich ständig, wir auch!

Prof. Dr.-Ing. Carsten Busch und Prof. Thomas Bremer
Internationaler Studiengang Medieninformatik

AUFBRUCH ZU NEUEN UFERN

Glaubt man dem Wikipedia-Artikel zur Medieninformatik, dann gibt es diese Disziplin in Deutschland seit 1990, sie wird also 18 Jahre alt, quasi volljährig. Der Internationale Studiengang Medieninformatik an der FHTW Berlin ist etwa halb so alt; die Umstellung vom Diplom-Modell auf Bachelor und Master ist abgeschlossen, die ersten Masterstudenten werden 2009 abschließen. Zählte die FHTW vor Jahren zu den ersten Hochschulen mit einem eigenständigen Studiengang Medieninformatik, gibt es mittlerweile eine Vielzahl von staatlichen und privaten Hochschulen in Deutschland mit entsprechenden Angeboten, d.h. Studierende haben die Wahl zwischen unterschiedlichsten Standorten, Institutionen und Schwerpunkten.

Hieraus ergibt sich für die anbietenden Studiengänge und Hochschulen die Notwendigkeit einer klaren Profilierung, um für Studieninteressierte, aber auch Kooperationspartner aus Wirtschaft und Gesellschaft ein eigenes Gesicht zu bieten, das klar erkennbar und erinnerbar ist.

Die Medieninformatik der FHTW nutzt ihren aktuellen Ausbau auf neun Professuren für eine akzentuierte Positionierung in Lehre und Forschung. In der Lehre werden die Schwerpunkte Visualisierung, Computergrafik, Web, Game Development und E-Learning ausgebaut.

Darüber hinaus ist aus der Medieninformatik heraus die Initiative für die Entwicklung zweier innovativer Studiengänge an der FHTW ergriffen worden: Interaction Engineering als Bachelor-Angebot ab 2009 und Game Development & Creation als Master-Angebot ab Ende 2008. Interaction Engineering soll mit den beiden Schwerpunkten Interaction Design und Game Design ab 2009/10 an den Start gehen. Der Master-Studiengang Game Development & Creation ist so weit vorbereitet, dass voraussichtlich Ende 2008 begonnen werden kann; er richtet sich vornehmlich an Interessierte, die bereits einen ersten Studienabschluss sowie auch berufliche Erfahrungen erworben haben und sich in der Computerspielentwicklung bzw. im Game-Producing spezialisieren wollen; das Studium wird kostenpflichtig sein.

Beide – sowohl Interaction Engineering als auch Game Development & Creation – werden eng mit der Medieninformatik verbunden sein, so dass sich ein Mosaik mehrerer auf verschiedene Medienbranchen ausgerichteter Studienangebote mit einem gemeinsamen Informatik-Kern ergibt.

Zur Unterstützung dieser Aktivitäten investiert die FHTW zusammen mit eingeworbenen EU-Mitteln aus dem EFRE-Strukturfond über 2 Millionen Euro in den Aufbau von Infrastruktur für Games- und Interactive-Media-Labore. Als Testlauf und in Vorbereitung auf die neuen Studienangebote finden im Rahmen des Projekts »BreakOut Computerspiele« bereits erste Weiterbildungskurse statt, die gleich nach Bekanntgabe ausgebucht waren; Folgeangebote sind in Vorbereitung.

Auch in der Forschung hat die Medieninformatik der FHTW neben den bereits seit Jahren bestehenden Schwerpunkten des bildbezogenen Information-Retrieval, E-Learning und der Plagiatvermeidung neue Akzente gesetzt: Akzeptanzforschung für sichere E-Mail-Dienste im Auftrag des Bundesinnenministeriums, sozio-technische Analysen von Computerspielen und Online-Games in der Projektförderung des Bundesforschungsministeriums und die Erforschung von Game-Based-Learning in der Automobil-Industrie sowie eines der wenigen Motion-Capturing-Studios in Deutschland bilden hier einen neuen Schwerpunkt, der unter dem Titel »Games & Interactive Media Research« gebündelt wird.

Somit ergibt sich durch eine – für Fachhochschulen ungewöhnliche – Verknüpfung von innovativen Studienangeboten mit starker Infrastruktur und systematischer Forschung eine Medieninformatik an der FHTW, die den Kinderschuhen entwächst und ein ganz eigenes Profil entwickelt: offen für weitere Herausforderungen und Kooperationen.

Zu den schönsten Herausforderungen und Kooperationen zählt von jeher der Deutsche Preis für Wirtschaftskommunikation. Im Rahmen ihres Studiums müssen die Studierenden der Medieninformatik im vierten bzw. fünften Semester ein Projekt mit möglichst praxisnaher und interdisziplinärer Aufgabenstellung im Team bewältigen. Keine Projektaufgabe wird seit Jahren so kontinuierlich gepflegt wie der DPWK; denn wo sonst können die Medieninformatik-Studierenden an einem so komplexen Projekt mit so hoher medialer Aufmerksamkeit teilhaben und zum Abschluss auch noch eine Gala-Veranstaltung im Admiralspalast mitnehmen? Dass dabei sehr unterschiedliche Sichtweisen und Auffassungen von Kommunikation – von »Technik« über »Verständigung« bis »Werbung« – aufeinanderprallen, schadet nicht. Es erhöht den Reiz.

Prof. Dr.-Ing. Carsten Busch ist Diplom-Informatiker und hat über »Metaphern in der Informatik« promoviert. Er ist Professor für Medienwirtschaft an der FHTW Berlin und lehrt dort im Internationalen Studiengang Medieninformatik. Zugleich leitet er als Direktor das Institut für Wirtschaftskommunikation an der Universität der Künste Berlin, ein privatwirtschaftlich als GmbH geführtes Institut, das sich auf Forschung, Lehre und Projekte im Spannungsfeld von Wirtschaft, Kommunikation und Medien konzentriert. Er ist Sprecher des Forschungszentrums »Games & Interactive Media Research« an der FHTW, außerdem Mitherausgeber und -Autor von »Business Innovation Management« (Göttingen 2005) und von »Geburt von Marken« (Göttingen 2007).

Prof. Thomas Bremer ist Professor für Interaktionsdesign an der FHTW Berlin und lehrt dort im Internationalen Studiengang Medieninformatik. Er ist Absolvent der Freien Kunst an der Hochschule für Bildende Künste in Hamburg. Neben multimedialen Anwendungen und Installationen für große Museen hat er Software für den Entertainment- und Sportbereich entwickelt. Seine Lehre und Forschungsarbeit an der FHTW konzentriert sich auf die Entwicklung von Virtuellen Simulationen und Computerspielen. Er ist Mitbegründer des Forschungszentrums »Games & Interactive Media Research« an der FHTW.

Dennis Otrebski
1. Vorstandsvorsitzender des Vereins zur
Förderung der Wirtschaftskommunikation e.V.

AUS ALT MACH' NEU

Alt und jung, erfahren und frisch, bekannt und neu – Gegensätze, die sich auf den ersten Blick auszuschließen scheinen. Schaut man genauer hin, so wird einem vielfach klar, dass diese scheinbaren Gegensatzpaare sich durchaus ergänzen. Was für den einen bestens bekannt, alt ist und ausgedient hat, kann für den anderen etwas Neues und Bereicherndes sein; Erfahrung kann, wenn sie engagiert weitergegeben wird, ebenso bereichernd für den Ratsuchenden sein, der neue Ideen, Frische und Engagement mitbringt.

Beide Aspekte finden sich im Zusammenspiel zwischen dem Verein zur Förderung der Wirtschaftskommunikation und dem Deutschen Preis für Wirtschaftskommunikation (DPWK) wieder:

Im Vordergrund das sich jährlich durch nachwachsende Studierende erneuernde Team des DPWK, im Hintergrund der Verein zur Förderung der Wirtschaftskommunikation, der als stabile Komponente in ideeller, finanzieller und auch rechtlicher Hinsicht stützend wirkt.

So kann das zentrale Anliegen des DPWK in idealer Weise realisiert werden – jedem einzelnen Mitglied des Teams die Möglichkeit der innovativen, individuellen, aber auch abgestimmten Herangehensweise an eine gemeinsame Herausforderung zu bieten. Jedes Jahr wird zum Beginn des Wintersemesters mit einer neuen Gruppe Studierender gestartet, die, oftmals wild zusammengewürfelt, in den folgenden zehn teils sehr anstrengenden Monaten zunehmend ein Team bilden, in dem sie gemeinsam *ihren* DPWK ausrichten.

Da ist es nicht verwunderlich, dass nach der letzten Nachbereitungsphase im folgenden August nicht alle DPWK'ler zum sprichwörtlich *alten Eisen* gehören und wieder ausgetauscht werden möchten. *Hier kommt der Verein ins Spiel.*

Denn was im Sinne der jährlichen Selbsterneuerung des DPWK »ausgedient« (erfolgreich abgeschlossen) hat, kann im nächsten Schritt als *neues* Mitglied des Vereins nun Visionen und Zukunft des Projektes langfristig mitgestalten und mitbestimmen, Erfahrungen weitergeben und so im besten Sinne richtungweisend wirken. Der Verein steht ehemaligen DPWK'lern, die das über die Jahre gesammelte Wissen bündeln, verwalten und an die nächsten Generationen weitergeben wollen, genauso offen gegenüber wie allen am Thema Wirtschaftskommunikation Interessierten.

Gebündeltes Wissen in gebundener Form

Das gesammelte Wissen um angewandte und aktuelle Wirtschaftskommunikation soll nicht allein in den Archiven des Vereins verstauben; so werden ausgewählte aktuelle und herausragende Kampagnen sowie deren kritische und unabhängige Bewertung neben aktuellen Fachbeiträgen aus Forschung, Lehre sowie Praxis jedes Jahr im Jahrbuch des Deutschen Preises für Wirtschaftskommunikation verewigt und veröffentlicht.

»Wirtschaftskommunikation
2001...2002«
Gebundene Ausgabe
mit 191 Seiten

»Wirtschaftskommunikation
2002...2003«
Gebundene Ausgabe
mit 192 Seiten

Seit seiner Gründung im Jahr 2001 wächst der Verein jährlich um weitere engagierte Nachwuchsmanager, die mittlerweile ein Netzwerk über die Grenzen Deutschlands hinaus bilden. Ein Netzwerk, das auch im regen Kontakt und Austausch mit Wissenschaft und Wirtschaft steht. Ebenso aber auch ein Netzwerk, dessen Mitglieder sich nicht auf ihren Erfahrungen »ausruhen«, sondern stets auf der Suche nach neuen Trends und potenziellen Projekten sind, um auch in Zukunft die Wissenschaft der Wirtschaftskommunikation zu fördern und den Studenten möglichst facettenreich Praxiserfahrungen bieten zu können.

Diese ständige Erneuerung zeigt sich auch über den DPWK hinaus; bleibt dieser zwar absolutes Aushängeschild der Vereinsarbeit, so existieren neben ihm jedoch auch weitere geförderte Projekte, wie beispielsweise das im Jahr 2008 wieder ins Leben gerufene Filmprojekt *Wikonale*, das jungen filmschaffenden Studierenden eine Plattform bietet, ihre Werke und ihr Können einer breiten Öffentlichkeit zu präsentieren.

Mit Blick auf die Erfolge des DPWK 2008 sieht der Verein nach dem Ende des Projektes hoffnungsvoll zahlreichen neuen Mitgliedern entgegen, die durch ihr erworbenes Know-how auch in der Zukunft zur Weiterentwicklung angewandter Wirtschaftskommunikation und zur Bereicherung des Netzwerks beitragen.

Alt und Neu – das ist unser Rezept, ohne das sich Verein, DPWK und wohl auch die Wirtschaftskommunikation im Allgemeinen in den letzten Jahren nicht stetig erfolgreich weiterentwickelt hätten und in Zukunft weiterentwickeln können. Dazu wollen wir beitragen und hoffen auf reichlich neuen Input.

Dennis Otrebski hat zwischen den Jahren 2004 und 2006 den Bachelor of Arts in Wirtschaftskommunikation an der FHTW Berlin absolviert. Seit 2008 führt er den Master of Arts in Kommunikation und Sprache mit dem Schwerpunkt Medienwissenschaft (TU Berlin) und ist Doktorand im Fachgebiet Medienwissenschaft an der TU Berlin. Seit 2004 ist Dennis Otrebski Mitglied des Vereins zur Förderung der Wirtschaftskommunikation e.V. und gehört seit 2005 dem Vorstand an, dem er seit 2006 vorsitzt.

c/o Verein zur Förderung der
Wirtschaftskommunikation e.V.
Treskowallee 8 | 10318 Berlin
Tel.: (030) 50 19 - 24 19
Fax: (030) 50 19 - 22 72
Mail: info@dpwk.de

»Wirtschaftskommunikation
2003...2004«
Gebundene Ausgabe
mit 175 Seiten

»Wirtschaftskommunikation
2004...2005«
Gebundene Ausgabe
mit 208 Seiten

»Wirtschaftskommunikation
2005...2006«
Gebundene Ausgabe
mit 224 Seiten

»Wirtschaftskommunikation
2006...2007«
Gebundene Ausgabe
mit 252 Seiten

»Wirtschaftskommunikation
2007...2008«
Gebundene Ausgabe
mit 252 Seiten

DAS TEAM

Madlen Jähnig

Carolina Botolin

WERBUNG

Anne-Cathrin Schmidt

Katja Zeidler

Nadine Hoehle

Andreas Köster

Maika Ziehl

PROJEKTKOORDINATION

Sven Hartmann

Annika Rygol

Marina Sebald

Stefanie Bierschenk

PRESSE

Roland Wagner

Till Schiementz

Ulrike Jenssen

Susanne Knecht

Janine Köhler

IT

Thomas Puppe

Laurent Dellere

Falko Richter

Nicole Scheplitz

Daniela Heideck

FINANZEN

Oliver Hoppmann

Susann Semjonow

Nicole Heunemann

Henry Schröder

EVENT

Franziska Wummel

Claudia Krüger

Daniela Heideck

Cindy Bachmann

Melanie Wiener

Marlene Bruns

Helen Stelthove

DESIGN

Juliane Werner

Katja Peisker

Dirk Kleemann

Christian Busse

Michael Pfötsch

Nicole Mertens

Jördis Lemke

Julia Heuel

Juliane Sitter

UNTERNEHMENSKONTAKT

Carina Schmid

Jana Holetschek

Nicole Scheplitz

Silke Harder

FÖRDERER

Fachhochschule für Technik und Wirtschaft Berlin

University of Applied Sciences

Ein Studium an der vielfältigsten Berliner Fachhochschule qualifiziert hervorragend für die Praxis: Der Erfolg des Deutschen Preises für Wirtschaftskommunikation ist der beste Beweis. Die FHTW ist stolz auf das akademische Teamwork und gratuliert allen Preisträgern.

Fachhochschule für Technik und Wirtschaft Berlin
Treskowallee 8
10318 Berlin
Tel.: (030) 50 19 - 0
Fax: (030) 50 90 1 - 34
Web: www.fhtw-berlin.de

MEDIENPARTNER

brand eins ist das Wirtschaftsmagazin, das die Veränderung zu seinem Thema macht. Unser Angebot ist der Perspektivwechsel – denn neue Sichtweisen sind entscheidend für eine Wirtschaft, in der Kreativität und Wissen die wichtigsten Produktivfaktoren sind.

brand eins Verlag GmbH & Co. OHG
Schauenburgerstraße 21
20095 Hamburg
Eva-Maria Büttner, Geschäftsführung
Tel.: (040) 32 33 16 - 0

Werben & Verkaufen, das führende wöchentliche Magazin der Kommunikations- und Medienbranche, liefert Information, Nutzwert und Orientierung für werbungtreibende Unternehmen, Agenturen und Medien. W&V Karriere & Job bietet den großen Stellenmarkt der Branche, fundierte Redaktion, wichtige Kontakte und Informationen aus dem Personalbereich.

Europa-Fachpresse-Verlag GmbH
Emmy-Noether-Str. 2E
80992 München
Tel.: (089) 5 48 52 - 346
Fax: (089) 5 48 52 - 555
Web: www.wuv.de

Warum stehen einzelne Unternehmen im Kreuzfeuer der Medien? Welche PR-Strategie verfolgen Deutschlands Dax-Konzerne? Welche Trends beschäftigen die Agenturszene? Wie gut ist die Öffentlichkeitsarbeit der Bundesregierung? Jeden Monat beleuchtet das prmagazin das oft verborgen ablaufende Wechselspiel zwischen PR und Medien.

Medienfachverlag Rommerskirchen GmbH
Mainzer Str. 16–18
53424 Remagen-Rolandseck
Tel.: (0 22 28) 931-0
Fax: (0 22 28) 931-135

SPONSOREN

Kuhn, Kammann & Kuhn
From Reporting to Reputation

Wir sind eine umsetzungsorientierte Agentur für Wirtschaftskommunikation aus Köln. Wir entwickeln und produzieren Medien (Berichte, Magazine, Broschüren, Websites), Kampagnen, Identitäten, Designs, Brands und Events. Und wir schaffen langfristig erfolgreiche Beziehungen zwischen Unternehmen und ihren Zielgruppen auf der Basis von drei Leitmotiven:

1. Wir hören nicht nur den Firmen zu, sondern auch ihren Stakeholdern – und arbeiten so auf der Basis umfassender Kenntnisse ihrer Reputation.

2. Wir denken nicht nur in Projekten, sondern zugleich auch in Kampagnen – und ermöglichen so die Integration aller Kommunikationsmaßnahmen.

3. Wir leben nicht von der Theorie, sondern von ihrer Umsetzung in der Praxis – und machen dabei durch Innovation in der Kreation auf die Botschaften unserer Kunden aufmerksam.

Kuhn, Kammann & Kuhn AG
Maria-Hilf-Straße 15–17
50677 Köln
Tel.: (0221) 97 65 41-0
Fax: (0221) 97 65 41-10
Mail: info@kkk-ag.de
Web: www.kkk-ag.de

Berliner Pilsner ist die junge, feinherb-spritzige Metropolenmarke »Made in Berlin«. Mit Stolz trägt sie die Reichstagskuppel und den Berliner Bären auf dem Etikett. In Gastronomie und Handel ist Berliner Pilsner ebenso beliebt wie bei zahlreichen Sport- und Kultur-Events.

Radeberger Gruppe KG
c/o Berliner-Kindl-Schultheiss-Brauerei
Indira-Gandhi-Str. 66–69
13053 Berlin
Tel.: (030) 96 09 0
Fax: (030) 96 09 598
Mail: info@berliner-pilsner.de
Web: www.berliner-pilsner.de

Das international tätige Familienunternehmen Pfanner (gegründet 1854) aus Lauterach/Österreich zählt zu den größten Fruchtsaft- und Eisteeherstellern Europas. Pfanner erreichte 2007 einen Umsatz von 228 Mio. Euro (+11,3%). Der Exportanteil beträgt über 80%. Mehr als 70 Länder werden beliefert; Hauptmärkte sind Deutschland, Italien und Österreich.

Hermann Pfanner Getränke GesmbH
Ansprechpartnerin:
Marie-Luise Dietrich,
PR & Kommunikation
Alte Landstrasse 10
A-6923 Lauterach
Tel.: +43 5574 6720 105
Fax: +43 5574 6720 7105
Web: www.pfanner.com

Pure Lebensfreude aus Spanien.

Nicht jedes Wasser ist ein »Natürliches Mineralwasser« und damit anerkannt als Wasser von höchster Güte und Reinheit. PINEO, das natürliche Mineralwasser aus den Pyrenäen, ist von herausragender Qualität, denn es entspringt der unberührten Natur der katalanischen Berge.

Naturquell Mineralwasser Vertriebs GmbH
St.-Apern-Straße 26
50667 Köln
Mail: info@pineo.com
Web: www.pineo.com

Die BIONADE GmbH ist ein junges innovatives Familienunternehmen, das alkoholfreie Erfrischungsgetränke ausschließlich biologisch herstellt und unter der Marke BIONADE vertreibt.

BIONADE GmbH
Nordheimer Straße 14
97645 Ostheim/Rhön
Tel.: (0 97 77) 91 01 22
Fax: (0 97 77) 3 58 08 16
Mail: info@bionade.de
Web: www.bionade.de

Das Deutsche Weininstitut (DWI) in Mainz ist eine Gemeinschaftseinrichtung der deutschen Weinwirtschaft. Das DWI fördert Qualität und Absatz von Weinen aus den deutschen Anbaugebieten durch wettbewerbsneutrale Marketingmaßnahmen im In- und Ausland. Lesen Sie mehr bei www.deutscheweine.de

Deutsches Weininstitut GmbH
Gutenbergplatz 3–5
55116 Mainz
Tel.: (0 61 31) 28 29-0
Fax: (0 61 31) 28 29-20
Mail: info@deutscheweine.de
Web: www.deutscheweine.de

pressrelations
schneller mehr wissen

Die pressrelations GmbH ist einer der führenden Dienstleister auf dem Gebiet der digitalen Medienbeobachtung. Seit der Gründung 2001 entwickeln wir im Auftrag von Unternehmen, Parteien, Institutionen sowie PR-Agenturen kundenspezifische Lösungen zur systematischen Beobachtung und Analyse unterschiedlicher Medienformate (Printmedien, Onlinemedien, Weblogs, TV und Hörfunk).

pressrelations GmbH
Klosterstraße 112
40211 Düsseldorf
Tel.: (0211) 175 20 77-23
Fax: (0211) 175 20 77-13
Web: www.pressrelations.de

newsradar.de
schneller mehr wissen

newsradar.de ist die Marke der presserelations GmbH für digitale Medienbeobachtung, elektronische Pressespiegel und Medienanalyse.

Web: www.newsradar.de

JOSHUA FULLBRIGHT

»Eine Botschaft muss informieren, faszinieren und berühren. Nur dann ist sie in der Lage, Menschen zu inspirieren.« Joshua Fullbright Premkumar entwickelt und realisiert Print sowie Multimediakonzepte.

Joshua Fullbright Premkumar
Barbarossastr. 23
10779 Berlin
Tel.: (0178) 7 30 32 07
Mail: josh84@aol.in

VERANSTALTUNGSTECHNIK
Tel: 393 44 00 - info@gate-av.de

Mit einem ausgezeichneten Team, modernster Technik, 24-h-Support, einem Schatz an Erfahrung und vor allem vielen Ideen realisieren wir Ihre Wünsche für Ihre Veranstaltung.
Unsere Partner: Vertragspartner der Messe Berlin, BTM Preferred Agencies, Business Location Center Berlin

GATE Veranstaltungstechnik GmbH
Reuchlinstr. 10 – 11
10553 Berlin
Frank Hahn und Marcus Zurdo Butz
Tel.: (030) 393 44 00
Mail: contact@gate-av.de
Web: www.gate-av.de

Theaterproduktion GmbH
Bühnen- Ton-, Beleuchtungstechnik
und Projektmanagement

Erfahren – zuverlässig – kompetent: seit 1993 Ihr Partner im Eventmarketing. Wir freuen uns, auch in diesem Jahr Partner des Deutschen Preises für Wirtschaftskommunikation zu sein.

TdO Theaterproduktions GmbH
Am Tierpark 64
10319 Berlin
Ansprechpartner:
Peter Seeber
Tel.: (030) 501 58 209
Fax: (030) 500 12 459
Mail: kontakt@tdo-theaterproduktion.de
Web: www.tdo-theaterproduktion.de

GABLER.MEDIA
Projekt & Produktionsmanagement

Gabler.Media GmbH ist eine inhabergeführte Agentur, die auf alle Formen der Eventproduktion spezialisiert ist. Unser Anspruch ist es, hocheffiziente Kommunikation für die angesprochene Zielgruppe zu verknüpfen und die Umsetzung daran auszurichten. Die Gabler.Media versteht sich als Full-Service-Anbieter unterschiedlichster Events und Kommunikationsmaßnahmen.

Gabler.Media GmbH
Bismarckstraße 61
10627 Berlin
Ansprechpartner:
Arne Gabler und Kira Rieck
Tel.: (030) 367 007 60
Fax: (030) 367 007 61
Mail: info@gablermedia.com
Web: www.gablermedia.com

OKTOBERDRUCK
Umwelt. Freundlich. Drucken.

OKTOBERDRUCK ist ein mittelständisches Unternehmen mit 28 MitarbeiterInnen, das 1973 als selbstverwalteter Betrieb in Kreuzberg gegründet wurde. Demokratisch statt hierarchisch werden die Geschicke der Firma bestimmt. Arbeiten und Produzieren stehen bei Oktoberdruck unter dem Leitspruch: Umwelt. Freundlich. Drucken.

OKTOBERDRUCK AG
Rudolfstraße 1 – 8
10245 Berlin
Tel.: (030) 69 53 86-0
Fax: (030) 61 23 053
Web: www.oktoberdruck.de

Ihr zuverlässiger Partner für eine professionelle Textbearbeitung! Ich übernehme alle Arbeiten rund ums Schreiben und Lesen – Korrektorate, Lektorate sowie eine umfassende Autorenbetreuung bis hin zum verlagsfertigen Buch.

»Verlags- & Autorenservice«
Lektorin Peggy Salomo
Bürgerstr. 20
01127 Dresden
Tel.: (03 51) 500 08 40
Fax: (03 51) 500 08 42
Mail: peggysalomo@gmx.de
Web: www.lektorat-salomo.de

30paarhaende ist das Modelabel der FHTW Berlin, welches von Studenten und Professoren initiiert wurde. Es besteht seit 2003 als interdisziplinäres Projekt und ist darüber hinaus auf dem Modemarkt vertreten. Das Label versteht sich als Designlinie im gehobenen Genre der Damenoberbekleidung.

30paarhaende
FHTW Berlin
Wilhelminenhofstraße 76/77
12459 Berlin
Ansprechpartner:
Herr Prof. Uwe Janssen
Raum 442 in der FHTW
Tel.: (030) 50 19 46 08
Fax: (030) 53 01 01 38
Mail: info@30paarhaende.de
Web: www.30paarhaen.de

die medienakademie
Studieren, wo die Profis arbeiten

die medienakademie bietet in Berlin, Hamburg und München ein privates Hochschulstudium mit dem staatlichen Abschluss Bachelor of Arts an. Auf dem Gelände von Studio Hamburg, der Bavaria und in Zusammenarbeit mit ProSiebenSat.1 werden unter dem Motto »Studieren, wo die Profis arbeiten« TV-Producer, Regisseure, Kameraleute und Sportjournalisten/-manager auf eine Tätigkeit in den modernen Medien vorbereitet.

die medienakademie
· Jenfelder Allee 80
  22039 Hamburg
· Hausvogteiplatz 3 – 4
  10117 Berlin
· Bavariafilmplatz 7
  82031 München-Geiselgasteig
Mail: info@diemedienakademie.de
Web: www.diemedienakademie.de
Tel.: (0800) 400 1800 (gebührenfrei)

DANKSAGUNG

› **Wir danken**

der Fachhochschule für Technik
und Wirtschaft Berlin

Prof. Dr. Reinhold Roski

Prof. Katrin Hinz

Prof. Dr.-Ing. Carsten Busch

Prof. Dr. Michael Heine

Karsten Schulz

Matthias Koch

Prof. Petra Skupin

30paarhände, insbesondere Luise Tucholke,
Kirsten Kümper, Katrin Zimmermann, Nina Gerber
und Aline Sauer

Gisela Hüttinger

dem Service Pool der FHTW

Matthias Gießmann

Lorenz Maroldt

Stephan Wachtberger

Sebastian Seeber

Sandra Bötig

Ulrike Graaf

sowie
allen Gastautoren, die uns als Vertreter der
Kommunikationsbranche mit ihren Beiträgen
unterstützt haben, unseren Schirmherren
aus Politik, Wirtschaft und Wissenschaft, die
dem DPWK 2008 zur Seite standen, und den
Referenten der Fachtagung 2008.

Ein ganz besonderer Dank geht an
Sonja Ossig

IMPRESSUM

› **Herausgeber**
Verein zur Förderung der
Wirtschaftskommunikation e.V.

› **Texte**
Siehe Autorenhinweise
Die Unternehmen
Die Redaktion

› **Redaktion**
Team Werbung
Team Unternehmenskontakt
Team Presse

› **Gestaltung, Satz und Reinzeichnung**
Marlene Bruns, Christian Busse, Michael Pfötsch

› **Fotografien**
Christian Busse, Dirk Kleemann, Jörg Peter,
Michael Pfötsch, Melanie Wiener, picture alliance,
Shutterstock®

› **3D-Grafik**
Ingmar Meijer

› **Lektorat**
Peggy Salomo

› **Druck**
Oktoberdruck AG

› **Papier**
Galaxy Keramik 150g/m²
Vertrieb über Papier Union Deutschland

› **Schriften**
FF Eureka, FF Din
Vertrieb über FontShop AG, Berlin

ISBN-Nr.: 978-3-88927-454-0

› **Kontakt**
Verein zur Förderung der
Wirtschaftskommunikation e.V.
Treskowallee 8
10318 Berlin
Tel.: (030) 5019 - 2419
Fax: (030) 5019 - 2272
Mail: info@dpwk.de
Web: www.dpwk.de

Verlag Reinhard Fischer
Weltistraße 34
81477 München
Tel.: (089) 791 88 92
Fax: (089) 791 83 10
Mail: info@verlag-reinhard-fischer.de
Web: www.verlag-reinhard-fischer.de